Diogenes Taschenbuch 170/6

Jeremias Gotthelf

AUSGEWÄHLTE WERKE

IN ZWÖLF BÄNDEN

HERAUSGEGEBEN VON

WALTER MUSCHG

SECHSTER BAND

JEREMIAS GOTTHELF

Der Geltstag oder Die Wirtschaft nach der neuen Mode

DIOGENES

Veröffentlicht als Diogenes Taschenbuch, 1978
Lizenzausgabe mit freundlicher Genehmigung
des Birkhäuser Verlags, Basel

80/78/8/1
ISBN 3 257 20566 X

Einleitung des Herausgebers

Der «Geltstag» gehört nicht zu Gotthelfs bekanntesten Werken. Er selbst erlebte von diesem 1845 veröffentlichten Buch keine zweite Auflage und bekam kein Wort zu hören, das ihm zeigte, daß der darin gestaltete Gedanke verstanden wurde. Und doch erfüllte er auch hier künstlerisch alle Forderungen eines «modernen Realismus», die damals in den Kaffeehäusern gepredigt wurden. Schon dies hätte Bewunderung erregen müssen, obschon es nur die formale Seite eines Meisterwerkes betraf.

Im Vordergrund ist der «Geltstag» ein Zeitroman. Er enthält keine «poetische Verklärung» der Welt, nicht einmal ein Bild des Bauernlebens. Er geißelt mit unerhörter Schärfe die sozialen und moralischen Auswüchse der vierziger Jahre, die Auswirkungen des «Zeitgeistes», wie Gotthelf sie sah, und zwar am Beispiel einer der ländlichen Gastwirtschaften, deren absichtliche Vermehrung nach seiner Überzeugung ein Krebsschaden am Volkskörper und eine unverzeihliche Schuld der freisinnigen Regierungen war. Er hatte einst selber an eine volkserzieherische Aufgabe des Wirtshauses geglaubt. Im «Bauernspiegel» findet Jeremias seinen Beruf schließlich darin, daß er ein solches zur Pflanzstätte der Volksaufklärung macht. Es war also – wie bei der Kritik an der Schule und am liberalen Staat überhaupt – die Abkehr von einer Jugendliebe, wenn Gotthelf jetzt dazu überging, die Wirtshäuser als Stätten des Volksverderbens hinzustellen. Schon in «Uli der Knecht» und im «Anne Bäbi Jowäger» zeigte er sie von weitem in dieser Perspektive. Dort wie hier ist nur von bernischen Verhältnissen die Rede, aber er wußte, daß die Wirtshäuser in der ganzen Schweiz als Stützpunkte der bürgerlichen Politik eine große Rolle spielten. Schlechte Wirtshäuser und Freisinn sind ihm deshalb ein und dasselbe. Er kämpft nicht nur gegen die Wirtshäuser, sondern gegen die Gesinnung, die er für ihre Ausbreitung verantwortlich macht, und läßt rund um die «Gnepfi» alle Zeitlaster zu ihrem Totentanz antreten: die Verlotterung des Rechtsbewußtseins, die Sucht nach Geld und Besitz, das Treiben der Juristen und Wucherer, die Untergrabung des Familiensinns und der Kindererziehung. Er scheut sich nicht, die Schuld an dieser Korruption dem Staat zuzuschreiben, der die wahren Begriffe von Recht und Freiheit verloren zu haben scheine. «Nicht durch Kneipen ist das Bernervolk reich geworden, sondern durch Arbeit; eine Regierung, welche den umgekehrten Weg einschlägt, sieht nicht klar, hat Glas oder sonst was vor den Augen, denkt nicht klar, hat einen grauen Dekkel auf dem Schädel oder sonst Filz ums Hirn. Aber eine Sünde zieht die andere nach, das ist eine alte Erfahrung, sie datiert sich von Adam her.» Oder: «Wenn die Regierung sich emanzipiert von der Handhabung der Gesetze, der Hausvater von der Haltung der Gesetze, so folgen alle andern Emanzipationen nach, und wenn alle Emanzipationen vollendet sind, was ist dann das Ende und wer hat den Anfang vom Ende gemacht, he?»

Das Wirtshaus zur «Gnepfi» ist das Sinnbild eines politischen und geistigen Zustandes. Sein Schicksal wird als ein Beispiel für den falschen Kurs eines politischen Systems ausgemalt, das die Schweiz in den Untergang führen muß. «Dieses gefällt uns nicht, wir sagen es aufrichtig... Die zunehmenden Morde, die überhandnehmende Sauferei sind Folgen einer Freiheit, welcher keine Zucht vorangegangen. Diese Zucht wird aber auch durch das Volkswohl gefordert. Wir sind von Natur ein armes Volk, der Himmel gibt uns nichts im Schlafe; aber unter diesem Himmel müssen wir brav essen und warm gekleidet sein, wenn es uns wohl gehen soll. Um dieses zu können, müssen wir hart arbeiten, und um hart arbeiten zu können, müssen wir gesund schlafen und die gehörige Zeit, um früh aufstehen zu können mit klarem Auge, gestärktem Körper und munterer Arbeitslust.» Welchen Blick für die sittlichen Grundlagen des Staates bezeugen solche Worte! In den Wirtshäusern der neuen Sorte, behauptet Gotthelf, wird das Fundament des bernischen, des eidgenössischen Wesens zerstört: die

Achtung vor dem Gesetz. Diese Sorge ist der Grundton seiner Klagen und Anschuldigungen.

Der «Geltstag» wurde zwischen den beiden Freischarenzügen geschrieben, in einem der erregtesten, gefährlichsten Momente der neueren Schweizer Geschichte, wo mit den Tugenden auch die Sünden der demokratischen Bewegung in ihrer Maienblüte standen. Schon dadurch ist er ein denkwürdiges Buch. Er erhebt die Stimme des Widerspruchs, der Verantwortung des Einzelnen für das Ganze, ohne die es keine demokratische Ordnung gibt. Seine Opposition fußt nicht auf patriotischen Phrasen, schönen Allgemeinheiten, sondern auf genauen Feststellungen und scharf formulierten Forderungen. Hinter diesen steht Gotthelfs christliche Auffassung des Zeitgeschehens. Er sah im Radikalismus nicht nur eine politische, sondern auch eine moralische Erscheinung, und er hielt ihn für ein falsches Prinzip. Die rein rationalistische, historische und juristische Begründung des Staates und der Gesellschaft bedeutete ihm ihre Auslieferung an die menschliche Willkür, an die Anarchie der persönlichen Machtinstinkte.

Steffen und Eisi, die Wirtsleute auf der «Gnepfi», sind zufällig herausgegriffene Repräsentanten des neuen Geschlechts, das den Halt der Religion und der Tradition verloren hat. Sie sind weder gut noch böse, sie sind charakterlos, von kindisch unbeherrschter Sinnlichkeit. «Hatte was ihr Gemüt bewegt, so zitterte dasselbe die Bewegung fort, bis ein anderer Anstoß eine andere Bewegung hervorbrachte.» Der Wirt Steffen vegetiert in einem Scheinleben dumpf dahin, und auch Eisi, die eigentliche Hauptgestalt des Buches, hat als leidenschaftliches und genußgieriges, dummes und freches Weib nur die Anmut des Tieres, die am Menschen unselig wirkt. Sie ist ohne Mitte, ohne Seele, ihre Liebe ist ungezügelter Trieb, ihr Stolz lächerliche Hoffart und Eitelkeit. Als Frau und Mutter zeigt sie eine erschreckende Roheit des Herzens, und man wundert sich nicht, daß im Unglück die schlechten Instinkte ihrer Kraftnatur die Oberhand gewinnen und ihr zuletzt alle

Würde nehmen. Ihre Ehe löst sich ebenso triebhaft auf, wie sie zustande gekommen ist. Das herrschsüchtige Eisi und der träge Steffen kämpfen, ihnen selbst unbewußt, um die Macht im Hause, wobei der schwächere Mann den Kürzern zieht. Es ist ein gegenseitiges verschwiegenes Kränken und Morden, ein grausames und schonungsloses Ringen wie zwischen Tieren. Steffen stirbt, ohne daß jemand die wahre Ursache seines Todes erfährt. So leben die Gottlosen.

Es ist meisterlich, wie Gotthelf auch hier dafür gesorgt hat, daß im Leser eine geheime Sympathie für die Heldin erhalten bleibt. Ihre unbändige Lebenskraft hat es ihm angetan, und er entblößt das Innere dieser um ihr vermeintliches Glück kämpfenden Frau auf erschütternde Art. Im zwölften Kapitel, wo sie sich mit der Gewissheit des Konkurses abzufinden versucht, und am Abend vor der Versteigerung, wo ihr hartes Herz beim Anblick ihrer schlafenden Kinder ein einziges Mal in zornige Tränen aufbricht, die sie ihren Stolz wieder finden lassen, tritt ein Wissen um die menschliche Seele hervor, wie es nur dem großen Dichter zu Gebote steht. Diese genial gesehene Figur ist ein ebenbürtiges Gegenstück zu Anne Bäbi Jowäger. Sie verkörpert wie jene den primitiven, abergläubischen Triebmenschen, aber nicht in humoristischer Verklärung. In ihr steht die moderne, von Vergangenheit und Frömmigkeit abgelöste Verblendung da, die schon im Pfuscherroman als die eigentliche Gefahr hingestellt wird.

Natürlich ist es nicht Gotthelfs Meinung, daß diese schlechte Sorte Mensch erst vom modernen Zeitgeist gezüchtet werde. Was er feststellt und beklagt, ist vielmehr der Umstand, daß sie vom modernen, gottlosen Denken begünstigt wird wie noch nie. Eisi hält sich nämlich für gebildet, sie verachtet die Bauern und veranschaulicht mit ihrer Person eine Verwahrlosung, die Gotthelf im ganzen Schweizervolk um sich greifen sieht. In ihrem Haus blüht die «Halbschoppenbildung», die noch ganz andere Ursachen hat als die Vermehrung der bernischen Wirtshäuser. Sie ist der Ausfluß des Unglaubens, der in den Städten wuchert und aus den Köpfen der dort maßgebenden Gelehrten und Politiker kommt. Aus den Städten dringt dieser Zeitgeist auf die Landschaft und trifft hier mit dem frommen, starken bäuerlichen Wesen zusammen. Das wird im elften Kapitel in der Figur des jungen Schreibers gezeigt, der bei der Schätzung von Eisis Besitztum den Amtsschreiber vertritt. Gotthelfs blutiger Hohn über diesen Wicht wird nur verständlich, wenn man bedenkt, daß er in einem solchen Auftritt zwei Welten, eine gute alte und eine schlechtere neue, zusammenstoßen sieht, zwei verschiedene Arten von Bildung, Reichtum, Glück, von menschlichem Dasein überhaupt, wovon im fünften Kapitel großartig und grundsätzlich gehandelt wird. Das neue Wirtshaus ist die Brutstätte des falschen, gottlosen Glücksbegriffs. Wie ein giftiger Pilz wächst es aus einem ungesunden Boden und lockt neue Gewächse gleicher Art hervor. Diese Pest verbreitet sich nicht nur in der Schweiz, sondern in ganz Europa, sie ist eine Weltgefahr. «Begreiflich jedoch gestaltet sie sich anders in den verschiedenen Ländern nicht nur, sondern auch in größern und kleinern Städten, so zum Beispiel ist sie in London nicht ganz gleich wie in Langenthal, in Amsterdam nicht wie in Aarberg, in Paris nicht wie in Schwarzenburg, in Berlin endlich nicht wie in Bern, wenn Bern auch schon ein großer Ort ist, wo große Männer wohnen.» Ihre Ursachen und Folgen aber sind überall dieselben: äussere Verpöbelung und innere Verödung der Menschheit, ein Schwindelgeist, der die Welt zu verschlingen droht. Der Untertitel des Buches ist mit diesem Doppelsinn geladen. «Die Wirtschaft nach der neuen Mode» bedeutet auch die neue Ordnung der Welt, die keine Ordnung mehr ist. «Gnepfi» heißt berndeutsch das unsichere Gleichgewicht, das mit einem Finger gestört werden kann. Der «Geltstag» dieser Wirtschaft ist der Bankrott der europäischen Kultur, den Gotthelf in prophetischem Kummer und Zorn voraussagt.

In den Steigerungskapiteln wird mit höchster Meisterschaft geschildert, wie ein Hauswesen untergeht, auf dem nicht der Segen des rechten Lebens ruht. Der Besitz, den Steffen und Eisi in ihren Launen von überallher zusammengetragen haben, verfliegt nach wenigen Jahren wieder in alle Winde. Diese Nichtigkeit ihrer Besitztümer ist der tiefere Sinn der Geschichten, in denen Eisi berichtet, wie sie zu ihrer Pendule, ihrem Kaffeegeschirr, ihrer Chaise, ihrem Spiegel, ihrem Kinderwägelchen, ihrem Herrenzimmer gekommen ist. Als Erstes verschwindet der Stutzer, das Zeichen der bürgerlichen Ehre und Wehrhaftigkeit – ein schwerer Ausfall gegen den eidgenössischen Festbetrieb jener Jahre. Eisis menschliches Unglück blickt am ergreifendsten aus der großartigen Erzählung vom Spiegel hervor. Überhaupt sind diese Geschichten herrlich aufeinander abgestimmt; der Zyklus verklingt im spukhaften Kehraus der armen Weiber, die den übriggebliebenen Plunder an sich bringen.

Das Neue am «Geltstag» ist, daß er die Menschenkreaturen nicht nur als Einzelwesen auftreten läßt, sondern zugleich das Element sichtbar macht, in dem sie gedeihen: die Masse. Schon im ersten Kapitel, im Schwatzen der Gräbtleute, hört man das anonyme, hundertgliedrige und hundertzüngige Kollektivwesen Mensch reden. Was dann vor, während und nach dem Verkauf rund um das Wirtshaus vor sich geht, ist eine unvergleichliche soziologische Vision, die auch von den Massenszenen der «Käserei» nicht übertroffen wird. Auch hier eine auffallende Derbheit, ein krasses Gelächter über die «Leute» und besonders die «Weiber» mit ihrer blinden Gier nach Eisis Hausrat. «Wie Ameisen an einem Stück Holz, welches sie zernagen wollen, tummeln die Leute sich durchs Haus, und bald hier einer, bald dort einer schleppt was zum Steigerungstische, das er ausgerufen haben möchte... Die Menge rollt über einander, strömt zu den Türen aus, fährt um die zu versteigernden Gegenstände herum.» Beim Kaffee fragt eine Bäuerin: «Was laufen die Leute dort weg?» und erhält zur Antwort: «He, weißt nicht, daß von einem Toten die

Läuse laufen und die Flöhe und von einer versteigerten Sache die Leute?»

Der Humor dieser Szenen beweist, wie die Gestalt der Eisi, daß Gotthelf den «Geltstag» nicht in einer Stimmung der Verzweiflung geschrieben hat. Er verachtet die vom Ungeist bedrohte Menschheit nicht, er ist zornig und trauert über sie. Vetachtung äußert er nur gegen den Schreiber und seinesgleichen, nur hier wird sein Ton satirisch. Der «Geltstag» ist ein sehr dunkles, aber auch ein sehr heiteres Buch, heiterer als die «Käserei». Immerhin leidet er als Kunstwerk daran, daß die Mächte des Glücks nur episodenhaft auftreten. Der Wirtin Eisi steht keine so sonnige Gestalt wie Meyeli gegenüber; die Lichtwelt tritt erst am Schluß mit dem frommen Götti auf den Plan. Diese Lösung enthält, wie so mancher Gotthelfsche Schluß, mit den weiteren Schicksalen Eisis und seiner Kinder den Stoff zu einem ganzen neuen Roman. Sie wirkt aber eher improvisiert; der Glanz dieser letzten Seiten kann das Bild der Verkommenheit nicht aufwiegen. Im Bestreben, ihr Gewicht zu verstärken, hat sie Gotthelf allerdings in ein wundersames kosmisches Licht getaucht. Der menschenfreundliche Alte betet mit abgezogenem Käpplein die aufgehende Sonne an, denn «er las viel und dachte tief.» Er hat den Dämon der Sinnlichkeit in sich überwunden. Über der letzten Szene steht ein unergründlich tiefer Abendhimmel mit dem Flimmern der «Planeten», ja mit einem mystisch aufzuckenden hellen Schein, den der fromme Mann als einen Blick Gottes deutet. Der ewige Friede der Welt in Gott umfängt die Guten, während Eisi in ihr neues Unglück davonwandert.

Auch der Aufbau hat etwas Improvisiertes. Wie im «Schulmeister» setzt der Beginn mitten in der Handlung ein, worauf dann die Vorgeschichte weit ausholend nachgetragen wird. Die Durchbrechung des zeitlichen Ablaufs wiederholt sich in den eingeschobenen Erzählungen Eisis, die weitere Stücke Vergangenheit nachholen. Dieser lockere Aufbau hängt damit zusammen, daß

Gotthelf hier ein wahres Nichts von Motiv zum Anlaß eines über Zeit und Raum aufsteigenden Fabulierens macht. Er entlockt ihm einen Reichtum, den man nicht genug bewundern kann. Er kennt auch den Betrieb einer solchen ländlichen Wirtschaft, ihre geschäftliche Seite, das Treiben der Weinhändler, das Geschwätz der Gäste zu allen Tageszeiten bis ins Einzelne. Die Begleitumstände der Versteigerung sind ihm haargenau bekannt. Das langsame Verlottern der Wirtschaft wird ebenso großartig beschrieben wie der langsam wachsende Unfriede der Ehegatten. Aus beiläufigen Bemerkungen wachsen im Handumdrehen übermütige Episoden (das Wort Benefizium verführt ihn im elften Kapitel zu einer solchen Eskapade). So gelingt es ihm, den banalen, zeitgebundenen Stoff in die Höhe der großen Symbolik zu heben. Der «Geltstag» ist künstlerisch und gedanklich in keiner Zeile veraltet, sondern hat die unverwelkliche Aktualität der großen Dichtung bewahrt. Man lese die unbezahlbare Geschichte von Steffens Chaise und frage sich, welcher Dichter unserer Zeit die Affenliebe eines entseelten Geschlechts zu seinen Fetischen ähnlich groß gestaltet habe. Man braucht die Chaise nur durch ein Auto zu ersetzen, um die Berechtigung der Frage zu erkennen. Aber über alle genialen Einzelheiten hinaus ergreift uns diese Darstellung des falschen und des wahren Glücks und die dahinter aufdämmernde Vision des menschlichen Lebens. Die polemische Grundhaltung ist heute noch verständlicher als vor hundert Jahren. Sie scheint auf eine Verkennung alles dessen hinauszulaufen, was an jenen Krisenjahren vor dem Sonderbundskrieg gut war. Aber die Katastrophe der Zivilisation im zwanzigsten Jahrhundert hat die Rechtfertigung von Gotthelfs Urteil überflüssig gemacht. Er stellt die Dinge nicht einseitig, sondern gesteigert in ihrer verborgenen Grundwahrheit dar. Besonders seine immer wiederholte Behauptung, daß der Unglaube der modernen Zeit notwendig einen neuen, schwärzesten Aberglauben hervorbringen müsse – dieses hier neu variierte Thema des «Anne Bäbi» trifft uns wie eine

Prophetie. Jacob Burckhardt hat später den gleichen Tiefblick bewiesen.

Auch das Manuskript des «Geltstags» ist verloren. Es wurde sehr rasch geschrieben und von Gotthelf vorweg an seinen damaligen Solothurner Verleger gesandt, so daß ihm offenbar keine Zeit zum Feilen blieb. Man achte nur etwa darauf, wie er im neunzehnten Kapitel erst Schesli, dann Schäsli, dann Chaischen, dann Chaisli schreibt oder im sechsundzwanzigsten Kapitel das kleine Anne Liseli als Meyeli wieder auftreten läßt. Solche Unebenheiten finden sich in großer Zahl. Es kommt hinzu, daß der Erstdruck so nachlässig gesetzt ist wie kein anderes Werk Gotthelfs. Er wimmelt von Fehlern, die einem durch die Hast und das unsorgfältige Manuskript noch gedankenloser gemachten Setzer zur Last fallen (vgl. die Anmerkung zu S. 250). Der mundartliche Einschlag des Buches ist dabei besonders schlecht weggekommen. Wir haben diese verdorbenen Stellen verbessert, wo immer es sich offenbar um Versehen und Verballhornungen des Setzers handelt. In zweifelhaften Fällen, wo eine Eigenwilligkeit des Dichters vermutet werden kann, ist der Wortlaut des Erstdrucks stehen geblieben. Auch dieser etwas gereinigte Text läßt noch deutlich genug erkennen, aus welcher Überfülle des Geistes und Herzens das Werk spontan hervorgeströmt ist.

****

ERSTES KAPITEL

Die Gräbt

Kläglich wimmerte das Glöcklein aus dem niedern Türmchen der Kirche zu Uefligen. Auf dem Kirchhofe stand ein Mann und legte Stricke über ein offenes Grab; um den Kirchhof herum schwärmte die der Schule entlassene Jugend, die nicht gerne heimgeht, wenn was zu sehen ist im Dorfe, sei es eine Hochzeit, sei es ein Leichenzug. Der Neugierde ist alles eins.

«Du, wen begraben sie heute?» fragte eine vorübergehende Frau eine andere, welche mit den Händen unter dem Fürtuche schlotterend dastand. Es schien eine kränkliche Frau, um guten Lohn wäre sie nicht im kalten Winde gestanden. Sie möchte es nicht erleiden, hätte sie gesagt, sie sei gar gliedersüchtig und es fehle ihr sonst noch viel. Aber wenn der Gwunder ins Spiel kam, da achtete sie alles nicht, und Keine mochte mehr Kälte und Wind, Hitze und Staub erleiden wie sie. «E», antwortete die Angeredete, «weißt du das nicht, und reden doch alle Leute davon? Habe gemeint, es sei niemere auf der Welt, der das nicht schon wisse.» «Kein Sterbeswörtli habe ich gehört», entgegnete die Erste. «Weißt de nit, dr Wirt uf dr Gnepfi ist gstorbe, u mi bigrabt ne hüt.» «Nit müglich», sagte die Erste, «den sah ich ja erst letzten Samstag vor acht Tagen zu Solothurn und da ist er noch ganz lustig und hellauf gewesen, hat beim ‚Storchen' Wein gezahlt ein paar Mädchen, es weiß kein Mensch, wie manche Halbe.» «So het ers chönne», antwortete die Zweite; «er het nit dra gsinnet, wie kurz es währt, wenn mans z'stark treibt. Letzten Dienstag am Morgen fand man ihn tot im Bette. Am Abend vorher ist er noch wohlauf gewesen, hat mit ein paar Kameraden gramset bis nach Mitternacht, man hat ihm von Krankheit gar nichts angemerkt; nur hat er sie nie fortlassen wollen, sie waren manchmal zweg zum Gehen. Nur noch eine, hat er gesagt, nur noch eine, ins Bett mög er nicht, man könne ja morgen liggen, so lang man wolle, es sei ihm afe nichts so zwider als i ds Bett z'gah. Sie haben sich dessen nicht sövli gachtet, er hats immer so gehabt; je länger es des Abends bei ihm gegangen, desto lieber war es ihm. Am andern Tage aber, als sie hörten, er sei tot gefunden worden, dachten die Kameraden, ob es ihm wohl vorgewesen wegem lang Ligge? Von wegen jetzt könne er ligge länger, als ihm wohl lieb sei, und wenn er endlich aufstehen müsse, so könne ihm das Aufstehen noch schwerer werden als das Ligge. Allweg hets ihnen agfange gruse vor dem Höckle bis nach Mitternacht, sie wollen lieber früh nieder und früh wieder auf, als ungsinnet so lang müesse z'ligge wie dr Wirt uf dr Gnepfi.

«Aber lueg, dort kommen sie, potz, was für e große Lycht. Aber so ists, wo es eine gute Gräbt gibt, gibts viel Leute, wo es keine gibt, gibt es auch keine Leute, auf den Menschen kommt es dabei nicht an, und sei er in Gottes Namen gestorben oder in einem andern.»

Voran kam auf einem Wägelchen der schwarze Sarg. Arme Leute verköstigen sich nicht mit der Farbe, lassen weiß den Sarg, sie werden denken, wenn Trauer sei in den Herzen der Begleitenden und weiß das Herz des Gestorbenen, so sei es alles, was vor Gott nötig sei; die Welt habe sich nie viel um den armen Gestorbenen bekümmert, warum sollte man sich nun um die Welt kümmern bei seiner Begräbnis? Hinter dem Wägelein her kamen Knaben des Gestorbenen, pfausbäckige Jungens mit falben Haaren. Sie trampelten ziemlich gedankenlos einher, man konnte ihnen nicht ansehen, waren sie Weinens satt oder hatten sie es noch nicht zum Weinen bringen können. Bloß der Jüngste, ein sechsjähriger Bube, weinte stark und schluchzte laut; er war des Vaters Liebling gewesen, was er wollte, hatte er vom Vater gehabt; so oft der Vater trank, kriegte der Junge auch, und wenn er sagte: «Vater, der ist mir z'sure», so holte der Vater bessern, und wenn der Vater aß, so kriegte der Junge ebenfalls, und wenn der Vater Rindfleisch aß und der Junge sagte: «Vater, mag nit Rindfleisch, möchte lieber Hamme oder es Prägelwürstli», so holte ihm der Vater das eine oder das andere. Seit drei Tagen, seitdem der Vater tot war, bekümmerte sich niemand viel um ihn. Niemand holte ihm bessern Wein, niemand ein Prägelwürstli; da fühlte er, wie übel es ihm mit des Vaters Tode gegangen, darum weinte er so sehr. Großes Bedauern hatte mit dem Jungen die Welt. «Das ist e bsungerbar e Witzige für son e Junge», sagten die Leute, «der merkt, wie übel es ihm gegangen, daß der Vater gestorben.» Es sei sich auch nicht zu verwundern, er sei dem Vater bsunderbar wert gewesen, und dann wisse man nicht, ob die Leute das Wirtshaus behalten könnten, sövli King u sövli jung und sövli e lüftige Mutter; es wüsse kei Mönsch, was die anstelle. U das merk dä Jung scho u heygs i dr Nase.

Hintenher kamen viele Männer in schwarzen Mänteln und Wollhüten auf den Köpfen; schwarze Strohhüte haben nicht Gültigkeit, weder bei Leichen noch beim Abendmahl. Bei Leichen tragen sie nur die, welche es nicht besser vermögen, und beim Abendmahl nur Güterbuben, deren Bauern zu geizig zu einem Wollhut waren. «E Strauhuet tuets sauft, er ist ds Halb wöhlfeler und notti schwarz, u schwarz wird doch dHauptsach sy», sagt so ein geizig Mannli, das nicht weiß, was dHauptsach bei Gott ist, bei dem aber dWöhlfeli dHauptsach ist.

Unter den Wollhüten sah man ernsthafte Gesichter, aber gerührte hätte man vergeblich gesucht. Die Gedanken hinter den Gesichtern sah man nicht; es kam Manchem wohl. Es hätte es sicher Mancher ungern gehabt, wenn man hinter seinen Augen hätte lesen können: Hätte ich nur das Geld für das letzte Kalb, so früg ich allem nicht viel nach, dSach könnte sein, wie sie wollte, oder: Hätte ich nur die letzte Nacht nicht mit ihm gespielt und getrunken, aber es will mir nicht aus dem Sinn; ins Haus gehe ich nicht mehr, wenn ich nicht muß, und tags mach ich mich heim; wenns nachtet, so fängts mich an zu schaudern, weiß gar nicht, wie es kömmt.

Hinter den Männern kamen die Weiber, ihrer wenige, aber schaurig schwarz und schwatzten nicht. Einige wischten die Augen, sie wußten kaum warum, wahrscheinlich bloß so des allgemeinen Gebrauchs wegen. Andere machten sonderbare Augen, man wußte nicht, waren sie zornig oder wollten sie lachen. Wollten sie vielleicht sagen: Hast du jetzt einmal Feierabend, gäll, dä ist dr cho ungsinnet und dest gschwinger, je länger du unsere Mannleni im Wirtshause versäumt hast. Gäll, jetzt hörst sagen: Ume no eini, ume no eini!

Zuletzt schritt eine stattliche Frau daher, gut angetan, weinende Mädchen um sie; das kleinste führte sie an der einen Hand, während sie mit der andern das Nastuch vor den Augen hatte. Sie war ergriffen, man sah es wohl, aber was sie ergriffen hatte, das wußte man nicht. Es kann ein Weib gar manches ergreifen, wenn es dem Sarge des Mannes das Geleite zum Grabe gibt, es kann die Liebe sein Herz zerreißen oder die Reue, es kann der Kummer für die Zukunft oder der Gram über die Vergangenheit dessen Seele erschüttern. Am lautesten jammerte das kleinste Mädchen, ein fünfjähriges Kind, kein Zusprechen stillte seinen Jammer.

Warum dieses Kind so jammerte, daß es den Nächsten die Seele zerriß und Schauer um Schauer durch die Gebeine jagte, wußte man.

Als es den toten Ätti sah, hatte es die Mutter gefragt: «O Müetti, het dr Ätti ächt no bätet, eh er gstorbe ist, het er ächt o?» «Wie wett er, er ist ja im Schlaf gstorbe», hatte die Mutter geantwortet. Da war das Kind in einen unbeschreiblichen Jammer versunken und hatte immer gerufen: «Su chunt üse Ätti nit i Himmel, oh, üse Ätti chunt nit i Himmel!» Vergebens wollte die Mutter trösten und sagen, er hätte ja nicht beten können, weil er im Schlaf gestorben. Das Kind wollte das nicht fassen. «Du hasts gesagt und der Schulmeister hats gesagt, wer nicht bete, komme nicht in Himmel, und üse Ätti het nüt betet und jetzt chunt er nit dry!» Da wollte kein Trost anschlagen, es blieb bei dem, was man ihm zuerst gesagt, wie Kinder es oft haben, daß man umsonst ihnen zuredet, zu vergessen, was man ihnen zuerst gesagt hat. Wohl hatte es in der Zwischenzeit sich zuweilen beschwichtigen lassen und geschwiegen, hatte gefragt, wenn es recht bete, obs ächt o für e Ätti gält, und auf die bejahende Antwort Ernst mit Bete gehabt, daß ihm in der vergangenen Nacht endlich die Mutter unwillig befahl, es solle doch aufhören stürme und o einist schlafe. Es war nicht böse gemeint, aber eine müde, geängstigte Frau, die gerne schlafen möchte, wiegt die Worte nicht ab. Aber schon als man vom Hause wegging, besonders als man das wimmernde Glöcklein hörte, das so schaurig der Leiche zu rufen schien, war der Jammer noch heftiger losgebrochen, und als man zum Grabe kam, die Erdschollen so hart polterten auf dem Sarge, da brach es in lautes Schreien aus, daß alle großes Erbarmen bekamen und Viele weinten um des Kindes willen. «Du arms Tröpfli,» sagte eine alte Frau, «briegg du nur, so lang de witt u so lut de witt, das schadt dir hie nit u dert nit. Solang du ume über

Angeri brieggist, macht alles nüt, üse Heiland het ja o brieg-get, mach ume, daß de nie über dih selber briegge mueßt, selb chönnt de fehle.»

In die Kirche zum Gebete zog die Menge. Wie sie drinnen war, verhallte das Glöcklein; stille wards, man hörte nur noch des Mädchens Schluchzen, das wurde aber auch dumpfer, seltener, und bald hörte man nichts mehr als vom Taufsteine her das ernste, tiefe Gebet, das den Menschen mahnet an seine Sterblichkeit und was ihm not tue, damit wenn der Herr komme wie ein Dieb in der Nacht, im Schlafe eine Seele fordere, dieselbe nicht unvorbereitet dahinfahre, kein Kind weinen müsse über den Ätti oder übers Müetti in Kummer und Angst, daß ihre armen Seelen verloren gehen möchten, weil sie nicht bloß aus leiblichem, sondern auch aus geistigem Schlafe vor Gericht gerufen werden. In tiefen Schlaf hatte der Herr das arme Mädchen gewiegt, als das Gebet zu Ende war; milde und lieblich lächelte es auf den Armen einer muntern Base, die es nach Hause trug.

Die Menge wandte sich dem Wirtshause auf der Gnepfi zu, nachdem die Männer die schwarzen Mäntel abgenommen, sorgfältig in mitgenommene Säcklein sie gepackt, die Weiber die Züpfen, die nicht halten wollten, sich wieder um den Kopf festgebunden hatten. Die Gräbt war im Wirtshause auf der Gnepfi und zwar nicht bloß eine Käsgräbt, das heißt eine, wo bloß Wein, Brot und Käse aufgestellt wird, sondern eine Fleischgräbt und zwar von den bessern, denn da war Voressen, Rind- und Schweinefleisch, Sauerkraut und dürre Bohnen, dann Braten, Hamme, Salat und Tateren. Es waren Leute da von weither, und die Wirtin zählte sich zu den Vornehmen im Lande, sie hätte es nicht anders getan, und was es kostete, frug sie nicht, ans Rechnen war sie nicht gewöhnt, und wenn man die Sache selber habe, so brauche man ihr gar nichts nachzurechnen, war ihre Meinung bei allem, was in ihrem Hause gebraucht wurde. Sie war streng vorausgeeilt, um die letzte Hand an alles zu legen und dafür zu sorgen, daß die Leute nicht warten müßten; sie ward nicht gerne verbrüllet, sondern lieber gerühmt. Ob sie aber recht wußte, was Ruhm bringt und ds Verbrüllen macht, das ist eine andere Frage, darin irrt sich gar manche Frau.

Langsam waren ihr die Leute nachgekommen, und viel zu mustern gab es noch, ehe sie alle saßen um die langen im Tanzsaale aufgestellten Tische. Zu was allem doch so ein Saal dienen muß und was er alles sehen muß! Wenn er reden könnte, man würde sich verwundern, verwundern zum Beispiel, wenn er erzählen würde, wie er oft an Tanzeten traurigere Herzen gesehen hätte als an Gräbten. Die Wirtin hantierte unten in der Küche, hatte aber Aufträge gegeben diesem, jenem: «Lue mr doch de öppe, daß esn ieders zu syr Sach chunt, u schaych y!» Wenn aufgetragen war, so trat sie einen Augenblick unter die Türe und übersah die Tische, ob allenthalben was sei, die Speisen recht verstellt und die mäßigen Flaschen nicht leer. Wer sie zuerst sah, füllte sein Glas, drehte sich auf seinem Stuhl und sagte: «Es gilt dr, Wirti, chumm u tue Bscheid!» «Es angers Mal», sagte dann die Wirtin, «bis ume rüehyig!» «Chunst nit o zun is?» «Ih chume de, aber zerst mueß ih no ache, si hey mr grüeft.»

«Wie gehts ihr wohl?» fuhr der fort, welcher es ihr gebracht hatte, «kann sie wohl bleiben, oder kehrt es sie?» «Sie meint nichts anders als furtfahre», antwortete ein Anderer; «sie hat davon gesagt, wie es jetzt gehen müsse, und hat im Sinn, viel la zwegzmache.» «Dere könnte es noch anders kommen», antwortete der Erste, «entweder tut sie nur dergleichen oder si chennt de nüt vo dr Sach. Da werde no Sache fürecho, a die no niemere sinnet.» «Meinst?» antwortete der Andere. «Ih ha o afe neue e Ton ghört, aber ih ha du denkt, es wird afe gar viel gschwätzt.» Dieses Gespräch verbreitete sich, langsam schleichend wie Feuer im Moose, doch nicht bis zu oberst an den Tisch, wo die Verwandten saßen, auch nicht an der Weiber Tische, die abgesondert saßen, denn nicht ungerne tun die zuweilen, als ob ihnen die Nähe des Mannevolks in der Seele zuwider sei. Das schickt sich auch nie besser als an einer Gräbt, wo es sich ohnehin nicht schickt, Karlishof zu haben und Gugelfug unter einander. Die sprachen davon, wie doch das Mädchen getan hätte, wie es ihnen dabei afe fast gschmuecht worden sei. Es syg ume es King, aber denen werde manchmal was eingegeben, was große Leute nicht wüßten, und schon manches Kind hätte etwas gesehen, Erwachsene hätten nichts bemerken können, gäb wie si gluegt heyge. Sei das, wie es wolle, so sei es allweg grüslig, so plötzlich z'sterbe und no unbetet. Man sage nicht umsonst: «E Schlagfluß, Gott bhüet is drvor». Es sei zehnmal besser, e Plätz krank z'sy; wenn man schon dabei leiden müsse, so könne man sich doch rangiere wegem Zytliche und wegem Ewige. Was ihnen aber am meisten gruse, sei, daß man schon oft gehört habe, wie so einer, der sich nicht habe rangieren können, sondern etwas auf dem Herzen behalten, nicht ruhen könne, sondern wiederkommen müsse, bis es ihm jemand habe abnehmen können. Das düech se ds Schröcklichste vo allem; sie wollten lieber gradewegs i dHöll; wenn me einist dert wär, su wär me doch de dert, und viellicht könnt me sih zletzt o no dra gwahne, mi gwahn sih ja a alles uf der Welt. «Herr Jeses, Züsi, schwyg u vrsüng dih nit, denk, wies dem alte Schlyfer gange ist, wo o sym Mul ke Rechnig gmacht het! Weißt no?» Einmal auf diesem geschichtlichen Boden, ist den Weibern zu wohl, als daß sie ihn bald verlassen sollten; so streng ihnen die Gänsehaut den Rücken auf fuhr, so streng jagte ein Geschichtchen das andere, doch auch hier alles halblaut.

Lauter, jedoch gemessen, ging es bei den Verwandten zu,

Brüdern des Gestorbenen, Brüdern der Wirtin und Andern, die in näherm und weiterm Grade ihnen angehörten. Sie berührten weder den Verstorbenen noch die mutmaßlichen Umstände desselben; sie redeten von ganz fremden Dingen. Zuerst redeten sie vom Korn, wieviel jeder usemach im Tenn von hundert Garben, von welcher Sorte sie hätten, rotes, blaues, weißes, verabredeten Tausch und sprachen vom Aufschlag und Abschlag, wieviel jeder zum Verkauf übrig hätte und ob der Verkauf besser sei daheim oder auf dem Markt. Allweg löse man einige Batzen mehr auf dem Markt, meinte ein Schalk, aber wieviel man dann davon heimbringe, sei Gott bekannt, manchmal alles, manchmal wenig, manchmal gar nichts. Manchmal wüßte man, wo man die Sache hintäte, und manchmal nicht, manchmal sehe man ohne Spiegel das Gras wachsen, und manchmal könnte man sieben Spiegel aufeinandertun und vermöchte keine sechszentnerige Sau zu sehen, vrschweige dann, wie bös ein Sack sei und wie groß die Spälte im Kistlein – so komme immer alles auf die Umstände an. Und wie so ein Gespräch gleitet wie Schlittschuhläufer auf dem Eisspiegel von einem Ende zum andern, so kam man von Löchern und Schweinen auf die Luzerner und die Aargauer, auf die Politik, man wußte nicht wie. Es waren sich da nicht bloß zwei Verwandtschaften gegenüber, sondern auch zweier Gattig Leute. Die eine Verwandtschaft bestund hauptsächlich aus ältern und gesessenen Leuten, das heißt aus solchen, die etwas Solides besaßen und in einem Eigentum saßen, aus Sassen also; die andere mehr aus Leuten, die flüchtiger waren, auf Pöstlein saßen, die alle sechs Jahre zu vergeben waren, oder auf solche Pöstlein harrten wie auf die Maus die Katze, oder denen die alte Welt, von Gott gemacht, bereits verleidet war und sie neu machen wollten nach ihrem Sinn, akkurat wie sie aus ihrem blonden Schnauz einen schwarzen gemacht hatten. Es waren gegenüber den Sassen die Alemannen, oder die Allmendleute gegenüber den Horbesitzern, um in Beispielen zu reden. «Aberebo und wie stehts», fragte einer der Ersteren, welchen das Korn wenig interessierte, weil er keines pflanzte, «mit den Jesuiten, wollen wir bald dran hin und sie austreiben?» Da entstand eine lange Stille in Israel. Als niemand was sagte, fuhr er fort: «An die hin hulf ich, und wer ein freisinniger Mann sein will, muß mit!» «He ryt emel afe; wennd de nit gfahre mast, su mach Bscheid!»

Während der Erste eine bittere Antwort verbiß, antwortete ein Anderer: «Ja, so hat man es bei uns, da will es einer an den Andern lassen, und wenn am Ende Freiheit und Religion und sust alles verloren geht, su wett de niemere dschuld sy.» «Ho», sagte ein Anderer, «was sell ist, so han ih ke große Chummer; was dReligion isch, su han ih die selber, u emel einist nimmt mr die niemer, u we mr dPintewirte myni Buebe nit verfüehre u dNeutäufer myni Meitli nit und die Separierte myni Alti nit, su han ih wege dr Religion ke Chummer, u zur Freiheit soll dRegierig luege, die ist zahlt drfür, u luegt die nit, he nu so de, su sy mr de geng no da.» «Ja ja, wenns de z'spät ist, zu selligem cha me nit früeh gnue tue.» «Aber lösche, gäbs brönnt, cha me doch o nit, selb schickt sich neue nit», ward geantwortet. «Das wär gspässig, wenns nit brönnti, fraget die Freisinnige im Kanton Luzern! Wenns e Brunst ist, su fat me a lösche, wenns afat brönne, u nit erst, wenn ds eige Dach acheghyt», antwortete der, welcher reiten wollte. «Selb ist wahr», antwortete einer, der noch nicht geredet. «Aber wenn dr Nachbar chüechle will, su geyht me nit und wirft ihm Wasser i dPfanne, selb chunt de erst nit guet. U we dLuzerner dJesuiter für Chüechli wey, su hulf ih se la mache, wenn ih se nume nit fresse mueß. Aber drvo het no niemere gseyt. Ih ha no vo niemere ghört, dem dChüechli nit erleidet wäre, wenn er geng ume Chüechli ha sött.» «Ein jeder redet, wie er es versteht», antwortete ein Anderer. «Aber sagt mir doch, was und wer die Jesuiten sind.» «He, selb wett ih vo Euch vrnäh, Ihr werdets wohl besser wüsse als ih, es nähm mih selber wunder», antwortete der Gefragte. «Das gieng z'lang, Euch z'brichten», antwortete der Erstere, «das könnt Ihr in jeder Zeitung lesen. Wir würden heute nicht fertig, wenn ich anfangen wollte.» «Ja ja, ih vrstah. Wenn er agfange hätt, ds Höre wär mängem ke Kunst. Wenn mih allbets dr Pfarrer öppis Wunderligs gfragt het, su han ih gseit, ih wüßts, aber ih chönns nit säge.» «Ja», sagte einer, «aber lätz ists, ih hätt es schöns Munikalb, u die hey mr allbets dLuzerner abkauft, si sy chum trocke gsi, u jetz het sih längs Stück kene by mr zeigt. Es ist doch lätz, daß sih jetz üsereim dSach etgelte mueß, wenn Anger ds Garn vrhürschet hey.» «He ja, wenns mr ume um dKalber wär, es wär mr o so, aber ih sinne o as Vaterland und a dReligion», entgegnete einer. «Grad so geyhts mir o», antwortete ein Anderer, «was ih nit ha, dara mueß ih am hertiste sinne; wenn ih key Geld ha, su düecht mih, ih syg niene daheim, und won ih Witlig gsi bi, hets mih düecht, ih möcht am en iedere Zunstecke um e Hals falle un ne frage, ob er well cho Büri sy uf dBot hinteri.» «Du wirst du es bravs Müetti übercho ha, so dere eys, wenn e Hüehnerträger siebni um drei Krüzer übercho chönnt, er lieber z'leerem zMärit gieng als se i dKräze nähm?» «Ih ha emel eys übercho, u ds Best ist i der Zyt, daß ih wege syne emel dJesuite nüt z'förchte ha. Es chunt mr scho längs Stück ke Länder u ke Schwebelhölzler meh unger dTür, u doch han ih ke Hung meh, sit me e Neutaler drvo zahle sött.» Man sieht, es war Giecht in der Wechselrede, wenn man ihn auch immer mit einem Spaß dämpfte wie beim Brechen das Feuer mit dem nassen Besen. Solch Giecht ist zuweilen bei Gräbten zwischen den beiden Verwandtschaften von Frau und Mann, wenn die Aussicht gefährlich ist und jede Beschwerde fürchtet und jede von ihrer Seite weg die Schuld auf die andere schieben will; begreiflich erzeigt man es aber nicht, man faßt sich, und wer nicht ein feines Ohr für den Ton hat, würde an den Worten wenig merken.

Die Wirtin war hereingekommen, war den Tischen nachgegangen, hatte sich entschuldigt, daß alles nicht besser sei, aber mi söll vrzieh, wenn me selligs erlebe müeß, su heyg me i Gottsname dr Sinn nit, hatte eingeschenkt hier und dort und endlich sich bei den Verwandten niedergesetzt, wo man sie zum Essen nötigen wollte, aber zur Antwort erhielt, si mög nit, si heyg e Tropf Suppe gno u dä heyg si schier nit möge achebringe u heyg ne no z'oberist obe. «Es ist sich nicht zu verwundern, Base», sagte ein alter Vetter, der des Gestorbenen Götti gewesen, «wenn man so was erleben muß, so ungsinnet u sövli jung no; es düecht mih, es syg erst gester gsi, daß mr ne tauft heyge u dKingbetti du gha i dr Kädere. Aber hest ihm de nüt agmerkt, daß ihm öppe fehl?»

Diese Frage gab der Wirtin Gelegenheit, des Weiten zu erzählen, wie ihr Mann wohl hie und da gruchset, aber z'grechtem gfehlt hätte es ihm nie, und bruche hätte er erst nichts wollen. Scho es Wyli heyg ihm dr Ate gchurzet u du syg er im Gurnigel gsi, aber bessert hätte es ihm nicht. Wie es sie hätte möge düeche, bruch me dert schier meh Wy weder Wasser, emel e Teil, si well nicht säge all. Aber böset hätte er auch nicht, und a öppis Bös gsinnet hätt si de gar nicht. «Da cheut dr denke, wie es mir am Morge gsi ist!» Dann erzählte sie plastisch, das heißt ohne ein Düpflein auszulassen, was sie am Morgen gesehen, wie es ihr gewesen, was sie gemacht, was sie gesagt und was Andere gesagt.

Während ihrer Rede verrann die Zeit; die Leute begannen aufzustehn und sich zu empfehlen, denn bei einer Gräbt ist lang Dorfen nicht Sitte, es sei denn, es sei eine Base oder ein Vetter begraben worden kinderlos, aber mit vielem Geld behaftet. Die Gäste dankten für die gute Aufwart, wie si de öppe nit dra denkt hätte u deretwäge si de nadisch nit cho syge. Die Witwe dagegen dankte, daß sie hätten kommen wollen und ihrem Mann dLiebi erzeige, si heyge müeße vorlieb näh; wenns eim selber breycht heyg, su chönn me de öppe nit ufwarte, wie me dra denk u wie wenns neuer Frömds wär. Aber es angers Mal well sis nachebessere, wenn me ere well dEhr atue u zu re cho u se nit ganz vergesse u vrla. Si well öppe ihres Mügliche tue, daß dLüt sih nit z'erchlage heyge, daß si ihri Sach eh besser weder böser heyge. So höflich und manierlich begegnete sie den Gästen, die alle fast zusammen aufbrachen, wie hart es auch Manche hielt, aber man hielt sich doch nicht dafür, daß man länger nicht genug hätte als die Andern.

Den nächsten Verwandten hatte sie aber Winke gegeben, daß sie bleiben möchten, weil sie noch neuis mit ihnen zu reden hätte und das am besten sei, wenn sie alle bei einander seien, es könne da ein jeder sagen, was er denk und wie er die Sache ansehe, hingerdry helfs einem dann nicht viel, wenn man einem sage: «Hättist mich gefragt, ich hätte dir schon raten wollen, u de gwüß, daß es guet cho wär.» Als die Stube sauber war, begann die Wirtin: «Sie haben mir die Sache versiegelt, die Manne hier (sie war nicht da daheim), es het mih düecht, es sött öppe nit nötig gsi sy, aber es wird ne o öppe um ihres Löhnli gsi sy. DSach sött me ne vrgebe gä, aber vrgebe tät eim hie niemere e Tritt vrsetze, i selligem sys wüest Lüt, drnebe wäre si guet, si meine de öppe nit, daß alles für dKingsking müeß gspart sy. Die hey mir du no welle Angst mache u hey gseyt, mit dem werds de no nit gnue sy, es werd no müesse es Benefizi gä. Selb wird doch öppe nit sy.» Die Manne sahen einander an, keiner sprach, endlich sagte ihr Bruder: «Das kann dir hier niemand sagen. Brauch ists, drnebe kömmts auf die Gemeinde an und wie öppe die Sache stange». «Selb wirst du am besten wissen. Öppe reich worden sind wir hier nicht», antwortete die Wirtin. «Wir haben böse Zeiten gehabt, große Verluste gemacht, viel machen lassen, und was wir geerbt, das wüßt dr öppe ume z'guet, es bravs Trinkgeld, nit viel meh; aber notti ist no öppis da, vo wege zur Sach gluegt hey mr u brucht öppe nit viel meh, as sih wohl gschickt het u nötig gsi isch.»

«Natürlich habt ihr ein Hausbuch, u drin wirds gschriebe sy, wies öppe gange isch u was dr z'heusche heyt u was dr schuldi syt?» «Ja, son es Buech hey mr, und drin ist viel gschriebe, bald het er drygschriebe, bald han ih neuis drygmacht, wenn ih glaubt ha, ih chönnts vrgesse. Aber das hey si mr o ybschlosse, gäb wien ih gwehrt ha, es syg mr gar uchumlig, wenn ih öppe öppis ufmache well, won ih glaub, ih chönnts vrgesse.» Die Männer sahen einander an; endlich sagte ihr Bruder: «Ds Best ist, du gehest vor die Gemeinde, der Schwager kömmt schon mit dir und trägt ihr die Sache vor, emel einist chan ih a dr Sach nüt mache.» «He das wär gspässig», sagte die Wirtin, «du wirst doch öppe welle e Brueder a mer sy u wirst öppe nit bigehre, daß ih jetz no i unötig Köste chume. Wenn man mir öppe beistehn wollte wie üblich und recht, so weiß ich, die Sache ginge und vielleicht besser als vorher, aber wenn niemand will, he nun so dann in Gottes Name, so weiß ich, wer es zu verantworten hat und was es einem nützt, Brüder und Schwäger zu haben.» «He Schwester», sagte der Bruder, «nur nicht so hitzig, du hast noch immer einen Bruder an mir gehabt, aber alles auf der Welt hat seinen Gang und dem muß man den Lauf lassen. Es wär öppe noch nie erhört worden, daß man bei einem Wirt, wo so viel mit Wygumene, Käshändler, Herdöpfler u dere Züg u sust allerlei Lumpepack in Verkehr gestanden, kein Benefizi ergehen ließe, du kämist in größten Schaden, glaubs, und wurdist dene Zägge nie los.

Wenn das gange ist, kann man dir helfen, dann wohl.» «Hans Uli hat recht», sagte der Schwager, «grad so ists.» Das bestätigte der Götti auch und alle Manne, Schwäger und Brüder und andere Verwandte, die noch da waren. Die Wirtin verstund das aber nicht, sie wurde böse; sie sagte, sie sehe wohl, wie es ihr gehen werde, z'helfe begehre ihr niemand, aber alles werd welle uf ere sy u a re sugge. Es sei immer so gewesen und werde immer so sein, wer Witwen und Waisen am besten bschyße chönn, dä mein, er syg dr Größt. Sie hätte erst noch eine Geschichte aus dem Oberland abe gehört, wie vornehm Manne eine Witwe hätten machen z'geltstage und ihr Vermögen hinterepackt und eingesacket, und jetz werde man es ihr gerade so machen wollen. Selligs Geld heyg me hützutag nötig, wenn me dBuebe well zu Herre mache, als ob me dere Mulaffe nit meh als gnue hätt.

«Los Schwester, darüber wollen wir jetzt nicht zanken», sagte der Bruder; «wenn du es anders machen kannst, he nun, so ists mir ja recht, ich will dir da gar nicht im Wege sein.» «Ja», sagte die Wirtin, «aber dann möchte ich noch einen rechten Mann für mir anfangs beizustehen, nachher wirds schon gehen.» «Nun, deretwegen mußt auch vor die Gemeinde, sie muß ihn dir verordnen. Weißt einen?» sagte der Bruder. «Allweg», sagte sie, «einen aus der Nähe, wo ich nicht so weit zu laufen brauche, wenn ich Rat mangle, und der sonst ungeheißen kömmt. Ich habe schon mit ihm gredt, er wett.» «He nun so dann, so wär dSach i dr Ornig, u jetz mueß ih furt, ih will ga la aspanne», antwortete derselbe. Ihm nach ging der Schwager; unten in einer Ecke stellten sie sich wie zufällig, und der Bruder sagte zum Schwager: «Du siehst doch ein wenig zur Sach, bist näher als ich und dSach geht dich noch mehr an. Aber es Benefizi muß es allweg geben.» «Versteht sich», antwortete der Andere, «wenns de ume drby blybt und es sih bi dem still het.» «Meinst? 's wird öppe nit sy,» fuhr der Bruder zweg. «Man kann nicht wissen», antwortete der Schwager, «es kann noch manches zum Vorschein kommen, an welches man jetzt nicht sinnete. Drnebe weiß ich es nicht, der Bruder ist in der letzten Zeit so wunderlich gewesen, öppe rede het me nit mit ihm chönne.» «Ich kanns nicht wohl glauben», antwortete der Bruder, «wie wollte das gegangen sein, bei dem Vermögen, wo sie zusammengebracht, und auf dem Platz, wo auch gut ist? Freilich, wos lustig gange ist, ist er gerne dabeigewesen, aber das hätt doch nicht alles sölle mache.» «He ja», antwortete der Schwager, «und dann hat er oft geklagt, seine Frau sei keine Hausfrau, wie er sie gmanglet hätte, sie mache keiner Sache eine Rechnung, und was die Augen sehen, das, meine sie, müsse sie haben.» «Sie werden einander nicht viel vorzuhalten gehabt haben, und wär er mehr daheim gewesen, so hätte er sie können brichten», antwortete der Bruder. «Da muß man Weibergut machen, so viel man kann, das ist dHauptsach», setzte er hinzu. «He ja», antwortete der Schwager, «und die Leute, welche dem Bruder getraut haben, brav mache z'vrliere und ihn unterm Herd unte no zum ene Schelm, selb wär bravs!»

Damit ging er in den Stall und ließ den Andern stehn. Dieser sah ihm nach und brummte für sich: «Er wird ihm o schuldi sy, sust redti dä nit so; wenns ume anger Lüt agieng, er wär nit halb so eigeli. Mi het de öppe nie ghört, daß die, wo vo dem Züg nachechöme, bräver syge as anger Lüt, ds Kunträri.»

Die Gedanken, welche Beide wälzten in ihrem Sinne, waren ganz andere als die, welche sie hergebracht hatten, sie rüsteten Beide sich auf eine schwere Zeit.

ZWEITES KAPITEL

Der Leser vernimmt, wer begraben worden, und wie derselbe seinerzeit zu einer Frau gekommen

Der Wirt, der begraben worden war, war eines angesehenen Mannes Sohn, welcher bei der alten Regierung viel gegolten, daher mit manchem Pöstlein beehrt worden war. Diese Pöstlein hatten ihn jedoch nicht reich gemacht, wenn er gleich ein Schönes daraus zog. Er hatte viel Land und viele Kinder; der Pöstlein wegen mußte er viel von Hause weg sein, da weiß jeder, wie es geht, besonders wenn daheim keine Frau waltet, welche Hosen anhat und die Hand am Arm. Eine solche hatte er aber nicht. Wenn der Vater ein vornehmer Mann ist, so meinen die Kinder gerne, sie müßten dem Vater zLieb und zEhr großen Staat machen, und der Vater ist oft Gäuggels genug und meint, es sei so. Wenn dabei viel gebraucht und wenig gearbeitet wird, so denkt er, das mögs wohl erleiden; so ein paar hundert Franken jährlich vom Himmel obenaben, man wisse nicht wie, glichen alles wieder aus. An eins aber denkt er nicht, obgleich er eigentlich seiner vielen Ämter wegen mehr Verstand hätte haben sollen als gemeine Leute. Er dachte nicht daran, daß seine Kinder an viel Brauchen und wenig Werchen sich gewöhnten. Und wenn er auch Land und Heustöcke rechnen konnte wie Schnupf, mit und ohne Krümpe, mit und ohne Träm oder Fußwege, so konnte er doch den Unterschied nicht herausrechnen, welcher entsteht, wenn ein Kind wöchentlich zwei Fünfunddreißiger vertut und keinen verdient, oder wenn es wöchentlich zwei Fünfunddreißiger verdient und keinen vertut. Wer zum Rechnen nicht ganz dumm ist, der bringt mit Gottes Hülfe heraus, daß das einen Unterschied von zweihundert Fünfunddreißigern macht per

Jahr; und wenn er recht anwendet, so bringt er vielleicht noch heraus, daß siebenhundert Franken den Zins eines Kapitals von siebenzehntausendfünfhundert Franken ausmachen. Eine schöne Summe, Viele werden sagen ein schön Vermögen. Also wer alle Wochen zwei Fünfunddreißiger vertut, muß den Zins von achttausendsiebenhundertfünfzig Franken haben, und wer alle Wochen zwei Fünfunddreißiger verdient, statt zwei zu vertun, trägt ein Vermögen in sich, welches ihm den Zins von achttausendsiebenhundertfünfzig Franken abträgt, während er zu gleicher Zeit den Zins von achttausendsiebenhundertfünfzig Franken erspart.

Nun hört man so oft: «Das ist ein reiches Meitschi, es hat so und so viel tausend Kronen und noch dazu Verfalles», oder: «Das ist es Arms, keinen Kreuzer hats.» Ganz gut, aber was braucht das Eine, was verdient das Andere? Das muß noch dazu gerechnet werden; erst dann kann man das Vergleichen anfangen, und wenn man eine Subtraktion ansetzen will, so frägt es sich, ob das Mädchen, welches keinen Kreuzer hat, nicht die reichere Frau wäre als das andere mit seinen paar tausend Krönchen. So manches Herrentöchterchen heißt reich, fünfzigtausend Franken habe es wie einen Batzen. Wenn es aber nun nichts kann als Kontos machen bei Schneiderinnen, Putzmacherinnen, Zuckerbäckläden usw., vom Kammermeitli sich muß anziehen lassen und von der Köchin betrügen, rechne man nur doch, wie reich ist die? Und dann erst so ein Bauerntöchterchen mit zwanzigtausend Pfund und meinethalben noch mit einem Halbdutzend zentnerigen Dackbetten, siebzehn Fassene, einem schönen Schaft, einer französischen Bettstatt und einem zwölfdublönige Schwarzkleb, das einem großen Haushalt vorstehen soll und kann nichts als Pantöffeli brodiere, «merci» sagen, ds Mul büschele und dLüt usgränne hinterm Rücken, gixt: «Herr Jeses, pfi tusig!», wenn es den kleinen Finger in eine

Säumelchtere tunchen sollte, steyht am nüni uf, schlärplet um ds Hus u geyht am eilfi u seit: «Mädi, was hey mr hüt z'esse, mach is fry öppis Guets, öppe es Tätschli u viel Zucker dry u brav Zimmet druf,» u über Kopfweh schreyt u Zahngweh, wenn es einist Bohne rüste sött oder afüre, u nüt erlyde ma as uszryte un öppe Gotte z'sy oder z'tanze u das je länger je lieber, wo dKrone nit zählt, wenns um e Kittel geht oder um eine Kappe oder gar um Göllerketteli, aber dann anstatt Kabis Erdäpfelkraut einmachen will, das gang sust zschange, u einist heyg es neue ghört, das gäb ds best Surkrut. Was meint ihr wohl, wie reich ist ein solch Meitschi und was helfen die zwanzigtausend Pfund dem Bauer husen mit einer solchen Frau? Ja, wird man sagen, das sei eine dumme Rechnung, die Rechnung eines Zaunstecklers, der das Leben nur nach dem Ersparten setze und wo das Geld die Hauptsache sei. Heutzutage lebe man gottlob in andern Zeiten, in aufgeklärtern, und da sei die Bildung die Hauptsache. So ein gebildet Frauenzimmer, das sei das Wahre, das sei ein einzig Kleinod, ein Gut, von dem man nicht wisse, oh, oh, oh, oh, oh wie herrlich. Und wenn man dann erstaunt nach dieser Bildung frägt, wenn man frägt, in welchem Verhältnis das Meitschi zu seinen Eltern gestanden und anderen Menschen, wie es sich in Leiden und Verdrießlichkeiten schicken könne, in Entbehrungen usw., so zuckt man die Achsel und sieht einen verächtlich an und sagt, dMuetter sei eine ungebildete Frau, mit der sei nicht nachzukommen, mit gebildeten Leuten vertrage es sich trefflich, aber zuzumuten sei es so einer gebildeten Person gar nicht, daß sie sich nach rohem und gemeinem Pack richte, reizbare Nerven hätte sie und möge nicht viel ertragen. Das sei aber so bei gebildeten Leuten, die seien ganz anders gnatürt als so die gemeinen, wo seien wie Holzböck oder steinig Türlistöck. Wenn man dann noch einmal das Herz in beide Hände nimmt und frägt, worin denn eigentlich die Bildung bestehe, wenn sie nicht die Kraft sei, Leben und Menschen zu ertragen, weil man beide erkannt und seine eigene Bestimmung, so werden die Augen noch verächtlicher und spöttisch verzieht sich der Mund und man hört endlich: «Das begreifst du nicht, aber weil du es bist, so will ich es dir sagen, damit du doch einmal vernimmst, was Bildung ist:

«Sie hat verflucht gute Schulen genossen und alles Mögliche darin gelernt; es hat Tage gä, wo si füfzehner Gattig gha hey. Da lehrt me angers as da so i de ordinäri Schuele, wo me geng am Glyche lyret. Si hey vo dr Gschicht gha und vo dr Erdkugle, vo zvorderist bis hingerus, u wie mänger Gattig Affe es git, hets Punktum gwüßt, u wie si lebe u wie si tue. Si hey ds selbisch e grusam e gschichte Lehrer gha, er het ne alles u bsungerbar dAffe chönne so bigryflich mache, daß es eim düecht het, mi hey fry eine vor dr Nase. U du ists im Weltschlang gsi u het brav glehrt; gäb wie liecht es sih bsinne cha, su chas no alles säge, und wenns scho nit geng weltschet, su wird men ihms am manierlich Rede syr Lebtig amerke, a «merci» u «si vous plaît» und «pas du tout». Es tanzet höllisch guet und het Konversation; es ist einist auf dem Dampfschiff gfahre, und das erzählt es einem, so oft man will und recht kurzwylig; und arbeiten kanns auch und zwar schön, brodiere, Kindskäppeli mache, und lue, dä Geldseckel het es mr glismet; das ist öppis angers als so gradane e wullige Strumpf. Du glaubst nicht, was das für ein Unterschied ist zwischen einer gebildeten Person und einem groben Mensch, auf hundert Schritt sieht man ihn. Selb ist Bildung.»

's ist schön, diese Bildung, verflümeret schön. Wenn dann diese Gebildete zu einer Hausfrau gerät, so hats diese Bildung nicht selten wie schlechte Indienne, wo nach ein paar Wochen e Uflat wird, den man gar nicht mehr ansehen mag.

's ist aber kurios, nach dieser Bildung wird hauptsächlich beim weiblichen Geschlecht gebrüllt wie bei einer Feuersbrunst nach Wasser. Beim männlichen Geschlecht, versteht sich Ausnahmen abgerechnet, fordert man bloß, daß einer sich recht lustig machen, schwatzen und flattieren könne, und Einige sind, die sich am liebsten von Schnäuzen flattieren lassen. Die Sache, von der wir ausgegangen, bleibt die gleiche; der Unterschied vom Vertun und Verdienen wird nicht bemerkt. Wenn einer sich recht lustig machen und gut flattieren kann, ein Schübeli Geld hat, aber keines zu verdienen weiß, so meint so ein Meitschi, was es erobert, wenn es so ein lüftig Bürschli erzappelt hat, zieht ihn hundertmal einem fleißigen Gstabi vor, der gut arbeitet, aber schlecht tanzt, es ehrlich meint, aber nicht zu flattieren weiß.

Unseres Mannes Kinder waren teils gebildet, das heißt die Töchter, und waren lüftig und lustig, die Söhne nämlich. Unter ihnen machte sich besonders Stephan bemerkbar, ein gescheuter Bursche mit Kruselhaar und heitern Augen. Wo es lustig ging, war er der Erste und Letzte, ob er aber der Erste oder Letzte zum Mähen auf die Matte kam, dessen achtete sich der Vater nicht, und wenn er dem Vater von den andern Geschwistern verklagt wurde, er wolle nicht hakken, nicht helfen hier oder dort, so redete ihm die Mutter z'best.

Da man ihn zu Hause recht gut entbehren konnte, so wurde beschlossen, er solle das Metzgen lernen. Das ist auf dem Lande das adeliche Handwerk, wie in den Städten der Weinhandel der adeliche Handel war. Stephan ließ sich das recht gerne gefallen. Er lernte das Metzgen, so wie es ein junger Sohn lernt, der Geld im Sack hat und Muggen im Kopf. Daheim machte er, was er gerne wollte, und wenn er über Land mußte dem Veh nach, so kam er heim, wann es ihm gefiel. Daneben geriet er zum Scharfschütz, und wenn irgendwo ein Schießet war, so fehlte Stephan nicht, und wenn er in Garnison mußte, so kam seinen Vater allemal das Seufzen an.

Die Lehrzeit dauerte nicht lange. Metzgerknecht sein, sich binden wollte er begreiflich nicht, das wäre seinen Ehren ein Abbruch gewesen. Er ging also wieder heim, sollte im Sommer wieder werchen, im Winter dann auf gut Schick passen, ob irgend ein Vetter oder einer, der sich beim Vater in Gunst setzen wollte, sich seiner erbarme und ihn anstelle, um seine Sau oder zwei zu schlachten, oder ob irgend eine ihrer Kühe so gefällig sei, ein Kalb zu gebären, das man nicht abbrechen, nicht wohl verkaufen konnte, sondern es am besten war, dasselbe selbst zu schlachten und das Fleisch zu verhausieren. Das erleidete ihm aber auch; es trug wenig ein, und doch wurde er je länger je mehr darauf verwiesen, wenn er Geld wollte.

Da kam die neue Ordnung der Dinge, und bald darauf wurden die Konzessionen zu Wirtshäusern so häufig erteilt, daß allenthalben das Gelüsten entstund, zu wirten, um ring reich zu werden. Das kam unsern Stephan auch an, und sein Vater, der es so zu drehen gewußt hatte, daß er um seinen Kredit nicht gekommen war, hatte nichts darwider, sondern meinte, man müsse dGlegeheit profitiere und nusse, wenn Nuß syge. Zu einem Wirtshaus wolle er ihm schon helfen. Dazu aber, sagte er, gehöre eine Frau, welche Geld habe, viel könne er ihm nicht geben, öppe es kuraschierts Mönsch, das der Sach wisse vorzustehn und den Leuten anständig sei, nit öppe son es Tschaggeli, son es Kuderbützi, wo me nit wüß, was hinger oder vorfert syg.

Ein lüftiger Bursche wie Stephan hatte begreiflich schon manche Liebschaft gehabt, aber die einen waren erkaltet und aus andern hatte es sonst nichts gegeben, so daß er in diesem Augenblick wirklich nichts angesponnen hatte, also das

Herz frei war und nirgends weder Schleiftrog noch Kette. Nun hätte man denken sollen, die Familie sei zu Rate gesessen, hätte eine Landkarte zur Hand genommen, worauf die Wirtshäuser verzeichnet gewesen, und nun nachgedacht und nachgefragt, wo ledige Töchter seien, die dSach verstünden und Geld hätten. Aber daran dachte man nicht von ferne. Im Kanton Bern herrscht der Glaube, und selbst auf der Hochschule (damals florierte sie jedoch nicht wie jetzt) wird ihm nicht widersprochen, daß man eigentlich dSach nicht zu lernen brauche, sondern wer Couraschi hätte, sie auch könnte, zwar nicht aus Gottes Gnaden, sondern von Rechts wegen; denn die Aristokratie des Wissens soll ja abgeschafft sein im Kanton Bern, wie ein verdächtig gewordener Schulmeister gesagt hat. Das ist übrigens ein Glaube, welcher alt ist im Kanton Bern, welcher mit der Verfassung nicht bloß nicht abgeschafft, sondern, wie es scheint, noch dupliert worden ist, so daß jeder Gugag meint, er sei gut genug in jedem Rat. Es wäre wohl gut, es stünde mit dem rechten Glauben im Kanton Bern so gut als mit diesem Glauben.

In diesem Glauben war unsere Familie auch recht stark. Sie dachte nicht daran, daß man das Wirten und alles damit Verbundene lernen müsse; sie meinte, das verstehe sich von selbst. Wer wirte, der nehme das Geld. Die Gäste sehen begreiflich nur, was der Wirt *einnimmt*. Wenn er was *ausgibt*, so sieht es nicht der Hundertste. Und was man nicht wisse, das könne man fragen oder es sei bald gelernt, es wisse öppe ein jedere Löhl, wie es in einem Wirtshaus gehe und was für Ürtene man machen müsse. So hätte die Familie geantwortet, wenn man ihr von so etwas gesprochen oder eine Wirtstocher oder gar ein Stubenmeitschi in Vorschlag gebracht hätte als Frau für Steffen. Ja sie hätte sich ordentlich erschüttet ob diesem Vorschlag, sie hätte geglaubt, man meine, es sei im Schoße ihrer Familie nicht Verstand genug zu jeder

Sache, sie mangle noch was anderes als Geld. Es saß also die Familie nicht an der Landkarte und studierte die Wirtstöchter. Aber die Mutter war eine gute Frau, hatte also viele Weiber, welche bei ihr aus- und eingingen, so gleichsam ihre Adjutanten, welche für sie in der Welt agierten und ihr Kundschaft brachten aus der Welt Getümmel. Diesen vertraute sie ihr Vorhaben und wie es ihnen anständig wäre, wenn sie für den Steffen ein aufgeheitertes Mädchen wüßten mit einem schönen Schübeli Geld.

Für solche Freundinnen ist ein solcher Auftrag fast, was himmlisches Manna, wenigstens eine der größten irdischen Wonnen. Wie die davonstoben, dann wieder daherstoben, zu brichten hatten und die Hände verwarfen und nötlich taten! Wenn man sie hörte, so hätte man glauben sollen, es hätte über Nacht reiche, aufgeheiterte Mädchen geschneit ganz Hüfe. Steffen hätte Tag und Nacht auf den Beinen sein müssen, wenn er alle Mädchen hätte gschauen wollen, welche ihm angegeben wurden als wie gemacht für ihn. Wenn er auch nur dem zehnten nachlief, so magerte er doch sichtbarlich ab und klagte der Mutter, das Ding erleide ihm afe und entweder nehme er jetzt das erst Best, oder er schlage ds Wirte aus dem Sinn. Die besten der Mädchen hatten schon einen Liebern und wollten nichts von ihm, einige, die Geld hatten, hatten dazu Gesichter wie ungewaschene Pfanne, andere, die für eine Wirtin nicht unzweckmäßige Gesichter hatten, besaßen eigentlich kein Vermögen, hatten bloß starke Hoffnung auf ein großes Erbe. Zum Beispiel ihrer Großmutter Halbschwester Tochter hätte bloß ein Kind und zwar gar es leids, das ds Manne kum erlebe werd, und wenn das sterbe und der Großmutter Halbschwester ihren Mann überlebe, so lasse die eine Verordnung machen, und dann könne sie den bessern Teil nehmen. Gesagt hätte sie es zwar nicht, aber merken hätte man es schon manchmal können.

Eben als Steffen am Abstehen oder Ertauben war, eins von beiden, vernahm man es Tüfels es ufgheiterts Meitschi mit einem schönen Schübeli Geld, wos nüt bruch as es z'näh, wo me ke Stung druf warte müeß, we me einist kupeliert syg. Und dazu sei die Familie bsunderbar huslig und zum Werche abgrichtet wie keine so. Das schlach vom Morgen bis am Abe dry, daß es eim fry übel grus. Grad so eine, dachte alsobald die ganze Familie, mangle Steffen; was er nicht möge, mache die, und es werde ihr wohl kommen, wenn sie recht viel möge, von wegen, er werde an sie lassen je mehr dest lieber. Eisi hieß sie und ihr Vater war ein großer Bauer gewesen u hungsgytig, ihre Mutter eine Werchadere wie keine. Keine ihrer Töchter machte ihr das geringste Ding recht, darum machte sie am liebsten alles alleine, und ihre Töchter waren am besten hinter Mutters Rücken oder wenigstens zehn Schritt vom Leibe. Geld für Kleider gab der Vater so wenig als möglich und für Lustbarkeiten gar nichts, wollten sie was Besseres oder was Lustiges, so mußten sie es erlistelen oder erstehlen; sie übten sich in beidem, so gut sie konnten. Werchen mußten sie wie dRoß. Dusse werche, gradane dryschla konnten sie, daß es einem fry drab grusete. Aber daheim war keine dressiert; sie konnten kaum den Schweinen kochen, geschweige den Menschen. Nähen konnten sie so viel, für im Notfall die Fetzen am Fürfuß vernähen zu können, wenn sie ihnen über die Schuhe hinaushangen wollten. In einem halben Tag brachten sie so einen Fürfuß zur Ordnung im Schweiße ihres Angesichtes, den andern Tag ruhten sie von ihrer Arbeit, und am dritten Tage nahmen sie erst den zweiten Fürfuß übers Knie mit Angst und Seufzen. Von Lismen war keine Rede, ward dasselbe dringlich, so nahm man ein Solothurner Mönschli auf die Stör oder gar zwei. Die Leute waren bsunderbar berühmt von wegen der Hauslichkeit und von wegen der Brävi, und was die Leute nicht sahen, das wußte die Mutter ihnen aufs Brot zu streichen, damit sie es auf die Dromme brächten.

Kurz nach einander starben die Eltern am Nervenfieber, und wirklich war da Geld unter die Kinder gekommen. Die Töchter hatten ein artig Schübeli abgekriegt. Da fand Steffen, was er wollte, und zudem sehr freundliche Aufnahme; er war in Verlegenheit, wie wehren, es hätten ihn alle drei Schwestern gerne gehabt und er konnte doch nur eine nehmen. Wir wollen ihnen nicht nachreden, daß sie lieber als andere Meitscheni Männer gehabt hätten. Aber so z'leerem, für nichts und wieder nichts, arbeiten viele Schwestern nicht gerne bei den Brüdern, haben bös, müssen Jungfrauen vorstellen und am Ende in der Vogtsrechnung noch sehen, daß sie nicht einmal das Essen verdient, sondern noch ein ordentlich Tischgeld schuldig geworden. Darum stellen sie lieber was für sich selbsten an, wo sie, wenn es gewerchet sein muß, doch wissen, für wen sie werchen. Steffen entschied sich bald. Er wollte Eisi, die Lüftigst und Lustigst von allen, die läuferlen konnte, daß einem düechte, sie rühre den Boden nicht an, und ein Mundstück hatte wie ein Schlängli. Die andern Schwestern ließen, als sie das merkten, anfänglich den Trümel hängen, indessen trösteten sie sich bald, weil jede einen Tröster fand. Es gab Hochzeit über Hochzeit und Glück über Glück, und alle meinten, ihnen sei das leibhaftige Glück zugefallen. Aber die Töchter fielen ganz anders aus, als man erwartet hatte. Bei ihnen erfuhr man, was Huslichkeit und Arbeitsamkeit in einem Hause helfen, wenn der rechte Boden fehlt. Wo der rechte Boden fehlt, da artet das Schönste aus und Tugenden verwandeln in Laster sich.

Eisis Eltern, ds Bure uf em Gugger, waren sogenannte ehrbare Raggerleute, sie galten für brav, aber daß sie es in Mein und Dein besonders exakt nahmen, selb war nicht; sie hatten nicht großen Verkehr mit der Welt, weil sie immer von der Welt fürchteten betrogen zu werden; aber wenn sie eine Sau oder ein Kalb bei der Gewicht verkauften, so sparten sie das Füttern und Stopfen nicht, es bringe immer sövli, meinten sie, und der Metzger hätte allweg ds Bessere.

Sie lebten karg in Kleidern und Essen, besonders soweit der Vater es zwingen konnte, und wenn die Kinder an eine Lustbarkeit wollten, so setzte es allemal Händel ab. Aller sogenannten Freude war der Vater feind und hielt die Kinder davon ab. Aber der Kinder Sinn so zu lenken, daß sie an etwas anderm Freude kriegten, das tat er nicht. Der Kinder Auge nach etwas Höherm zu lenken, das ihnen ein Genügen geben konnte, tat er ebenfalls nicht; der Kinder Herz durch Liebe und Gemütlichkeit so zu fesseln, daß sein Sinn ihr Sinn wurde, sie mit Freuden ihm zur Hand sprangen, das tat er wiederum nicht. Er haßte alles Lesen, es trage nichts ab, sagte er. Er brummte oft über das Kirchengehen, besonders bei schlechtem Wetter; man mach dSchueh dure u heyg nüt drvo, man sei ja unterwiesen worden und sött öppe wüsse, was me z'tue und z'glaube heyg, meinte er. Auch führte er keine geistlichen Gespräche mit seinen Kindern, außer wenn ein Nachbar, den er haßte, ins Unglück kam. Dann sagte er: Es sei notti gut, daß zuweilen so einem etwas auf die Nase werde, sonst würd zletzt niemand mehr glauben, daß ein Gott im Himmel sei. Freundliche Worte gab er das Jahr durch wenige. Sauersehn war seine Freundlichkeit. Klagte jemand über etwas, so sagte er: «He, es ist sih doch dr wert, so z'gruchse; wed schwygst, su wirds scho bessere.» Wenn das Gruchsen sich so steigerte, daß der Fehlbare nicht mehr arbeitete und nebetzi lag, so sagte er, das sei nur Fantast und Fulket. Die Mutter war darin gleich, daß sie ebenfalls nichts Besseres pflanzte in die Kinder, daß das Raggern auch ihre Gewohnheit war, daß sie also ziemlich einträchtig mit ihrem Manne einem Ziele zulief. Aber sehr getäuscht würde man sich haben, wenn man geglaubt hätte, sie hätte ihren Mann geliebt. Sie liebten beide bloß den Mammon, keine lebendige Seele, die Frau höchstens ihre Mastschweine von Martistag bis Ostern, wenn sie recht gut taten. Aber eben weil sie sich nicht liebten, kam zuweilen der Frau der Widerspruchsgeist an, dr Alt müeß doch de nit meine, daß er alles zwängen wolle. Dann half sie den Töchtern hinter dem Rücken des Mannes zu allerlei, zu Kleidern und Schleckereien. Wenn er den Rücken kehrte, so wurde geiertätschelt oder geküchelt oder ein Abendsitz angestellt oder sie rissen sonst aus, und wenn dann der Alte das Korn nachgemessen hätte oder das Gespinst nachgewogen oder die Eier gezählt, so hätte er zuweilen was merken können. Indessen geschah das selten genug. Durst und Drang nach der Welt und ihren Genüssen ward nicht gestillt, nicht ausgetrieben, nur aufgestaucht. Da saßen sie auf ihrem Gugger oben und mußten immer denken: O hätt ich doch, o könnt ich doch! Wenn Markt, Musterung, Tanzsonntage waren und alles zottelte, sie aber bleiben mußten, so wollte das sie fast versprengen, und was es für einen Unwillen gab, kann man sich denken.

So schienen sie wohl eingezogen, konnten mit Recht dafür gelten, aber die Eingezogenheit war nicht ihr Sinn, war Zwang, inwendig sah es ganz anders aus. Sie glichen Äpfeln, gesund und ganz von Ansehn, die unter der Rinde aber ganz anders sich zeigen. So waren aber nicht bloß sie, so würden auch noch viele Andere erfunden werden und sind bereits erfunden worden, wenn es zum Fecken kam. Ähnlich verhielt es sich mit ihrer Arbeitsamkeit, die hatte auch nicht ihre Wurzel inwendig in dem Sinne, der Freude hat an treuem Benutzen seiner Gaben, am treuen Beschicken seines Tagewerks, in der Liebe, welche Freude machen will dem irdischen Vater und das Wohlgefallen des himmlischen sucht, sondern sie wurde getrieben und erzeugt durch einen äußern

Zwang; hörte der Zwang auf, sank die Arbeitsamkeit auch in sich selbst zusammen. Zudem war dieses Arbeiten eigentlich nicht weit her, sondern eigentlich bloß so ein allgemeines Dreinschlagen. Vom Hauswesen verstunden sie hell nichts, achteten sich aller Welt nichts, hatten nur immer zu sinnen und zu denken, wie es doch lustig wäre, wenn sie machen könnten, was ihnen wohl gefiele, und wie es doch verflucht sei, daß sie machen müßten, was sie nicht gerne mochten. Sie waren weder im Stall noch in der Küche daheim, und was das Spinnen anbelangt, so fluchte der Weber immer grenzenlos, wenn er dem Garn vom Gugger nicht entrinnen konnte.

So war die Arbeitsamkeit und Eingezogenheit der gepriesenen Töchter beschaffen, und wie viel sie wert waren und wie häblig, erfuhr auch bald die Welt. Das hätte man doch afe nicht gedacht, hieß es dann, wie doch die Menschen sich ändern könnten u drzue no so kurzum! Bäbi, die Älteste, ward alsbald liederlich, begann zu essen und zu trinken, was das Herz gelüstete, so gut und so viel, als es zwegbringen mochte, dem Mann dagegen gönnte es nichts, am liebsten hätte es ihm nur Erdäpfelschindti gegeben oder Treber, wenn es welche gehabt hätte. Es ging nicht viele Jahre, so starb der Mann an der Auszehrung, Bäbi aber an der Wassersucht. Mädi, die zweite Tochter, ward eine grenzenlose Schlampe und Dampe, schwatzen war seine Seligkeit, und bal laufe, bal höckle kam ihm grad nache; die Kinder ließ es verhudelt laufen, manchmal hatte es längst Mittag geläutet und Mädi hatte noch kein Feuer angemacht, keine Erdäpfel gewaschen. Einmal hätte es bald das Haus verbrannt. Es hatte Anken ob dem Feuer zum Auslassen, eine Nachbarin ging vorüber, Mädi schoß hinaus. «Du, du, los doch neuis!» rief es, und wenn es einmal diesen Haken eingehängt hatte, so kriegte es ihn nicht wieder los; so dampete es, bis der Anken im Feuer war; da wohl hatte das Dampen ein Ende, und wenn die Nachbarin nicht gewesen wäre, Mädi hätte sich nicht zu helfen gewußt. Kommod kam es ihm, daß die Schweine nicht reden konnten; wohl, die hätten ihm Sachen ausgebracht, daß Gott erbarm! Wie es Eisi erging, dem aufgeheiterten, welches den lüftigen Steffen kriegte, das wollen wir nun auch sehen.

DRITTES KAPITEL

Wie diese Frau in sechs Wochen wirten lernt

Auf der Gnepfi hatte sein Vater ihm ein altes Haus gekauft und eine Konzession richtig erhalten. DGnepfi lag an einer Straße, Steffen hoffte dabei aber noch, daß akkurat bei seinem Hause künftig eine zweite Straße sich münden werde. Und wenn die Leute seine Hoffnung auslachen wollten, so lachte er noch mehr und sagte: Er verlasse sich auf gute Bekanntschaft, und auf einen Zapfen oder zwei käme es ihm nicht an. Da ließen sie nun bauen, zwegmachen, einrichten, und während das geschah, sollte Eisi geschwind das Kochen lernen. Steffens Mutter hatte bald gemerkt, wie es mit Eisis Kochkunst bestellt war und daß die Schweine allemal gränneten, wenn Eisi ihren Hafen in Obhut gehabt hatte. Sie gab daher Steffen untern Fuß, Eisi sollte doch wäger noch ein wenig kochen lernen, es sei nicht einmal imstande für dTauner z'koche und dHandwerkslüt, geschweige denn für neuis Grechts, e Kindbetti, es Hochzyt oder gar für dGrichtsmanne. Steffen begriff das. Er aß nicht ungern was Gutes, und Eisi hatte ihm einmal einen Eiertätsch gemacht, der war zäh wie Sohlleder gewesen und hatte gestunken wie ein verbranntes Haus, wo alles Veh dringeblieben war. Seitdem hatte er großen Respekt vor Eisis Kochen, und wenn er es in der Küche sah, so hielt er allemal die Nase zu. Er hatte einen Freund, der auch Scharfschütz war, ein Wirtshaus besaß und eine Frau, von welcher Steffen sagte, das sei ihm ein Donnstigs Ketzerli von einer Frau, die gefiel ihm, so sollten alle Wirtinnen sein. Diesen fragte er, ob er sein Eisi nicht drei oder vier Wochen zu ihm tun könnte für ds Koche z'lehre, öppe gar e Hex drin sei es noch nicht. Der Freund war ganz bereitwillig, schwerer war Eisi zu bereden, es meinte, selb wär nicht nötig, und was es öppe nicht könne, sei bald gelernt, es werd ihm de, wenn Not a Ma chömm, scho zSinn cho, wie dSach müeß gmacht sy, u de chönn me öppe probiere, bis es guet chömm, es syg jetzt alles gar wohlfeil. Je weniger man von einer Sache kennt, desto leichter kömmt einem das Erlernen derselben vor, und je weniger Begriff man von einer Kunst oder Wissenschaft hat, desto geringer schätzt man sie.

Indessen ließ es sich bereden; vier Wochen seien bald vorbei, dachte es, und geschrieben stehe es nirgends, daß es den ganzen Tag in der Küche sein und den Kuchimutz machen müsse. Es nahm eine ganze Kiste voll Kleider mit, aber Kuchischurz keinen einzigen; dere werden sie dort wohl haben, dachte es, wenn es einen sein müsse. Die Wirtin dort war ein lustig, leichtfertig Ding, die sich um die Küche wenig bekümmerte, aber mit den Gästen lustig tun konnte, wenn dieselben für sie waren. Sie waren reich, ihre Wirtschaft hatte einen eingeurbeten Gang, es mochte sich da schon etwas erleiden. Sie hatte anfangs ihren Mann tüchtig ausgeschnauzt, daß er ihr so eine bringe, mit der sie sollte in der Küche sein, dergleichen tun, was sie für eine Köchin sei, und er wisse ja wohl, wie ihr das in der Küche Hocken zuwider sei, wie sie auch nichts weniger erleiden möge als das. Als aber Eisi kam, grollte sie mit ihrem Manne nicht länger, sie sah, daß es mit dem in der Küche Sitzen nicht so gefährlich sei, und sie und Eisi waren bsunderbar wohl für einander.

Eisi war die Welt neu, es sah hundert Dinge mit staunenden Augen an, welche Weltmenschen alltägliche Dinge waren, und brach darüber in Lobeserhebungen aus. Es tat daher der Wirtin bsunderbar wohl, wenn sie Eisi ihre Herrlichkeiten in Stuben und Kasten auspacken und zeigen konnte und Eisi dann aus Herzensgrund zu loben begann: «Eh aber ni, aber ni, tusige Schieß, Türk abenangere, wie schön! Selligs han ih no niene gseh, ni aber, was doch de Lüte afe nit zSinn chunt, mi steyht fry uf e Gring!» So ein herzgründlich Lob, dem man es von weitem anhört, daß es nicht ein übliches, alltägliches ist, tut einem sogenannten großen Geiste wohl. Warum sollte also dadurch eine Wirtin nicht gewonnen werden, warum sollte sie mit einer solchen Freundin nicht die herrlichsten Tage verleben? Eisi war daheim gezwungen gewesen, spätestens um fünf Uhr des Morgens aufzustehen, bei seines Mannes Eltern hatte es es bis sechs döselen lassen können, hier kam oder, wie man sagt, schloff es das erstemal erst um sieben füre und zwar sehr erschrocken und wollte sich sehr fürexgüsieren von wegen dem guten Bett und weil niemand es geweckt. Aber es fand niemand, dem es die Entschuldigung anbringen konnte. Erst lang nachher zeigte der Wirt sich, und später noch schloff die Wirtin füre. Die lachte Eisi weidlich aus und wie ihm recht geschehen, daß es so lange auf das zMorgen hätte warten müssen, einen andern Tag werde es wohl witziger sein. Das ließ Eisi sich nicht zweimal sagen, war es doch ja hier zum Lernen, was der Brauch sei, und o wie wohl tat ihm das lange Liegen, und je länger es lag, desto härter hielt das Aufstehen; es war ihm, als müsse es für zweiundzwanzig Jahre nacheliege. Am Morgen, ehe sie die Kaffeekanne hinausnahm, frug die Köchin, ob sie etwas solle zwegmachen? «He ja, mach etwas», sagte die Wirtin, «wenns zweg ist, so sag es uns, wir wollen kommen und luegen.» Das Luegen war ihr aber gewöhnlich bald erleidet. «Abah», sagte die Wirtin, «du hast jetzt schon gesehen, wie man es macht, wir wollen es dann probieren, wie es ist, das ist allweg dHauptsach.» Versucht wurde dann gründlich, und Eisi lebte herrenwohl daran; das war andere Kost als daheim auf dem Gugger! Dere wolle es viel machen, sagte es gewöhnlich, «was nimmt me neue dry?» Dann gab die Köchin etwas Bericht, und die Wirtin meinte: «Abah, was witt doch die Müehy ha, du wirst doch öppe nit e Narr sy u welle selber koche, und e Köchi weiß selligs scho; öppe allbeeinisch öppis agä, für daß me geng öppe weiß, wer Meister ist, mehr ist nit nötig. Und drfür kauf dir eins dere Büecher, wo man hat, wo alles drin aufgemacht ist, was man kochen kann und wie man kochet, Kochbüecher seit me ne.» «E ni, aber ni, was du mr doch nit sist, het me de o no dere Büecher, wo vom Koche drin stit, vo dene han ih doch afe no nüt ghört», sagte Eisi und schlug die Hände über dem Kopf zusammen. Nebenbei lernte Eisi auch, daß man an Fische eine Fischsauce mache, wenn man sie nicht brägle, an Brägelwürste eine Zwiebelnschweize, an einen Hasenpfeffer aber öppis ganz angers, daß man das Rindfleisch und ds Bratis nicht im gleichen Hafen koche und daß wenn man saure Lebern machen wolle, man Essig nehmen müsse dazu, und wenn man eine Suppe mache ohne Krebsstiele, so könne man dieser «falsche Krebssuppe» sagen. Das lernte Eisi, meinte nun was es wüßte, hielt seine Kochgelehrsamkeit für groß, dachte, wenn es noch ein Buch hätte, wie die Wirtin gseit heyg, un de no e Köchi, su förcht es ke Tüfel nüt. Nachmittags fuhren sie dann aus oder stellten sonst etwas an oder gingen in einen Krämerladen oder ließen eine Näherin kommen, um Eisi eine Kappe zu machen, wie die Wirtin eine hatte, oder was anderes sonst, das Eisi noch nicht hatte. Kurz sie führten zusammen ein Leben wie die Vögel im Hirse, aus den vier Wochen wurden sechs, und

Eisi kam zu der Überzeugung: Wirten oder im Himmel sein, das komme akkurat aufs Gleiche.

Nach sechs Wochen kam Eisi heim, viel stolzer als ein Student, der drei Jahre auf der Hochschule gewesen und ein Doktordiplom circa philosophiam errungen hatte. Es brachte drei neue Kappen heim, Fürtücher, zwei Tschöpleni, brodierte Schuh, einen Fingerring und sonst noch allerlei, strählte das Haar niedsig, kannte einige Redensarten: «Das wird öppe nit sy», «dihr cheut doch afe vexiere», «schenket ech bald wieder dEhr, zun is z'cho» und dergleichen mehr. Es wußte von Fischsauce zu reden und falscher Krebssuppe, wo verfluecht chüstig sy, wenn me brav dryghey, hatte auf dem Heimweg eins dere Büecher gekauft, wo das Koche drin azoge war vo zvorderist bis zhingerist, und die Wirtin hatte versprochen, ihm für eine Köchin z'luege, wo alles kochen könne, wie mes ume wünsch. Hatte also Eisi nicht Ursache, stolz zu sein, und zwar wenigstens so stolz wie ein Doktor circa philosophiam, der vielleicht nicht halb so viel heimbrachte als Eisi?

Eisi imponierte auch damit, und Steffens Leute konnten sich nicht genug verwundern, wie Eisi afe geändert heyg in sechs Wochen, es sei schon eine ganze Wirtin, chönn rede wien es Örgeli und dr Sach dr Tätsch gä vom Tüfel. Steffen hatte rechte Meinig mit Eisi, sagte allenthalben, er sei gfellig gsi, er hätts breicht, aber bis er die gehabt, heygs Müehs gha; ds Auslesen hätte ihm mehr Mühe gegeben als allbets de Bernmetzgere dr Ostermändigstier. Und wenn Eisi so freundlich und holdselig die Leute einlud, si sölle sih doch dEhr gä un si bsueche, so dachte er, das chömm guet, grad so müsse man mit den Leuten sein, un mit süeße Worte chönn me dr sur Wy ds Halb verbessere. So dachte Steffen, von wegen in den Sprachformen war Steffen eben nicht stark. Auf die Kälber verstund er sich etwas besser, obgleich er auch in dieser Wissenschaft kein Hexenmeister war.

VIERTES KAPITEL

Wie Wirt und Wirtin florieren, und wie die Wirtschaft blüht

So begann die Wirtschaft unter den glänzendsten Aussichten, denn der Zulauf war über alles Erwarten groß und der Verbrauch dem Zulauf angemessen.

Steffen hatte also ein schön Schübeli Geld von seiner Frau, fast zehntausend Pfund. Mit so viel in Händen fangen gar Viele nicht an, das merke man sich wohl. Zudem meinte er noch ein Bedeutendes von seinem Vater erwarten zu sollen, und das meinten auch noch andere Leute. Einen Teil seines Weibergutes zahlte er an sein Heimwesen, einen anderen Teil verbaute er, der Rest blieb ihm zur Einrichtung, zu Anschaffung von Wein und anderen Vorräten. Vieles und namentlich Wein brauchte er nicht bar zu zahlen, viel blankes Geld, wie er es nie gehabt, blieb in seinen Händen, alle Tage kam ihm anderes zurück, alles wollte zum neuen Wirt, luege, wie es dort sei, und weil neue Besen gut wischen täten. Zufällig waren auch mehrere Extraanlässe: Märkte in der Nähe, Musik, Zusammenläufe, Musterungen, sogar eine Feuersbrunst ebenrecht weit, daß man nichts zu riskieren hatte, nichts umsonst liefern mußte und doch alles diesem Wirtshause zulief, weil es außerhalb des Gedränges das nächste war. Kurz sie hatten Geld zum Fressen. Steffen und sein Eisi waren wie in den Lüften, mehr lösen nützte nur nichts, meinten Beide. Eisi machte die lustige Wirtin; was es in der Küche war, hatte Steffen gar nicht Zeit sich zu achten, an das, was gebraucht wurde, dachte kein Mensch, alles gelöste Geld schien Gewinn, und was Steffen trieb und gwerbete, das dünkete Eisi lustig, und was es koste oder nicht koste, darnach frug es wenig. Eisi war von Haus aus gewohnt, alles, was man im Hause hatte, zu betrachten, als koste es nichts, und wenn zuweilen die Mutter über etwas brummte, so hieß es: «Eh, das wird ja nit sövli machen, das kostet ja nüt, mr heys ja selber!» Nun hatten sie das Meiste, was sie brauchten, auf dem Gugger selbst, den Kaffee ausgenommen, der wurde höchstens zHalbpfündern eingekauft, und die Mutter wußte akkurat anzugeben, bei welchem Krämer die meisten Bohnen in einem Vierlig seien. Mit dem Kaffee wurde aber auch sorgfältig und sparsam umgegangen. Nun hatte man hier auf der Gnepfi auch einmal alles selbst, denn Eisi fiel in die Täuschung, in welche viele Weiber fallen, wenn sie die Einkäufe nicht selbst besorgen, das Geld nicht durch ihre Hände geht, das Gekaufte in Masse anrückt und abgelagert wird in Keller oder Vorratskammern. So schien es Eisi, als hätten sie den Wein selbst, als sei der gar nichts zu rechnen; es schien ihm das Gleiche mit dem Fleisch aus der Schaal, mit den Kerzen, welche ihnen der X lieferte, welchem sie das Unschlitt gaben, das Gleiche mit Zucker und Kaffee, welches ihnen durchreisende Müsterler zGfalle und im Vertrauen anboten einen guten halben Batzen oder mehr wohlfeiler, als es ihnen sonst der Krämer gab, z'pfündernweis, so daß Eisi die Hände über dem Kopf zusammenschlug und sagte: Es hätte doch nicht geglaubt, daß seye dä Schnürfli däweg bschiß, aber es sei hürmehi niemere meh z'traue. Begreiflich kannte Eisi den Unterschied zwischen en gros und en détail nicht, hatte die größte Freude, Kaffee und Zucker fast für nichts kaufen zu können und daß es einem noch umsonst zHus und zHey kam und doch kei Mönsch eim es Wörtli vo Zahle säg, u fay me selber drvo a u säg vo Zahle, su heiß es: «Ganz nach Gelegenheit, das pressiert durchaus nicht.» So kaufte Eisi gerne, tat gerne einem artigen Müsterler etwas zu Gefallen, bsunderbar wenn er zu rühmen wußte Eisi oder was von Eisis Sachen. Diese Vorräte wuchsen ihm mit dem Hause zusammen, es kam ihm vor, es hätte dSach jetzt selber, man brauche ja nur obenaben zu holen, es sei noch viel oben und kost ja fast nichts. So schonte es Zucker und Kaffee und alles, was man selber oder fast für nichts hatte, durchaus nicht.

Schonte Eisi sein Eigentum nicht, wie wäre Schonung von der Köchin oder sonst einer Magd zu erwarten gewesen? Diese brauchten natürlich auch, was sie gut dünkte, setzten auf Vorräte keinen Wert, ließen es sich behagen, dachten nicht daran, etwas zu Ehren zu ziehen, dSach in ein Maß zu bringen, z'mödelen, daß die Leute wohl waren und doch nichts gschändet wurde. Man kochte Haufen, zumeist ds Halb zviel, und wenn die Säumelchtern und die Schüttsteine reden könnten, die hätten einem sagen können, wieviel in sie spaziert sei. Es wäre die Frage, ob damit nicht eine ebenrechte Haushaltung hätte erhalten werden können. Arme Leute kriegten wenig davon, von wegen, es gab schon Mühe, sie heißen hineinkommen und ihnen etwas zwegzmachen, und mehr Mühe, als sein mußte, gab sich niemand. Geld ist rasch gegeben, besonders wenn man es mit Kreuzer und Halbbatzen nicht genau nimmt, darum gab man Bettlern Geld, wenn schon der Kuchischaft voll Sachen war, die kein Mensch mehr anrührte, die den Schweinen beizt waren. Dessen ungeachtet galt Eisi allenthalben als eine gute Frau, und weil es nicht meinte, es müsse alles regieren und in alles reden, wie es Leuten, welche eine Sache gar nicht oder höchstens halb verstehen, gerne anwohnt, sondern mit seinen Mägden auf gutem Fuße stand, so achtete man allfällige Dummheiten nicht, brachte sie ihm nicht aus, sagte höchstens: Es sei noch ungewohnt, es sei sich aber auch nicht zu verwundern, so von einem Bauernorte her, wo ds Jahr aus, ds Jahr ein nichts gekocht werde als Erdäpfel und Kaffee und über den andern Sonntag Sauerkraut und Fleisch; so eine Aufgeheiterte wie die werd scho no lehre, was sie mangle.

Nebenbei hatte Eisi noch viel Schönheitssinn, der war hauptsächlich geweckt worden in ihrer Studienzeit bei ihrer Freundin. Die erste Einrichtung ihres Hauses war begreiflich dürftig und oberflächlich. Eisi hatte bei der Teilung Hausrat und etwas von Bett und Bettgeräte erhalten, Steffens Mutter hatte auch was gegeben, anderes angeschafft, für ein Sündengeld, meinte sie, hoffentlich hätten sie jetzt für ihr ganz Lebtag genug. Aber begreiflich weiß so eine Bauernfrau nicht, was es alles und in welcher Menge in einem Wirtshause mangelt, und als Eisi mit ihrer Köchin einzog, da fehlte es an allen Orten, und wie einmal einer erklärt hatte, er werde von Straßburg verreisen, wenn man nicht rede von was er wolle, so erklärte die Köchin alsobald, sie verreise, wenn man nicht neu ans Anschaffen gehe, das und das müsse herbei oder sie bleibe keine Stunde länger. Was so eine Köchin für ein festes Wort hat und einen grüslichen Willen, man glaubt es gar nicht! Begreiflich ward das Geforderte auf der Stelle angeschafft, aber dennoch verging fast kein Tag, wo die Köchin nicht von vornen anfing und mörderlich schimpfte, was das für ein Kochen sei so in einer neuen Hudelwirtschaft, wo in Gottes Name hinten und vornen nichts ist und wenn man etwas machen wolle, einem entweder die Sachen dazu fehlten oder das Geschirr, es zu kochen. Dann begann sie eine Reihe von Häusern aufzusagen, in denen sie gedient, und was man in jedem Hause für Geschirr gehabt und für Kommlichkeiten, da sei ds Kochen eine wahre Freude gewesen; aber so in einer Bettlerküche müsse man zhingerfür werde, gäb wie me sih wehr. Eisi hatte ein zu gutes Herz, um so eine Köchin zhinterfür machen zu wollen, es trat daher in die meisten Wünsche ein und schaffte unbesinnt herbei, was sie wollte. Sie werde am besten wissen, was nötig sei, und was einmal sein müsse, was da lang käre helfe, meinte es.

Nun hatte Eisi aber auch eigene Gelüsten. Es hatte bei seiner Freundin, welche an einer großen Straße wohnte, große Herrlichkeiten gesehen von Umhängen, Spiegeln, Möbeln, Uhren, Gemälden, kurz allerlei, womit man in einem Wirtshause Staat macht, und nun ließ es ihns gar nicht leben, nichts von dem allem haben zu sollen. Daß ein großer Unterschied sei zwischen den Wirtshäusern, daß die einen mit Übernächtlern gesegnet werden, andere nur flüchtige Gastig haben, die einen eine Ausspannstation, andere bloß gerecht für Zwischenfutter, die einen bloß da seien für die umliegende Bevölkerung, die kömmt und geht, andere dagegen für Reisende, die manchmal sich aufhalten, das wußte Eisi begreiflich nicht. Eisi meinte, das alles hänge vom Eingricht ab, und wenn sie einmal eingerichtet seien, so wolle es luegen, ob ds Land auf, ds Land ab ein Wirtshaus sei, wo es stärker gehe als in ihrem. Vor allem aus trachtete es nach schönen Umhängen und Porträts. Es schien zu glauben, aus schönen Umhängen würden dann Übernächtler schlüpfen, vornehme, denen man so recht herzhaft eine Ürti machen könne; und weither würden die Leute angezogen durch wohl stark gefärbte Dinger, denen Eisi Porträts sagte und die ihm bsungerbar wohl gefielen und um so besser, je stärker Rot, Blau und Gelb durcheinandergerührt war. Alsobald mußten acht Bettmacherinnen auf den Laden und kamen dahergezogen fast mit einem ganzen Fuder Herrlichkeiten. Ein neues Wirtshaus ist für Bettmacherinnen immer eine Art von Neujahrkindlein, aber eine neue Wirtin in einem neuen Wirtshause, die ist für sie ein wahres Herrenfressen. Da ist was anzugeben, was anzubringen, da kann man der Phantasie freien Spielraum lassen, kann förmlich dichten in Umhangsfestons, Zotteln, Troddeln, Girlanden, Bändel- und andern Formen, kann alle Farben anbringen, kann flechten und troussieren, daß sich einem das Herz im Leibe umkehrt vor Wollust. Ob Fenstervertiefungen sind oder keine, ob die Sache einfach sei oder Auf- und Abnehmen und Neuflechten und -troussieren kunstfertige Hände erfordern, ist all einerlei; was schön ist und in die Augen sticht, wird angebracht. Und dieweilen so eine neue Wirtin nicht ungerne gerühmt wird, es ist ihr eigentlich durchaus nicht wegen ihr, sondern wegen dem neuen Wirtshause, das sie berühmt machen möchte, und Bettmacherinnen weit umherkommen und viel sagen können, während der Tag lang ist, oh, was da so eine Wirtin anwendet, damit die Töchter wohl sind und Ursache zum Rühmen haben! Es ist ihnen aber auch zu gönnen, den guten Töchtern, so gut als den Katholiken, wenn die langen Fasttage vorübergehen und die Fleischzeit ihnen wieder aufgeht. Und was so eine sechswöchige Stör den Töchtern anschlägt, es ist unglaublich. Das merket niemand besser als der Schimmel, der sie geholt hatte und nun wieder heimführen muß. Diese Töchter wissen nun wieder viel, was hier und dort Schönes sei, anzugeben, was wohl stünde und fast gar notwendig sei, ja sie verstehen sich auch etwas auf Kleidungen und Moden und wissen zu erzählen, wie doch diese Wirtin versehen sei mit Sachen, man glaube es nicht, und wie jene einen Staat habe siebenzehnmal könne sie sich ganz anders anziehen, und man wisse gar nicht wann am schönsten, so neu, proper und kostbar sei alles. Was solche Nachrichten für Bewegungen erzeugen in der Brust einer von denen, welche von der Eva abstammen, man kann es gar nicht glauben.

Eine Pintenwirtin oder so eine Speisewirtschäftlerin, die lache nicht über Eisi und ihre Bettmacherinnen! Eisi hatte einen Gasthof und zehntausend Pfund bar Geld gehabt. Das ist was anders als so ein gemein Pintli und drnebe nichts als ein Sonntagskitteli und ein Werktagskitteli, dreiundzwanzig Mänteli und drei ganze Hemmeli. Und wenn sie es hätten, so wär bei Vielen der Unterschied nicht so groß, von wegen, der Sinn wäre der gleiche, und was man nicht im Großen treiben kann, das treibt man im Kleinen, und am Ende kömmts auf eins heraus. Aus einem Kaffeekacheli nimmt man mit Kaffeelöffelne, aus einer Suppenschüssel mit Suppenlöffeln, und am Ende wird eins leer wie das Andere, die Suppenschüssel und das Kaffeekacheli.

So brauchte Eisi allerdings sehr viel Geld, aber so viel es brauchte, es fand immer welches im Schublädli; und wieviel es ausgab, das wußte es nicht, aufgeschrieben wurde es nicht, und es sonst zusammenzurechnen, wäre Eisi eine Kunst gewesen, denn Hexen und Rechnen kam ihm ungefähr gleichbedeutend vor. So ging es zum Beispiel lange, ehe es sich eingeprägt hatte, wieviel es bringe, wenn einer drei halbe Schoppen zehnbatzigen Wein gehabt oder gar drei Schoppen sechsbatzigen. Eisi hatte also nicht von ferne einen Begriff von der Summe, welche es in Jahresfrist ausgegeben hatte. Ebenso wenig dachte Steffen daran oder darüber nach. Steffen war der glücklichste Mensch auf der Welt, daheim hatte er, was er wollte, und wohin er kam, da war er der Hahn im Korbe.

Auf einmal war er nicht bloß in einer unabhängigen Lage, sondern er kam sich vor wie ein förmlicher Küng. Da strömte alles herbei und machte ihm den Hof, scharwenzelte um ihn herum und rühmte ihm alles vom Hund weg bis zur Frau. Die Weingumene schneite es förmlich daher wie den 28. Jänner 1845 den Schnee. Wirtshäuser sind den Weingumene, was Mäuselöcher den Katzen, und absonderlich *neue* Wirtshäuser. Begreiflich kömmt es viel darauf an, wer hier zuerst den Fuß in Hafen setzen, den Wirt oder die Wirtin andrehen und am Bändel kriegen kann, indessen mit aller Vorsicht. Bloß wegen des Wirtes schönem Gesicht und der Wirtin lüftigem Wesen setzt man seine Fässer Wein, wie wenig sie auch wert sein mögen, nicht aufs Spiel. Man nimmt daher Informationen auf, hier, dort, bei alten Kunden, alles mit aller Vorsicht, wie das Vermögen beschaffen sei, ob man trauen könne herzhaft oder bloß so probieren dürfe mit einem oder zwei Fässern vom Mindern. Als nun bei Steffen die Informationen so vorteilhaft lauteten, daß sie die Gumene lange nicht glauben konnten, denn ein neuer Wirt, der zehntausend Pfund erweibet und noch ein Schönes von Hause zu erwarten hatte, der war ihnen lange, lange nicht vorgekommen. Sie jagten sich daher fast die Fersen ab, überschütteten Steffen und seine Frau mit Höflichkeiten und Komplimenten, von denen Beide nie nur geträumt hatten. Sie wixten vom Besten auf, sagten, wie glücklich sie sich schätzen würden, wenn sie in ein solches Haus den Wein fournieren könnten, garantierten, wie sie könnte ihn niemand liefern, und wenn man ihnen es überlasse, so wollten sie wetten, in wenig Monaten nehme Steffen allen Wirten in der Umgegend die Gastig weg und über die Gasse brauche keiner mehr eine Maß. Wenn nun einer so zärtlich und zuversichtlich sprach, absonderlich in trauten Abendstunden, welche dem Weinhandel besonders günstig sind, so gestalteten sich diese Stunden zu den glücklichsten, welche Steffen und Eisi je erlebt hatten. Sie waren noch neu in der Welt, hatten noch nicht viel Gumene erlebt; sie glaubten, was so traulich aus dem Munde klang; sie sahen sich schon im Besitz der größten Kundsame und ganzen Steingruben voll Geld; sie machten per se Bestellungen und träumten ganz selig von Glück und Reichtum, bis die Sonne längst hungerig war und an viel tausend zMorgenessen sich bereits vom Zueluegen gesättigt hatte.

So ging es mit den Käsmannen, so ging es mit den Likörfabrikanten, so mit den Essigmachern, so mit den Bäckern und Müllern; ja selbst Bauern kamen und trugen Steffen

Feißes an. Die Gerber kamen und wollten einen Stich mit ihm für die Häute machen und die Kerzenbaggler sein Unschlitt haben, nicht weil sie nicht schon fast zu viel hätten, indessen seiner wäre ihnen gerade jetzt sehr anständig, es sei ein Fall darnach. So hatten sie fast wie Fürsten und Könige einen besondern Hofstaat um sich, der sie verehrte, die Hände ihnen unter die Füße legte und sie auf denselben bis zum Himmel hob, einen Hofstaat, der nicht bloß von ihrer Gnade zu leben, sondern oft mit einem bloßen gnädigen Blick zufrieden schien. An der Aufrichtigkeit dieses Hofstaates hatten sie keinen Grund zu zweifeln, denn was sie bestellten, das war gut, oft besser als das Muster. Ganz dumme Leute nimmt man bekanntlich nicht zu Gumene, sondern solche, welche einen Unterschied zu machen wissen unter den Menschen, zwischen neu zu erwerbenden guten Kunden und verdächtigen Kunden, zwischen alten guten und alten schlechten, auch solchen, die so oft als möglich Weinhändler wechseln, weil sie von jedem neuen Händler neuen Kredit hoffen. So ein neuer solider Kunde kriegt die beste Ware, wird ausgesucht bedient; man will ihn nicht bloß zufriedenstellen, sondern man möchte ihn ausschließlich bedienen, alle Konkurrenten ausschließen, Herr seines Kellers werden. Wenn mal ein Wirt ihnen dieses Vertrauen schenken würde, sagen sie, sie garantieren, in einem Jahre müßten alle Wirte eine Stunde in der Runde ruiniert sein. Den neuen Wirt auf solche Weise zu gewinnen, wird allem aufgeboten, und jeder strengt sich an und überwindet alle seine bösen Gewohnheiten und möchte das beste Glas Wein liefern. Keiner sagt was vom Gelde, und wenn der Wirt die Rede darauf bringt, so antworten sie so, daß man glauben könnte, sie wollten gar keins, sie hätten große Lust, ihm den Wein umsonst zu liefern.

Ein Wirt, der auch nur einen Schatten von Kredit hat,

ist unstreitig von allen Handelsleuten weitaus der begünstigtste. Er hat am meisten Prozente auf seiner Ware, sie ist am wenigsten dem Verliegen unterworfen, sie kömmt nicht aus der Mode, am allerwenigsten der Wein, wahrscheinlich das Brönz ebenfalls nicht; es geht ihm das Meiste bar ein, und im Allgemeinen hat er wenig Ausstehendes in den Büchern: hier und da eine Kindbetti, hier und da ein Pfund Schmer oder ein halbes, welches er sich aber wie ein Apotheker bezahlen läßt. Auch muß er zuweilen lange auf eine Gräbt warten, hat aber dann immer den Vorteil, daß je länger es geht, er dest mehr an der Rechnung nachbessern kann. Denn die Rechnung wird nicht abgeschlossen, das heißt der Wirt sagt zumeist nicht, was man ihm schuldig sei, bis man bezahlen will. Da kann er immer sagen bei einer Gräbt zum Beispiel: «Wie haben wir abgeredet? Sechs bis sieben Batzen, dr Wy à sechs Batzen.» Das war abgeredet; nun kommt das Unbestimmte, so und so viel Maß, «und dann hats noch neuis von Tee gebraucht, ich glaube zwei oder zwanzig Maß», je nachdem. Ein Handelsmann ist in ganz anderer Lage. Bei ihm geht der Verkauf fix, da ist kein Hintertürchen zum Daraufschlagen der Prozente; an vielen Orten geht das Meiste auf Borg weg, und an Orten muß er jahrelang auf die Bezahlung warten. Viel prompter gelangen an ihn die Wechsel, viel größern Zufällen ist seine Ware unterworfen, ein Kapital muß er in seinen Büchern haben, eins im Verlag, eins im Verkehr, und wenn er bloß den letzten Viertel schuldig ist, so kann er sich ordentlich rühren, ohne daß er erst ein Sklave seiner Lieferanten, dann bankerott wird.

Wie gesagt, viel leichter hat es der Wirt und namentlich, wenn er im Rufe steht, Geld zu haben, im Ruf ist, den besten Wein auszuschenken, er kann voll Schulden sein wie ein Hund voll Flöh und doch noch im Gelde krüscheln.

Steffen hatte allerdings Gastig, daß es ihm zuweilen fast gschmuecht werden wollte und er streng daran dachte, von Grund auf neu zu bauen. «Wenn man doch dSach recht übersinnete, und wenn man alles zum voraus wüßte, so wäre man bald reich», sagte er oft. Er hatte allerdings den besten Wein weitumher, weil jeder Gumi das Pré haben wollte bei ihm und er das Mischeln noch nicht verstund oder, besser gesagt, zu verstehen meinte. Zu essen bekam man wohl hier oder dort es feiner, aber so viel Fleisch um sechs Kreuzer oder drei Kreuzer kriegte man nirgends, und bekanntlich gilt bei der Majorität die Quantität und nicht die Qualität. Man traf immer Leute an, es ging kurzweilig zu, und genau wurde es nie genommen mit der Zeit. Es verwunderte die Leute oft, daß man da machen konnte, was man wollte; die Einen meinten, Steffens Vater mache bas obe gut Wetter, Andere aber suchten die Ursache näher und sagten, mit einem Schoppen Roten, einem Schnäfeli Fleisch und dr Frau allbeeinist öppis hey könne man schon viel zwängen. Man vernahm da etwas und war doch nicht so nahe bei Hause, daß die Weiber es in die Nase kriegen und alle Augenblicke einen heimholen lassen konnten.

So war Steffen daheim wie ein König, und es gab Tage, wo er zehn Maß hätte trinken können, ohne daß es ihn einen Kreuzer gekostet. Doch so uverschant war er nicht, er nahm nie mehr als er mochte, und es war dann doch nicht, daß er nicht hie und da auch noch eine Halbe gezahlt hätte. Kam er aus dem Hause, so war es fast, als liefe er auf Freiersfüßen und fände allenthalben heiratslustige Mädchen, denn wo er hinkam, gabs ein Geschrei: «Dr Wirt uf dr Gnepfi, dr Wirt uf dr Gnepfi! Eh, Steffen, bist du da, bist dus; chumm tue Bscheid, das ist mr doch jetz aständig, daß de jetz grad cho mußt», so hieß es meist. Je willkommener einer erscheint, desto schwerer ist das Scheiden, und so geschah es oft, daß

Steffen kaum mehr wußte, ob es Abend oder Morgen sei, wenn er heimkam. Denn es ist kurios: wenn sich so einer darnach an einem Orte herbeiläßt, so ists, als ob hundert Augen die Zugänge zu diesem Orte bewacht hätten oder als ob eine junge Krähe schreie im Walde. Ungsinnet kommt der, kommt dieser, ungsinnet findet sich eine ganze Kompanie der rechten Kameraden zusammen. Keiner will vom Andern was wissen, es ist eben, als ob sie es in der Luft vernommen oder eine junge Krähe sie zusammengebrüllet hätte. Auseinander brüllte sie jedenfalls keine, denn die Krähen waren längst zSädel, wenn die auseinandergingen. Es war nicht, daß Steffen, wie zum Beispiel mancher Andere, solche Gelegenheiten mit besonderer Vorliebe suchte, aber er mußte doch über Feld, mußte Feißes kaufen, mußte Haber kaufen, Holz usw. und wußte als alter Metzger nur zu gut, daß nicht allem zu trauen ist, was man einem hinterm Glase brichtet, daß ein rechter Metzger mit eigenen Augen schauen, überhaupt Ort und Gelegenheit sich merken und auch der Bäurin die Ehre antun muß, unter ihr Dach zu kommen, ihre Säue zu gschauen und ihr die Kinder zu rühmen.

Daneben hatte Steffen natürlicherweise ein Rößchen, manchmal zwei, er hatte so viel zu führen, zu holen, zu nieten, daß er was derart haben mußte; er hatte ein Reitwägeli, kommoder kam ihm später was Decktes vor; er hatte einen Hund, manchmal zwei; für einen Metzger schickt es sich nicht, ohne Hund zu laufen, und manchmal hat er auch Lust zum Jäger z'graten. Bei allen diesen Habseligkeiten hatte er einen verfluchten Handelsgeist im Leibe, das heißt er händelete gerne, rühmte seine Sache, führte die Andern aus, probierte, welcher den Andern zuerst maßleidig machen könne; ist auch ein eigentümlich Spiel, das. Er rühmte oft, es gebe mit diesem Händeln manchen schönen Batzen, an den niemand sinne. Ob er recht hatte, wissen wir nicht, aber ebenso wenig, wohin diese schönen Batzen gekommen sind. Sehr viel hatte er auf einem Rößchen, das lief wie aus einer Kanone, und über ein Straßenpflaster dahin tschäderte es, daß ringsum die Fenster klirrten und Köpfe an die Scheiben schossen. Wenn er dann diese Köpfe an die Scheiben schießen sah, gar hie und da hörte: «Das wird dr Steffe, dr Wirt auf der Gnepfi sein, so fahrt doch Keine im ganze Land», der Stallknecht heraussprang und sagte, er hätte gedacht, er wolle gschwing cho ha, sust syg er ihm scho zBasel niede, er dann seinen großen Bräter hervorzog und sagen konnte: «Lue, das ists gsi, grad feuf Minute über halbi englifi, won ih bir Düremühle furtgfahre bi, u was ists von hier, zwo Stund?» «Ja, mehr als drei», sagte der Stallknecht ihm zu Gefallen. «He nu so de, lue, no nit halbi zwölfi, u lue, kes nasses Härli hets!» Wenn er so reden konnte, wenn dann noch der Wirt kam, wenn er später ein halb Dutzend Geschichtchen erzählen konnte, wie er mit dem Byggerli gefahren sei und wie er keinen Engeländer fürchte, so war das eine seiner größten Freuden. Und wenn einer seiner Kameraden zu ihm kam und ihm sein Byggerli recht rühmte, so führte er denselben wohin dieser wollte, wars Tag oder Nacht, in schönem oder strubem Wetter. Und wenn es weiterab einen lustigen Tag gab, einen Schießet, Kegelt, Gumpet oder sonst eine ganz ordinäri Hudelte, so hieß es immer: «Dr Steffe mueß mit, mit sym Bygger sy mr im Schwick dert, i zwo, i drei Stunge sy mr dert wie Schnupf; so wie das Rößli läuft keins im ganzen Kanton.» Man hätte wirklich ein steinerneres Herz haben müssen, als Steffen eins besaß, wenn man durch solche Wendungen sich nicht hätte sollen gewinnen lassen; es mußte gar nicht zu machen sein, sonst führte er die Kameraden, begreiflich nicht nur umsonst, sondern zumeist fielen ihm auch alle Auslagen für das Fuhrwerk auf.

Diese Ausfahrten an eine simple Hudelten waren jedoch nicht die teuersten, mit vierzig oder fünfzig Batzen kömmt man schon weit im Tag. Aber Steffens Frau wollte nicht immer daheim sein, wollte mit dem gleytigen Byggerli auch ausfahren, luege, wie das tschädere, wenn man in eine Stadt fahre. Steffen nahm seine Frau nicht ungern mit auf Märkte, führte sie zu der Bettmacherin, wenn sie Herzensangelegenheiten mit dieser zu verhandeln hatte, oder begleitete sie, wenn sie hier und dort als Gotte zuechestah mußte. Das waren teure Ausfahrten, die nicht mit vier oder fünf Franken abgetan waren. Die Weiber bleiben in der Regel viel mehr bei Hause als die Männer, und gar manches Weib wird, wenn der Mann fort ist, vom Gedanken beschlichen: Was het er ächt Guets, wenn ih doch o ume drvo hätt, wieviel vertuet er mr hüt aber u han ih nüt drvo? Daher die an vielen Orten stattfindenden Gebräuche, zu kücheln an den Markttagen, damit die zu Hause Bleibenden auch was Gutes hätten, oder nach der Zurückkunft vom Markte mit der Frau noch ins Wirtshaus des Dorfes zu gehen und ihr dort aufstellen zu lassen aus dem ff oder ihr wenigstens eine Halbe heimzukramen, damit ihre Phantasie von dem Ausspinnen der Herrlichkeiten, welche der Mann zu sich genommen, abgelenkt werde. Geht nun der Mann mit dem Weibe zMärit oder sonst an irgend ein Fest, so darf er nicht sparen, er muß mit dem Besten aufwarten lassen, das Wohlleben der Frau ist Nebensache, Hauptsache ist die, daß sie sehe, der Mann gönne es ihr und meine nicht, er wolle alles nur für sich alleine brauchen. Wo Sparen die Haupttugend ist, gut Husen Lebenszweck, Geldausgeben immer als eine Art Sünde, wenigstens als das größte aller Übel betrachtet wird, da muß man nicht darüber lachen, wenn eine Frau es als die innigsten Liebeszeugnisse (und ein Weib, sei es aus welchem Stande es wolle, ist immerdar gerne geliebt vom Manne, auch wenn es selbst ihm nicht viel nachfrägt) ansieht, wenn der Mann einen Franken oder zwei, drei an ihns wendet und ihm aufstellen läßt, was Gutes zu haben ist, so wie es dagegen durch nichts mehr gekränkt wird, als wenn bei solchen Gelegenheiten der Mann es karg und mager abspeiset. Es besuchte einmal ein Mann seine Frau, welche er schweren Gemütes wegen bei einem Arzt hatte, und das schwere Gemüt war deswegen entstanden, weil sie glaubte, sie sei dem Manne zu wenig reich und er sei jetzt reuig hinterher. Der Reichtum war groß da und keine Kinder vorhanden. Der Mann besuchte die Frau, es hatte ihr merklich gebessert, er nahm sie mit sich und zahlte ihr eine Halbe. Da sagte sie, es düech se, sie möchte noch für einen Batzen oder zwei Hammeschnittli zum Wein. «He», sagte der Mann, «es düecht mih, ih wett das la sy, wed heychunst, su chast ja zNacht esse.» Die Frau sagte kein Wort mehr, aber wer einen Rückfall hatte, der gefährlicher war als die erste Krankheit und fast nicht weichen wollte, das war sie.

So muß der Mann aufwixen lassen und hat dabei noch den Nachteil, daß die Frau hintendrein, wenn sie genug gegessen und getrunken hat, glaubt, es gehe allemale so, auch wenn sie nicht dabei sei, während doch wirklich der Mann sehr oft viel bescheidener lebt, wenigstens des Essens halb, vom Trinken wollen wir es nicht behaupten. Dieses war jedoch nicht die Hauptausgabe. Eisi hatte die Schwachheit aller Weiber, nirgends hingehen zu können, ohne zu krämerlen und zu kramen, in hohem Grade. Es konnte bei keinem Laden vorbeigehen, ohne stillezustehen, Steffen einen Mupf zu geben und zu sagen: «Nei aber lue doch, gschau doch, vo dem hey mr o no nüt, sötte mr nit o dere ha, was chost das ächt, gang frag doch!» Eisi war selten von ihrem Gugger weggekommen, hatte die Herrlichkeit der Welt wenig gesehen, bildete sich nun ein, wer Geld habe, der müsse alles anschaffen, was zu kaufen sei; für was hätten es die Leute gemacht, wenn es nicht nötig wäre und daß es die kauften, wo es vermöchten? So krämerlete und kramete dann Eisi, daß es doch manchmal Steffen wohl viel düechte, wenn ihn schon das Geld nicht reute, daß er zu wehren begann. «Nit, nit», sagte er dann, «denk doch o, wie wey mr alles mitnäh, mr hey ja zletzt selber nimme Platz im Fuehrwerk, u wed alles ungereinist chaufst, was wotsch de ds angermal mache? Ih wett für selb o no neuis spare.» «Löhl, was de bist, meinst, wir seien schon hingerus? Es wäre wohl gut, aber es wird mir fast gschmuecht, wenn ich gseh mueß, was mr alles no nit hey u was doch sy mueß.» Das gab teure Tage, wie teuer, wußten sie selbsten nicht, denn ungezählt hatten sie Geld aus dem Schublädli in die Säcke genommen, ungezählt legten sie den Rest wieder hin, wenn nämlich noch einer vorhanden war, daß es sich der Mühe lohnte, ihn beiseite zu tun.

Und doch waren das nicht die kostbarsten Tage, es gab noch viel teurere. Von diesen Tagen brachte man doch etwas heim, hatte für sein Geld etwas; von denen aber, von denen noch zu reden ist, hatte Steffen gar nichts als höchstens einen sturmen Kopf und Kyb im Lyb. Wenn es strub Wetter machte, daß den Krähen das Fliegen erleidete, die Wirtshäuser in ungewohnter Stille dalagen, dann kamen Zwei, Drei, Viere daher, man wußte fast nicht zu welcher Türe ein, sie fanden sich mit Steffen in einem aparten Zimmer zusammen; dann wurde abgesessen und gespielt und zwar nicht bloß geramst um eine Maß oder zwei, sondern wenn lauter die Rechten beisammen waren, so wurde geländelt, sonst aber gmutzet und beetlet. Beim Ländeln konnte es auf hundert bis zweihundert Franken, ja noch höher gehen, und Steffen hatte oft das Unglück, daß es ihm so ging. Er hatte das Unglück, daß er mit ausgemachten Spielern spielen mußte, von denen zwei einander so gut verstunden, daß niemand gegen sie aufkam, daß sie jedem das Hung nahmen, daß man oft fast zum Glauben verleitet worden wäre, sie seien nicht bloß ausgemachte Spieler, sondern ausgemachte Spitzbuben, wenn sie sich nicht so hoch und teuer verflucht hätten, es sött eine ds Hergetts sy und säge, si bschyße, dem wette si!

War dann da die ganze oder halbe Nacht durch an Steffen und vielleicht noch an einem Hansli oder Christeli gerupft worden, so redete man einen andern Abend ab, hier oder dort zusammenzutreffen, der Eine oder der Andere hatte was zu tun dort; so konnte man wie von ungefähr dort sich zusammenfinden und hatte ein Fürwort bei den Weibern, wenn sie frugen: «Wo wotsch aber us, es düecht mih, du söttisch doch o afe einist möge zwe Tag hinger enangere daheim blybe.» Freilich traf man auch zuweilen zufällig zusammen und machte geschwind eins oder spielte rasch einige Partien Billard, wobei ebenfalls einige Fünffrankenstücke konnten verloren gehen, oder kegelte geschwind eins, wenns Sommer war, und zwar nicht wohlfeil. Steffen verlor fast immer, ausgenommen im Kegeln, in welchem die meisten Metzger eine besondere Fertigkeit haben; denn nicht umsonst ist die Kegelbahn fast immer in der Nähe der Schaal. Steffen hatte das kalte Blut, das gelassene, gehaltene Wesen des Spielers nicht, die sichere, feste Besonnenheit, welche derjenigen des Schiffers gleicht, welcher alle Segel spannt bei günstigem Winde und rasch sie fallen läßt und zu lavieren weiß, wenn der Wind umsetzt und konträr wird. Er konnte vorsichtig und zurückhaltend sein, wenn das Spielglück ihm am heitersten lächelte, alles ihm zuschlug, und handkehrum, sowie das Glück sich wendete, unbesonnen werden, wagehalsig, zwängen wollen, was nie zu zwängen ist und besonders ausgemachten Spitz – (bald wären wir verschossen) Spielern gegenüber, welche sich nie imponieren lassen, aber jede Schwäche und namentlich jede Leidenschaftlichkeit, die größte Schwäche des Spielers, des Gegners sofort bemerken und auszubeuten wissen. Das waren Steffens kostbarste Tage, und davon hatte er nichts als Kyb im Lyb.

So war Steffens und Eisis Anfang in ihrer neuen Laufbahn so vielversprechend und hoffnungsreich wie selten einer; sie erkannten es auch. Sie gehörten unter die Wenigen in der Welt, die wenig oder nichts zu klagen hatten, nichts schriftlich, nichts mündlich, nichts auf der Gasse, nichts unter vier Augen. Ja sie rühmten einander gegenseitig und zwar aufrichtig hinter dem Rücken und ins Gesicht. Steffen sagte von Eisi, es mache sich bsunderbar gut, er hätte anfangs Kummer gehabt, gefürchtet, so eine aus einem groben Bauernort werde sich schwer in die Sache schicken können, aber das sei gegangen wie pfiffe, es düech eim, Eisi sött syr Lebtig Wirti gsi sy; er müeß säge, er syg gfellig gsi mit em Wybe, besser hätt ers nit breyche chönne, no ke Stung syg er reuig gsi.

Eisi aber sagte: Da uf em Gugger obe wüß me nit, was lebe syg, ja mi syg fry gar ke Mönsch, erst sit es dr Steffe heyg, wüß es o öppe, was lebe syg u wie mes ha chönn i dr Welt. Es möge gehen, wie es wolle, so werde es es Steffen nie vrgesse, daß ers erlöst habe us der Wildnuß und ihm drvorgsi syg, daß es nit öppe son e Raggerbur heyg müeße näh, wos niemere gut heyg weder dr Hung, wo am Schatte blybe chönn, wenn die Angere alli dusse werche müesse. U nit ume das, er syg sust no guet gege ihm u gönn ihm dSach, un öppe zweni heygs ihm no nie gmacht. U drnebe syg er de öppe eine, wo e Frau Freud ha chönn an ihm u sih de notti nit schäme müeß, wenn si mit ihm usryt oder sust mit ihm vor dLüt chömm.

Sie waren also glücklich und bekannten auch ihr Glück ohne Hehl; sie taten nicht so dumm, daß sie meinten, sie müßten auch klagen so des allgemeinen Brauchs wegen oder sie müßten ihr Glück verleugnen der Menschen wegen, man gönne es ihnen sonst nicht mehr und suche ihnen zu schaden, wo man könne und möge.

Wirklich lachte ihnen das Glück. Doch der reine Spiegel, auf dem das Glück rein sich widerspiegelt in die Länge, der gute Boden, in welchem das flüchtige Glück feste Wurzeln fassen und in feste Zustände übergehen kann, die fehlten ihnen. Wo diese fehlen, verzerrt des Glückes Lächeln sich, wird zum Grinsen, wird das Glück zu einer Morgenwolke, die vorüberfährt, wird nie zur Eiche, die in Felsen wurzelt und Jahrhunderten trotzt.

FÜNFTES KAPITEL

Von der Fortbildung überhaupt und von Steffens und Eisis Fortbildung insbesondere

Wenn dem Menschen das Glück lächelt, wenn es seine Fülle in dessen Schoße ausgießt, da drohen ihm schwere Gefahren. Nicht umsonst sagt Christus, es gehe ringer ein Kamel durch ein Nadelöhr als ein Reicher ins Himmelreich. Nach heutigem Sprachgebrauche ist Reich und Glücklich fast gleichbedeutend. Man kann nicht wohl sagen: Sie hatten Beide keinen Glauben, das ist bald gesagt und selten ganz wahr. Hätte man ihnen diesen Vorwurf gemacht, so hätten Beide einen der Lüge geziehen. Steffen hätte gesagt: Daß er dann öppe alles glaub, was einem dPrädikante säge, selb sei nicht, sövli dumm sei man gottlob hürmehi nümme, aber daß öppe e Gott syg, wider selb heyg er nüt, selb werd sy, er glaubs selber o. Eisi hätte gesagt: Selb sei eine verfluchte Lugi, es nähmte ihns doch wunder, wer einem solches aufbrächte, es sei unterwiese wie e Angere, u daß öppis angers no syg, wüß es viellicht no besser as es angers, vo wege, sy Großätti heyg einist dr Tüfel selber gseh, won er von ere Fuehrig heycho syg, bim Kehrumtürli im Ghäre. DRoß syge erschücht, und läng Stück heyg me se nit umefunge, eys syg hie i de Tanne bhanget gsi und eys dert i junge Buechlene. Dr Großätti heyg me heybrunge, er heyg gar nüt von ihm selber gwüßt, u längi Zyt heyg me nit gwüßt, ob er mit em Lebe drvochömm oder nit. Drnebe aber mein es nicht, daß es alle Sunnde zKilche well un öppe gar no zKingelehr, u dm Lese heygs nie viel nahgfraget und jetzt hätt es erst nit dZyt drzue. Das werd aber öppe nit viel mache. Schlechts mach es nüt, drnebe syg es e Sünder wie öppe all Lüt. Aber was dr Bruch syg, i selbem fehls o nüt; wes schwanger syg, su gang es zum Nachtmahl, un wenn es ds King heyg, zChile, u selb werds emel einist wohl ha. Daneben hätte Steffen noch sagen können, daß er beim Veh noch viel auf Hexen hielt und daß er auch einmal an einem heiligen Sonntag während dem Kirchengeläute rückwärts einen Haselstock in den drei heiligen Namen aus einem Hag gehauen, um den Pferden damit den Haber umzurühren, und Eisi hätte sagen können, daß es zu keinem rechten Doktor Glauben hätte, sondern bloß zu Quacksalbern und daß, wenn ihm ein Strumpfband verloren ging, es zu einer Wahrsagerin gelaufen sein mußte. Und doch hatten diese beiden Eheleute durchaus keinen Glauben oder waren sich wenigstens keines Glaubens bewußt; denn wenn man sie geradezu gefragt hätte: «He, was glaubet dr de?», so würden sie geantwortet haben: «He, öppe was anger Lüt», aber Näheres als das oben Angeführte würden sie kaum haben angeben können, denn sie hatten wirklich keinen christlichen Glauben, der irgendwie christlich sich regte und lebendig ward. Ihre Gedanken schweiften durchaus nie in das Gebiet des Unsichtbaren, geschweige dann, daß sie sich dahin richteten, mit demselben sich beschäftigten. Sie dachten nie daran, daß sie im Leibe eine Seele hätten, geschweige dann, daß ein Gott im Himmel sei. All ihr Denken entstund nicht von innen heraus, sondern wurde durch äußere Eindrücke, die entweder früher haften geblieben oder gerade eben an sie gelangten, erzeugt. Früher, ehe sie in den Strudel des Lebens gerieten, hatten sie wohl gesinnet und gedacht, Steffen, was er anfangen, wie er zu Gelde kommen wolle, Eisi, was es wohl für einen Mann kriegen und wie es diesem oder jenem es beizen könnte. Jetzt aber hatte Steffen Geld, Eisi einen Mann, wurden nun zumeist durch die augenblicklichen Eindrücke bewegt und bestimmt. Diese Eindrücke mußten allerdings auch erst Saiten in ihnen berühren, ehe sie einen Klang geben, eine Handlung zutage fördern konnten.

Ein Christ hat auch solche Saiten; diese Saiten hat sein Glaube ihm gespannt, derselbe erhält sie auch straff. Was nun von außen an ihn kömmt, widertönt an diesen Saiten und um so rascher und bestimmter, volltönender, je stärker der Glaube ist. Breitet vor dem Christen die Schönheit der Welt sich aus, so tönt von innen heraus Preis und Ehre des Schöpfers; entfaltet sich die Sünde der Menschen, so bricht hervor der Jammer über den Sünder, der Zorn über die Sünde; kommen die Lockungen der Welt gezogen, so kömmt stark und fest die Antwort: Wie sollt ich so großes Übel tun und sündigen wider den Herrn, meinen Gott; kommen die Leiden der Welt in ihren tausendfachen Gestalten, so erklingen die Seufzer zu dem starken und milden Vater im Himmel, der helfen kann und will jedem gläubigen Kinde mit Kraft zum Tragen, mit freundlichem Geleite durch den Dornenpfad, der zur Verklärung führt. Und will die ganze Welt mit all ihrer Gewalt sich drängen zwischen den milden, starken Vater und das geängstigte Herz, dem

Lichte von oben den Zugang wehren mit ihrer ganzen Gewalt, Glauben, Liebe, Hoffnung erdrücken, so sprengt der Glaube mit andächtigen Seufzern die schwarze Mauer, die schwere Last, und das Auge des Vaters leuchtet wie die Morgensonne nach einer Gewitternacht ins gepreßte Herz hinein, durchströmt dasselbe mit neuer Kraft, zu handeln im Glauben, zu wandeln die Wege des Vaters, treu zu bleiben im Größten wie im Kleinsten. Durch die Stärke des Glaubens werden die Töne bedingt, schwach klingen sie zuerst, aber sie wachsen an Kraft und Fülle mit des Glaubens Verklärung; lange oft wollen sie zuweilen nicht erklingen, tönen gedämpft, unbestimmt, aber wie das christliche Bewußtsein sich steigert, so gestalten sich auch die Antworten rasch und bestimmt, und bei den leisesten Berührungen quellen die Töne göttlichen Willens herauf. Wo es so heraufklingt in Wort und Tat zum Lobe Gottes und seinem Wohlgefallen, da wohnt der Glaube. Wie aus dunkler Höhle auf die Fragen der Menschen das geheimnisvolle Orakel den Willen der Götter verkündete, so bricht aus gläubigen Herzen, in die keines Menschen Auge sieht, die kein menschlicher Fuß betritt, der Wille Gottes hinaus in die Welt. Das ist der christliche Glaube, und wie das gleiche Leben des Baumes Wurzeln durchströmt, welches in dessen Krone rauschet, so will der christliche Glaube im Herzen wohnen und das Leben in den Werken sein, und wie nichts den Baum sicherer tötet, als wenn man die Krone abschlägt und alles Treiben des Baumes, jedes Blatt und jeden Zweig, sowie er sichtbar wird, abschneidet, so wird der Glaube faul und tot, der bloß im Herzen wohnen, im Leben sich nicht zeigen soll, der bloß Wurzel, Gesinnung bleiben, zum Stamm, dem Träger des Lebens, zum Werk, der Frucht des Lebens, sich nicht gestalten soll.

Von diesem Glauben hatten unsere Leutchen also keinen

Begriff, hatten also keinen festen Boden, auf welchem sie feststunden, heute und morgen die Gleichen. Sie wurden auf den Wellen der äußern Eindrücke geschaukelt, und diese Eindrücke wirken ein, zeugen Empfindungen und Werke, je nachdem die tierischen Saiten im Menschen gespannt sind, je nachdem er kalt oder warm hat, schläfrig oder wach ist, gegessen oder getrunken, Kopfweh oder Bauchweh oder längi Zyti oder gar nichts hat. Solche Menschen sind auch schöner Empfindungen, sogenannter guter Taten fähig, warum nicht? Eisi konnte eine arme Frau über Nacht haben, ihr ein gutes Glieger geben, Kaffee am Morgen und etwas in Sack, weil es Erbarmen empfunden bei ihrer Erzählung und denken mußte: Herr Jeses, wie wärs mr doch, wenns mr auch so gieng; es konnte ihrem Knechte die Kindstaufmahlzeit halten und ihm nichts dafür abnehmen, weil es dachte: DSach hey mr selber gha, aparti drfür gchauft ja nüt, u wie wetts doch o son es Knechtli mache: vierzig Pfund Lohn, vier King und alli Brösmeli chaufe ds lieb läng Jahr dure, wie wetts doch o eine könne mache, wenn er nit will zum ene Schelme grate!» Steffen konnte einem Halunk, von dem er gut wußte, daß er sein Lebtag viel gelogen, aber nie einen geliehenen Kreuzer wiedergegeben hatte, eine Handvoll Fünfunddreißiger borgen, und wenn allfällig Eisi brummen wollte, so sagte Steffen: «Bis doch o witzig; wenn ih ihm nit gä wett, wer wett ihm gä, ih frage dih?» Bürgschaft konnte er niemand abschlagen, und wenn er jemand das Reiten verheißen, so konnte er demselben stundenlang warten, wie unkommod es ihm auch war. Sie waren noch weich, zu bestimmter Eigentümlichkeit hatte die Welt sie noch nicht erhärtet. Wie sie Gutes empfanden bei erregenden Eindrükken der Welt, so quoll ebenso rasch und leicht Böses auf bei anderm Wellenschlag der Außenwelt.

Eisi hörte für sein Leben gerne andere Weiber ausführen,

und wenn es Gelegenheit hatte, einem was anzuhängen, so kam es ihm auf eine Lüge oder zwei nicht an; so spielte Steffen gerne Streiche und Possen, die oft sehr grob waren, besonders Trunkenen, die nicht wußten, wer es gemacht, oder armen Burschen, die sich nicht rächen konnten, nicht rächen durften. Mit der Ehrlichkeit nahm ers nicht genau, doch fiel es ihm selten ein, jemand Unrecht zu tun, es mußte ihm erst einer seiner Kameraden sagen: «Nimm den jetzt auch so recht, daß ihm das Ligge wehtut!» Wenn einer voll war, so tat Eisi ihm gerne halb Wasser in den Wein, rechnete ihm doch ds Halb mehr an, als er getrunken, und wenn er wechseln ließ, so überzählte es sich um einige Batzen. Dessen hatte es jedoch kein Hehl, sondern rühmte es mit lachendem Munde jedem, wer es hören wollte, wie es dä gno heyg und ihms gmacht, er sei so volle gsi, er heyg nit meh chönne Babi sagen. So was schien ihm eine Heldentat. Beide hörten Zoten und schlüpferige Dinge für ihr Leben gerne und steuerten durchaus keinem Unwesen in ihrem Hause, im Gegenteil. Wenn Eisi schon zuweilen des allgemeinen Brauches wegen sagte: «Schwyg mr jetz de, du Uflat!», so lachte ihm doch das Herz im Leibe, und es wäre ihm sehr leid gewesen, wenn es auf seine Ermahnung hin nicht noch schmutziger gekommen wäre. Beide hörten Spöttereien über alles Geistliche besonders gerne und halfen mit alles verlachen und sich groß und stark stellen, als seien sie weiter als das gemeine Volk, das sich noch am Narrenseil herumführen ließe und dumm sei wie dLänderküeh, und handkehrum hätten sie doch aufbegehrt, wenn man ihnen vorgeworfen hätte, sie hätten keinen Glauben.

Ihre Gastig, jedenfalls die, mit welcher sie sich am meisten abgaben, bestund aus sogenannten Halbschöpplern, das sind nicht Halbschoppenbauern, nicht Halbschoppenmeister, nicht Halbschoppenherren, nicht Halbschoppenbuben; aber von allem war was dabei, es war eine wunderliche Generation, fast so bunt und wunderlich wie eine Schneiderfahne. Unter dieser Halbschoppengastig versteht man die Leute, welche mit mehr oder weniger Regelmäßigkeit um neun oder zehn rasch wie ein Spyri seinem Loche zu in eine Türe schießen und hinter derselben ihren Schutz oder Halbschoppen zu sich nehmen, dann rasch wieder raus und manchmal noch vor zwölf rasch wieder zum Loch ein und aus. Nach dem Essen natürlich wieder, da aber etwas langsamer, minder pressiert, wie mit besserm Gewissen, bis es wieder an die Arbeit geht, und per se nach dem Nachtessen oder nach dem Feierabend wieder, und zwar da sehr oft von einem Halbschoppen zum andern, es weiß kein Mensch wie lang. Da kömmt es natürlich darauf an, ob viele Wirtshäuser an einem Orte sind oder nur wenige, auf die Polizei kömmts dabei wegen der Länge durchaus nicht an, deren hat kein Hund sich mehr zu achten, nämlich – per se – da, wo keine ist, denn dessen, was nicht ist, kann begreiflich ein Hund sich nicht achten, wenn er schon wollte.

Diese eigentümliche Bevölkerung, zusammengewürfelt aus allen Altern, fast möchte man sagen Ständen, Nationen, in allem möglichen Kostüme, von den Holzschuhen bis zu den Stegreifen (den Stegreifen ersetzt oft ein Exträ den halben Schoppen), vom Twine bis zu den Hemdärmeln, mit und ohne Haare, mit und ohne Schnäuze, meist jedoch, wenigstens vormittag, ohne Röcke, meist mit Geld, zuweilen jedoch auch ohne, diese Bevölkerung ist wunderbar zerstreut (wie die Juden durch die ganze Welt, wo es was zu schachern gibt) durch das ganze zivilisierte Europa, so weit es Kaffeehäuser und Pinten und andere Wirtschaften gibt. Begreiflich jedoch gestaltet sie sich anders in den verschiedenen Ländereien nicht nur, sondern auch in größern und kleinern Städten, so zum Beispiel ist sie in London nicht ganz gleich wie in Langenthal, in Amsterdam nicht wie in Aarberg, in Paris nicht wie in Schwarzenburg, in Berlin endlich nicht wie in Bern, wenn Bern auch schon ein großer Ort ist, wo große Männer wohnen. Wie verschieden diese Bevölkerung sich ist in Sprache, Haut und Stand, eins hat sie doch gemein (die üblichen Ausnahmen fangen endlich an, sich von selbst zu verstehen), sie liest wenig oder nichts, Zeitungen ausgenommen, diese werden ungefähr von der Hälfte in die Hände genommen; sie denkt nichts, außer wenn sie jemand taub macht oder eine Facharbeit sie zum Denken zwängt, daneben aber ist diese Bevölkerung verflucht gebildet, meineidig aufgeklärt, sie gibt den Ton an, sie macht den Zeitgeist. In großen Städten wie Berlin und Paris, da befaßt diese Bevölkerung sich hauptsächlich mit dem Theater und mit den sogenannten Tagesfragen. Das Theatergeschwätz beschäftigt viele Tausende ganz ausschließlich; was gespielt worden und gespielt wird, wie der gepfiffen und jene gekräht, das alleine füllt ihren engen Schädel, das alleine bildet ihren Schwatzstoff. Wir müssen sagen, das Theater ist eine schöne Sache, und wenn schön darin gespielt wird, so ist es noch schöner; aber wir müssen ebensogut sagen, daß wir die für die jammerwürdigsten, flachsten aller Menschen halten, denen das Theater alleine ihren Schädel füllt, denen es ihr Alles ist, *hier* ihr Himmel, *dort* möglicherweise ihre Hölle. Die Theatergöhle sind in Berlin und Paris ungefähr gleich; während die Tagesfragen in Paris sich um die Minister drehen, höchstens bis nach Algier gehen oder aufs weiteste bis nach England, bekümmern sich die Jelehrten Berlins um die Professoren, welcher jelehrter oder liberaler sei als der andere, versteigen sich zuweilen bis zu den schlesischen Webern und geben manchmal ein geheimes Gemuckel über Rußland von sich, aber wohlverstanden nur ein Gemuckel oder Gemunkel und dazu noch ein geheimes.

Theater ist unter unserer Bevölkerung von diesem Schlage keins zu besprechen, was Neues hat auch Keiner gelesen, man zerrt sich daher gewöhnlich an was Altem herum, an alten Histörchen, Kiltgeschichten, stehenden Witzen, am Wetter, an der Repetition von Hudelten ältern oder neuern Datums, allfällig auch an laufenden Geltstagen und laufenden Liebschaften, verlaufenen Steigerungen, bestehenden Geldnöten oder vorgefallenen Prügeleien und Spöttereien über alles Geistliche, ein sich Rühmen, wie man sich über alles wegsetze, womit man hauptsächlich den hohen Stand seiner Aufklärung beurkunden will, wodurch aber nichts klar wird, als daß die Leute zwischen Unglauben und Aufklärung keinen Unterschied kennen, usw. Freilich schlägt auch zuweilen nicht bloß so eine gemeine Tagesfrage, sondern eine eigentliche Lebensfrage in diese Kreise. Und wie es geschieht, wenn ein Blitz in einen Weiher fährt, das Wasser zischt und spritzt, daß die Augen fast nicht mehr klar reiben kann, wer es überlebte, so bringt in Aufruhr eine Lebensfrage die ganze geschilderte Bevölkerung, wenn sie in sie fährt. Das siedet und brauset und zischt, daß man sein eigen Wort nicht mehr hört, und wenn sie auch nicht über die Felsen aus ins Meer sich stürzt, so stürzt sie doch von einer Speisewirtschaft zur andern, tobt in gewaltiger Brandung von einem Kaffeehaus, einem Pintli zum andern, es ist eine Bewegung groß und hehr, daß man meinen sollte, die Häupter ihrer Wellen würden sich bis zum Himmel heben. Indessen man fürchte sich nur nicht, diese Wellen sind zu kurz, die Gewölbe des Himmels zu sprengen, sie können wohl aufrühren die schmutzige Grundsuppe, den Uferschlamm und den Bodensatz der Tiefe, können eine Zeitlang den Gesichtskreis trüben und die Augen blenden, diese Wellen verrauschen wieder zwischen den Speisewirtschaften, der Donner der schönen Bewegung verrauscht am Ende wieder in ein anständig

Berliner Gemunkel. Von wegen, was nicht Boden hat, das schießt wohl schnell auf, aber verdorrt ebenso schnell wieder, und wo die Wasser nicht tief sind, da bewegen sie sich leicht, die Oberfläche kräuselt sich, die Wellchen sträuben, bewegen sich, aber sie setzen sich bald wieder, nachdem sie eigentlich nichts anders gemacht als alles trübe, so weit sie kommen mochten.

In dieser Gesellschaft bewegten sich Steffen und sein Eisi hauptsächlich, das waren die bildenden Elemente, welche Einfluß auf sie hatten, ihre Fortbildung bestimmten. Man spricht viel von gebildeten Leuten, und die Schulmeister heben stark den Kopf auf, weil sie meinen, sie alleine seien bevorzugt, weil sie alleine Fortbildungskurse hätten, sie hätten das Recht, mitleidig auf die Erbarmungswürdigen herabzusehen, welche keine Fortbildungskurse haben, nicht zum Fortschritt in Kurs gesetzt werden, die dummen Leute! Gebildet sind alle Leute, einen Fortbildungskurs haben alle Leute, im Fortschritt begriffen sind alle Leute! Man setze also ab mit dem Hochmut, halte sich nicht für bevorrechtet, weil man lesen kann, ohne zu buchstabieren, und weil, wie andere Leute eine Tabakspfeife aus der Tasche gucken lassen, man ein lang Stück unverdauter Wurstbildung aus dem Munde hängen hat und es um den Leib blampen läßt wie hoffärtige Leute einen Nastuchzipfel am hintern Teil.

Geboren, wie er zu Grabe geht, wird kein Mensch. Geboren wird der Mensch, soweit wir wissen, ohne Bewußtsein; erst wenn er die Augen aufschlägt in dieser Welt, beginnt es zu dämmern in ihm; er nimmt Eindrücke auf; es beginnt seine Bildung, sie wird bedingt und gelenkt durch seine Umgebung. Die Katze, mit der er spielt, die Ziege, die er weidet, der Mensch, mit dem er spricht, das Kind, das er betrachtet, das Buch, in dem er buchstabiert, das alles sind Elemente seiner Bildung, seine Bildungsmittel. Die Bildung steht nie stille, wird alle Tage neu. Das Menschenkind wird alle Tage gebildeter, es schwebt in einem ununterbrochenen Fortbildungskurse. Das Leben des Menschen ist der von Gott geordnete Fortbildungskurs, ein ganz anderer als der sechs- oder zwölfwöchige, der hier oder dort von Obrigkeit wegen angestellt wird. Diese Bildungselemente erzeugen aber nicht bloß Eindrücke, lassen Anschauungen zurück, ein Wissen von diesem oder jenem, sondern sie erzeugen nicht, aber wecken im Menschen eine selbsttätige Kraft, ein Begehren, das nicht gesättigt wird durch das Zufällige, Herumliegende, nicht befriedigt durch das willkürlich Gegebene, ein innerlich Verarbeiten des Erhaltenen, ein Denken darüber, welches dann Fragen zeuget, und ein Streben, dieses und jenes Bildungsmittel herbeizuziehen, zu ergänzen das Mangelnde, ein immer bleibendes Ungenügen, das, je mehr es sich aneignet, desto besser begreift, was alles noch fehlt, das immerfort hungert und dürstet nach dem Fehlenden, fort und fort dasselbe sich zu verschaffen sucht, und hat es dasselbe, es innerlich verarbeitet, daß es nicht als fremder Stoff in der Seele bleibt, sondern ins eigene Wesen übergeht, daher auch als eigene Kraft oder eigenes Wissen, oder wie man es nennen mag, jeden Augenblick zu Gebote steht. Diese begehrende, verarbeitende, später schaffende Kraft ist in allen Menschen, wird in den Meisten angeregt, erlöscht aber in den Meisten wieder, wird zumeist von Eltern und Lehrern ausgeblasen, ja totgeschlagen; wem sie aber bleibt, wem sie zum Licht seiner Seele wird, der alleine ists, welcher mit dem Worte «gebildet», wie die Welt es nimmt, bezeichnet zu werden verdient.

Die Mehrzahl, in welcher diese Kraft erlischt, sie wird dessen ungeachtet fortgebildet Tag um Tag, sie steht nie stille, aber sie ist nicht selbsttätig und zwar in zweien Richtungen nicht.

Sie sucht keine Bildungsmittel, keine neuen nährenden und erregenden Elemente; sie hat keinen Drang darnach, ist nicht hungerig, nicht durstig darnach, ist zufrieden mit dem, was da ist, zufrieden mit dem, was sie hat, lebt in dieser Beziehung in vollkommenem Genügen, meinet, mehr nützte nichts, und nimmt bloß hin, was zufällig durch Umstände, Umgebungen, Lebensweise, Verhältnisse sich an sie drängt, was man auf Kirch- und Marktweg vernimmt, in einer Speisewirtschaft, einer table d'hôte, einer Postkutsche oder in irgend einer Konferenz oder ganz gemeinen Zusammenkunft; und wenn gar nichts an einen kömmt, so ist man doch vollständig zufrieden und fällt auch nicht von ferne in Zweifel, daß man nicht meineidig aufgeklärt sei.

Zweitens verarbeitet man dasjenige, was man auf diese Weise aufgeschnappt hat, durchaus nicht; wie man es gekriegt, so behält man es auch, bis es wieder von einem geht. Wie der Vogel Strauß Steine schluckt und Eisen, so schluckt man Urteile, Meinungen, Neuigkeiten, Zeitungsartikel, Gassengeschwätz, Lebensfragen, wurstische und straußische Dinge, die der Strauß gesagt haben soll, die man aber per se nicht selbst gelesen hat. Was er schluckt, Eisen und Steine, die verdaut der Vogel Strauß, was aber die Gebildeten von dieser Sorte schlucken, das verdauen sie eben nicht, sondern sie behalten es ganz bei sich, bis es zufällig wieder von ihnen geht, wie es zufällig in ihren Leib gekommen. Solange sie es aber haben, halten sie es wie ein gefunden Kleinod, einen Schatz; begreiflich, was es wert ist, wissen sie nicht, haben es daher wie Kinder mit Glasperlen oder Zahlpfennigen, meinen, sie seien im Besitz der afrikanischen Höhle Xaxa, und wer sie über den Wert ihres Besitztums aufklären will, den schelten sie Lügner und Verleumder, der sie arm machen wolle, während so reich sie sich glauben, wie Kinder es haben, die einen Kreuzer besitzen als all ihr Hab und Gut.

Wer ihnen diesen Kreuzer abnehmen will, dem schreien sie ins Gesicht, schlagen mit Händen und Füßen, als ob er ihnen das Herz aus dem Leibe reißen wollte; natürlich, wenn sie diesen Kreuzer nicht hätten, so hätten sie gar nichts mehr. Dieser Gebildeten Weise ist es, daß sie nie viel dergleichen Bildungsstumpen bei sich haben, haben halt nicht Platz dafür; kömmt was Neues, so geht zumeist das Alte von ihnen, und zwar ebenso unbewußt, wie es unbewußt in sie gekommen ist. So entstehen bei diesen Menschen zwei sehr merkwürdige Eigentümlichkeiten, die dem unbegreiflich scheinen, welcher nicht auf den Grund zu gehen weiß. Erstlich ein ungeheures Selbstgenügen bei dem Unbedeutenden, was man hat, eine unglaubliche Glückseligkeit in dem Besitz einiger Worte, Redensarten, Urteile, einiger Bruchstücke des frechsten Unglaubens, die man aber bloß für Aufklärung hält, weil sie eben weder Kopf noch Füße haben.

Da die guten Leutchen nichts kennen als das, was ihnen ungefähr zu Leibe gekommen, so meinen sie begreiflich alles zu haben, was an Weisheit zu haben sei im Himmel und auf Erden, und verachten grenzenlos und ungeheuer alle die, welche eben nicht die gleichen Brocken wie sie im Leibe haben. Man hatte schon lange ein Wort für diese Art von Hochmut; man nannte ihn Schulmeisterdünkel, und zu leugnen ist es nicht, daß viele Schulmeister damit behaftet sind, namentlich junge, denen man mit der Nürenberger Kanne einige Maß Weisheit in den Leib gegossen und einige Speckbröcklein von Aufklärung, das heißt von moderner Philosophie. Indessen wäre es doch durchaus ungerecht, zu glauben oder gar zu behaupten, dieser Dünkel sei nur im Lehrstande, ja er findet sich dato anderwärts in viel höherm Grade.

Du mein Herr, den findet man in jeder Speisewirtschaft, in jedem Café, und nicht bloß bei den Gästen oder Pintenwirten, o nein, ihr findet ihn ebensogut bei den Kellnern, ja selbst bei Stubenmeitlene, die von ihrem Schatz, vielleicht einem Gumi oder einem Schreiberlehrling, gehört haben, es sei sich öppe der Religion nimme viel z'achte, mi syg jetz witziger und gscheiter worde. Dünkel und Hochmut ist das erste Kennzeichen dieser Bildung, das zweite aber ist Unduldsamkeit, Feindseligkeit, Verfolgung jedes Andersdenkenden. Die guten, beschränkten Menschen können gar nicht begreifen, daß es über einerlei Sache zweierlei Meinungen geben, daß ein Mensch, der es recht meine, das Herz am rechten Fleck habe, eine andere Meinung haben könne als sie, und hat einer eine andere, so halten sie ihn für einen Esel oder aber für einen Schelm, Spitzbuben, Aristokraten oder Pfaffen. Für einen Esel halten sie ihn, wenn sie ihm die Einsicht nicht zutrauen, ihre Weisheit begreifen zu können, für einen Spitzbuben, wenn sie ihm Einsicht nicht absprechen können. Das seien die Schlimmsten, sagen sie, die wüßten es wohl, aber sie sagten es nicht; das seien auch von denen, die meinten, das Volk solle immer dumm bleiben, und wenn sie es machen könnten, so würden sie das Volk ganz zurückwerchen, ganz wies vor Altem gewesen; die Schelmen und Spitzbuben, bei den Beinen sollte man sie aufhängen! Wie ehedem des Bundes mit dem Teufel verdächtig wurde und das Leben riskierte, wer nicht an Hexen glauben wollte, so wird verdammt, verlästert, verketzert, wer der Speisewirtschaftsaufklärung sich nicht beugen, sie nicht anerkennen will; denn dieselbe ist unduldsam, ausschließend, feindselig trotz der verschrienen Inquisition, eben weil sie beschränkt, borniert ist, ja wenn jemand frei Tollheiten züchtigt, so wird er angegangen schmeichlerisch und drohend, zu widerrufen, sich zu erklären, akkurat wie die Inquisition es machte, wie Galilei und tausend Andere widerrufen mußten.

Und was sind denn das für Weisheitsbündel und Weisheitsbüchsen, welche solchen Widerruf verlangen? Die Inquisition verbrannte ehedem Bücher, und Rechtgläubige warfen mit Abscheu aus den Händen, was irgendwie nicht den rechtgläubigen Geruch zu haben schien. Akkurat gleich kriegen es diese Leutchen; sie können nicht bloß nichts lesen, was nicht aus der gleichen Blase kömmt, aus welcher sie ihre Weisheit empfangen, sondern sie verfluchen und verlästern alles, von dem sie hören, daß darin etwas gegen ihren Glauben gesagt wird, ja wir werden bald hören, daß man wieder zum Verbrennen schreitet alles dessen, was etwas gegen ihren Glauben enthält. Bücher wird es freilich selten treffen, denn Bücher lesen die meisten dieser Gläubigen nicht; Zeitungen höchstens, diese werden vorerst herhalten müssen.

Unter diese Gebildeten gehörten also auch Steffen und sein Eisi. Schöpferische Kraft oder geistlichen Hunger und Durst hatten sie beide nicht, andern wohl; Bildungselemente, bildende Kräfte suchten sie keine; sie ließen sich wiegen von denen, welche zufällig an sie kamen; sie wurden aber dennoch fortgebildet und waren im Fortschritt begriffen. Es ist Torheit, zu glauben, es stünde jemand still; in der Richtung, in welcher einer sich bewegt, wird er fortgetrieben, stoßen ihn seine Bildungselemente fort. Nun ist da eben die Frage und der große Unterschied, ob einer die Richtung selbst erwählet und sich in dieselbe mit all seinen Kräften geworfen habe, oder ob er zufällig, blindlings, ohne Bewußtsein in dieselbe geraten sei. Im erstern Fall schreitet er selbstbewußt fort, weiß immer, wo er ist, und kennt das Ziel, an welches er will; im letztern Fall aber wird er fortgewiegelt wie ein Kind im Schlaf, fühlt seine bildende Bewegung ebenso wenig als den Umschwung der Erde, weiß also per se nicht, wo er ist, sieht die Ufer nicht, an denen er vorbeigetrieben wird, träumt nichts von dem Strande, an dem er stranden wird. Es setzt sich bei ihnen äußerlich ein Anstrich ab von ihrer

Umgebung, so wie weiß wird, wer viel um den Mehlsack ist, oder schwarz, wer kochen oder rueßen muß. Es entsteht eine gewisse Fertigkeit in dem, mit welchem man täglich zu tun hat, es setzt sich aber auch innerlich ein gewisser Staub ab, es bilden sich Härten oder Erhöhungen, es senken sich Täler, es entstehn Vertiefungen, und besondere Eigentümlichkeiten knetet die Welt nun bestimmter und ausdrucksvoller aus, wie aus den Händen des Becks der Teig verschieden hervorgeht als Züpfli, als Mütschli, als Weggli, als Küchli usw.

Steffen und sein Eisi lasen nun gar nichts, nicht einmal eine Zeitung, geschweige dann ein Buch, kein Weltbuch, geistliches dann erst nicht; sie dachten aber auch nichts Apartes. Hatte was ihr Gemüt bewegt, so zitterte dasselbe die Bewegung fort, bis ein anderer Anstoß eine andere Bewegung hervorbrachte. Geistliches hörten sie nichts, an Gott oder an ihre Seele wurden sie durch nichts erinnert, in die Predigt gingen sie nicht freiwillig, und wann sie gehen mußten, so waren sie an das Hören so wenig gewohnt, daß sie entweder schliefen oder was anderes sinneten. Denn das klagten sie wirklich oft, wenn Eisi keinen gerösteten Kaffee hatte, wenn es ein Kaffee machen sollte, oder Steffen keinen Brand, wenn er Fässer einbrennen sollte: man könne unmöglich an alles sinne, si wette, das vrfluxt Sinne wär nit, si heyge mängist z'sinne, daß si nit wüsse, ob si no e Gring heyge oder nit, und gäb wie sie sinneten, vergäßen sie doch ds Halbe. Ihre Bildungselemente bestunden also aus ihren täglichen Geschäften, ihrer Halbschoppengastig, aus Wygumene und Käsmarschanten, auch etwas Bauersame, doch dieses letzte Element wirkte am wenigsten ein und immer weniger.

Es wäre möglich, daß ein Leser, dem das Sinnen nicht so zwider ist, wie dasselbe Steffen und Eisi war, den Einwurf machen könnte, es seien hier als bildende Kräfte die Kinder vergessen, deren beim Leichenbegleit Erwähnung getan worden. Es ist allerdings wahr, Kinder sind sehr oft weitaus die kräftigsten Bildungsmittel. Wie manches Ehepaar entsagt den Lüsten der Welt, bricht sich Gewohnheit um Gewohnheit ab, scheinbare Bedürfnisse verlieren ihre zwingende Kraft, lösen in Nebel sich auf; es sucht Kräfte in sich und findet sie, spannt sie zusammen, ringt mit den Umständen, ringt mit dem Unglück, ringt Tag um Tag der Welt das Nötige ab, nährt die Kinder, bildet die Kinder, und während es arm geblieben wäre ohne Kinder, ist es reich geworden durch die erweckende Kraft der Elternpflicht. Es ist wahr, manch Elternpaar, wenn das erste Kind in der Wiege vor ihm lag, hielt zum erstenmal ernste Rechnung mit sich selbsten, stellte seine Seele vor den Spiegel der Wahrheit und frug, ob so eine Seele würdig sei, Vater oder Mutter vorzustellen, frug ihn, was versteckt und abgelegt werden müsse, wenn das Kind Vater und Mutter ehren solle; darnach rangen sie, sich zu reinigen, und schauten ängstlicher nach des Kindes Miene als Höflinge nach des Königs Gesicht, ob es sie halte für die starken, würdigen Säulen, an denen seine Schwachheit erstarken, an denen der adeliche Mensch sich aufranken könne und hinstellen unter sein Geschlecht als zur Ehre desselben und zur Freude seiner Brüder; so ward manches Elternpaar, das vielleicht versunken wäre in niedere Triebe, wild Gestrüpp, eine Zierde des Menschengeschlechts durch die zwingende Kraft der elterlichen Würdigkeit.

Es ist wahr, manch Elternpaar wurde durch Kindesgeschrei geweckt aus geistigem Schlafe und das zur Welt geborne Kind sprengte auch die selbstsüchtigen Schranken ihres Lebens. Elternliebe floß heiligend durch ihre Seelen, mit freudigem Aufblick empfingen sie die Gabe von oben und gelobten, das Pfand der göttlichen Liebe nicht zu entwenden dem Vater, es nicht an Erde und Sünde zu verraten, sondern es zu bewahren und zuzuführen dem göttlichen Geber. Sie, die vorhin für sich nicht daran gedacht, suchten nun, was droben ist, begriffen erst jetzt, was es dem Menschen hülfe, wenn er die ganze Welt gewönne und litte Schaden an seiner Seele. Sie suchten die Liebe des Vaters, um sie den Kindern zuzuwenden, das ewige Erbe, um es den Kindern zu vererben, sie heiligten sich, damit ihre Kinder dem Vater, der sie gegeben, geheiligt blieben. Es ist wahr, manch Elternpaar, das in den Strömungen der Welt dahingeschwommen wäre, ohne ernstlich der Seele Heil zu bedenken, wird durch der Elternliebe gewaltige Kraft selbst dem Herrn geheiligt. Darum heißen nicht umsonst Kinder des Höchsten Gab, und selig der Mann, dem sein Weib solche Gaben bringt.

Auf Steffen und Eisi übten die Kinder keinen Einfluß, die Umstände zwangen nicht dazu, und wo Eltern sich nicht selbst bestimmen, sondern bestimmen lassen, da ist der Stärkere Meister, und anfänglich sind jedenfalls die Eltern die Stärkern und handeln an den Kindern, wie es sie ankömmt. Später, wenn ein bestimmter Wille in den Kindern sich ausprägt und geltend macht, da wird es anders..

Eisi bekam seine Kinder streng hintereinander, war aber rüstig und stark, hätte wohl noch einmal so viel haben können, ohne daß es ihm geschadet hätte; nach jedem Kinde schien es hübscher, aufgeheiterter zu werden. Es ließ sich nichts abgehen, war aber rasch wieder auf den Beinen, von wegen, es hatte gar zu lange Zeit im Bette, und zweitens hörte es gar zu gerne den Ruhm, wie es eine sei, so sollten alle sein, aber es täte es ihm Keine gleich. Da meinten die Andern, im Bett liegen sei dHauptsach, und lägen beim Schieß manchmal, daß es die arme Mannli düech, es schreiße sie an allen Haaren auf, wenn sie alles draußen machen müßten, dann drinnen noch, dann zNacht keine Ruhe hätten, weil die Frau, die Plättere, nicht selbst aufmöge, dann endlich nicht genug herbeitragen könnten an Essen und Trinken, daß es eim fry übel grus. Eisi aber sei auf den Beinen, man wisse nicht wie, mangle keine Abwart, mache seine Sache fort, da bleibe nichts dahinten, man habe noch Keine so gesehen das Land auf und ab. Wir sind überzeugt, Eisi freute sich allemal ungeheuer und mochte nicht warten, bis das Kind kam, bis es zeigen konnte, wie es eine sei, und rühmen hörte, daß Keine so sei das Land auf und ab, und dann denken konnte, wie dieser und jener es seiner Plättere daheim, wo vierzehn Tage lang im Bette liege, gesagt habe, was dWirti uf dr Gnepfi für eine sei, u wie die taubi worden sei und habe plären müsse vor Kyb und Nyd. Es ist sehr merkwürdig, aber die Weiber, die Täsche, haben die größte Freude daran, wenn sie sich gegenseitig bös Spiel machen können bei den Männern (die üblichen Ausnahmen verstehen sich). Mit dem Kinde befaßte es sich wenig, ließ durch dasselbe sich nicht plagen, irgend ein dienstbarer Geist mußte es hüten und pflegen, und wenn es schrie, so sagte Eisi: «Gang doch mit ihm voruse, du ghörst ja, daß es nit wott dinne sy, u de man ih nüt minger ghöre as das Plär, das macht mr afe längi Zyti!»

Denn doch liebte es das Kind, das heißt es war ihm sehr willkommen als ein Gegenstand mehr, mit dem es Hoffart treiben, für das es allerlei Schönes krämerlen konnte. Es war oft prächtig zu schauen, wie Eisi ihre Kinder herauszuputzen wußte mit roten Röcklein, gelben Turbanen, groß wie ein doppelt Bernmäß, mit Lätschen drauf wie Fasnachtküchli oder gar ein Stück von einer Feder, und wäre es auch nur ein Stück von einer Pfauenfeder, und sonst noch was grusam Schönes hinten oder vornen. Ob sie daneben sauber seien und rein, dessen achtete Eisi sich wenig, ob der Sonntagsstaat auch am Werktag getragen werde und wie zugerichtet, das fesselte seine Aufmerksamkeit ebenfalls nicht. Das Erste, was bei der Hand lag, funggete, wuschte man den Kindern an und ließ sie laufen, am liebsten so weit, daß man das Brüll nicht mehr hörte. So geschah es denn oft, daß die schönsten Kleider den Kindern in Fetzen am Leibe herumhingen, beschmutzt, daß man die Farben nicht mehr unterscheiden konnte, und jedermann sie für ausgerissene Komödiantenkinder genommen hätte, daß wenn man sie dann einmal z'grechtem anziehen wollte, Eisi mit dem einen oder andern seiner Kinder sich spienzeln wollte, kein einzig ordentlich Kleidungsstück vorrätig war, so daß Näherin oder Schneider auf der Stelle herbei mußten oder für Kleinere man zum Krämer lief, wo fertige Kleiderchen zu haben waren. Wo man das Geld nicht ästimiert, da weiß man sich zu helfen. Je größer die Kinder wurden, dest weniger achtete Eisi sich ihrer, außer wenn sie ihm zu nah unter die Füße kamen oder wenn sie was von ihm wollten. Gewöhnlich kriegten sie dasselbe nebst einigen unwilligen Worten über das ewige Gchähr alsobald, nur damit sie wieder dänne kämen.

Steffen nahm sich der Kinder noch weniger an. Bis sie laufen konnten, sah er sie kaum an, und wenn ihm zur Seltenheit einmal zugemutet wurde, er solle eins derselben ein wenig halten, so sagte er, man möge ihn ruhig lassen, er möge nichts minder als mit so kleinen Brüllhünge zu tun haben; wenn man sie ja nur ansehe, so brüllten sie graduse, wie wenn sie dr Kanton wette vrsprenge. Wurden sie größer und konnten ihm nachlaufen, so war er ein sogenannter guter Ätti, das heißt er tat ihnen, was sie wollten, und namentlich mit Speis und Trank. Was sie nicht essen mochten, konnten sie sein lassen, und was sie wünschten, kriegten sie, und seine größte Freude hatte er, wenn er einem Kinde sein Glas voll Wein darreichte und sagte: «Seh, nimm es Schlückli, aber ume es klys und ume eins», und dann das Kind das Glas allem scheinbaren Abwehren zTrotz ohne abzusetzen austrank. Er war, wenn er bei guter Laune war, imstande, dieses väterliche Manöver alsobald zu wiederholen, so daß das Kind zwei Gläser voll Wein trank, hintereinander.

Daß diese Kinder mit vollem Recht singen konnten: «Ein freies Leben führen wir, ein Leben voller Wonne», begreift sich, aber beliebt waren sie nicht, man hörte oft die Gleichen, welche sie einen Augenblick vorher gepriesen hatten, sagen, das seien doch die wüstesten Kinder, mi chönn wyt laufe, ehe man wieder solche finde. Und trotz ihrer Freiheit hatten sie nicht heitern Sinn, nicht Fröhlichkeit, sie machten meist mißvergnügte Gesichter und taube Augen; was Verstörtes war an ihnen, man sah von weitem, daß da was fehle. Wer sich darauf verstund, sah an ihnen das Zeichen, daß sie niemere seien; das Gefühl: «Ach, ih bi niemere» hatten sie noch nicht, aber wo das Zeichen ist, entsteht früher oder später auch das Gefühl. Traurig ists doch, wenn Kinder Eltern haben, und von weitem sieht man: Die sy niemere!

So sieht man, wie die Kinder keinen bildenden Einfluß hatten auf die Eltern, wohl aber die Bildung der Eltern sich geltend machte an den Kindern. Denn Steffen und Eisi waren sehr gebildet geworden und in immer rascheren Schritten durchliefen sie ihren Fortbildungskurs.

Eisi war gewandter geworden, sagte nicht mehr: «Erwyset Ech dEhr und kömmet bald wieder», es hatte den Spruch geändert, es wußte selbst nicht wie und ohne zu begreifen, warum eigentlich der frühere nicht recht gewesen. Eisi hatte lismen gelernt, freilich nicht köstlich, aber es konnte jetzt doch eine Arbeit in der Hand haben so um des allgemeinen Brauchs willen; es konnte sogar was ins Hausbuch machen, wenn Steffen abwesend war und jemand dings Fleisch holte oder Wein und Eisi fürchtete, es möchte das Quantum vergessen oder den Namen der Leute, und Steffen konnte es recht gut lesen, wenn Eisi neben ihm stand und ihm sagte, wie er es machen solle. Eisi lernte auch etwas mehr vom Kochen, konnte einen Hasenpfeffer machen, wenn es einen Hasen hatte, machte Kuchen, ja wagte sich sogar zuweilen an eine Pastete. Die machte es dann wirklich währschaft. Die Wirti chönns, meinte einmal ein Götti, er hätte nur einmal davon genommen u no nit sövli viel, aber es düech ne, er wetts möge erlyde uf Basel abe, ohni yzkehre. Die fuehr afe, dere sött me ha zMorge, wenn me dr ganz Tag i Wald wett oder a Gmeinrat, wenn me o nüt überchömm bis zNacht. Was sich jedoch bei ihm am meisten ausbildete, das war der Hochmut, der Glaube, wie sie sei niemand, hoch über allem stünden sie. Mit dem Hochmut verbindet sich zumeist die Hoffart, doch nicht immer. Wer sich mehr als alle glaubt, will sich auch seiner Meinung gemäß äußerlich darstellen, besser als Andere, alles schöner, köstlicher haben als Andere, damit die Leute es von weitem sehen könnten, wer man sei, und nicht lange zu fragen brauchten. Mit Essen und Trinken ließ es sich nichts abgehen, aber sein Hauptstreben war doch, sich darzustellen als eine vornehme Frau, der manche Bäurin zu gering wäre zum Hühnermeitli.

Wer so recht hochmütig ist, der ist gleichsam ein Papst, hält sich für unfehlbar; was er will, soll gelten, was er begehrt, soll man ihm bringen, und wo er gebietet, sollen die Andern springen, wenn er redet, alle schweigen, und wer widerredet oder widerstrebt, hat im Himmel nicht Gnade, auf Erden kein Recht, das heißt so ein recht hochmütig Weib wäre imstande, dem lieben Gott ein Kapitel zu lesen, und zwar ein scharfes, wenn er jemand, eine Nachbarin, ein Hühnermeitli usw. begnadigen wollte, die das Weib verdammt hätte, von wegen, so ein Weib ist gewohnt, daß ihm alles gället, daß der Mann selbst vortanzt nach seiner Geige. Es ästimiert niemand und bei dem Geist, welcher in ihm ist, auch Gott nicht, besonders wenn es taub ist. Freilich ist so ein Weib nicht halb so selbstherrlich, als es glaubt, so wenig als es die ärgsten römischen Kaiser waren; wirklich selbstherrlich ist nur unser Herrgott. So ein selbstherrlich Weib ist sehr oft nur Marionette oder Gliedermännli einer schlauen, gewandten Hand, welche die Drähte zu regieren, die Stimme zu verstellen weiß.

Steffen ward auch gebildet, er machte nicht mehr mit allen Leuten den rohen Metzger, lernte, daß es mehr als einer Gattig Leute gebe, suchte den Unterschied zu machen an den Kleidern, welche die Gäste trugen, an den Fuhrwerken, welche sie brachten; Steffen begriff nach und nach, daß es verschiedene Meinungen gebe in der Welt, und meinte, ein Wirt sei in trefflicher Stellung, dieselben zu erfahren und zu benutzen, aber dafür müsse er nicht zu vorschützig mit seiner Meinung sein, sondern den Leuten die Würmer aus der Nase ziehen, darum sich stellen, als ob er ihrer Meinung sei. Steffen war nach der Ansicht seiner Halbschoppenfreunde verflucht aufgeklärt und liberal. Kamen aber Gäste, die anderer Meinung waren, denen er Gesellschaft leistete, so konnte er sich mit Nicken und halben Worten stellen, als ob er ihrer Meinung sei, daß sie ganz zutraulich wurden, auspackten, was ihnen auf dem Herzen lag, ganz glücklich wurden, einmal einen so braven und verständigen Mann gefunden zu haben, eine Flasche Extrà kommen ließen, Steffen einschenkten, beim Abschied ganz zärtlich wurden, Steffen einluden, ja sie auch zu besuchen, und fast weinten, wenn sie ihm zum letztenmal die Hand gaben. Die guten Leutchen sahen nicht, wie er lächelte, als sie ihm nur noch den Rücken sahen, und wie er dann seinen Freunden auspackte, was er gehört, was er gesagt, und wie sie lachten, daß aber einer angeschmiert sei nach Noten, und abrieten, wie man so einem es eigentlich machen sollte. Steffen lernte auch, daß es zweier Gattig Gumene gebe und mehrer Gattig Wein im Weltschland; aber eins lernte er nie, welches der rechte Gumischlag sei, gäb wie er meinte, er passe auf und nehme sich in acht; er lernte nie den Wein kennen, der wirklich von diesem oder jenem Orte kam, und was die Chust im Mul für Einfluß auf den Weinhandel hat, das begriff er ebenfalls nicht, gäb wie er Wein versuchte, und zwar je länger, je mehr und je länger, je lieber.

Das war es eben, was bei Steffen absonderlich sich ausbildete, die behagliche Sinnenlust. Er war kein Wüstmacher, Keiner, der seine Stören hatte, während deren Dauer er längs Stück nicht nüchtern wurde, oder der sich sonst betrank, daß er liegen blieb wie ein Stück von einem Kalb; aber er fand an Essen und Trinken ein immer größeres Behagen und konnte je länger, je weniger lang ohne das Eine oder das Andere sein. Durch das Essen ward er durstig, durch das Trinken ward er hungrig, und so rief eins immer dem Andern. Freilich so viel Essen bedurfte er auf das Trinken nicht, wie er auf das Essen trinken mußte, und wenn nicht gleich was zu essen da war, so konnte er sich mit einem Schoppen den Hunger auch vertreiben, während es ihm wirklich nie einfiel, mit einem Erdäpfel oder einer Gabelten Kraut sich den Durst zu verscheuchen. Man hat Beispiele, daß Menschen, welche viel essen und regelmäßig des Abends mit einem kleinen Nebel zu Bette gehen, dessenungeachtet sehr rührig sind, wenig Schlaf bedürfen, wenn sie auch des Abends die Allerletzten zu Bette gegangen, dennoch des Morgens wieder wecken und die Ersten auf den Beinen und den ganzen Tag an allen Orten sind, als ob sie Flügel hätten. Kein Stubenmeitli kann verstohlen einen Schluck nehmen, kein Ackerbub hinter den Eiern sein, keine Köchin ein Würstlein sich zu Gemüte führen, unversehens sieht der Meister ihnen über die Achsel, daß sie gixen müssen und ärger erschrecken, als wäre es der Teufel in eigener Person. Das sind Menschen von besonderer Tätigkeit, die mit großem Eifer einem Ziele nachjagen und oft eifriger, als ihre körperlichen Kräfte es zulassen, daher besonderer Stärkungen nötig zu haben glauben, etwas, welches wieder neu ihre Kräfte spannt, so wie man auch den Pferden Hafer gibt, wenn sie müde werden wollen, und um so mehr Hafer, je weiter und je strenger sie laufen müssen. Dieses Bedürfnis haben Leute von den verschiedensten Sorten: Friedrich der Große zum Beispiel, der ganze Nächte durch Kaffee trank, wie jener Hammerschmied, der täglich vierzehn Maß Wein zu sich nahm und eine Maß Brönz obendrauf, um den Magen zu korrigieren; Jean Paul, der Bier trank und, wenn er Geld hatte, Wein, um die Gedanken flüssig zu machen und flüssig zu erhalten, der behauptete, viel einnehmen zu müssen, weil er viel ausgebe, so gut wie jener Flößer, der dest mehr Branntwein trank, je kälter das Wasser war und je öfter er, um den Floß flottzumachen, in das Wasser springen mußte; die Madame Sand, die tubaket, bis ihre Phantasie sie in die Nebelregionen getragen, so gut wie der Wirt, der von Morgen den vieren bis abends um eilf in allen Ecken und Winkeln Mägden, Knechten, Küfern nachläuft, bis er selbst im Dunkeln ist. Sie werden oft sehr alt dabei, Friedrich der Große zum Beispiel, weil die äußere Tätigkeit den innern Reiz unschädlich machte; oft indessen zehren beide Reize das gebrechliche Gefäß um so rascher auf, wie eine Kerze schneller zusammenbrennt, wenn man an beiden Enden zugleich sie anbrennt.

Von dieser Sorte war jedoch unser Steffen nicht. Wir haben gesehen, daß die Leute in seinem elterlichen Hause eben nicht meinten, daß alles in einem Tage gemacht sein müsse; da ihnen apart niemand aufpaßte, so galt bei ihnen das Sprichwort: Chume ih nit hüt, so chume ih doch morn.

In einem solchen Hause gestaltet sich ein eigener Glaube, nämlich der, daß die Zeit, welche man der Arbeit abstehlen könne, eine gewonnene sei. Begreiflich gestalten Haus und Menschen sich ganz anders, wo der Glaube eingeurbet ist, daß *die* Zeit gewonnen sei, welche man zur Arbeit oder zu sonst was Gutem verwende. Wo man jede der Arbeit entzogene, irgend einer Lustbarkeit oder sonstigem Lumpenwerk zugewandte Zeit als gewonnen betrachtet, da erfaulen die Menschen und treiben gewöhnlich Dinge, die noch extra faul machen, es werden die Glieder träge, und jeder Vorwand, faulenzen zu können, erscheint wie ein beglückend Zeichen, das man nicht aus den Augen lassen darf. Steffen ward also vom Arbeitseifer nicht verzehrt, hockete gerne ab, und wo er ein Rüehigs machen konnte, versäumte er es nicht. Prächtig schickte sich seine neue Lebensweise zu seinen Anlagen und bildete dieselben auch tüchtig aus, er ward träge und untätig, ein unaussprechlicher Ekel gegen alles Dabeisein und Ausharren bei irgend einem Tun erfüllte ihn, jedoch so, daß die Welt es lange nicht merkte. Er schien gar nicht träge, er war noch viel auf den Beinen, nicht bloß, daß er hier aus, dort aus schoß, fuhr, allerlei nachlief, sondern auch daheim sah man ihn bald hier, bald dort, bald hinter dem Hause, bald vor dem Hause. Wenn man glaubte, er sei im Keller und ziehe Wein ab, so war er beim Knecht auf der Bühne und sah, wie er Futter rüstete, und meinte man, er sei in der Schaal und hantiere mit dem Fleisch, so stund er am Bach und sah, wie die Magd Erdäpfel stunggete mit dem mutzen Besen. Dieses unstäte Wesen war eigentlich nichts als angehende, sich ausbildende Faulheit, die bei nichts sein, bei nichts ausharren mochte. Am sichtbarsten war sie, aber das merkte niemand, wenn er einmal eine Feder zur Hand nehmen, was aufmachen oder gar einen Brief schreiben sollte. Er konnte sich tagelang um eine unbedeutende Arbeit herumdrehen, die in höchstens einer halben Stunde abgetan gewesen wäre, konnte zehnmal befehlen, ihm den Tintengutter zu rüsten und Papier, und er kam doch nicht dazu und allemal gab es Vorwände, über die er dann schrecklich klagen konnte, daß wenn er schon mein, er well, es ihms doch nie gäb. Wenn jemand mit ihm rechnen wollte, so mußte er es wohl treffen, wenn er ihn zum drittenmal dazu brachte, und zwar auch wenn Steffen im Vorschuß war. Es wollte sich ihm nie schicken. «He, chumm de es angers Mal ume; es schickt sich de öppe bas», hieß es.

Diese angewohnte Trägheit wurde durch seine Lebensweise begreiflich gesteigert. Gut Essen und Trinken macht von Art just eben nicht rühriger und tätiger, und wenn einer von Art träge ist, so ißt oder trinkt vielmehr er oft nicht der Sache selbst wegen, sondern um nicht arbeiten zu müssen. Das war eben bei Steffen immer mehr der Fall, immer mehr war ihm zwider, wenn er um etwas sein mußte, immer willkommener war ihm alles, eine alte Frau oder ein Hudilumper oder ein Herr oder ein Länder, der ihn versäumte und Grund gab, in der Gaststube herumzuhöckeln oder vor dem Hause zu stehen und die Zeit an sich vorbeilaufen zu lassen.

Dies war die Hauptrichtung, welche Steffens Bildung nahm, und wir haben keinen Grund, es zu verhehlen, daß er starke Fortschritte in derselben machte, ebenso starke als Eisi auf seine Weise.

SECHSTES KAPITEL

Von den Flitterwochen einer Wirtschaft, und wie sie ein Ende nehmen

Während sie also sich fortbildeten, ihre innersten Angelegenheiten auf die beschriebene Weise sich gestalteten, bekam auch ihr Haus eine bestimmte Form, es bildeten sich ihre auswärtigen Angelegenheiten.

Es gibt verschiedene Arten von Flitterwochen, hochzeitliche und andere. Einem Handwerker, Arzt, Advokat usw. bringt der Anfang ihrer Laufbahn keine Flitterwochen; in der Regel haben diese in den ersten Jahren bös, treffen es schwer, kriegen schmale Bissen, müssen mit der größten Anstrengung arbeiten, um ihr Schiffchen flott zu machen. Polizeier, Mauser und Wirte hingegen haben ihre Flitterwochen, und beim Anfang ihrer Laufbahn ist der Himmel zumeist ganz rosenrot. Den neuen Polizeier will jede Frau kennen lernen und Bekanntschaft mit ihm machen, man weiß nie, wofür so was gut sein kann, ruft ihn hinein und schenkt ihm ein Brönz ein. Mit dem neuen Mauser gibt sich der Bauer ab, brichtet ihn über der Mäuse Lauf und macht ihn geneigt, seinen Acker in besondere Obhut zu nehmen. Zum neuen Wirt dagegen will alles, Alt und Jung, Bauer und Bäuerin, es nimmt alle wunder, wie es dort sei, ob man für drei Kreuzer ein Brösmeli Fleisch mehr bekomme oder weniger und ob man die Schoppen fülle bis über den Strich oder bis unter den Strich. Zu der vielen Gastig kommt dann eben noch, wo nämlich, wie oben angezogen, kein Verlust zu erwarten, der Wirt solid ist, der große Kredit, der Zudrang der Gumene, das Gehätschel, das Geschmeichel, daß der Wirt ordentlich in den Wahn kömmt, er tue ihnen einen Gefallen, erweise ihnen eine Ehre, wenn er den Wein hinnehme ganz umsonst. Von wegen, sie haben es ihm hundertmal gesagt, sie handelten gar nicht ums Geld, nicht des Gewinns willen, sondern rein für die Ehre, um des Namens willen.

Was will nun ein Wirt mehr als Geld genug, Kredit genug, Wein und Gastig, daß man nicht weiß wohin damit? So hat er seine Flitterwochen so schön und rosenrot wie selten ein Menschenkind. Aber wie Morgenrot Abendkot bedeutet, so ists mit den Flitterwochen auch nicht richtig, und je heller sie leuchten, desto gefährlicher sind sie. Von wegen der leichtsinnige Mensch nimmt das Glück gar zu sicher, meint, er habe schon, was er erst gewinnen soll. Es heißt im Evangelium, der Weg sei breit, der ins Verderben führe, und eng und schmal der Weg, der ins Himmelreich führe. Es ist im Weltlichen was Ähnliches; schwerer Anfang ist zumeist zehnmal heilsamer als leichter Anfang, wo das ganze Leben wie eine Küchelschnitte den Menschen vor dem Munde herumzublampen scheint.

Steffen und sein Eisi genossen diese Flitterwochen ziemlich lange, denn lange entriß sie niemand dem Wahne, daß man ihnen alles bloß zLieb und zEhr geliefert; lange machte niemand ihnen den Verstand, daß man gerne auch Münz möchte. Lange eiferten die Gumene um die Alleinherrschaft im Keller auf der Gnepfi, um des Wirts ausschließliche Liebe und lieferten den Wein so gut, daß ihnen das Herz darob blutete. «Ma fois», sagte mancher, «Ihr mögt es mir glauben oder nicht, aber den Wein, den Ihr da habt für zwanzig Kreuzer, den kriegte Keiner für fünfundzwanzig Kreuzer und dann nicht einmal so, wie Ihr ihn habt, er bekommt noch eine gute Portion Achtundzwanziger dazu.» Nach und nach änderte sich das Ding doch, und Steffen lernte fassen, daß er dSach nicht umsonst hatte und die üblichen Termine längst vorüber seien, die Geduld der Weinherren nicht unendlich, sondern endlich sei wie alles Irdische. Aber lustig war es, wie sie dem Steffen diesen Begriff beibrachten, ihn fortbildeten. Der eine fragte, ob nichts für ihn abgegeben worden sei, es habe ihm ein Kunde versprochen, eine Zahlung hierher zu senden. Als nichts da war, fluchte er mörderlich, daß kein Geld eingehen wolle, und seine Herren erwarteten ihn mit wenigstens vier- bis fünftausend

Franken. Ein anderer erzählte von einem Kunden, der verdammt prompt zahle, bei dem das Geld immer gerüstet sei, ehe er komme. Ein anderer erzählte von Streichen und Kniffen, die er bei einem Wirte anwenden müsse, um zu seinem Gelde zu kommen. Dä Ketzer heygs, aber er chönns nit la, es sei, als ob der Alte Harz im Hosensack hätte, und so mit der Türe ins Haus fallen tue man auch nicht gerne, es sei nicht der Brauch und gebe einem den Schein, wie nötig man das Geld hätte. Wenn sie Steffen auf diese Weise so recht viel Verstand eingeschmiert zu haben glaubten, so drängten sie zu neuen Bestellungen, und wenn dann Steffen sagte, er sollte denk doch einmal den Alten zahlen, ehe er Neuen bestelle, so sagten sie nicht mehr: «Pardon, das ist nit dr wert, wartet noch, zahlet mir dann den Alten und Neuen zusammen, das ist dann ein schönes Nehmen», sondern sie sagten: Eigentlich pressiere es gar nicht, aber wenn es ihm nichts mache, so nähmten sie nicht ungerne Geld, sie seien schon vier Tage auf der Reise, noch sei ihnen kein Kreuzer eingegangen, und in drei Wochen hätten sie große Zahlungen zu machen, und wo sie das Geld hernehmen wollten, wüßten sie, hol sie der Gugger, nicht. Wenn es ihm also gleich sei, so wollten sie geschwind ihr Carnet holen. Oft geschah es, wenn der Gumi mit dem Carnet wiederkam, daß Steffen vor dem Bureau zappelte oder fluchend im Hause herumlief: «Wo diese und ayne hat man mir doch das Papier hingetan; es ist e Brief gsi, nit gar e große, oder ume son es Blatt un uf bede Syte neuis druf!» Aber alles Rufen und Suchen war zumeist umsonst, das Papier war längst den Weg alles Fleisches gegangen. Steffen war an Ordnung nicht gewöhnt, ließ zumeist alles, was er bekam, herumliegen lange Zeit, manchmal vergaß er es ganz, manchmal, wenn er ohnehin übers Bureau ging, fiels ihm ein, er könnte es doch weglegen, es ginge jetzt in einer Mühe; dann war es gewöhnlich nicht mehr da, und gäb wie er suchte und sagte: «Es ist doch erst noch dagewesen, da ist es gelegen», oder: «Ich habe es gesehen, dr Ruedeli hets i de Fingere gha», so kams doch nicht wieder zum Vorschein. Deswegen hängte sich Steffen nicht; er dachte: I Gottsname, es wird öppe nit sövli mache, son es Papierli wird öppe nit sövli z'bidüte ha!» Kinder haben keinen Respekt vor Papier, wohl aber große Lust dazu; wo sie dessen habhaft werden können, da greifen sie zu, und Eisi hatte noch weniger Respekt als die Kinder und griff noch gieriger darnach als die Kinder. Es ist sehr oft in einem Wirtshause eine große Papiernot, man sollte deren haben, schießt in allen Stuben herum und findet keins, schreit alle Leute an: «Weiß mr nit öpper es Bitzli Papier?», und niemand hat, und jeder sagt: «Hätts längst brucht, wenn ih hätt», und wenn man in solcher Not Papier sieht, so frägt man nicht lange: «Wem ists?» und: «Was ists?», sondern man nimmts. Bald will eine Frau Speck und sagt: «Heyt dr mr nit öppe es Fätzli Papier für ne dryznäh?», bald sollte man einen papiernen Zapfen in eine Strohflasche haben, bald ein halb Pfund Käs einpacken, bald Göllerketteli ylyre, die man dem Gürtler zum Ausputzen geben will, kurz der Verbrauch ist groß und der Zufluß klein; denn woher sollte in ein Wirtshaus Papier kommen, ausgenommen von einer Zeitung oder dem Amtsblatt, wenn man so was nämlich hat, was nicht immer der Fall ist.

Der Schade schien nicht groß. Steffen verließ sich auf des Gumis Carnet, dort werde es schon recht aufgemacht sein, sagte er. Ja, als einmal das Zahlen anging, da fluchte Steffen manchmal, es wolle gar nicht mehr aufhören, u ey Donnstig, der Geld wolle, hange am andern. Da bösete es dem Schublädli, und manchmal, wenn sie zMärit wollten und Steffen darüberging und dann Eisi auch noch, mußte es die Silberstücke aus den Ecken räumen.

Es bösete aber auch noch mit zwei andern Sachen. Die Leute klagten, es sei bei Steffen gar nicht mehr der gleiche Wein, er stelle oft Rustig auf, die chum e Hung sufe mög; und ganz unrecht hatten die Leute nicht.

Da die Gumene sahen, daß keiner von ihnen ganz Meister werden konnte, immer Hans oben im Dorfe war, der gerade da war, und wenn morgen ein anderer kam, derselbe ebenso viel galt, so dachte jeder, pardieu, er wolle nicht länger dr Narr machen, sondern was die Andern, das heißt was er könne und möge. Er verkaufte ihm also auch Orbewein für Epesser, eine Mischung Grandsonwein mit Picardan für Vierunddreißiger, Wein von Finsterhenne oder Grissecher für Extra-Neuenburger, Höllensteiner mit etwas Elsässer für herrlichen Markgräfler, rots Wasser mit fünfundzwanzig Prozent Weingeist und einer künstlichen Weinchust für vom feinsten französischen Wein, aber wo er gewachsen, könne er beim Hagel nicht mehr sagen, verkaufte ihm den Wein aus den großen Spänfässern, in welche die Weinhändler alle möglichen Restchen werfen, in denen eine ärgere Mischung stattfindet als in einer sogenannten Bataille- oder Bettlersuppe, welche auch aus dem Weltschland stammt, wo er wohl klar und prächtig herausläuft, aber wenn man ihn nicht rasch braucht, alle möglichen Farben kriegt, fast wie der Regenbogen, und alle möglichen Chüste, fast wie Schüttsteinwasser, doch nicht ganz, verkaufte ihm alles, was er konnte, und fluchte dazu: Wenn Steffen an einem Orte besser als bei ihm versorget sei, so solle er ihm Schelm sagen; und wenn der Preis bei der Bestellung mit der spätern Note nicht übereinstimmte, so mußte entweder Steffen kein gut Gedächtnis haben oder der Gumi hatte gefunden, aus einem andern Faß schicke sich der Wein viel besser für das, wo Steffen ihn wolle, er habe ihm daher von dem geschickt und statt einem Halbbatzen mehr, wie es eigentlich gewesen wäre, nur einen Kreuzer mehr per Maß notiert.

So ging es Steffen mit dem Wein, und er merkte es nicht einmal recht, von wegen, Kenner war er nicht, wie schon gesagt worden, und wenn er auch zuweilen mit einem andern Wirte zusammensaß, die Nase übers Glas hatte, das Maul dreinhatte und mit der Zunge schmatzte, das Glas dem andern Wirte reichte, der es auch so machte, Beide dann mit tiefsinnigen Blicken einander ansahen, bis endlich einer sagte: «'s ist Sechsunddreißiger Lacôte, aber no neuis drin, ih cha ihm jetz nit grad dr Name gä», so hätten sie die spöttischen Blicke des Gumi sehen sollen, mit denen er ihren Orakelsprüchen zuhörte und an ihren tiefsinnigen Gesichtern sich erbaute, denn es war wohl neuis drin, aber weder Sechsunddreißiger noch Lacôte.

Kannte er den Wein nicht, so wußte er noch weniger mit demselben umzugehen, er wußte gar nicht, was saubere Geschirre zu bedeuten hätten, ließ sie wohl ungeputzt leer stehen oder vergaß sie geputzt, aber ungebrannt, brannte sie später ein, merkte nicht, daß sie grau waren, schüttete nach einigen Tagen oder Wochen Wein hinein, ohne ihren Zustand zu bemerken; sie seien erst geputzt worden und würden wohl gut sein, sagte er. Ebenso wenig hatte er einen Begriff von den Mischungen. Nicht daß er apart Mischungen machen, künsteln wollte, dazu war Steffen zu träge, aber wenn er Wein kriegte, so mußte er demselben oft Platz machen, da warf er dann unbesinnt die Reste zusammen, mochten sie Namen haben, welchen sie wollten, dä Donner werd öppe enangere nit fresse u sih wohl stillha da im Faß inne, meinte er. Markgräfler, Grandsoner, Spänsuppe, Längnauer, Oberhofer, wohl gerüttelt, gaben einen Trank, wo man die Lippen lange schlecken mußte, ehe man die Chust vertrieben hatte. Wenn er zuweilen, was aber selten geschah, denn

Steffen meinte, das Abziehen trage nichts ab, von wegen, es gehe immer dabei verloren und der Wein werde es wohl auch haben wie dLüt, wenn sie einist ligge, so sei ihnen am basten, wenn man sie lasse ligge – wenn er also zuweilen den Küfer zum Abziehen hatte, so wollte der auch was wissen, von wegen er hatte in Vivis gearbeitet und, wie er sagte, dort manches gesehen, woran key Mönsch denk, gab dieses und jenes an, und das komme sy Seel gut, er sei einem gut dafür, sagte er. Steffen ließ ihn gewähren, meinte, es sei so, ja er stellte sich manchmal, als hätte er das eigentlich auch gewußt, aber nur nicht Zeit gehabt, dra z'sinne.

Steffen mußte endlich merken, daß die Leute oft über den Wein gränneten, wollte aber nicht schuld daran sein, sondern gab die Gumene an die Achs. Den Wein hätte er gut bestellt, sagte er, und mehr könne er doch nicht daran machen; wenn er ihm so gekommen wäre, so würde wohl niemand klagen, aber ihn selbst machen, das sei ihm nadisch unmöglich. «Warum gehst nicht selbst yche?» sagte man ihm dann; «wenn ich dich wäre und Geld hätte wie du, so wollte ich doch nicht den Speck von den Mäusen kaufen, ich ginge selbst hinein und wollte kaufen, was mir anständig wäre, und nähmte gleich den Zug mit, ja potz, das täte ich!» Das wurde Steffen so oft gesagt, bis es ihm endlich wirklich in den Kopf stieg und er mit noch zwei anderen Kameraden eine Weltschlandreise verabredete und wirklich auch machte. Drei dicke Wirte auf einem Sitz machten viel Aufsehen, erlebten viele Abenteuer, welche wir hier nicht beschreiben wollen, rühmten ihre guten Schicke, und doch hörte man nicht mehr, daß Steffen eine zweite Weltschlandreise gemacht habe.

Es bösete drittens aber noch mit der Gastig, und das ist dasBöseste von allem; denn wenn die Gastig die gleiche bliebe, so könnte der schlechter gewordene Wein dem Wirt ziemlich gleichgültig sein, Schaden hätte er nicht davon.

SIEBENTES KAPITEL

Ein Kapitel über das Geschrei von schreienden Bedürfnissen und dem Seufzen nach einem schreienden Bedürfnis

Es ging Steffens Wirtshaus wie allem Neuen, es verlor den Reiz der Neuheit. Dieser Reiz war es gewesen, welcher hauptsächlich die Menge angezogen hatte. Man wisse neue afe, wie es da sei, mi well jetz luege, wie es auch an andern Orten sei, hieß es. Ein Wirtshaus wird nach verschwundenem Neureiz bloß erhalten, wenn das Errichten desselben ein Bedürfnis war oder wenn es sich auszeichnet durch Essen, Trinken, kurz durch innere Güte und Vorzüge. Mit dem Bedürfnis der Wirtshäuser geht es aber akkurat wie mit vielen Büchern. Alle Wochen kann man lesen, die und die Buchhandlung habe der Menschheit eine ungeheure, unglaubliche Wohltat erwiesen aus ungeheurer Liebe, unglaublicher Großmut, das schreiendste Bedürfnis der Menschheit habe sie befriedigt, eine unendliche Lücke in der Literatur sei endlich durch sie ausgefüllt worden, wofür die Nachwelt bis ins tausendste Geschlecht ihr dankbar sein müsse, soeben sei bei ihr erschienen und verfaßt vom berühmten, altbekannten Arzt Sami Stößel eine «Geschichte der Hühneraugen» nebst einem Anhange, welcher die bewährtesten Wanzenmittel enthält, und einer gründlichen Belehrung, wie man die Erzeugung der Flöhe verhindern könne. «Das Buch enthält unglaubliche Tatsachen und zeuget von tiefsinnigen Beobachtungen der Natur, sowie vom bekannten Scharfsinne des berühmten Verfassers usw. Da wir einen reißenden Absatz erwarten, so beehren wir uns, dem Publikum anzuzeigen, daß alsobald, nachdem die erste Auflage vergriffen sein wird, wir eine neue, vermehrte und verbesserte Auflage zu herabgesetzten Preisen erscheinen lassen werden, ebenfalls zum Heil der Menschheit und wegen dem unaussprechlichen Bedürfnis.» Ungefähr gleich verhält es sich mit dem gegenwärtigen Wirtschaftsbedürfnis. Wenn man die Begehren um Konzessionen und um Patenten lesen könnte, man würde da zur unaussprechlichen Rührung ersehen können, welche unglaubliche Zahl von edlen, aufopferungssüchtigen, dem Vaterlande hingegebenen Männern wir noch besitzen, wir müßten in tiefster Scham bekennen, daß unsere Augen verschlossen gewesen, daß wir das bitterste Unrecht der Zeit getan haben, welche wir selbstsüchtig genannt, unrecht getan so unendlich vielen Menschen, die wir für selbstsüchtig gehalten. Da könnten wir lesen, wie die hochgesinnten, treuen Vaterlandsfreunde der eine ein Pintli, der andere eine Speisewirtschaft, der dritte eine Kaffeewirtschaft, der vierte gar ein Hotel errichte, nicht wegen dem Vorteil, nicht wegen der Kurzweil, nein, o nein, aus bloßer Vaterlandsliebe und von wegen dem schreiendsten Bedürfnis. Da könnte man lesen, wie Reisende verschmachtet seien, Kranke vor Durst gestorben, Pferde am Hunger daraufgegangen, weil auf dem Platze, wo sie die neue Heilsanstalt errichten wollten, unglaublicherweise bis auf selben Tag, bis sie sich entschlossen, in edler Hingebung Wohltäter der Menschheit zu werden, nichts gestanden, nicht einmal ein Pintli, geschweige denn ein Hotel. Es ist recht schade, daß solche Vorstellungen nicht veröffentlicht werden, es läge darin ein unaussprechlicher Trost für alle, welchen es bange wird von wegen Mangel an braven Leuten, eine schreckliche Beschämung für alle, welche meinen, die aufrichtigen Vaterlandsfreunde seien eben nicht dicht gesäet. Oh, das wäre ein prächtig Lesen, nicht bloß wegen dem Trost, sondern auch wegen dem Stil.

Indessen mit dem Bedürfnis geht es wunderlich; wenn es schon im neuen Wirtshause von Gästen wimmelt in den ersten Tagen, in den ersten Wochen, damit ists nicht gesagt, daß es noch ebenso wimmeln werde in einem Jahre oder zweien, über das wahre Bedürfnis entscheidet die Zeit. Vielleicht ists dann öde und leer, umsonst steht der Wirt auf der Bsetzi, tubaket und seufzt sich fast die Seele aus dem Leibe, aber lange kommt niemand, und wenn endlich jemand kömmt und ihm das Herz vor Freude duttert, endlich, endlich einen Schoppen brauchen zu können, und er in den zärtlichsten Tönen, die er zwegdrücken kann, ruft: «Seh, seh, e Schoppe, e Schoppe, ih wett cho es Schöppli ha», so antwortet vielleicht der: «Es angers Mal» und geht rund vorbei. Dann geht der Wirt wohl kaput hinein, und auf dem Ofen sitzt die Frau und plätzet an einem Fürfuß und seufzt: «Aber nüt und gester nüt u i dr vorige Wuche niemere, u dr Zeys lauft notti, u ds Patent het müesse zahlt sy.» Da kömmt dann der Zeitpunkt, wo die Vaterlandsliebe des Ehepaars sich bewähren muß, aber, aber, wir fürchten, in solchen Umständen hätte sie wohl an einem kleinen Orte Platz.

Es gibt aber auch Orte, wo kein Bedürfnis gewesen war, wo jedoch das neue Wirtshaus für Einzelne zum Bedürfnis wird, sie schnappen dort ihre halben Schoppen, sie sitzen dort ihre Abende durch, sie sitzen sonst noch dort, zum Beispiel die Tage nach einer Hudelten, oder wenn sie die Frau taub gemacht, oder wenn sie was arbeiten sollten, welches nicht für sie ist. Diese Art von Gastig hatte sich auch auf der Gnepfi gebildet, mit der andern aber hatte es böset, eben wegen dem fatalen Bedürfnis, dann wegen dem fatalen Wein, dann auch wegen Eisi, welches hochmütig ward und mit gar vielen Leuten sich gar nicht abgeben mochte, sie nur über die Achsel ansah, ihnen keinen Schoppen selbst holte, ihnen Trutzantworten gab statt ein freundlich Wort. So betrug es sich hauptsächlich gegen die wohlgesessene Bauersame, welche nicht täglich im Wirtshause sitzt, sondern nur bei Anlässen. Eisi konnte einen Vorgesetzten und angesehenen Mann kaum beachten, während es bei einem Halbschoppenprinz saß, stund nicht auf, rief einem Meitschi: «Reych ihm e Schoppe», konnte ihn den halb trinken lassen, ehe es fragte: «Oder weyt dr süst no öppis?» Es war Hochmut und Holzbockerei durcheinander, gerade so wie es am unerträglichsten ist. Es ist sehr merkwürdig, es war selbst eine Bauerntochter gewesen, jetzt meinte es, es sei über diesen so hochgestellten und ehrenwerten Stand hinausgewachsen und erhaben und müsse es dene Donnstigs Knuble zu verstehen geben auf jedem Suppenbröckelein, während es so einem Halbhudel von Herrenschminggel alle Liebe und Achtung erzeigte, ihn behandelte wie seinesgleichen – waren halt Beide gebildet, Eisi und der Halbhudel, verflucht aufgeklärt. So hats aber nicht bloß Eisi, Eisi nicht alleine vergißt nicht bloß den Boden, dem es entwachsen, sondern verachtet ihn auch; das tun noch ganz andere Majestäten, und wenn sie sich dessen zuweilen bei Anlässen auch rühmen, so ist es bloße Affektation und um den Leuten den Verstand zu machen, aus wie großer Niedrigkeit und Miserabilität sie sich so hoch erhoben. So tun alle Parvenus, das heißt die meisten Emporkömmlinge, geraten sie nun zu was sie wollen.

Am leidesten benahm sich Eisi gegen die Bäuerinnen, welche in sein Haus kamen, manchmal als Gotte, manchmal von einem Markte heimkehrend oder bei sonstigen Anlässen. Es behandelte sie zumeist mit souveräner Verachtung, und wenn es schon mit ihnen sprach, so musterte es sie doch mit spöttischen Blicken, aus denen sie seine Verachtung gegen ihre altmödische, geringe Kleidung abnehmen konnten, und von heimeligen Dingen, von den Pflanzungen, Schweinen und Milch redete es gar nicht, sondern bloß was für vornehme Herren sie über Nacht gehabt, wohin es gefahren sei mit dem Mann, wie man ihm Ehre erwiesen und was es gekramet hätte. Ein einzig Kapitel ritt es oft, welches sonst die meisten Weiber gerne verhandeln, es ist das Kapitel von den Kindbettene; aber gerade da machte Eisi alle Weiber am täubsten, so daß in der Umgegend selten ein hablich Haus war, in welchem nicht eine Frau regierte, welche Eisi nicht gerne die Haare aus dem Kopfe gerupft oder es einige Male durch eine sogenannte belgische Hechel gezogen hätte.

Während die meisten Weiber gerne von Leiden, Mühsalen, strengen Zeiten erzählen, was sie ausgestanden und wie lange und was sie davongetragen, wie sie seither nicht mehr chäch seien, es ihnen oft fehle, sie dieses und jenes nicht mehr ertragen könnten, verlachte Eisi dieses alles, gab zu verstehen, das alles sei nur Fantast. Wohl, wenn es dr Ma wär, der Blättere wollte es aufhelfen und ihr das Gruchsen vertreiben. So und so habe es es: einen Tag oder höchstens zwei zeig es sich nicht, aber doch nicht daß es meine, es müeß im Nest liege, nur damit die Leute nicht dFreud hätten, über ihns z'räsonieren; de lay es sih wieder füre, und öppe nit viel sölle ihms agseh, was es mit ihm gä heyg. Es würd sih schäme, so nötli z'tue und muetwillig Köste z'mache. Mit Esse und Trinke, selb sei wahr, borg es nicht, es mein, das sei witziger als ds Geld dm Dokter nahzbänggle, wo ke Hung sust nüt drvo heyg. Man sieht, Eisi war eine sehr würdige Repräsentantin der neusten Aufklärung und zwar eine sehr konsequente, die nicht bloß meinte, es gebe bloß eine Ansicht über Philosophie, Religion, Politik, Literatur, Humanität und Gewerbsfreiheit und wer die eine rechte Ansicht nicht habe, sei e Böff, e Möff oder e Tüfel, sondern diesen hohen Grundsatz, daß es nur eine Wahrheit gebe, auch auf das Kindbetten ausdehnte und behauptete, Kindbetten sei Kindbetten, und wie es gehe, habe es mehr als ein halbdutzendmal erfahren u wüß afe, wies gang u was me erlyde mög u was nit, da söll me ihns nit brichte. Öppe es arms Mannli chönn me für e Narre ha, selb wohl, oder öppe son e Dokter, won e Brülle trag, damit me ihm dr Hunger nit agsäch. Aber es wisse es wohl, es gebe dere Weiber und nicht wenig, wo die größte Freude daran hätten, nötlich zu tun und z'gruchse, wie wenn si ufgeiste wette, und hingerdry ne la ufzwarte, daß es dr Ma fast i dLuft spreng und er doch nüt säge dörf, wenn er nit well e wüeste Hung sy. Aber wohl, sellige Wybere wollte es dr Marsch machen, es gheyte ihnen sy armi türi e Züber Wasser vom Brunne is Bett, es nähmts doch de notti wunger, ob sie ds Nest lüpfe chönnte oder nit.

Man kann sich denken, wie Eisi bei solchen modernen und radikal-toleranten Ansichten die Gunst der Weiber erwarb und was sie von ihm sagten und wie sie über ihns pülverten, daß es ihnen die Männer aufweise. Vielleicht klagten sie mit Unrecht, denn wirklich hörte man bis dato nicht, daß einer den Züber kalten Wassers in Anwendung gebracht hätte.

Jedenfalls vertrieb Eisi auf diese Weise viele Gastig und zwar die, welche nichts aufschreiben ließ, sondern bar zahlte, und solche Gastig ist nicht unkommod.

Was ihnen aber am meisten schadete, das war eine edle Brust, welche eben auch von dem Drange schwanger ward, das Heil des Vaterlandes zu fördern und zu äufnen, Europas Kultur zu fördern, die Wunden der Menschheit zu mildern, ihre Bedürfnisse zu stillen. Diese Brust, die edle, fand, es sei schreiendes, himmelschreiendes Bedürfnis, gegenüber Steffen noch eine Speisewirtschaft zu errichten; geschehe es nicht, so sei das Heil, die Freiheit der Welt gefährdet, denn das sei doch ein himmelschreiender, verfluchter Zwang, daß wenn einer durstig werde, ein Wirtshaus suche, er bloß eines rechts sehe, keines aber links. Da sei er ja gezwungen, rechts einzukehren, habe gar keine Wahl, das sei eine entwürdigende Nötigung, eine widernatürliche. Habe doch Gott unser Herr selbst die Sache ganz anders geordnet und den freien Willen geschaffen und demselben allenthalben zwei Wege aufgetan, einen rechts, einen links, und alle Menschen, Heiden und Türken, seien frei, könnten wählen rechts oder links, obs dann wohl eines freien Bürgers des Kantons Bern, des ersten in der Eidgenossenschaft, würdig sei, nicht wählen zu können, sondern rechts zu müssen, wenn er durstig sei, in Steffens Gasthof, wo der Wein schlecht ist, die Frau hochmütig, man für ein Brägelwürstli zehn Kreuzer zahlen müsse, während es für zwei Batzen auch gegeben werden könnte, wo man an alle Fische Sauce mache, an die einen eine von Mehl, an die gebackenen eine von Anken, daß sih dr Tüfel dra zTod fresse könnte, u wo me Käs heyg, daß es e Schang un e Spott syg un dHüehner dr Dürlauf überchöme drvo, e Käs, wo eim nit ume dr Dürlauf mach so gradane, sondern es gschwulles, großes, verfluechts Mul, daß me längs Stück nit wüß wohi mit, un de es ganz chlys Herz, daß me niene warte dörf, gäb wie liecht dr Luft gang. Durch solche edle Betrachtungen bewogen, fand einer sich gedrungen, gezwungen, wie gesagt, zum Heil Europas akkurat links von Steffen noch eine Speisewirtschaft zu errichten. Von allen Seiten bestätigte man ihn in seinen Ansichten über das Bedürfnis; hinter seinem Rücken lachte man über seine Verblendung. Mit Steffen fluchte man über die Schlechtigkeit des neuen Weltbeglückers, der nichts begehre, als arme Leute zu machen und Andern das Brot abzustehlen, und über die Regierung, die den Tüfel viel nachfrag, wieviel arm Lüt es gäb, vo wege, si müeß se nit erhalte; was si vom Land erpreß, bhalt si für seye selber. Indessen Fluchen half nichts und Opponieren nichts. Vorrechte seien keine mehr, hieß es. Steffen hätte sich fast den Mund verbrannt, denn wenn er sonst nicht böser Art war, so konnte er doch wüst tun, wenn er ein Glas Wein im Kopf hatte und Täubi im Leibe.

Das sei mutwilligerweise den Leuten das Geld abgestohlen und sie ins Unglück gesprengt; erst mache man ihnen Mut, den Leuten z'dienen und ihrer Kummlichkeit wegen es neus Gasthus z'baue, u chum heyg me all Chöste gha u alls usgstange u lauf dSach, su reis me en angere dahere vors Brot, un ume us Bosheit, für z'luege, wie si enangere zBode mache, um de chönne z'lache, wenn sie beid über nüt chämte un em heilige Almose müeßte nahlaufe. Aber die Donnstige sölle nit chönne Freud ha; daß mes ume wüß, ke Chrüzer gäb er öppe dSach wohlfeiler, aber mache wolle er was er könne, es werd ihm so gut erlaubt sein als einem Andern.

Er hielt richtig Wort, das Publikum erfuhr die Wahrheit desselben. Durch vermehrte Konkurrenz wurden weder der Wein besser noch die Zechen wohlfeiler, man hätte eher das Gegenteil behaupten können. Man mußte den Profit an denen nehmen, denen man eine Zeche machen konnte; je weniger Gäste also kamen, desto besser mußte man niederhalten, um nicht eys Tags dBey obsig z'chehre, desto minder gut gab man den Wein. Der für das Patentsystem angeführte Grund, daß durch vermehrte Konkurrenz dem Publikum gedient und dasselbe wohlfeiler und besser bedient werde, hat sich mit seltenen Ausnahmen nicht erwahret. Also Steffen hielt sein Wort; er hielt es aber noch im andern Punkte, er machte, was er konnte. So oft es sich nur immer tun ließ, stellte er eine Extrahudlete an, einen Kegelt um Schafe oder einen Tanz um Schafe oder eine Lotterie, wo eine ausgebrannte Kerze das große Los bezeichnet, oder einen Spinnet oder einen Armbrustschießet oder eine Fischete, ein Hirsmontagspektakel, eine Kletterete, ein Sackspringet, eine Ganstödete, ein Schwinget, eine Eierauflesete oder gar Komödie, kurz was man nur ersinnen und ihm einen Namen geben konnte. Manchmal kamen viel Leute, manchmal kamen wenige, doch immer jemand, und hatte

Steffen einen Spektakel gehabt, so konnte man darauf zählen, wenige Tage nachher war drüben bei Fritzli auch eine Lumpete los. Und wenn es den Leuten doch nachgrade erleiden wollte, so liefen oder schickten förmlich die Wirte den Häusern nach und luden ein, wie man zu einer Hochzeit einladet. Die armen Teufel von Wirte wollten nicht umsonst dasein; hatten sie sich für das Publikum geopfert, so war es ja auch des Publikums Pflicht, das Opfer anzunehmen, herzukommen, um seine Bedürfnisse zu befriedigen. Es erfüllte seine Pflicht aber oft zu lässig, wie die Wirte meinten, indessen läßt sich zur Entschuldigung sagen, daß wirklich in der Umgegend das Geld rarer ward. Bekanntlich werden, wo Wölfe sind, die Schafe rar, wo viele Jäger sind, mindern die Hasen, und Kastenschwyni gibts, wo viele Mäuse sind im Spycher, zu wundern ist sich also wirklich nicht, daß das Geld rarer wird, wo viele Wirte sind und Gumene Büntel um Büntel ins Weltschland führen und dafür nichts geben als ihre Spänsüdere. Die Alten klagten bitterlich, sie wüßten nicht mehr wo nehmen, die Mütter begehrten mit den Töchtern auf, sie dürften doch wäger nicht dem Alten das Korn alles verschleifen, sonst merke er es zuletzt doch noch, u de wette si lieber nit drby sy. Die Buben klagten, die Mädchen krameten ihnen nichts mehr, die Mädchen rümpften die Nase, weil die Buben den Wein zu sparen schienen und nicht mehr darin herumflotscheten wie die Spatzen im Wasser; die Krämer wimmerten, alles wolle die Sachen dings, und suche man sich vor Weihnacht zahlt zu machen, so sei der Lohn schon eingezogen und man kriegte gar nichts, wenn nicht hie und da beim Dreschen ein Knechtlein ein Hämpfeli Korn oder eine Magd ein Schübeli Garn oder Gspinst verstoßen könnte. So klagte alles, ob mit Recht, wissen wir nicht, doch waren viele Steigerungen in der Gegend, freiwillige und andere, Scheine wurden gefällt, größere Heimat an kleinere getauscht und Holz und Wald verkauft, es weiß niemand wie viel. Es sei viel Verkehr, sagte man, lebhaft gehe es, so stark hätte es nie gehandelt, es sei viel Geld im Lande. Weiß nicht, viel Handeln ist nicht immer das Zeichen von viel Geld, oft ists gerade umgekehrt, namentlich wenn man Ursache hat zu glauben, der Wucher, der stark wieder auftaucht, habe dabei seine Hand im Spiele. Auch bei der Klasse, die nicht handelt, zeigen sich die Spuren des mangelnden Geldes in ihrer armseligen, liederlichen Kleidung, die einen Sonntag von Mittag bis am Abend glänzt, am zweiten abschießt, am dritten für den Sonntag unbrauchbar wird und in drei Werktagen total in Fetzen geht. Ehedem, wo die Mägde Kleider hatten, welche sie erst drei Jahre am Sonntag, dann drei Jahre am Werktag tragen konnten, da hatten sie Geld, brauchten nicht mit Korn oder Garn den Krämer zu zahlen und am Ende doch noch zHudels z'graten oder Meiner Gnädigen Herren Kostgänger zu werden.

So zogen die Wirte die Leute herbei, wie sie konnten und mochten; begreiflich, daß wenn sie dieselben einmal hatten, sie dieselben nicht gerne mehr fahren ließen. Es bestehen Gesetze darüber, wie lange Lustbarkeiten dauern sollen, wie lange heimische Gäste in den Wirtshäusern sitzen dürfen. Diese Gesetze entsprangen nicht aus Willkür oder Tyrannei, sondern aus einem tiefen Erkennen des Volkscharakters, einer innigen Teilnahme am Volkswohl, einer hohen Achtung vor dem häuslichen Glück, dem Hausfrieden ganz besonders.

Unser Volk ist langsam und schwer in Bewegung zu setzen, aber, einmal aufgebracht und entbrannt, ebenso schwer in Schranken zu halten oder gar zu setzen. Dieses giltet nicht bloß von politischer Bewegung, sondern auch der Aufregung sinnlicher Lust. Es besteht eine merkwürdige

Verwandtschaft zwischen sinnlicher und politischer Aufregung; doch davon ein andermal. Darum tut es not, die Zeit seiner Lustbarkeit nicht zu verlängern, sondern in gewissen Schranken zu halten, so daß auch seine Freude und seine Lust in Schranken bleibt, die ihm wohltätig sind, nicht darunter geheizt und gefeuert wird, bis das Feuer im Anken ist. Wir gestehen aufrichtig, wir gehören nicht zu den Theoretikern, welche von der Mündigkeit des Volkes in der Weise faseln, daß jede gesetzliche Schranke als Bevormundung dargestellt, eines freien Volkes unwürdig erklärt wird. Wir sind der Ansicht, die schon der Apostel Paulus hegte, daß Viele die Freiheit vorschieben, um ihr Fleisch nachzuschieben, daß sie die Schranken nur wegwollen, um in keine Strafe mehr zu verfallen. Der Apostel Paulus sagt das sehr schön im Galaterbrief. «Denn ihr seid zur Freiheit berufen, lieben Brüder», sagt er, «allein ergreifet die Freiheit nicht zum Anlaß dem Fleisch, sondern durch Liebe diene einer dem Andern, denn das ganze Gesetz ist in einem einigen Worte verfasset, nämlich in diesem: Liebe deinen Nächsten als dich selbst! So ihr euch aber unter einander beißet und fresset, so sehet zu, daß ihr nicht von einander verzehret werdet! Ich aber sage, wandelt im Geiste, so werdet ihr die Lust des Fleisches nicht vollbringen. Denn das Fleisch gelüstet wider den Geist und den Geist wider das Fleisch. Werdet ihr aber durch den Geist getrieben, so seid ihr nicht unter dem Gesetz. Offenbar sind aber die Werke des Fleisches: Ehebruch, Hurerei, Unreinigkeit, Geilheit, Abgötterei, Zauberei, Feindschaft, Hader, Neid, Zorn, Zank, Zwietracht, Ketzerei, Mißgunst, Totschlag, Saufen, Fressen u. dgl., von welchen ich euch zuvor sage, daß, die solche Dinge tun, das Reich Gottes nicht erben werden. Die Frucht aber des Geistes ist Liebe, Freude, Friede, Langmütigkeit, Freundlichkeit, Gütigkeit, Glaube, Sanftmut, Keuschheit. Wider

Solche ist das Gesetz nicht. So wir im Geiste leben, so lasset uns auch im Geiste einhergehen!»

Wer also das Gesetz wegwill, der gehe auch im Geiste einher; tut er es nicht, so kann er nicht viel darwider haben, wenn wir behaupten, er wolle nur frei sein zugunsten seines Fleisches, er wolle die Gesetze weg, um ungestraft das Tier loslassen zu können. Ja wir sind so eigentümlich gesinnet, daß wir selbst die Regierung nicht für mündig halten. Warum sonst ihr Vormund, die Verfassung? Doch gibts bekanntlich Mündel, welche den Vormündern Nasen zu drehen wissen. Dann ist noch eins, und dieses ist die Sünde der eigentlichen Theoretiker. Sie nehmen die Menschheit als ein Ganzes an, und diesem Ganzen nehmen sie das Maß an sich selbst; wie hoch sie stehen, wie gebildet sie sind, so hoch stellen sie die Menschheit. Sie vergessen, daß die Menschheit aus tausend Millionen Individuen besteht und daß jedes Individuum nicht mit dem Stempel hoher Bildung, sondern als ein klein, hülflos Tierchen geboren wird, durchaus nicht besser, geistreicher, gebildeter, als diese Tierchen vor fünftausend Jahren geboren wurden. Sogenannt gebildete Mütter kriegen akkurat gleich ungenotete Schreihälse wie das gröbste Fischweib. Alle diese Geschöpfchen müssen erst zu Menschen gespiesen, geredet und geprügelt werden, und bei vielen ist dennoch alle Mühe umsonst in unserer aufgeklärten Zeit. Speiset, redet, prügelt man sie aber nicht, so bleiben sie ewig nichts. Das hat man vergessen und geglaubt, man bringe zur Welt, was man selbsten geworden, und was man nicht mehr nötig hätte, das glaubte man auch für die Kinder unnötig, und weil man ungerne die gute, trockne Straße verläßt, im nassen Grase wandelt oder durch das Korn sich jaget, so riß man die Zäune weg in der Überzeugung, daß kein vernünftiger Mensch fernerhin das nasse Gras der trocknen Straße vorziehen werde. Das ist die heillose, anmaßliche Beschränktheit der sogenannten Aufklärung, die nur ein Maß für alles hat, warum auch so viel zottige Ungeheuer herumlaufen, aus welchen man gar nicht klug wird, ob sie zu den Vögeln oder den Säugetieren gehören: hinten Haar und vornen Haar, Beine wie Storchen, stogeln damit wie Kamele, schnaufen wie die Bären, haben Glas vor den Augen, graue Deckel auf dem Schädel, sehen aus wie hungerige Wölfe, schnappen nach Fleisch wie Haifische, gebärden sich überhaupt wie im Wald der Wolf, im Wasser der Hai. Regeln kennen sie keine, aber was sie können, das machen sie. Dann gibts noch eine Sünde, welche namentlich an den Juristen auffällt. Alle ihre Schwächen suchen sie in die Gesetzgebung einzuschmuggeln zum Heil der Menschheit. Ihre Schwächen und Sünden nennen sie erst mit sehr milden Namen, haben dazu noch tausend Milderungsgründe, dann bugsieren sie die Strafen weg, und endlich, wer alt genug wird, kann es erleben, werden sie ihre Laster als Tugenden sanktionieren und durch das Volk sie belohnen, mit Prämien und Orden verbrämen lassen, exempla sunt odiosa. «DSach ist, aber mi sött nit drvo rede, mi lähmt sust dRegierig», meinte jüngst eine Majestät in ihrer gstabeligen Logik.

Dieses gefällt uns nicht, wir sagen es aufrichtig, wir glauben, die Menschen hätten immerdar Schranken nötig, und gerade das junge Volk, gerade es habe nötig, daß man es heimschicke zur Zeit, ehe das Tier in ihm erwacht und losbricht, erst mordet, dann im Kote sich wälzt. Wir meinen also, gesetzliche Schranken hätten wir immerdar nötig; zur Freiheit seien wir alle berufen, zu dieser Freiheit gelangten wir aber nur durch Zucht. Die zunehmenden Morde, die überhandnehmende Sauferei sind Folgen einer Freiheit, welcher keine Zucht vorangegangen. Diese Zucht wird aber auch durch das Volkswohl gefordert. Wir sind von Natur ein armes Volk; der Himmel gibt uns nichts im Schlafe, aber unter diesem Himmel müssen wir brav essen und warm gekleidet sein, wenn es uns wohl gehen soll. Um dieses zu können, müssen wir hart arbeiten, und um hart arbeiten zu können, müssen wir gesund schlafen und die gehörige Zeit, um früh aufstehen zu können mit klarem Auge, gestärktem Körper und munterer Arbeitslust. Wer dagegen schwärmt bis in die tiefe Nacht hinein und gegen Morgen erst taumelnd zu Bette geht, taugt am folgenden Tage nichts, und wer es alle Tage so treibt, taugt alle Tage nichts. Das Blaumachen der Handwerksgesellen ist ein klar Zeugnis dieser Wahrheit, und das Schöppeln der Meister, das alle Tage strenger getrieben wird, bis endlich alles den Hals ab ist, ist ebenfalls ein Zeugnis.

Wenn man Tabellen aufnehmen wollte, wie jetzt, da die Leute nichts mehr in den Köpfen haben, Mode ist, hat man dann doch wenigstens etwas Volles, nämlich eine Tabelle über die zugrunde Gegangenen, so würde man in gewissen Kreisen als feststehende Regel finden, daß weitaus die Meisten am Höckeln in den Wirtshäusern über Gebühr zugrunde gegangen; ein Schoppe zog den andern nach, bis zuletzt alle Schoppen den Mann. Wo in dieser Beziehung keine Gesetze sind, muß man den Mangel an Verstand bedauern, wo aber Gesetze sind von verständigen Leuten her, welche sich um Volkswohlfahrt kümmerten, da kann man nichts mehr bedauern als die Demoralisation derer, welche Gesetze handhaben sollen und es nicht können, an welche Impotenz sich die Demoralisation des Volkes knüpft, an welcher auch eigentliche Bildung und Aufklärung scheitert; denn es ist schon gezeigt worden, daß die Speisewirtschaftsbildung nicht bloß falsch sei, zur echten sich verhält wie eine Glasperle zu einer echten, sondern daß sie derselben durchaus verderblich ist, der Wurm in edler Frucht. Nicht durch Kneipen ist das Bernervolk reich geworden, sondern durch Arbeit;

eine Regierung, welche den umgekehrten Weg einschlägt, sieht nicht klar, hat Glas oder sonst was vor den Augen, denkt nicht klar, hat einen grauen Deckel auf dem Schädel oder sonst Filz ums Hirn. Aber eine Sünde zieht die andere nach, das ist eine alte Erfahrung, sie datiert sich von Adam her.

Durch ein Gesetz hat man eine Masse Wirte geschaffen, sie sind emporgeschossen wie Pilze auf dem Mist, wenn schlecht Wetter vor der Türe ist; sie haben ihr Geldlein auf die Einrichtung verwandt, haben Geld dazu noch aufgenommen. Der Staat zieht ein Schönes aus ihnen; jedes neue Etablissement repräsentiert dem Staat durchschnittlich den Wert eines Kapitals von fünftausend Franken. Der Staat ist also so halb und halb Miteigentümer der Etablissemente, bei ihrer Erhaltung also interessiert, so wie er Schöpfer, Vater der neuen Wirte ist, welche er geschaffen. Wo ist nun ein Vater so unbarmherzig, daß er sein eigen Kind verhungern läßt, daß er nicht auf jegliche Weise dasselbe zu erhalten sucht, sollte es selbst auf Kosten Anderer sein. In unverhältnismäßiger Zahl hat der Staat die Wirte gezeuget, so daß, wenn die Konsumation in den Wirtshäusern die gleiche geblieben wäre, vielen Wirten der Hungertod nicht gefehlt, dem Staat ein Kapital nach dem andern verloren gegangen wäre. Man mußte also direkt oder indirekt dafür sorgen, daß in den Wirtshäusern mehr verzehrt wurde, das Publikum zur Erhaltung von Wirten und Wirtshäusern größere Summen beitrug. Wenn also recht viel betrieben wurde, in den Wirtshäusern allerlei Extralockvögel hergerichtet, so machte das schon etwas. Die ergiebigste Quelle war aber doch die, die Wirtshauszeit zu verlängern, ja sie unendlich nicht zu machen, aber unendlich sie werden zu lassen. Alle Tage einige Stunden länger wirten will schon an sich was sagen, aber noch weit mehr, wenn man bedenkt, daß der Wein so viele Leute je länger je besser dünkt, je mehr sie trinken, daß je mehr sie trinken, um so mehr alle Bedenken, Sparsamkeit und Mäßigung schwinden, die Größe der Ürti einen nicht mehr kümmert. Wenn man die Summe berechnen könnte, welche nach zehn Uhr vertan wird, die Arbeit berechnen könnte, welche am folgenden Tag weniger verrichtet wird, es würde Vielen grauen über die Größe dieser Summe.

Die Beschränkung der Zeit scheint nötig zum häuslichen Glück, für Erhaltung des Hausfriedens. Das Weib ist die Gefährtin des Mannes, aber nicht seine Sklavin; sie hat dem Mann ihre Freiheit geopfert, aber auch der Mann soll um seine Freiheit Schranken ziehen und opfern auf dem Altare ehelicher Liebe, was die Würde des Hausvaters nicht verträgt, was des Weibes Liebe verzehren würde.

Der Hausvater ist des Hauses Hort; die Nacht ist keines Menschen Freund; des Hauses Hut soll der Hausvater nicht dem Weibe überlassen, nicht nächtliche Wege soll er gehen, er sei denn durch Amt und Pflicht gerufen; er soll der Hüter seines Hauses sein, die rechte Besatzung eines christlichen Hauswesens. Was ist das für ein Mann und Vater, der halbe Nächte außer dem Hause zubringt, schlemmt, spielt, trinkt und wer weiß was alles treibt; der ist kein christlich Haupt eines christlichen Hauses. Was muß es für das Weib sein, wenn es daheim alleine ist, wenn nach und nach alles zu Bette geht, der Schlaf über eins nach dem Andern kömmt, aber es, das am frühsten auf war, das schwerste Tagewerk hatte, es kann nicht zu Bette oder kann im Bette nicht schlafen; heim ist der Mann noch nicht, und wie er heimkömmt, weiß es nicht. Wenn draußen ein Ton laut wird, so fährt es auf: «Ists ne? Aber nit»! seufzt es dem verhallenden Tone nach und läßt das Haupt wieder sinken ins tränenfeuchte Kissen, und was alles für Empfindungen und Gedanken leuchten züngelnd und feurig durch die Nacht seines Jammers, wer will uns das erzählen, uns vor das Gewissen legen den Schmerz christlicher Hausmütter, deren Männer ausgebeutet werden an Leib und Seele, damit die Wirte nicht verhungern, dem Staate die Patentgebühren nicht mindern!

Dieser Schmerz, ein glühend Eisen in des Weibes Herz, scheint wohl auch von außen mit dunkeln Schlacken belegt: mit Ärger, nicht ungestört ruhen und schlafen zu können, mit Eifersucht, welche alle Männersünden vor des armen Weibes Auge zitiert, mit Groll, daß der Mann für sich alleine das Geld brauche, welches sie gemeinsam verdient. Aber inniger glüht das Eisen, tiefer zuckt das Weh. Es weint das Weib, daß die eigene Liebe so schwach geworden, daß sie den Mann nicht zu halten vermöge, daß sie sein schützender Engel nicht mehr sei, daß sie ihm lästig geworden, er ihr zu entweichen suche, als ob ein schaurig Wesen sie wäre. Es weint aber doch über diese verschmähte Liebe am innigsten und bittersten, nicht über das eigene Weh, sondern über das Elend, in welches der Mann versinkt, welches ihn verschlingen wird; es ist die Liebe, welche über Jerusalem weinte, die zu schwach zur Rettung verblendeter Geliebten sich fühlt. Es weint das Weib über seine Kinder, die zu Waisen werden bei Lebzeiten des Vaters noch, denen jetzt schon die väterliche Hut fehlt, später des Vaters Vorbild und Kraft, denen der Vater zum Apollyon wird, zum Verderber, wenn auch nicht ihrer Seelen, doch ihres bürgerlichen Daseins. Es weint das Weib über des Hauses Ehre, welche durch nichts mehr gefährdet wird, als wenn der dunkel und befleckt wird, der des Hauses Sonne sein soll; es weint, daß es die Leute nicht mehr ansehen darf mit dem glücklichen Blick eines auf den Mann stolzen Weibes, daß es zittern muß, wenn die Kinder unter die Leute gehen, man halte ihnen den Vater vor und seinen heillosen Wandel, und heimkämen dann die Kinder und frügen: «Muetter, o Muetter, was ist o mit dm Vater? DLüt hey is ne geng für.» Und wenn es endlich zu poltern kömmt, wie ein Roß, das abgekommen im Stall, oder zu schleichen, wie die Diebe schleichen, wenn sie stehlen wollen, das Weib lange nicht weiß, ists der Mann oder ein Schelm, dann noch freundlich tun soll oder nichts merken soll und kein Auge schließen kann, bis an die Fenster der Tag klopft, was muß dann das für ein Tag werden, wie fröhlich werden die Gesichter sein, wie freundlich die Rede, wie munter die Arbeit durch die Hände fließen? Was wird sich da ansetzen in den Herzen, was werden die Kinder sich erlauben, was wird das Gesinde machen?

Wenn die Regierung sich emanzipiert von der Handhabung der Gesetze, der Hausvater von der Haltung der Gesetze, so folgen alle andern Emanzipationen nach, und wenn alle Emanzipationen vollendet sind, was ist dann das Ende, und wer hat den Anfang vom Ende gemacht, he? Und so ein unglücklich Hauswesen wird gemacht, man weiß nicht wie. Der Mann ist nicht böse, aber dem Auslachen widersteht er nicht. Ists Zeit zum Feierabend und er will aus dem Wirtshause heim und man lacht ihn aus, hält ihm vor, wie er vor seiner Frau sich fürchten müsse, wie sie ihn ausklopfe, wenn er nicht heimkomme, so dürfen die Wenigsten gehen, wenn sie auch gerne wollten, sie bleiben, es bildet sich eine Gewohnheit, aus dem Verspotteten wird selbst ein Spötter, nach einigen Jahren ists unvermerkt einer geworden, der Familie, Leib und Seele aus den Augen verloren, Sklave einer Gewohnheit geworden ist. Wäre aber einer dagewesen, der gesagt hätte: «Jetzt geht heim, es muß sein», die Gewohnheit hätte sich nie gebildet, es wäre eine Ehe glücklich geblieben, ein christlich Hauswesen aufrecht, zu Fötzeln wären ein Dutzend Kinder nicht geworden. Und wer hat sie dazu gemacht, he?

Wer nur auf seinen grünen Sessel sitzt und auf demselben manövriert nur zu dem Zwecke, daß er auf demselben sitzen bleibe, wie ein Seiltänzer auf dem Seile balanciert, damit Hals und Bein ihm ganz bleiben, der begreift nie und nimmer, was rund um ihn vorgeht, weil er eben nur zu seinem Hintern sieht, daß dieser warm bleibe und im grünen Nest (wie wärs, wenn man die Sessel halb gelb, halb schwarz überziehen ließe, so daß Gelb den bedeutete, der darauf sich setzt, Schwarz das Volk, welches die Sessel zahlte und entgelten muß, was der Gelbe macht?). Der sieht das unendliche, in die kleinste Hütte gehende Elend nicht, welches durch die noch dazu dem Staate zu verzinsende Zügellosigkeit entsteht, der kümmert sich überhaupt ums Volk nicht, höchstens benutzt er es ungefähr wie eine Zigarre – er nimmts ins Maul und sugget daran, bis er hat, was er will. Der weiß nichts vom Volkscharakter, nichts vom äußern Volkswohl, welches in der Hablichkeit besteht, nichts vom innern, welches aus dem christlichen Hause kommt, in welchem christlicher Sinn und christlicher Friede ist, der weiß gar nichts, als woher der politische Wind weht. Man tut solchen Menschen, welche zumeist die Nase sehr hoch tragen, beiläufig gesagt, häufig sehr unrecht, wenn man der Nase wegen meint, sie seien stolz, sie winden halt nur. Solche Leute trampeln im Volksleben herum wie Ochsen im jungen Klee, die Ochsen gehen am Blähen zugrunde, der Klee ob dem Trampeln der Ochsen.

Wir sagen es daher offen und frei: das wahre Volkswohl beruht nicht auf Zügellosigkeit, geistiger und leiblicher; die wahre Freiheit beruht nicht darauf, daß dem Zügellosesten am meisten erlaubt ist, überhaupt jedem, so viel er will; die wahre Bildung ruht nicht auf hohler sogenannter Sekundarbildung, auf kurzen Speisewirtschaftsphrasen, das wahre Christentum nicht auf einer Aufklärung, wie sie zwischen zehn und zwölf in allerlei Wirtschaften betrieben wird wegen den durchschnittlichen zweihundert Franken. Wir sagen offen und frei: der Reichtum und das Übergewicht des Kantons *Bern* wuchs nicht aus diesem Boden. Wir wissen, der alte Boden bedurfte der Veredlung. Wir sagen aber offen und frei: wer, statt ihn zu veredeln, des Bodens Üppigkeit zur Aussaat von Unkraut benutzt oder, statt ihn zu veredeln, ihn verwildern läßt, der verdiente, daß ihm ein Mühlstein an den Hals gehängt würde, denn von ihm kömmt Ärgernis für Klein und Groß.

Das Volk besteht nicht bloß aus Wirten und der Bevölkerung ihrer Wirtschaften, wie man in jüngster Zeit zu glauben scheint, sie besteht auch aus Weibern und Kindern, aus Vätern und Müttern; die wahre Bildungsstätte ist nicht, wie ein Wahn der jungen Zeit zum Fluch des Volkes glaubt, das Kaffeehaus, sondern das Familienhaus, nicht die Speisewirtschaft, sondern die Hauswirtschaft. Die alten Gesetze wahrten des Hauses Heil und Segen, ehrten des Hauses hohe Bedeutung; junge Gesetze darüber haben wir noch keine, aber junge Geister scheinen sie stillschweigend beseitigen zu wollen. Das wäre entweder anarchisch oder jesuitisch oder vielleicht auch beides zugleich.

Doch unser Steffen war kein Jesuit, er hatte nicht einmal rote dicke Vorhänge vor seinen Fenstern, er hatte großen Glauben an die Menschheit; er täuschte sich auch nicht, denn er wurde bloß zweimal gebüßt, das erstemal um acht Franken, das zweitemal um vier Franken, von spätern Anzeigen erfuhr wenigstens der Schulseckel nichts.

ACHTES KAPITEL

Steffen kriegt selbst schreiende Bedürfnisse

Aber das Ding brachte ihm doch keinen Segen. Trieb er auch zuweilen Leute zusammen, blieben auch seine Leute so lange sie wollten, das Geld kam ihm nicht mehr durch ein Stiefelrohr herab, die Fünfunddreißiger fanden sich seltener, die Batzen ließen sich zählen, füllten jedenfalls die zwei Abgründe, welche in seinem Hause waren, seine faule Sinnlichkeit und seiner Frau beschränkten Hochmut, nicht aus, die verschlangen alles, ohne daß sie eigentlich darüber kamen, wo es fehle. Sie hatten es auch noch wie andere Majestäten, sie sahen es nicht, daß ihr größter Feind in ihnen selbst lag, und hätte auch jemand gewagt, es ihnen zu sagen, so wäre es ihm gegangen wie dem Alt-Landammann von Bern, als er vom wahren Punkte reden wollte, er wäre unterbrochen worden.

Steffen kam in Verlegenheiten, ward unwirsch darüber, hatte seine trüben Stunden, in welchen er über alles schimpfte, über die Bauern, die Regierung, versteht sich vor allem über die nach ihm entstandenen Wirtschaften. Über Eisi muckelte er nur, denn während er in seiner Sinnlichkeit träger wurde, entwickelte Eisis Hochmut Energie, daher er unter den Pantoffel kam, dem er nichts als stillschweigenden Eigensinn entgegensetzte. Freilich hatte er auch seinen Kyb im Leibe, den er nicht bloß mit Reden, sondern auch tatsächlich auslassen mußte, was auch in Prozessen geschah. Wer Kyb im Lyb hat und alle Tage einen Rechtsagenten oder sonst was sogenannt Rechtskundiges im Hause hat, der müßte von Gott besonders behütet sein, wenn er nicht in Prozesse geraten sollte.

Steffen apart zu behüten, hatte Gott nicht Ursache, und war er einmal hineingeflismet, so war seine Frau ein Utüfel von Hartnäckigkeit, wollte nichts von Nachgeben wissen, es mußte ausgetrieben werden bis vor e Hag use. Das sei ihm gleich, verspiel oder gwinn mes, aber die Dolders Fötzelhüng müßten wissen, daß man sie nicht fürchte und Geld habe mehr als sie. Und wenn es ihns ankam, so lief Eisi selbst den Herren nach: eine Frau bschüß meh bi de Herre als son e Gstabi vo Löhl, sagte es. Die Prozesse beschlugen allerlei, manchmal Marchen, manchmal Waldrechte, später oft erhaltene Lieferungen von diesem oder jenem, wobei Versender und Empfänger nicht einerlei Meinung waren. Die Prozesse hängen nicht ab vom Stoff, es gibt keinen Hof, es gibt kein Haus, wo nicht Stoff zu wenigstens zehn Prozessen zu finden wäre. Die Prozesse hängen ab vom Sinn der Leute, da entstehen sie, die Äußerlichkeit gibt bloß den Vorwand dazu, so in den meisten Fällen. Wo dann zu einem störrischen Sinn noch sogenannte rechtskundige Aufweisung kömmt und große Unordnung herrscht oder vielmehr gar keine Ordnung, so wundert es einen, wenn es nicht alle Tage einen neuen Prozeß gibt. Wer Unordnung hat in seinem Geschäft und dazu zu wenig Geld, der glaubt beständig, er sei beeinträchtigt, betrogen, und wie unrecht er Andern tut, wie sehr er sie beeinträchtigt, das sieht er nicht ein und seine Bücher mahnen ihn nicht daran. Doch dieses nur im Vorbeigehen, das Kapitel vom Prozedieren wollen wir diesmal nicht abhandeln, so wichtig es ist, wir wollten nur auf einen Schlund deuten, welcher auch viel von Steffens Geld verschlang.

So kam es, daß er in mancherlei Verlegenheit kam, Advokaten bezahlen sollte, Weinhändler, Käshändler, Kerzen- und andere Lieferanten und sagen mußte, es schicke sich ihm diesen Augenblick nicht, es hätte ihm ungsinnet etwas gegeben, wo ihm dSäck grumt heyg. «Ungsinnet» ist ein fatal Wort, und eben es spielte eine große Rolle in Steffens Leben. Da er keine Übersicht hatte von dem, was er schuldig war, so kamen ihm seine Lieferanten meist ungsinnet über den Hals. Wenn ihm dann einer sagte: «Säg los, ih ha dih welle frage, ob de mr nit ds letzt Käsli oder ds letzt Kistli Likör zahlen könntest, ih han e großi Zahlung z'mache und es geht i Gotts Name ke Geld y», so sagte Steffen oft: «Das wird öppe zahlt sy, he längste, bsinn dih!» Aber der wollte sich nicht besinne, demonstrierte Steffen, daß er ihm wohl einmal einst eins bezahlt habe, das letzte aber ausstehe, und Steffen mußte darankommen, gern oder ungern, und er mochte es glauben oder nicht. Wenn er endlich anekneue mußte, so mußte er wohl auch sagen: «Aber jetz chas dr nit gä, aber i vier, füf Wuche mueßts ha, selb vrsprich dr, vrla dih druf». Und doch zahlte Steffen oft in fünf Wochen nicht, es war ungsinnet ein anderer Lieferant noch früher gekommen, hatte noch nötlicher getan, so daß Steffen Geld schwitzen mußte. Oder er war mit Eisi ungsinnet ausgefahren, sie hatten ungsinnet dies oder jenes gesehen, das ihnen so gefallen, daß sie es kramen mußte, oder es hatte ungsinnet eine Partie gegeben in einer obern Stube und Steffen Haare gelassen für hundert Franken oder mehr. Wer kann für solche ungsinnete Sachen was? Wir fragen.

Indessen eigentliche Angst machte das alles Steffen nicht und Eisi nicht, sie betrachteten diese Lage als eine vorübergehende Klemme, entstanden hauptsächlich durch den verfluchten Speisewirt, aber wenn der einmal zBode syg, u lang gang das nit, so werds scho wieder angers cho. Der Haupttrost war jedoch das Erbe, welches Steffen noch von seinem Vater erwartete. Wenn er einmal da nehmen könne, sagte er, dann käme es besser, dann wolle er ganz anders fahren, dann wolle er zeigen, wer Meister sei. Dieses Erbe war sein Trost, dieses Erbe war auch sein Schild, denn solange es zu erwarten war, deckte es ihn vor der allzu großen Zudringlichkeit seiner Schuldner. Da ist nichts zu verlieren, dachten sie, und tun wir zu wüst, so setzen wir nichts mehr bei ihm ab. Freilich dachten sie beim allfälligen Absatz auch an die zu opfernden Prozente und schlugen, was sich tun ließ, auf die Preise, und wie oben gesagt, halfen sie auch mit der

Qualität nach, denn was einige Querköpfe auch sagen mögen über den Gewinn, welcher aus dem Hinhalten der Zahlungen entstehen soll, es ist nichts als Täuschung, entweder ein Zeichen, daß sie nicht rechnen können, oder eine verkappte, wenigstens augenblickliche Zahlungsunfähigkeit. Wer Geld hat und das Rechnen versteht, weiß wohl, was Barzahlungen für vielfachen Vorteil bringen.

Trotzdem kam Steffen in die Klemme, denn es gibt immer Leute, welche nicht warten mögen, Käshändler, welche das Salz bar zahlen müssen, Advokaten, welche alle Wochen das Kostgeld zahlen müssen, weil niemand ihnen länger traut als eine Woche und niemand Bürg sein will für vierzehn Tage. Wenn Steffen so in der Klemme war zwischen einem Käshändler, der Salz haben mußte, oder einem Advokaten, der das wöchentliche Kostgeld bezahlen sollte, oder zwischen zweien Gumene, von denen jeder sagte: «Entweder – oder, entweder, Steffen, zahlst du mich aus oder nimmst künftig den Wein alleine bei mir», so wußte er oft nichts anzufangen, als sein Ketzers Byggerli anspannen zu lassen, zu seinem Vater zu reiten und zu sagen: «Vater, gib Geld, ih mueß ha!» Da, wie gesagt, Steffens Vater vornehmer war als reich, dessen Ansehen größer als der Geldseckel, so gab er ihm wohl einige Male Geld, später aber versiegte diese Quelle.

Der Vater gab ihm den Rat, noch ein Stücklein Land zu kaufen, welches an sein Besitztum stieß und zu irgend einem Unternehmen tauglich schien, da ein Bach an selbem vorbeifloß, sich zu stellen, als wolle er da was Neues machen, und daraufhin auf sein ganzes Besitztum Geld aufzunehmen. Einen Schein fällen zu lassen zur Aufnahme von Geld, tut man sonst nicht gerne, es liegt immer was Verdächtiges darin, daher man gerne was vorschiebt, um der Sache ein unverdächtig Ansehen zu geben und der Gemeinde Sand in die

Augen zu streuen, wenn sie etwa die Sache näher untersuchen lassen wollte. Dieses Sandstreuen übernahm der Vater und vollbrachte es glücklich. Eisi erklärte bei der Geldaufnahme sehr bereitwillig mit seinem Weibergut den Nachgang, von wegen, es hätte schon lange gerne mit der Donnstigs More, der Speisewirtin nämlich, einen Prozeß angefangen wegem Südeltrögli beim Brunnen, zu welchem die Andere kein Recht hätte, wie Eisi behauptete. Steffen hatte so satt abgewehrt, weil er das Geld nötiger hätte und diesen Handel z'prozedieren fast nichts abtrage; jetzt aber wusch eine Hand die andere, Eisi erklärte den Nachgang und Steffen willigte in den Prozeß.

Ein neues Unternehmen, eine Öle oder sonst ein Räderwerk, wurde nicht angefangen, bloß alte Löcher verstopft, und der Wagen, neu gesalbet, lief wieder, ohne zu gixen und zu gaxen, daß man stundenweit davon redete.

Einige Zeit darauf starb Steffens Vater, aber das Erbe fiel nicht aus, wie Steffen immer gerühmt hatte. Wenn einmal sein Alter die Nase untere hätte, dann bessere es ihm, dann wolle er es rutschen lassen, nicht fünfzehntausend Pfund nähmte er, wenn es ihm jemand schon gleich jetzt bar auf die Hand legen wollte. Es wäre Steffen wohl gekommen, wenn er den Handel für fünfzehntausend Pfund hätte abschließen können, denn sein Vater war nicht halb so reich, eine Menge Schulden, von denen man nichts gewußt, kamen zum Vorschein. Zudem war alles aufgeschrieben, was Steffen empfangen und längst vergessen hatte, und begreiflich wurde es ihm, wie er sich dagegen sträubte, unerbittlich angerechnet. Wie er später auch pülvern und aufbegehren mochte, wie er betrogen und angeführt worden, wie die, wo daheim gewesen, das Beste hinteregepackt hätten, wie er wenigstens ds Halb mehr hätte bekommen sollen, deswegen bekam er es doch nicht, und Steffen erfuhr es, wie es Fälle geben könne, wo man zehnmal besser daran ist, wenn man ein Erbe vorständs, als wenn man es wirklich verfallen hat.

Wer hat nicht schon gesehen, wie, wenn im Herbste spät ein Säemann Samen ausgestreut hatte auf seinen einsamen Acker, Krähen dahergeflogen kamen von allen Seiten, aus dem Boden zu wachsen schienen, schwarz der Acker ward, die Vögel den Acker vom Samen leerten, so daß am andern Tage kein Körnlein mehr da war, das hätte keimen und aufwachsen können.

Wer hat nicht schon erfahren, wie Gläubiger sich in Geduld fassen und sagen: «Jetzt ist nichts zu machen; wenn man ihn überstürzt, so kriegt man nichts, wartet man aber, so ist keine Gefahr, sein Vater lebt noch, oder seine Mutter, oder ein reicher Vetter; tun die einmal die Augen zu, dann kann er erben, und wer sich dann rührt zu rechter Zeit, dem kann es nicht fehlen, der wird bezahlt.» Und wenn dann endlich der ersehnte Tod kömmt, das Erbe fällt, wie es da die Gläubiger herbeischneit, wie sie geflogen kommen aus allen Enden der Welt wie auf den Acker die Krähen; und wie die Krähen nicht weichen, bis das letzte Körnlein verzehrt ist, so die Gläubiger nicht, bis der letzte Heller bezahlt ist.

So ging es jetzt Steffen auch. Er war wie ein Aas, um das die Geier sich streiten, und wer sein treuster Freund geschienen hatte, der wollte jetzt am uverschantesten sein Geld, und alle waren auf einmal so geldnötig, so ganz ernüchtert und auf dem Hund, daß man hätte glauben sollen, es stünde vor lauter schrecklichem Geldmangel ein allgemeiner Geltstag vor der Türe. Da Steffens Erbe nicht alsobald flüssig war, kein Gläubiger aber warten wollte, aus Furcht, er komme dann hintenab und kriege nichts, so kam Steffen in arge Nöten, und da unter seinen Halbschoppenfreunden keiner war, der kernhaft und gutmeinend genug war, ihm durch die

Not zu helfen, im Gegenteil bei jedem der Grundsatz herrschte, es müsse jeder zu sich sehen, es sehe sonst niemand anders zu ihm, so kam er in Wuchererhände. Man hat heutzutage, in den sogenannten industriellen Zeiten, einen sehr schweren Stand, wenn man etwas gegen den Wucher sagen will; jedermann, heißt es, könne sein Geld rentieren machen, wie er könne und möge, solange er sich keines eigentlichen Betruges schuldig mache. Die Prozente, welche man ziehe in dieser oder jener Form, entweder als Zins oder daß man sie gleich aufs Kapital schlage, so daß, wo dreihundert Franken gegeben wurden, man vierhundert sich verschreiben lasse usw., stünden im Verhältnis mit der Gefahr, welcher man das Kapital aussetze. Das sei ein großer Unterschied, ob man auf solides Unterpfand leihe oder aber sein Geld in die Luft hinaus stelle. Wenn einer bei sicherem Kapital vier Prozent ziehe, so ziehe er mehr als der, welcher auf die Hoffnung leihe, zehn Prozent zu kriegen, aber ebenso leicht Kapital samt Zinsen verlieren könne; es müßte daher durchaus die Solidität des Kapitals mit dem Zinsfuße in Verbindung stehen.

Wir kennen zu wenig die richtigen Grundsätze der Staatswirtschaft, welche, beiläufig gesagt, uns noch so im Nebel scheinen, daß mit gleicher Bestimmtheit das Gegenteil behauptet wird, um zu beurteilen, ob dadurch das Staatswohl gefördert oder gefährdet werde, wenn gegen hohen Zinsfuß mit Leichtigkeit Geld zu erhalten, Unternehmungen zu beginnen sind. Bloß das scheint uns, daß im hohen Zinsfuße der Stein des Anstoßes für neue Unternehmen liege, daß der Geist des Schwindels von Staats wegen nicht zu nähren sei, daß mißglückte Unternehmungen den Staatskredit und den Privatkredit eines Landes nicht fördern. Der Gegenstand hat aber eine noch ganz andere Seite, nämlich eine christliche, und der Wucher eine ganz andere Ausdehnung, als gewöhnlich angenommen wird, eine so große, daß er wirklich nicht durch das Gesetz beschlagen, sondern bloß durch den christlichen Sinn gerichtet werden kann.

Wenn ein arm Kind des Abends mit drei Strangen Garn, welche die Mutter und das Kind selben Tags erjastet haben, ins Dorf geht, um sie zu verkaufen, weil sie Öl haben sollten und Milch und Brot, und der Händler gibt ihm bloß viereinhalb Batzen dafür, er weiß, sie müssen Geld haben und diesen Abend noch, und niemand in der Nähe kauft noch Garn, einem Reichen, der warten oder weiterkönnte, würde er sechs Batzen geben, so nenne ich dieses Wucher, welchen das Gesetz nicht beschlagen kann. Ich nenne diese Handlungsweise Wucher, denn Wucher ist, wenn einer aus seines Nächsten Not seinen Vorteil zieht. Ich nenne dieses einen himmelschreienden Wucher, denn er nährt sich von der Armen Schweiß, und wie heillos und verflucht, dem Reichen mehr geben als dem Armen! Dem Reichen sechs Kreuzer zulegen, dem Armen sie abziehen, während sechs Kreuzer dem Reichen nichts sind, während sie für den Armen einen zehnfach höheren Wert hätten als für den Reichen! Das ist aber noch nicht alles; der Arme muß auch teurer zahlen, wenn er etwas kauft, als der Reiche, und zwar bedeutend teurer, und wenn man sich darüber ärgert, wenn man findet, es sei ungerecht und es sollte umgekehrt sein, so heißt es, das komme daher, weil man die Sache nicht verstehe, den Armen müsse man so oft dings verkaufen, wisse nicht, ob man je was kriege, müsse ihnen in kleinen Quantitäten verkaufen, wo man so viel vermesse und verwäge. Ganz gut, aber wenn man einem Armen was abkauft, da vermißt man nichts, da verwiegt man nichts, da riskiert man nichts, da treibt man halt einfach Wucher und schindet den Armen, weil man ihn in seiner Gewalt hat, und das ist unchristlich. Dahin gehört auch aller Wucher mit Lebensmitteln, durch welchen wiederum niemand beschlagen wird als wiederum hauptsächlich der Arme, der in die schrecklichste Pein gerät, ds Halb mehr arbeiten zu sollen und ds Halb weniger und ds Halb schlechter zu essen zu kriegen.

Wenn es dem Reichern schon etwas gnüger geht, seine Bilanz nicht brillant aussieht, er leidet doch nicht Pein an seinem Leibe, er braucht seine Kinder nicht hungern zu lassen. Wir müssen sagen, wir kennen kaum eine schrecklichere Versündigung als diesen Wucher, und wenn in solchen Fällen der Arme zur Selbsthülfe greift, so halten wir seine Sünde nicht für so groß. Bloß wenn dieses Gefühl, der Drang zur Selbsthülfe, andauernd und bleibend zum Kommunismus wird, der nehmen will, wo er findet, dann halten wir es für eine Krebswunde an der Menschheit, für ein alles zersetzendes Element. Der Kommunismus aber so wenig als der Radikalismus können etwas anders als zerstören; ist der Bestand zerstört, dann schlagen sie um in Despotie und Habsucht; was Andern genommen ward angeblich für das Allgemeine, das will am Ende doch jeder ausschließlich für sich.

Wir geben gerne zu, daß im Wechselhandel das Diskontieren am Orte ist, ein Kaufmann einige Prozente einschlagen kann, um bar Geld zu kriegen, welches von Rechts wegen ihm sonst erst in einigen Monaten zukäme; allein so, wie es jetzt im gemeinen Leben getrieben wird, ist es wirklich eine heillose Betrügerei, obgleich eine Art von Freiwilligkeit obzuwalten scheint. Da werden arme Mannli gedrängt bis in die Not hinein, dann wird ihnen alles, was sie haben, Geld oder Schriften, verleidet, verunwertet, als nichts dargestellt, sie werden in Angst gewerchet und mit Wein getränkt, bis sie etwas Ungeschicktes gemacht haben. In Beziehung auf das Land tut das Gesetz Vorsorge, welches vorschreibt, daß kein Kauf gültig sei, ehe darüber gelobt worden. Sonst hatte man auch Beispiele, daß ein Bruder dem andern Brönz im Walde aufnötete, bis er ihm seinen Hof um einen Spottpreis abgekauft hatte. Das geschieht nicht mehr, aber mit Abtretung von Schriften, Holzkäufen usw. wird noch immer die gleiche Schurkerei getrieben, und was man da so einem armen Stöffel von Mannli alles zu sagen und in was für einen Katzenjammer man ihn zu arbeiten weiß, man stellt es sich nicht vor. Bei solchen Abtretungen handelt es sich nicht um einige Prozente, sondern um einen Drittel oder Viertel der Summe, um einige hundert Franken, da lohnt es sich der Mühe.

So ungefähr ging es auch unserm Steffen; sein Erbe war nicht bloß kleiner, als er geglaubt, sondern er erhielt nicht einmal, was ihm zufiel; er mußte einschlagen, mußte abtreten, und je mehr Rechtskundige er zu Freunden hatte, desto mehrere halfen einander, bis sie den Steffen da hatten, wo sie ihn haben wollten. Steffen klagte oft, wie er nicht geglaubt, daß Erben einen Menschen arm machen oder ihm wenigstens zum größten Schaden sein könnte.

Am übelsten ging das bei Eisi, es hatte geglaubt, einen reichen Mann zu haben, sehr oft gesagt: «Wart die Donners Täsche da äne ume, bis Steffes Alte dNase ungere het, de wey mr de deres zeige, key Vierteljahr solls gah, su grännet mih de die Donnstigs Krähye nimme a, wenn ih vors Hus usestoh, die mueß mr de da dänne.» Das konnte nun nicht geschehen, und darum mußte Steffen bei jedem Anlaß hören, wie wenig er geerbt und wie man angeführt werden könne beim Heiraten. Bis dahin war das so ziemlich einig gegangen, jedes hatte das Andere gewähren, das Ganze schlitten lassen, und wenn sie einander zuweilen auch rauh anfuhren, so war es doch nicht böse gemeint und griff nicht tief. Jetzt sahen sie, daß zur Sache gesehen werden müsse. Obgleich keins von ihnen dafür hielt, daß sie eigentlich bös ständen – sie schlugen alles, was sie hatten, sehr hoch an und hofften, die bessere Zeit stehe bereits vor der Türe –, so dachten sie doch, es sollte besser gehen, zum Gelde mehr gesehen, die Sache genauer genommen werden.

Steffen meinte, Eisi sollte etwas weniger hoffärtig sein, alle Augenblicke ein neu seiden Fürtuch wäre nicht nötig und allemal die Näherin und eine neue Kappe, wenn es zMärit wollte oder Gotte sein mußte, ebenfalls nicht. Auch die Kinder könnte man einfacher halten und etwas mehr zum Werchen, und allbeeinist weniger Leute am Taglohn, so meinte er. Potz Blitz, so meinte es aber Eisi nicht. Es brauche noch lange nicht, was es ihm ziehen möchte; von wem dSach herchömm und wer doch immer dabei sei von früh bis spät? Nicht einmal Zeit nehmte es sich für z'kindbette, und ehe die Sache halb vorbei sei, müsse es schon wieder füre un uf dBey. Was er denn mache? Nichts mache er, hell nichts, z'fule sei er z'metzge, und längs Stück müsse es den Leuten Fleisch geben; z'fule sei er, in Keller zu gehen, lieber vrspreng er ds Hus mit Brülle, bis er eins hätte, als daß er einem Menschen einen Schoppen hole, und wenn man ihn nicht allbeeinist mit einem Hälsig abeschleifte, su luegte er ds Jahr us und y nie mit em Wy, schüttete öppe zsäme, was zEssig grate well, oder miech sust neuis, kratzeti öppe dr Dreck us de Fässere, daß dr Wy, wo me drytüey, nit steich wien e Hung. U de mit em Bruche söll er ihm bim – nichts vorhalten. Er solle zusammenzählen, was er ds Jahr aus, ds Jahr ein vrfress u vrsuf u was die keibe Schießete bruche, u was de gang i dr obere Stube un ob er gwinn oder vrspiel, das merk es neue afe, bim Wetter. Wohl, so solle er ihm nicht kommen, sonst wolle es ihms zeigen, woher dSach chömm u wer ds Recht hätt, Meister z'sy, jawolle.

Wenn einmal solch Vorrechnen angehet, so hält es sich selten still, gutet selten wieder. Es ist traurig, wenn Leute, die im Glück sind, es haben könnten, wie sie wollten, stößig werden unter einander, das Unglück mit Gewalt und mutwillig über sich hereinziehen und nun, da Gott sie glücklich gemacht hatte, sich selbst expreß unglücklich machen, alle Tage unglücklicher, sich die schönen Gaben Gottes gegenseitig verbittern, die Tage sich vergiften, die Gott über sie aufgehen läßt. Aber doch noch trauriger und schlimmer in seinen Folgen ists, wenn Eheleute mit beginnendem Unglück auch den Streit beginnen.

NEUNTES KAPITEL

Was ihre Fortbildung für Früchte trägt, und wie sie die schreienden Bedürfnisse stillet

Wenn auf dem Meere der Sturm beginnt, eine schwarze Wolkenwand über dem Meere sich lagert, langsam sich nähert, wenn es dumpf in den Lüften rauscht, kurze rasche Windstöße pfeifend durch die Masten streichen, da ruft der Kapitän die Mannschaft auf; was auch zwischen ihnen liegen mag, wie ein Mann spannt sie ihre Kräfte zusammen, jeder fliegt an seinen Ort, einer steht zum Andern, gilt es ja ihrer aller Sicherheit, und was hülf es einem, wenn er auch dem Andern den Tod gönnte, müßte er ihn doch kosten vereint mit jenem. Rauscht dann der Sturm heran, schwarz und wild, und faßt er mit seiner ganzen Kraft das Schiff, er findet gefaßte Kraft, welche das Schiff zusammenhält, nirgend eine Spalte, in die er sich zwängen, eine schwache Seite, die er überwältigen kann. Das ganze Schiff gehorcht einer Kraft, und wo der Sturm es faßte, steht diese Kraft ihm entgegen und bricht seine Macht, gerettet geht es aus dem Sturm. Es ebnen sich die Wellen wieder, es wird der Himmel wieder helle. Wo aber Meuterei auf dem Schiffe ist, die Macht zersprengt ist, welche sonst die Kräfte band, die Wut größer ist als der Trieb der Selbsterhaltung, einer wider den Andern die Waffen kehrt, Keiner Sinn hat für den Todfeind aller, da faßt der Sturm die machtlose Masse, wirft sie von einer Seite zur andern, gen Himmel auf, in des Abgrunds Tiefen, begräbt sie in des Meeres schaurigem Schoße. Wenn der Sturm kömmt, ist das Zusammenfassen und Binden der Kräfte notwendig; geschieht es nicht, so ist der Untergang das Ende.

So ists aber nicht bloß mit einem Schiffe, wenn es das Rauschen des Sturmes vernimmt, so ist es auch mit einem Ehepaar, wenn Tage kommen der Not und der Bedrängnis. Da müssen die Eheleute zusammenstehen, jedes schaffen nach seiner Kraft in Liebe und Treue, das Verderben zu wenden, jedes zum Opfer bringen jede Kraft und jedes Begehren, das Erste sein wollen im Arbeiten und Entbehren und gefaßten Mutes bleiben, wie die Not auch steigen mag, dann besteht man in der Not, sie geht wohl vorüber durch Gottes gnädige Huld. Aber eben wo es anders ist, wo mit der Not der Streit beginnt, wo jedes dem Andern alle Tage seine Schuld ausmißt mit der neuen eidgenössischen Elle, jedes dem Andern die eigenen Tugenden vorgeigt und des Andern Laster, jedes dem Andern zumutet, den Wagen aus dem Kot zu heben, während es nicht bloß darauf sitzen bleibt, sondern sich noch recht schwer macht, das Andere alleine entbehren, magerer abbeißen soll, während man gelassen beim Alten bleibt, da kömmts nicht gut, da wird jedes erbittert, und zTrotz tut jedes keinen Wank und zTrotz treibt jedes seine Sache noch ärger.

So ging es hier bei Steffen und Eisi. Wie wir gesehen haben, hatte sich bei Eisi mehr das aktive Element, das herrschsüchtige, ausgebildet, bei Steffen mehr das passive, das sinnliche, bei Eisi das sich selbst bestimmende, bei Steffen das sich bestimmen lassende, oder wie der Bauer sagt, Eisi hatte die Hosen an, oder wie der Herr sagt, Steffen war unter dem Pantoffel. Der erste Ausdruck jedoch ist der richtigere, denn wenn auch in Eisi der bestimmte Wille sich aussprach, es als die Macht erschien, welche das Haus regierte, so hatte es doch nicht so viel Gewalt über Steffen, daß er seiner Lebweise entsagte und das Heft mit Kraft zur Hand genommen hätte. Eisi genierte sich nicht. Wenn es Geld brauchen wollte, so brauchte es, und wenn es schon nicht einem Postillon oder Kondukteur den Auftrag gab, wenn er die Stadt auf oder ab gehe und was Schönes sehe, so solle er es ihm kaufen, es möge kosten was es wolle, so wählte es, wenn es zum Kaufen kam, doch immer das Schönste – obs währschaft sei oder nicht, darnach fragte es nicht. Wenn jemand anders darnach fragte, so sagte es, es frage dene Sache, wo nie zrheye welle, nüt nah, si mache ihm vrfluecht längi Zyti, dLüt meine, mi vrmög nüt Neus, un so öppis Alts werd de so dreckig, daß mes nit aluege mög, vrschwyge arüehre. Wenn es in den Sparlaun kam, so machte es der Gastig die Stücke Fleisch kleiner, die Ürti größer und füllte die Schoppen nicht bis zum Strich. Steffen machte seine Sache auch nach wie vor, trank vielleicht einige Schoppen des Tags, die Eisi nicht sehen sollte, und wenn er auch weniger von Hause ging, so geschah es nicht aus Gehorsam gegen Eisi, sondern aus Faulheit. Er war dicker geworden, und nichts ging ihm über Abhocke un e chly Sy. Darum, wenn er auch weniger fortkam, so blieb er dann, wenn er es einmal war, dest länger aus und war e chly, bis es endlich heim sein mußte. Oft ging er um Ware aus, kam aber nie bis zum Stalle, wo was Feißes sein sollte, er blieb sitzen im nächsten Wirtshause, machte dem Bauer Bescheid, er solle kommen, handelte mit ihm ungschauet: «Bring mrs dä u dä

Tag, und wenns ist wied seyst, su gib dr was de seyst, aber daß es de so syg», oder: «Wenns nit ist wied seyst, su gib dr e Franke oder e Krone minger» usw. Unterdessen zahlte er Wein, war e chly, und wenn dann Bauer und Veh kamen, so war es selten, wie der Bauer es gesagt hatte, aber was dann machen? Was allfällig noch abgebranzt werden konnte, betrug selten viel. Wie oft mußte Steffen sagen: «Los, es wär mr de lieber, wenns dFrau nit vernähm, was dr ha müesse gä; si het kei Vrstang vo selligem u wott de notti i alles ycherede u tuet no wüest mit mr.»

Wenn so ein schwerer Himmel lastet über den Gemütern zweier Eheleute, so entsteht schweres, trübes Sinnen, ein eigener Gedankengang bildet sich aus. Die Gegenwart lastet schwer auf ihnen, unzufrieden sind sie mit ihr, sie sehnen sich nach Verbesserung, sie suchen vor sich in der Zukunft ein Plätzlein, ihre Hoffnung, daß es anders komme, abzustellen. Sie sehen die Schuld, daß die Gegenwart so sei, nicht in sich, sie kommen sich unschuldig vor, sie meinen, wenn sie machen könnten, wie sie wollten, es müeßt sy Seel bald anders sein. Aber – ! Dieses Aber ist wohl anfänglich ein Stein, an welchem die strömenden Gedanken sich stoßen, wie an einer Schwelle der flutende Bach anfänglich sich stößt, innehält, sich aufstaucht, dann einzelne Wellen überschlagen, bis mit tosender Gewalt er über dieselbe sich stürzt. Aber, heißt es, aber, wie sollte es anders kommen, bin ich ja nicht alleine, sind die Hände mir nicht gebunden, wie sollte es anders kommen, solange da ist, von wem das Verderben kömmt, solang an keine Besserung zu denken ist? Da könnte ich lange, könnte mich töten, und es hülfe nichts. O wie unglücklich, daß mir dieses Los gefallen, aber es wird so haben sein sollen, es wird mir geordnet gewesen sein. Oh, wenn ich zurückdenke, wie ich eins gewesen bin (so denkt die Frau), wie ich es hätte anstellen können und meine Sache gut machen, und das Unglück muß mich treffen, daß ich den haben muß, gerade den, wo nichts mit ihm ist und noch alle Tage minder! Oh, warum mußte ich an die kommen (denkt der Mann), wo nichts versteht und doch alles befehlen will, wo nur die Leute vertreibt und nichts weiß als brauchen? Was habe ich von den paar tusig Pfündlene, es wär mir nützer, ih hätt die nie gseh u si o nit, es wär mir nützer, ih hätt es arms Meitschi gno, wo ke Chrüzer gha hätt, aber mr a dHang gange wär un o öppe gsi wär, daß me hätt Freud gha, bin ihm z'si, u mr dLüt is Hus zoge hätt, statt mr se z'vrtrybe! So seufzen Beide, so schlagen die Wellen plätschernd über den Stein, eine rascher, mächtiger als die andere, bis der ganze Strom darüberrauscht. Aber wenns Gotts Wille wär, daß er oder sie sterben könnte, an die Ruhe käme, ich möcht sie ihm so wohl gönne, dann müßte es anders gehen, dann wollte ich die Sache ganz anders in die Finger nehmen, so und so müßte es gehen, und wenns sein müßte, es fände sich wohl einer, der mir hülfe es machen, wie ich sinnete, und nit manch Jahr müßte es gehen, so wollten wir ganz anders zweg sein. Dann könnten die Leute sehen, an wem die Schuld gewesen, und habens die schießige Ketzer noch oft schier mit ihm haben wollen!»

Ist einmal der Gedankengang auf diesen Punkt gekommen, dann ist keine Versöhnung, Ausgleichung mehr möglich, innerlich ist zwischen den Herzen eine Kluft gerissen, die nicht mehr heilet, die wirklich täglich größer wird. Solche Gedanken können wohl hie und da wie flüchtiger Nebel über eine Seele streichen, keine Spur hinterlassen, nimmer wiederkehren. Aber gar zu gerne kehren sie wieder, fressen sich ordentlich in eine Seele ein wie eine ätzende Substanz, fressen sich ein zum Herde, auf welchem brodelt und kocht höllisches Sinnen, teuflisches Wünschen. Wir haben hier ein kaltes Blut, es wird nicht erhitzt durch südliche Sonne;

wir genießen noch die unbeschreibliche Wohltat der vielhundertjährigen Angewöhnung, Mord als eine fürchterliche Sache anzusehen, von Obrigkeits wegen mit der höchsten Strafe, der Todesstrafe, belegt zu sehen. Die Sonne wird ihren Lauf kaum ändern, und ändert sie ihn, so überleben wir es nicht; aber Obrigkeiten ändern Ansichten, sind halt näher dem Nebel der Welt. Verbreitet die Obrigkeit die Ansicht ins Volk, daß Mord kein fluch- und todeswürdiges Verbrechen sei, hat Gnade und Barmherzigkeit für Giftmischerinnen, dann wird noch aus manchem Herde, wo bereits höllische Wünsche, teuflisches Sinnen brodeln und kochen, Mord zutage gekocht und gebrannt werden, im Herzen ist die Tat längst fertig, sie wird auch zutage treten, ein fait accompli werden. So weit sind wir noch nicht, an eigenmächtiges Handanlegen wird selten gedacht, ein tiefer Schauer weht die Gedanken von diesem Punkte weg. Aber man denkt doch an den Tod, hofft, der liebe Gott werde einem den Gefallen erweisen, werde das Elend ansehen und den Tod schicken zur Befreiung, ja man bittet ihn sogar darum, sei es selbst, sei es durch Kapuziner. Hat man einmal diese Hoffnung ergriffen, sie zur Stütze gemacht, dann wird das Auge eines solchen Hoffenden scharf wie das Auge eines Liebenden, es achtet auf jede Miene, merkt auf die Färbung des Gesichtes, auf Fett- und Magerwerden, auf kurzen und langen Atem, auf Essen und Trinken; wo es irgend zu bösen scheint, da denkt man: Ach jetzt, endlich, he nu so de, i Gottsname, mi wird sih müesse dry schicke. Und wenn dann das Bösen vorbeigeht, das Bessern kömmt, wie dann der bitterste Unmut nicht anders sagen kann als: «Aber nüt, aber nüt», und dann wieder spitzt und paßt, ob nirgends was Gefährliches auftauchen wolle, man auf Essen und Trinken paßt, auf Faulheit oder Arbeitsamkeit, kurz auf jede Gewohnheit! Die Eine meint, ihr Mann sei e Grüslige mit em Werche, den überschlage es einmal ungsinnet; eine Andere sagt, Ihre sei gar e Fule, sie glaub emel, er syg ful inwendig un machs nit lang; die Dritte, Ihre töt no ds Sufe, sie heyg ihms gseit, aber jetzt säg si nüt meh, wenn ers well ghebt ha, su heyg ers, si vrmög sih desse nüt, zwänge chönn si ne emel nit. Ein Mann hofft, so eine Kindbetti wüsch einmal die Frau ungsinnet, si acht sih nüt u tüey wien e Narr; ein Anderer denkt an die Auszehrung, wie si afe mageri syg wien es Schyt; ein Dritter stellt seiner Frau Kirschenwasser dar statt Branntwein, weil er gehört hat, das Kirschenwasser möge dLüt viel schneller als der Branntwein usw. Und wenn in Beiden das Gleiche kocht, die gleichen Hoffnungen gebraut werden, wie das dann gegenseitig sich betrachtet und aufpaßt, obs böse oder bessere, und jedes die Hoffnung festhält, es sei checher als das Andere und mögs allweg, wie zwei Schwinger ungefähr, die an sich rupfen und zerren und jeder den Andern auf dem Rücken sehen möchte! Und wenn es endlich an einem Orte wirklich böset, wie man dann doch aufspringt und zum Doktor, ihm sagt: «Mach was chast, ds Geld reut mih nüt», und wie man vor den Leuten nötlich tut und noch zu einem andern Doktor schickt, daß einem die Leute später nicht vorhalten könnten, man hätte das Möglichste nicht getan, wie man allem aufbietet, weil man nicht in der Leute Mäuler kommen möge! An den, der Herzen und Nieren prüfet, die Gedanken sieht, ehe sie sich regen in uns, sie rufet vor Gericht, an den Allwissenden, an den denkt man nicht. Und was helfen der Leute Mäuler dem, der vor dem Gerichte des Allwissenden steht, der die Gedanken wiegt auf heiliger Wage?

Auf diesem Punkte standen Steffen und sein Eisi zusammen. Keins dachte daran, das Andere umzubringen, irgend auf eine Weise sich an ihm zu vergreifen, aber jedes gab sich der Hoffnung hin, es nähm öppe ds Angere ungsinnet, u wenns Gott well ghebt ha, su heygs nüt drwider; wenns Gott lieber heyg as ihs, su mögs ihms vo Herze gönne.

Steffen eben hoffte, eine Kindbetti, wo Eisi gewöhnlich so unvernünftig tat, um sich groß zu machen, nehme es einmal ungsinnet, u de well er nit dschuld sy, er heygs mängist gseit, aber jetz säg er nüt meh; wenn es es well ghebt ha, su heygs es i Gottsname. Auch sagte er zuweilen, seine Frau sei dr gsüngst Mönsch vo der Welt, vom ene sellige heyg er no nie ghört. Er glaub, wenn man mit Kegelkugeln nach ihr würfe, sie kriegte nicht einmal Mose, u Dörn chönnt si fresse, si kratzete si nit emal. Aber wes de die einist agryf, su chönn me de luege, die dräyhs de zBode, er well nit guet drfür sy. Wenn dann einer sagte: «Bis du froh, daß du so e gsüngi Frau hest, es wär mänge froh drüber, we si scho nit Dörn fresse chönnt ohni Buchweh», so seufzte dann Steffen und sagte: Darüber heyg er ja gar nit gchlagt, es sei ihm ds Rechte. Wenn de aber e sellige Mönsch ume sinne chönnt, wies angere Mönsche syg, wes ne fehli. Aber da meine dann die, es sei allen wie ihnen, und wer gruchse, tryb ume Fantast.

Eisi hoffte auf Steffens fett und aufgedunsen Wesen; die nähms de einist ungsinnet, sagte es ebenfalls in seinen vertrauten Stunden. Mi heyg no nie ghört, daß sellig Lüt alt worde syge. Es syg es Übel, er chönnt drvor sy, wenn er sih meh rüehrti u dr Sach öppe o meh anähm un e weni minger nähm. Es heyg ihms scho mängist gseit un agä, es heygs düecht, es sött dur e Marmelstey dure gah. Aber es helf nüt, es helf i Gottsname nüt. U jetz sägs o nüt meh, es gäb ume Stryt u helf doch nüt. Allweg syg äs a nüt dschuld. Aber wunger gno heygs ihs scho mängist, wies Mönsche gä chönn, die doch i Gottsname alles erlyde möge, geng esse, geng sufe u no wohl sy drby, daß me ne öppe nit sövli amerk. Es heyg scho mängist gseit, wenn es ume dr zechnist Teil zun ihm näh sött es Tags wo Steffe, es vrsprengti ihs wien e Krot. U doch gseh me ne öppe nie volle, es düech eim, er syg am Abe un am Morge fast neue dr glych Schnürfli. Es heygs scho mängist düecht, es möcht ne einist o so recht kragebabivolle gseh, aber es heygs no nit chönne erlebe, u doch sufe er de öppe, wes scho nit drglyche tüey, daß es es gsecht, daß es es düecht, es sötts möge gä. Das war wahr, daß Eisi nicht tat, als sehe es jeden Schoppen, den Steffen trank; es hatte in der Beziehung fast die Gedanken, welche jener hatte, welcher seiner Frau Kirschenwasser statt Branntwein anraten wollte.

So sah es inwendig aus, äußerlich merkten andere Leute so viel nicht davon. Ob Steffen und Eisi selbst den Kampf merkten, das Passen und das Hoffen, das weiß man nicht, sie äußerten darüber sich nicht. Aber wie jeder Müller weiß, die Mühlsteine, welche aufeinander gehen, sind sehr selten gleich hart, einer ist weicher als der andere, und der weichere wird abgerieben, untauglich für den Gebrauch, bis er neu geschärft wird. Bei Menschen geht das Schärfen selten an, die Natur, welche schlaffer, schwammiger ist, kann nicht wohl gehärtet und geschärft werden, sie wird zerrieben. Wohlverstanden, hier ist von den Feuersteinnaturen, welche springen, und von den Waschlumpen, welche immer Waschlumpen bleiben, nicht die Rede.

Es ist aber doch fürchterlich, wenn ein Mensch, der kein Mühlstein ist, sondern Bewußtsein hat, es zu fühlen beginnt: der Gegenpart ist Meister, er hält besser dar, er reibt mich auf, und das, worauf er paßt und spitzt, das hat wirklich gegriffen in mir, ist zum Wurme geworden, der mich zernagt, der Gegenpart Hoffnung fördert mich dem Ziele zu, auf das sie nicht warten mag, bis ich es erreicht habe, wie da jede Kraft zusammenklappen muß, nichts mehr lebendig bleiben muß als das Gefühl, daß das Spiel bald aus sei, das Leben zwischen Tür und Angel bald ausgepreßt.

So ging es Steffen. In dem Maße, als Eisi herrschsüchtiger

wurde und das Regiment führte, ward es stärker, gesünder, wenns möglich war, die Kindbettene gingen ihm immer ringer, bei seiner Beschränktheit zehrte es der Kummer nicht auf, und bei seinen innern Gedanken und Hoffnungen entstund bei ihm die Überzeugung, daß es Siegerin bleibe. Es blühte daher fast gar wie eine Rose, die Anzahl Kinder, welche es gehabt, hätte kein Mensch ihm angesehen, die Gumene wurden gewöhnlich schachmatt vor Komplimenten, welche sie der schönen Wirtin zu Füßen legten, die immer aussehe wie eine junge Tochter. Steffen aber fühlte, es habe gefehlt. Er fühlte, daß Eisi kuraschierter war und mächtiger, fühlte eine innere Gebrechlichkeit und Schwäche, welche niemand ihm ansah, welche er auch niemand bekannte, fühlte, wie in ihm wuchs der Durst, wie der zur Krankheit ward, welcher er nicht widerstehen konnte, zum eigentlichen Brande, den er löschen mußte, er fühlte, daß es nicht mehr lange auf diese Weise mit ihm gehen könne. Er übersah zudem auch besser ihren Zustand, hatte einen bessern, wenn auch nicht vollkommenen Begriff von ihrer Schuldenlast, von dem gesunkenen Werte ihrer Besitzung und dazu die Hoffnung, bessere Zeiten zu erleben, verloren. Wenns nur bald vorbei wäre, war daher sein Gedanke, schonen wär dumm; bruche, was dich gut dünkt, das ist ds Best, lueg de mira, wer überbleibt! Er schonte also nicht; wott nit e Narr sy, dachte er. Die Verlegenheiten häuften sich wohl, er mußte den Gumene Obligationen ausstellen, blieb hier Geld schuldig, lieh dort einige Dublonen auf gute Worte hin, an einem andern Orte einige hundert Franken, das heißt so viel er kriegen konnte, auf einige Buchstaben. Wo die Verwandtschaft groß ist, finden sich immer Einige, welche glauben, solche Zumutungen nicht ausschlagen zu dürfen, namentlich Brüder sind in solcher Lage. Ja wir müssen bekennen, daß wir vernommen, es hätte Steffen allemal ordentlich gelächert, wenn er eine neue Schuld gemacht. Die Leute glaubten, er freue sich, daß er einer Verlegenheit entronnen sei, freuten sich selbst, daß sie ihm den Gefallen erwiesen; erst jetzt sehen sie, wie angst es ihm gewesen und wie er die Sache zu Herzen genommen, dachten sie. Hintenher dachten sie wohl: Hats ihn nicht etwa gelächert, wenn er dachte: Eisi wird luege! He nu so lueg es mira, es hets so welle, lueg es mira, wie es es de mach, es het so Freud gha drufhi! He nu so de, ih ma ihm se wohl gönne, lueg es de mira, wies usechunt! Ob er so gedacht, wissen wir nicht, aber so viele Schulden hielt er geheim, schrieb sie nicht auf, und Eisi wußte nicht darum. So manche Äußerung, die man, wie gewöhnlich, erst später in ihrer rechten Bedeutung zu erkennen glaubte, schien schließen zu lassen auf das Verlangen, da dännezcho, drus use z'chönne, Eisi dArichti z'überla von dem, welches es, wie Steffen meinte, einzig zweggekocht.

Ob er dabei nicht an seine Kinder gedacht, gedacht, was aus ihnen werden werde, verarmt, verlassen und übel gewöhnt dazu? Wir wissen es nicht, wir glauben es kaum. Steffen war, wie wir gesehen, durchaus nicht ohne Liebe zu seinen Kindern, namentlich gegen die Jüngsten, sobald sie laufen konnten und sagten: «Ätti, gimmr o; Ätti, wott o!» Da gab er ihnen, was er hatte, konnte scherzen mit ihnen, dr Narre trybe, und oft hörte man ihn sagen, das King sei ihm afe so lieb, es düech ne, er chönnt nit sy ohne dä Bueb. Aber wahrscheinlich war seine Liebe nicht viel anders als die Liebe zu einem Spielzeug. Diese Liebe unterscheidet sich von der rechten elterlichen hauptsächlich dadurch, daß sie an der gegenseitigen Zärtlichkeit sich ersättigt, durch die gegenwärtige augenblickliche Freude vollkommen befriedigt wird, während in der rechten elterlichen Liebe die elterliche Sorge ist, das Säen zur künftigen Ernte, das volle Bewußtsein, daß in der Gegenwart des Kindes Zukunft bereitet werde und daß diese Bereitung der Eltern höchstes Werk sei, eine Nachahmung der göttlichen Vorsehung in den Schranken menschlicher Schwachheit. Diese elterliche Vorsehung geht in zwei Richtungen auseinander. Die eine, die materielle, sieht im irdischen Besitz das Heil. Diesen Besitz sucht sie den Kindern zu erwerben und zu sichern mit Aufbietung aller Kräfte, sucht sie vielleicht auch zum eigenen Erwerb zu befähigen und in sie den Sinn zu pflanzen, zu bewahren das Erworbene. Das ist vielleicht eine vorherrschende Richtung dieser Zeit, bei welcher sehr oft das Kind schwer leiden muß, viel entbehren muß, sehr oft eben durch den Druck der entgegengesetzte Sinn geboren wird, der das Sprichwort wahr macht, daß der Sparer einen Güder mache. Die andere Richtung sieht das Heil nicht im äußern Besitz, sondern im Inwendigen, in innerm Reichtum, innerer Befähigung, sucht von da aus die Bahn zu des Kindes glücklicher Zukunft anzulegen. Nun gibt es in der Menschen Seele zwei Schatzkammern, oder wenn man will, zwei zu bauende Felder, die Intelligenz und das Empfinden, oder wie man im gemeinen Leben sich ausdrückt, Geist und Herz, oder Gemüt und Verstand, wie die Leute sagen.

Die Kammer, worin des Geistes Kräfte schlummern, ist offenbar die untere Kammer. Mit den erweckten Kräften, mit Denken und Wissen, Ergründen und Zusammenstellen gewinnt man Ehre in der Welt, Ruhm vor den Menschen, des Lebens Unterhalt, ja auch Reichtum, aber des Lebens Höchstes nicht.

Die Kammer, in welcher das Empfinden lebendig ist und sich reget, sie birgt das Höchste, die kostbarsten Edelsteine in der Krone unserer Kräfte, die Begeisterung, die nach dem Höchsten ringt, die Liebe, die nicht alt wird, nicht verglüht, den Frieden Gottes, der über allen Verstand geht. Wohl den

Eltern, welche beide Kammern im Auge haben, in rechten Einklang beide bringen, sie haben der Kinder Zukunft wohl besorgt, sie haben sie für die Welt befähigt und doch ihre Augen auf das Ziel gerichtet, welches für jeden Christen im Himmel ist.

Wehe aber der Erziehung, wo nur des Geistes Kräfte geschärft, ins Wissen und Denken alles gesetzt wird! Diese Erziehung, wie sie leider wieder so oft betrieben wird, ist nichts als das Schleifen kalten Stahls zu einem zweischneidenden Dolche, der nur zu oft gegen den Schleifer selbst sich wendet und dessen Brust durchbohrt.

Nun aber gibt es wirklich sehr viele Eltern, welche durchaus an keinen Zusammenhang der Gegenwart mit der Zukunft ernstlich denken, die ganz vergessen zu haben scheinen, daß was der Mensch säe, er auch ernte. Gar mancher Landmann weiß recht wohl, daß wenn der Herbst gut ist, die Zeit der Aussaat, das Feld wohl gerüstet ist, die Aussaat früh und gut bestellt, die Ernte schon halb als gewonnen anzusehen ist. Aber in seinem eigenen persönlichen Leben vergißt er diesen Zusammenhang, tut, was ihn gelüstet, kümmert sich um keinen Menschen und kann am Ende nicht begreifen, warum ihn alles haßt. So geht es auch vielen Eltern. Ihr Sinnen und Trachten ist auf etwas gestellt, durch etwas gefesselt, oder sie werden durch die Umstände getrieben wie ein Mühlrad durchs Wasser, die Kinder sind Zugaben zu ihrem Leben, die ihnen bald lästig, bald lieb sind, aber in ihren Gedankenkreis gehören sie nicht, die Aufgabe ihrer Erziehung nehmen sie nie auf. Das werde sich schon machen, denken sie, es seien schon Viele durch die Welt gekommen, die dümmer seien als die, dr Vrstang werd ne scho cho, daß sis de selber ygsehye u daß es ne zSinn chömm, wie si öppe tue müesse, daß es guet chömm; so reden sie. Und wenn man ihnen was bemerkt, so sagen sie: He, mi müeß öppe luege, «aber sövli pressiert selb nit, zfrüeh treyt nüt ab, u de het o niemere sövli Angst für mih gha, ih ha selber müesse zu mr luege, si cheu de o öppe einist dGlare selber uftue.»

An die Macht der Gewohnheit, an das Lebendigwerden und Aufgehen von Eindrücken, an den Reiz des Beispiels, an das alles denkt man durchaus nicht, so wenig als man daran bei einem Spielzeug denkt, bei welchem man nur dafür zu sorgen hat, daß man es nicht fallen lasse oder sonst es zerbreche.

Unter diese Klasse gehörten Eisi und Steffen, und wenn Steffen schon seine Kinder liebte, so dachte er doch kaum an ihre Zukunft, und wenn sie ihm einfiel und wenn er dachte: U de dKing?, so wird er sicher gedacht haben: Oh, öppe viel schlimmer als jetzt wird es ihnen nicht gehen; wenn ich schon nicht mehr bin, so gibt es deswegen noch immer Leute. Die Verwandtschaft ist groß, und denen tuts sauft, eins oder das andere zu ihnen zu nehmen, dort lernen sie vielleicht arbeiten, hier hätten sie doch nichts gelernt, macht ja jedes, was es will. Und seis mira, wies well, lueg de mira Eisi, grad so hets es welle ghebt ha, su häbs es de!

Doch von einem solchen Inwendigen sich eine sichere, bestimmte Vorstellung zu machen, ist schwer, weiß es ja oft derjenige selbst nicht, wie es mit ihm steht, in welchem es so aussieht. Steffen konnte oft noch recht lustig sein und seine Händel haben wie in seinen bessern Tagen. In der Regel war er sonst schweigsamer, und oft wars, als höre er übel. Eisi behauptete aber, das sei nur Fantast, was er nicht hören solle, dafür habe er feine Ohren genug. Ungern ging er zu Bette, es war ihm allemal im höchsten Grad zuwider, daher er seine Gäste so lange wie möglich versäumte. Eisi meinte, das sei bloße Faulheit, er mög sih afe vor Füli nimme abzieh und alege. Eisi hatte erstlich keinen Begriff, wie so häufig eine gewisse Trägheit unzertrennlich mit der körperlichen Beschaffenheit verbunden ist, so daß der Wille der Menschen über diese Trägheit durchaus keine Gewalt hat, die größte Anstrengung sie nicht zu überwältigen vermag. Das sinnet man zu wenig zu Stadt und Land und begeht daher wahre Grausamkeiten, indem man Kindern und Erwachsenen körperliche oder geistige Anstrengungen zumutet, welche durchaus außer dem Kreise ihrer angegriffenen Kräfte liegen. Zweitens dachte Eisi nicht daran, daß vielleicht Steffen eine Ahnung seines Todes in sich trug, vielleicht dachte: Chunt er diesi Nacht, u wo erwachist viellicht morn?

Der wunderbare, geheimnisvolle Übergang von einer Welt Gottes in eine andere Welt Gottes, das Einschlafen hier zu einem Erwachen an einem andern Orte, was wir Tod nennen, hat etwas Schauerliches, auch für den gläubigsten Christ, der das Wesen des Himmels in seiner Seele fühlt, der die Nähe seines Gottes bereits im Herzen empfindet.

Wie da das Herz pochen muß, wenn man das Nahen fühlt, das jetzt, jetzt wie eine aufsteigende Sonne immer klarer sich kündet. Wer erinnert sich noch, als Kind vor einem Vorhang gesessen zu sein mit Zittern, Beben und brennender Ungeduld, wie ein Wonneschauer nach dem andern ihn durchrieselte, als der Vorhang zuckte, als es sich zu heben begann, wie bei dessen Aufrollen ein wunderbar Erstaunen ihn blendete, ihm Sinnen und Sehen zusammenfloß in ein unaussprechlich Erstaunen, wer erinnert sich wohl dessen noch? Das Denken nur an den Augenblick, in welchem das Irdische versinkt, das Ewige aufgeht, ist auch beim gläubigsten Christ das Beben des jüdischen Volkes, als in Blitz und Donner Jehova zu ihm reden wollte. Oder wenn wir uns vorstellen einen tiefen Denker, der sein Lebtag unerschrocken in den kühlen Nebeln der Philosophie herumgestoffelt, oder einen Würzligraber, der die Schichten durchstöbert hat bis znächst ungerus, und Beide haben nichts angenommen als real und existierend, als was sie gesehen und was sie darüber gedacht, und dabei begreiflich nicht bemerkt, wie das, was sie gedacht, der ärgste Nebel war, und sie stehen auf einmal am Rande ihrer Schichten, und ausgehen will ihnen das Denken wie einer armen Spinnerin das Öl, und sie fühlen es, wie das Leben erlöschen will, das Nichts oder das Unbekannte zu ihren Füßen sich öffnet, der nächste schwere Atemzug sie in dasselbe stürzt wie ein Schritt den Reisenden in die enge, bodenlose Gletscherspalte, bleibt da wohl auch, wenn sie bei vollem Bewußtsein sind, ihr Herz kühl und kalt, lauscht kaltblütig dem letzten schwindenden Atemzuge wie dem Fallen eines Steines, der in einen zu erforschenden Abgrund rollt, wie dem Zucken eines Frosches, an dem man das Galvanisieren erprobt? Ich denke nein. Ich denke, auch hier tauche aus der Fachverknöcherung der Mensch wieder auf, der vor dem Göttlichen bebt und nur mit heiligem Schauern den Schwellen des Allerheiligsten sich naht.

Man denke sich aber nun so einen Steffen mit seiner Halbschoppenbildung, die heute durch den Vieharzt hexen läßt, morgen Gott und Ewigkeit leugnet, heute zu einem Quacksalber schickt des Lebens wegen und morgen einige Schoppen mehr trinkt des Todes wegen, heute von Freiheit brüllt, morgen den ärgsten Zwang übt, von Bildung spricht und alle Gebildeten kreuzigen will, so einen Steffen, der im Tode keinen Trost hat, keine Hoffnung, dem aber des Lebens Last unerträglich wird, der ändern möchte, der versinken möchte in ein ewig Nichts, dem es aber doch bangt vor diesem Nichts, vor diesem Ändern, da er keine Hoffnung hat als das Sprüchlein: «Allweg kann ichs nicht böser haben», und dem dieses Sprüchlein des Herzens Klopfen doch nicht stillen will, so wenig als eine abgestandene Mixtur das Fieber, man denke sich so einen Steffen um die Mitternachtsstunde, wie er zu Bette gehen sollte und doch nicht darf, weil er sterben möchte und doch nicht denken darf: Wo erwachen ih ächt, gits es hienecht oder wieder nit? Das wußte aber Eisi nicht, wie es Steffen war, wenn er nicht zu Bette konnte, das wußte niemand, wie es ihm war am letzten Abend, als er zu Bette sollte und nicht konnte und am Ende doch mußte. Es hätte nicht gemerkt, daß öppis angers sei, sagte Eisi, in der Nacht hätte er neue so wunderlig gschnürflet, aber es hätte sich dessen weiter nicht geachtet, es werd ihm wohl warm mache, hätte es gedacht. Am Morge du wohl, du heyg es gseh, was das z'bidüte gha heyg, und es heygs fast welle zrschryße. Es heygs düecht, wenns ne nume no gfragt hätte, ob er neuis well, öppe z'treiche. Es hätte sich bloß damit trösten können, daß es gedacht, er hätts gseit, wenns ne düecht hätt, er möchte neuis. Jetz gsech es wohl, es chönn nüt angers mache als sih i Gottsname dry schicke; wenn e Sach gscheh syg, su helf Wüsttun nüt meh, un ume so de Lüte wege möcht es nit Müehy ha.

ZEHNTES KAPITEL

Wie Eisis Fortbildung zu Falle kömmt

Wenn die Leiche im Schoße der alten Mutter ruht, das Getümmel der Welt verrauscht, die Leidtragenden verlaufen sind, wie es da stille wird und öde im Hause, aus welchem man eine Leiche getragen. Erst jetzt klafft die Lücke, welche der Tod gerissen, in ihrer ganzen Größe, erst jetzt brennen die Wunden in den Herzen so recht heiß und tief, denn erst jetzt ist man so recht zu sich selbst gekommen und empfindet sie in vollem Bewußtsein. Wars der Hausvater, der nun draußen ruht, so sammeln, wie um die Henne die Küchlein, die Kinder sich um die Mutter, die mit verhülltem Haupte bitterlich weint. Sie fühlen alle, was sie verloren, sie fühlen, daß wie sie der Mutter Kummer, sie auch der Mutter alleiniger Trost sind. Sie können es der Mutter nicht sagen, daß sie ihr Trost sein wollen, aber sie drängen sich um die Mutter her in immer engerm Kranze, die Mutter soll es fühlen, was sie ihr sein wollen, wie eng und innig sie mit ihr zusammenhalten, ihr alles in allem sein wollen. Es ist wirklich, als ob dieser Trost der Mutter rinne ins Herz hinein, sie breitet die Arme aus wie die Henne ihr Gefieder, schließt noch näher ans Herz die lieben, treuen Kinder, damit mächtiger und inniger der Liebe Strom rinne von einem Herzen ins andere Herz, durch alle Herzen, daß die Liebe webe in dieser heiligen Stunde die Kette der Treue, die keine Zeit zerfrißt, keine Macht zerreißt, welche an des Vaters Statt seine lieben Häupter zusammenhält, eins am andern erstarken, sie aufblühen läßt in Gnade und Weisheit vor Gott und den Menschen, der Mutter zu immer süßerm Troste.

So wars leider auf der Gnepfi nicht. Es floß durch Eisi allerdings auch zum erstenmal ungestört und ungetrübt ein eigentümlich Gefühl; es war aber das Gefühl eines Kronprätendenten, der zum erstenmale die Krone, um welche gestritten worden, in seinen Händen hält, das Gefühl einer Königin, deren König endlich gestorben und die nun hofft, Königin sein zu können so recht nach Herzenslust. Die Kinder hatten an Speise und Trank sichs nicht mangeln lassen; gewohnt, daß man nicht um sie sich kümmere, hatten sie das Recht, zuzugreifen, und dessen sich weidlich bedient. Sie hatten auch von Gevatterleuten, die zLych gekommen, manchen schönen Batzen gekriegt und ob dem Gschauen derselben und dem Klimpern damit alles andere vergessen, hatten in ihrem Sinne einen recht glücklichen Tag gehabt. Der junge Bube, dem heute wieder einmal nichts abgegangen, hatte seinen Gram vergessen, sich gütlich getan und schlief längsten selig. Die andern Kinder hatten ebenfalls just kein Verlangen nach der Mutter, vermißten den Vater nicht, dachten so wenig an die Zukunft, welche ihnen wartete, als die Eltern an die Zukunft gedacht hatten, welche sie den Kindern bereiteten.

Nur das kleine Mädchen, Anne Liseli mit Namen, hatte keine Freude gehabt und jetzt noch nirgend ein Bleiben. Seit man aus der Kirche und es zu Hause erwacht war, hatte es niemand gefunden, welcher mit ihm für e Ätti beten wollte. Das drückte sein armes Herzchen grüselig, denn jetzt wärs grad am nötigsten, glaubte es, jetzt, won er bald im Himmel sy werd u me ne de nit yche lay un er de i dHöll müeß, wenn me nit für ihn no recht bete chönn; u wenn er einist i dr Höll syg, su sygs de ja z'spät, dert chönne me de nit meh use. Es hatte eine unaussprechliche Angst, schluchzte wieder, lief seinen Bekannten nach, sie sollten ihm doch helfen und beten. Endlich erbarmte sich eine alte Magd seiner und betete mit ihm einige alte Gebete ab. Da wohlete es Anne Liseli ein wenig, seine Angst verging. Als es aber Abend ward und stille im Hause, da kam die Angst wieder. Es hat die Nacht eine eigene Gewalt über des Menschen Gemüt, sie bringt den süßen Schlaf, den milden Tau, sie weckt die wilden Tiere des Waldes, aber auch die wilden Triebe in des Menschen Brust, sie weckt das schlummernde Gewissen, sie weckt das Ahnen der unsichtbaren Welt, in diesem Ahnen beben und zittern Gemüter wie Bäume im Sturmwinde, in diesem Ahnen wiegen Gemüter sich in seligem Vergessen, das wunderbare Auge der Seele hat sich aufgeschlossen, sie sehen den Himmel offen, sehen die Engel Gottes auf- und niedersteigen. Anne Liseli zagte und bebte. Es sei ihm, sagte es, der Vater könne nicht furtcho gegem Himmel, hing sich an die Mutter, gäb wie die es zur Ruhe wies; Eisi mochte nicht warten, bis es mit seinem Rechtsfreund Rat pflegen konnte.

Heute war das Haus leer. Wo des Tages eine Leiche aus dem Hause getragen worden, dahin geht des Abends auch der durstige Bruder nicht gerne, er mißt lieber die lang gewohnten Schoppen, ja er geht nicht gerne beim Hause vorbei, er fürchtet, es möchte in einer Ecke der geschiedene Kamerad stehen, möchte ihm winken, daß es jetzt an ihm sei, eine Leiche zu werden, möchte ihn mahnen an sonst noch was. Heute konnte Eisi ungestört mit dem Freund abraten, was vorzukehren und wie es die geträumte Selbständigkeit, in der es ganz anders gehen sollte, sich erringen und sichern könnte. Der Schalk wußte wohl, daß es nicht gehen könne, wie er es Eisi glauben ließ, vielleicht wußte er bestimmt, was für eine Wendung die Sache nehmen werde, aber begreiflich hinderte das ihn nicht, Eisi in seinem Wahn zu bestärken, ihm nach dessen Sinn zu raten, es hätte ihm sonst nicht geglaubt und das Verdienstli wäre ihm entgangen. Wo viele Katzen sind und wenig Fleisch, ach wie genug gnagen sie doch die Beine, welche sie nicht ansehen würden, wenn genug Fleisch da wäre, und wie oft kehren sie wieder zurück, namentlich die Jungen, ans gleiche Bein in der Hoffnung, noch irgendwo in einer Ecke ein Fäserchen Fleisch zu finden! So eine junge hungerige Katze war auch Eisis Rechtsfreund, doch trotz seiner Jugend war er so gescheit, seine Grundsätze dem Grundsatz unterzuordnen, den Leuten immer so zu raten, wie er merken mochte, daß sie es gerne hörten. Er hatte gemerkt, daß sie bloß glaubten, was sie auch wollten, bloß denen trauten, die ihnen in den Kram reden konnten, wie dumm dieser Kram auch sein mochte. Der Glaube des Menschen an den Menschen wie überhaupt der Glaube ist ein gar wunderlich Ding und hängt von dem Boden ab, auf welchem er wächst, denn er wächst in jedem Herzen. Nicht umsonst sagt Christus: Nur wer aus der Wahrheit sei, höre seine Stimme, höre auf die Wahrheit, glaube der Wahrheit. Wer in sinnlicher oder geistiger Täuschung lebt, dem wird sein Glaube zu seinem Teufel, er jagt ihn allen Irrlichtern nach, aber die Sonne erträgt er nicht. Daher kömmts, daß so viele Leute jedem Lumpenhund glauben, aber nie einem rechtlichen Mann Vertrauen schenken werden. Die haben es mit den Reden ehrlicher Männer wie Kinder mit bitterm Doktorzeug, es schaudert sie darob, sie verbeißen das Maul.

Unser Rechtspraktikant dachte gar nicht mehr an seinen Freund Steffen, sondern war bei einbrechender Dunkelheit eingeruckt; er dachte bloß, wie er die Sache unter der Hand so recht ins Lange drehen könne, um derweilen das Bein desto gründlicher abzunagen, und solange ein junger hungeriger Rechtspraktikant so ein Bein im Auge hat, fürchtet er sich vor Gespenstern gar nicht. Er saß in der leeren Gaststube, hatte seinen halben Schoppen vor sich, von wegen, er zählte sich auch zu den Gebildeten, und wartete geduldig auf Eisis Erscheinung. Eisi ließ nicht lange auf sich warten, das Benehmen der Verwandten hatte ihns voll Ärger gemacht. Es war überzeugt, daß dahinter was stecke, daß man ihns gerne da wegtreiben und dSach selbst an die Hand nehmen möchte. Nur war es noch nicht recht mit sich einig, ob sein Bruder oder sein Schwager auf die Gnepfi wollten. Beid seien Schyßkerlines gnue drzue, und allweg sei die Sach abgeredet unter ihnen, beim Mist hätte es sie zusammen reden gesehen. «Es ist gut, daß du kömmst», sagte es, «jetzt habe ich sehen können, wie du recht hast; wenns am ene Ort es Witfraueli git, so meint e jedere Donnstigs Schelm, da mangle es nichts als dFinger läng z'mache und z'stehle, was me näh ma.» «Hests jetzt gmerkt, du gute Frau,» sagte der Rechtsfreund voll Teilnahme und nahm einen Schluck, und zwar einen braven. Da nahm Eisi sein Schnupftuch und wollte schluchzen, da schoß es an die Türe, daß Beide hoch auffuhren, und etwas schoß durch die finstere weite Stube auf Eisi zu, das sie beim einzigen, düstern Lichte erst, als es ganz nahe war, als Anne Liseli erkannten, das der Kindermagd entronnen war und die Mutter suchte. «Geh doch ins Bett», schnauzte Eisi, «Bäbi söll dih drytue!» «O Müetti, Müetti, ih cha nit», wimmerte Anne Liseli, «du mueßt mit mr für e Ätti bete.» «Gang, Anne Bäbi soll mit dr bete, gang säg ihms.» Aber Anne Liseli ging nicht, schmiegte sich an die Mutter und bat: «O Müetti, Müetti, du glaubst nit, wies mr ist. Es düecht mih geng, ih gsech dr Ätti und er düt, daß me bete soll, wie dr Schulmeister gseit het, daß wer nit bet, nit selig werd, u du söllist o bete.» «Gang doch», sagte Eisi, «gang is Betti, du chönntist mr bal Angst mache, u bet de mit Anne Bäbi alles, was dr cheut!» «Ney, Müetti, ney», sagte Anne Liseli, «ha scho mit Anne Bäbi betet alles, was ih cha, un ha geng glych Angst gha, und es het mih düecht, ih müeß ersticke, du mueßt bete, Müetti, viellycht cha de dr Ätti z'völlmig ueche, sust cha er nit, u denk, wenn er i dHöll müeßt!» «Bist e Göhl», sagte Eisi, «u gang mr jetz, hest ghört, sust lue de!» «O Muetter, Muetter, dr tusig Gottswille bet, o bet, düechts dih nit, du ghörist dr Ätti süfze u gruchse? Denk o, wenn er nit i Himmel chönnt u müeßt umecho u ke Rueh hätt un i dHöll müeßt, wie si säge!» «Meitschi, wotsch schwyge oder nit,» sagte Eisi, «du chönntist eim bal z'förchte mache mit sellige dumme Sache.» «O Muetter, das ist nüt Dumms, Anne Bäbi seit, es müesse viel Lüt umecho, wil si de arme Lüte nüt gä heyge oder Steine vrsetzt heyge, oder cho nachebete, wil si nüt betet heyge, u de chömme si zletzt, we me se nit erlöse chönn, doch de no i dHöll. Es heyg scho mänge gseh und heyg einist e gschwullne Kopf übercho. O Muetter, denk, wenn dr Ätti nit ufechönnt, wenn er müeßt umecho cho nachebete; o Muetter, bet, bet für e Ätti, jetzt wärs no Zyt.»

Da ward Eisi doch bang, es schlotterte, was es lange nicht getan, eine tiefe Angst preßte ihm das Herz zusammen. «Aber du Tröpfli», sagte es kleinlaut, «was sött ih de bete? Bet du, ih will lose, wieds chast, u de gang de is Bett!» «Ney, Muetter», sagte Anne Liseli, «du mueßt jetzt, es bschüßt bas, u was de witt, ds Unservater oder dr Glaube. Aber Müetti, o Müetti, doch recht enangerenah!» In Eisi werchete es, die Angst rang mit der Scheu, zu beten, es hatte so lange nie daran gedacht, es nicht getan, und jetzt sollte es beten in Gegenwart seines Rechtsfreundes. Wenn eine zarte Pflanze durchbrechen soll die harte Rinde der Erde, so bedarf es unaussprechlicher Anstrengung, Gott muß da helfen, möchte man sagen. Aber wenn jemand beten soll, der jahrelang nicht gebetet hat, dessen höherer Mensch im Starrkrampfe liegt, dem die Rede mit Gott eingerostet ist, was da für Anstrengungen notwendig sind, bis das Wort sich losringt aus dem Herzen, bis man es über die Lippen bringt in einem verständlichen Laut, und wie man bei diesem Laut erschrickt, sich dessen schämt und entweder schweigt oder neu ansetzen muß zu einem zweiten Laut, Laut um Laut Erdstößen gleichen, in denen die Erde erbebt und zittert, und alles Lebendige noch bebt und zittert, wenn längst kein Stoß mehr empfunden worden, das erfuhr Eisi, als es das Unservater zu beten beginnen wollte. Es war ein Kampf, wie es ihn vielleicht nicht erlebt hatte, und wenn die heimliche Angst nicht gewesen wäre, keine menschliche Gewalt hätte es dazu gebracht, und besonders noch in Gegenwart seines Rechtsfreundes. Dieser jedoch, sowie das erste Wort des Gebetes über Eisis bebende Lippen kam, entfernte sich in größter Stille, er vermochte das Beten nicht zu ertragen, wie es bekanntlich Geister gibt, die kein Gebet vertragen und weichen und fliehen müssen, sobald gebetet wird irgendwo.

Es heißt, am folgenden Morgen hätte er den Kopf verbunden gehabt und niemand sagen wollen warum. Später soll er einmal hinterm Glase offenherzig geworden sein und bekannt haben, er hätte e Gruse gha, u drvo syg er gschwulle. Wo er das Gstürm (Bete!) nit hätte hören mögen, sei er use, u da syg ihm grad gsi, wie wenn Steffe vor der Türe stünde u losti. Da sygs ihm nimme z'helfe gsi, u wie er heycho syg, wüß er nit, un am Morge heyg er e Gring gha wie es Mäß. Mi wüß bim – bal nimme, was me glaube söll! Eisi hatte sein Weggehen kaum bemerkt, betete unter Zittern und Beben das Unservater, betete den Glauben und noch einen Abendsegen auf des Kindes Bitte. Aber ganz weich und schwach ward es darob, wie es seit Jahren nie gewesen war. Als Anne Liseli endlich beruhigt und getröstet, weil jetzt ds Müetti o für e Ätti betet heyg un er jetzt wohl z'völlmig uechemöge heyg, zu Bette gebracht war und Eisi ins Stübli kam und zu Bette wollte, da erfaßte ihns plötzlich ein Grausen, es durfte nicht hinein, es war ihm, als höre es Steffen drinnen schnürfeln und schnupen, um kein Lieb, kein Geld hätte es die Nacht dort zubringen können, auch nirgends alleine in einem Bette. Es flüchtete sich zur Köchin und schlotterte dort noch lange schlaflos trotz seiner körperlichen Ermüdung, die Angst vor dem Unerforschlichen, dem unsichtbaren Geheimnis, welches uns umrauscht, hatte es zu gewaltig erfaßt. Dieses Unsichtbare war jahrelang für ihns gar nicht dagewesen, es hatte sein Leben unberührt gelassen, sein Leben schaukelte sich auf den Wellen des alltäglichen Wechsels, nichts Bedeutsames, weder eine Idee noch eine Erfahrung, hatte in diese schaukelnden Wellen sich hineingestellt.

Für Eisi war also nichts Unsichtbares mehr da, weil nichts der Art in ihm sich regte, sein Leben berührte, und weil es nur leiblichen Hunger und Durst fühlte, aber keinen geistigen Hunger und Durst, so dachte es gar nicht daran, daß auch etwas Unsichtbares, Wunderbares in seinem eigenen Leibe sei, eine lebendige Seele, ein göttliches Geheimnis, kurz Eisi war ungeheuer aufgeklärt und gebildet, und wenn es guter Laune war, so half es seinen Halbschoppengästen weidlich alle auslachen, welche geistlich waren und noch was glaubten, zPredigt gingen oder gar zum Abendmahl. Wenn es schon seine Gäste nicht frug, wie einst ein langbeiniger Herr einen kürzer gebeinten im Kaffee frug: «Hest dys dix heure o i dr große Kilche gno?», so gab es doch die gleiche Geistesrichtung in Witzeleien kund, welche seiner Sprachkenntnis angemessen waren. Wenn man es gehört hätte in seinen guten Tagen, so hätte man glauben sollen, Eisi würde mit Tod und Teufel dr Narre trybe, bis einist der Tod käme und es streckte. Und jetzt, in wenig Minuten, brachte es ein klein Kind zum Schlottern, daß es nicht alleine schlafen durfte, daß es Gespenster sah, während das Licht noch brannte und ehe es Mitternacht geschlagen hatte. So war Eisis sogenannte Starkgläubigkeit oder Freigeisterei oder Aufklärung beschaffen, so heblich war sie, und gerade so heblich ist sie in manchem Andern, der nicht Eisi heißt, und das Ding geht ganz mit natürlichen Dingen zu, aber unsere sogenannten Aufklärungsritter begreifen es halt nicht.

Im Menschen lebt der Glaube an das Unsichtbare, an das große göttliche Geheimnis unvertilgbar, er bricht im kleinen Kinde hervor, gibt sich kund auf kindliche Weise, und das kindliche Gemüt nimmt am liebsten und gierigsten alle Erzählungen, die Kunde geben von diesem Geheimnis, in sich auf, und je kindischer, wunderbarer diese Erzählungen sind, um so lieber hört es sie, so tiefer wurzeln sie in seinem Gemüte. Der Christ verklärt sich diesen angebornen Glauben durch das göttliche Licht zu dem Bewußtsein, ein unsterbliches Kind des ewigen Vaters im Himmel zu sein. Die neue Aufklärung, die in Wirtschaften und Aufklärungsanstalten von allen Sorten spukt und von da in die Häuser getragen wird wie aus Kasernen die Krätze, verklärt diesen Kinderglauben nicht, sie bricht ihn überm Knie entzwei, läßt die Stücke liegen und überkleistert die Seele mit neuer Aufklärung, das heißt sie leugnet alles, was sich nicht mit der Nase riechen, den Fingern greifen oder mathematisch beweisen läßt oder in Formeln ausdrücken, deren Sinn kein Teufel faßt, die aber eben in Mode sind. Diese neue Aufklärung rottet, wie sie vorgibt, allen Aberglauben aus, und wo ein Stück sogenannter Aberglauben (unter den jedoch Viele den Glauben an einen persönlichen Gott und den Glauben an das Fortbestehen der eigenen Seele rechnen, akkurat gleich wie den Glauben, daß Irrlichter feurige Manne seien, Marksteine versetzen) zum Vorschein kömmt, da schreit sie grimmiglich über die verfluchten Pfaffen, tut, als ob sie dieselben fressen wollte, weil sie schuld seien an diesem Aberglauben, indem sie ihn teils selbst pflanzten, teils längst hätten ausrotten sollen, wenn sie einen Batzen wert gewesen wären. So schreien die Aufgeklärten, eben weil sie kreuzdumme Leute sind, allerlei plappern können, aber doch nichts gründlich kennen, am allerwenigsten die menschliche Natur, wie sie sich im Völkerleben oder im einzelnen Menschen entwickelt; ja die guten Leutchen wissen gar nicht, was ihnen selbst noch alles unter dem neuen Kleister steckt, und wenn sie meinethalb drei Alphabete gründlich kennten, keinem einzigen ihrer inwohnenden Triebe könnten sie seinen eigentlichen Namen geben, geschweige dann seinen Einfluß auf ihr Denken und Reden und Handeln ermessen. Ja die Alleraufgeklärtesten täten es nicht begreifen, auch wenn jemand sich die Mühe nehmen würde, es ihnen mathematisch zu beweisen, daß nämlich nicht ihr Kopf, sondern ihr Bauch

Jahresregent ist bei ihnen, der Kopf eigentlich nichts ist als ihr Handwerkszeug, was Nadel und Hand beim Schneider, Finger und Geige beim Geiger. Sie begreifen es also natürlich nicht, daß gerade sie den verschrienen Aberglauben einbalsamieren, daß ihre sogenannte Aufklärung nichts anders ist als der Branntwein, in welchem man unreife Geburten aufbewahrt in ihrer ganzen ursprünglichen Scheußlichkeit, aus welchen, wenn sie lebendig geblieben wären und sich hätten fortbilden können in der Sonne Gottes, das schöne Menschenbild erwachsen wäre. Sie sind es eben, welche den Menschen in das Gebiet zurückführen, aus welchem der eigentliche Aberglaube stammt, ins öde, selbstsüchtige Heidentum, da sie dem Menschen eine Selbständigkeit predigen, welche im Leben sich zur Selbstsucht gestaltet, in seiner Einbildung ihn zum Gott macht, ihm den schönen Glauben zerstört an das wunderbare Geheimnis, an welchem auch er ein wunderbares Glied ist und ein um so glücklicheres, je mehr es die andern Glieder liebt und treu dem Ganzen ist. Sie übertünchen alle Eindrücke der Kindheit und bauen nicht darauf fort, sie wollen den Menschen praktisch machen, bilden ihn praktisch aus, sagen ihm: «Lehr brav, so wirst öppis, chast brav vrdiene, chast einist e brüehmte Ma werde un e ryche, e gebildeti Tochter, un e gueti Partie mache.» In diese Schranken wird die Phantasie des Kindes gebannt, auf solche Ziele richtet sich sein Augenmerk, es wird praktisch, es treibt sich im Wirbel des Zeitlichen, es nährt sich von den zufälligen Bildungsstoffen, welche der Strom der täglichen Bewegung zufällig an ihm stranden läßt. So geht es fort, hoch einher auf den Schwingen der Zeit, verflucht gebildet und zu oberst auf der Leiter der Aufklärung, bis – eine Kuh krank wird oder man keine Kälber mehr am Leben behält, dann läßt man hexen; bis einem ein Tuch gestohlen wird oder Strümpfe, dann schickt man zur Wahrsagerin;

oder der Senn schlechte Käse macht, dann kriegen die Kapuziner Zieger und Anken, daß das ganze Kloster zu glänzen anfängt, wie Moses glänzte, als er vom Berge kam; oder bis einem der Finger weh tut, dann schickt man sein Wasser einem Gütterler oder hängt gar ein Bündelchen an; und wenn einem endlich das Gewissen weh tut, so wird man Neutäufer oder katholisch oder läßt einige alte Weiber für sich beten, alles von wegen der Aufklärung, die keinen Trost hat, keinen Halt gibt. Wird durch die Umstände das gewohnte Leben, die übliche Behaglichkeit zerrissen, wird dem Menschen irgendwie seine Schwachheit, sein Unvermögen handgreiflich zum Bewußtsein gebracht oder sonst ein Klupf in seine Seele geworfen, so sucht er einen Halt äußerlich, zur Erkenntnis Gottes ist er nie gekommen, Gott hat er nicht, da taucht denn das alte kindische Heidentum der alten Kindsmutter wieder auf, die Gebildeten und Aufgeklärten fangen an zu hexen, zu Wahrsagern zu laufen, heidnische Künste zu treiben, fürchten die Nacht, dürfen nicht alleine schlafen usw. Das ist der Grund, warum es zur alten bekannten Wahrheit geworden ist, daß des gröbsten Unglaubens nächster Nachbar der gröbste Aberglaube sei.

Jedoch müssen wir ausdrücklich bemerken, daß bei Eisi durchaus keine innere Umwandlung vorging, sein ganz altes Wesen, seine religiöse Leichtfertigkeit blieben, der alte Aberglaube erschien bei ihm nicht anders als ein Totenbein, das aus einem Grabe hervorragt, von dem jemand die Erde weggescharrt. Auch betete es zuweilen, namentlich wenn Anne Liseli bat; es ging jetzt Eisi afe ringer, und es dachte, für neuis könnte es doch gut sein, und nütze es nichts, so schad es doch auch nichts.

Viel Zeit dazu hatte es aber nicht, denn es hatte jetzt so viel Weltliches zu verwerchen, daß es ihns düechte, es müsse erworgen daran, wie es sich nämlich ausdrückte.

EILFTES KAPITEL

Wie Eisi zu einem Benefizinventar und ein Schreiber zu einem Lehrplätz kommt

Trotz dem Beistande seines Rechtsfreundes, der sich wieder bei ihm eingefunden hatte, doch nur tags, nachts erschien er nie mehr, wahrscheinlich ragte auch bei ihm ein Totenbein aus dem übertünchten Grabe herauf, mußte es das Benefizi ausschreiben lassen.

Es war selbst vor der Gemeinde erschienen in all seinem Staate, hatte den Manne imponieren, sie mit der Verachtung behandeln wollen, welche es so oft sellige Mannlene, wo ke Vrstang heyge u nit wüsse, was öppe o i dr Welt dr Bruch syg, gezeigt hatte. «Loset, ihr Manne,» hatte es gesagt, «ihr werdet mir doch nicht unnötige Kosten machen wollen, sondern Verstand haben. So ein Benefizi trägt nichts ein, aber Köste gibts und Schryber mueß me fuettere, es weiß ke Mönsch wie mängist vrgebe, und alles für hell nichts, als daß de dLüt chönne gwungere, wie rych me syg un was me aller Gattig heyg, un daß me i dr Lüte Müler chunt. Das werdet dr mr öppe nit welle zleid tue u muetwillig e Witfrau, wo sövli King het un mit Ehre wott dur dWelt cho, plage? Mr hey öppe üsi Sach nit bös zweg, un wenn mr nit Ungfell gha hätte un er on e chly angers gsi wär, su wäre mr no besser zweg. Aber allweg steihts nit bös, u we me sövli spitz nache-luege wett, su chönnt me de am e angere Ort afa un es wär de viellycht no mänge, dem me ds Benefizi usschrybe sött.» Das war den Manne doch zu stotzig vorgekommen, und einer hatte Eisi gesagt: «Los Frau, das verstehst du nit oder bist sust lätz brichtet, es Benefizi mueß sy, das ist gsetzlich, un dGmein wird nit welle dr Gring darha u bsungerbar, wo me nit weiß, wie dSach steyht u so mänger Gattig gmugglet wird. U viellycht wärs guet gsi, wenn me scho längst drübergluegt hätt, wo dr de Schyn heyt la fälle, ds selbist wärs aständig gsi, aber ds selbist ists nit guet gsi öppis z'säge, aber jetz prediget en angere.»

Eisi war jedoch nicht die Frau, welche so leicht sich abherden ließ und erschrecken, Eisi begehrte auf, wurde endlich anzüglich, wollte nicht schweigen trotz den Bitten des Schwagers, daß es doch absetzen und die Manne nicht ertäuben solle, das trage ihm nichts ab, als daß sie es ihm eintrieben. Er solle es nur brav mit ihnen haben, sagte Eisi, es stehe ihm wohl an; wenn sein Bruder unterm Herd es wüßte, er würde ihm auch dafür danken. Es sehe gar wohl, wie man unter einer Decke liege. Zuerst mache man Ausgeschossene, öppe die Hungerigste un Unverschantiste, wo si i dr Gmein heyge, dene könne es dBüch fülle, es wisse ke Hung wie mängist, und drzue mache sie Taglöhn uf, daß eim dHaar zBerg stange, u zletzt vrstoß me ihs u dKing, dSach könne si mit em Rügge aluege, un es nist sih da en angere y mit Schmeichle u Spicke. Es merks, es hätte eine feine Nase, sei nicht erst seit heute auf der Welt und hätte zu oft solche Sachen verhandeln hören, daß es wisse, wie es öppe gehe und woher so magere Bürlein ds Geld welle erschinde, für dZeyse chönne z'gä u de Schulde z'wehre, wo si uf ihre gschißne Höflene heyge.

Begreiflich hatte Eisi endlich Zeit zu schweigen, mußte unverrichteter Sache heim, strotzend von Gift und Galle. Wohl, wenn seine lieben Mitburger hätten hören können, wie Eisi sie vor seinen Freunden titulierte, wie es den Gemeindrat hechelte, verspottete, ausschimpfte, sie hätten es geprügelt einer nach dem Andern und weiß kein Mensch was mit ihm angefangen. Eisi hätte gerne prozediert, hielt lange Beratungen mit seinen Freunden. Sie rieten ihm an, es solle durch die Verwandten die Gemeinde reversieren lassen, wolle sie das nicht annehmen, so könne man es mit ihr probieren. Aber Eisi fand keine Verwandten, welche dazu geneigt waren, seine Brüder putzten ihm ab, die entferntern Verwandten sagten, es gehe seye nüt a un i sellig Sache mischlete si sih nüt, si heyge für seye selber gnue z'luege. Als Eisi seinen Rechtsfreunden seine Not klagte, von seinen Verwandten sagte, es sei ein Schelm wie der andere, meinte es, wenn sie ihm einen Revers oder wie man einem sellige Papier sage unterschrieben, so würde es auch gut sein und dSach hätts. Da machten sie bedenkliche Gesichter, bis einer unter ihnen, der geschickter war als alle andern und mehr konnte als Brot essen, sagte: «Bhüetis ja, vo Herze gern, aber es ist nit gsetzlich, e sellige Revers mueß vo de siebe nächste Vrwandte ungerschriebe sy.» «Was ist das für e Schelm, wo selligi Gsetz geyht ga mache, für e Donnstigs Spitzbueb?» frug Eisi. «Es wird dr Schnell gsi sy, dr Alt», antwortete der Rechtsgelehrte. «Das wird o e Rechte sy», sagte Eisi, «dä wird o Schwestere gha ha, won er het welle bschyße, dä Hagel. Mit Sellige sött me Mutt füre im Hustage, wenn me Brönnherd macht für Kabisplätze; aber es wird doch bald e angere pfyfe, selligi Rustig abrume un Gsetzi mache, wo ey Fründ dm angere cha helfe?» «Per sche», antwortete der Fründ, «aber es Wyltschi wirds allweg no gah, bis die Rechte am Platz sy.»

Also ein Benefizium gab es. Ach, so ein Benefizium und noch dazu das eines Wirtes, was das für süße Gedanken zu erwecken imstande ist! Es gibt Leute, denen so ein Ding vorkömmt akkurat wie der Morgenstern, wenn er am hellsten der Sonne vorangeht. Wohlverstanden, nicht allen daran Beteiligten ists so, es gibt Solche, denen es sehr zuwider ist, es gibt Prinzipale, welche nie in eigener Person beim Inventarisieren erscheinen, es gibt aber auch andere. Aber man denke sich so ein Individuum oder vielmehr ein Subjekt an der mageren Kost, das zFaßnacht schon kein Fleisch mehr im Hause hat und von trocknen Erdäpfeln, dünnem Kaffee lebt, Herdöpfelbitzlene, wo gixe, wenn man eins vom andern schreißt, und Rösti, wo Staubwolken davon fahren, wenn man die Türe auf- und zutut. Man denke sich eins von denen magern Schreiberchen, welche von der Frau Prinzipalin, welche streng katholisch scheint, weil es bei ihr immer Fasten ist, sehr mager gehalten werden bei blinden Suppen und blauer Milch, welche noch keinen Kredit haben und spottwenig Lohn, die drei Sonntage hinter einander werweisen, ob es ihnen zum Schoppen ein Bratwurstzöpfli ziehen möge, und zwar das alles, weil sie erstens ihre Väter ausgesogen oder müde gemacht und zweitens für etwelche Jahre vorgefressen. Plötzlich geht ihm die Möglichkeit auf, zu einem Inventarisieren zu können, vielleicht zwei oder drei Tage lang, wo alles nichts kostet, wo vielleicht ganze Platten voll ganzer Brägelwürste sind und nicht bloß Zöpfleni, wo der Wein in ganzen Guttern aufgestellt wird und alles umsonst, wo man einen doch noch immer heißt nehmen: «Nimm doch, näht», bis man nicht mehr mag, bis man Angst hat, dHut heyg nimme, keine Frau Prinzipalin saure Augen macht, wenn man länger als sechseinhalb Minute am Tische sitzt, wo man absitzen und erwarmen, wo man ein halb dutzendmal behaglich sagen kann: «Mir sötte denk mache un wider dra hi» und ein halb dutzendmal behaglich antwortet: «Mi chönnt öppe, ih hulf nit pressiere, dr ganz Tag ist ja üse u fertig werde mr doch hüt nit», und wenns denn endlich heißt: «Wey mr?» und der Fragende die Hand auf den Tisch legt, um sich aufzuhelfen, weil er fühlt, daß er bedenklich gschweret, das Fraueli chunt und seyt: «E no eys, dr heyt ja nüt gno, isch es ech öppe nit guet gnue gsi, ih ha doch wäger agwängt, was ih chönne ha? Die mueß emel no us, seh, treychit!» Solche feiße Tage in Aussicht, sollte das nicht so ein ermagertes, verschriebenes Herz unaussprechlich erquicken, erquicken wie himmlischer Tau, wie sollten da nicht die steif und gstabelig gewordenen Beinchen neues Leben kriegen, hüpfen und springen wie junge Zicklein, wenn die alte Geiß mit einem vollen Uter gegen sie kömmt! Wenn dann endlich der Prinzipal gleich dem türkischen Sultan unter die erregten, hoffenden Subjekte das Schnupftuch wirft und unter den in Hoffnungen Geschwellten einen zum Glücklichen macht, dann hat dessen Wonne kein Ende, indessen bricht sie nicht aus, von wegen den Andern, aber wie er selig vor sich hinlächelt! Wie er unvermerkt in sein Kämmerlein schleicht, Nähzeug nimmt und die Hosenknöpfe frisch annäht, daß man meinen sollte, er wolle sich daran gen Himmel ziehen lassen, im Gilet die Einschläge ausläßt und währschafte Bändel einzieht, wo man welche hat, und das alles in still seligem Lächeln! Oh, es ist schön!

Aber ach, wie traurig, wie schrecklich, wie tränerlich, wenn so eine hoffende Seele betrogen wird, wie es sich auch schon zugetragen hat, er das Gilet schlotternd heimträgt und im ersten besten Wäldchen die Bändel fester schnüren muß, daß die Unterhosen ihm nicht vor den Schritt kommen, und er laufen muß wie ein gehetzter Hase bis zum ersten Brunnen, um seine lechzende Zunge zu netzen! Wie traurig, wenn er nach harter, langer Morgenarbeit endlich mit der einen Hälfte in eine Stube gewiesen wird, während das Weibervolk die andere Hälfte der Anwesenden, welche ihm näher am Herzen liegt, ins Stöckli oder in ein Hinterstübchen zieht am Kuttenfecken. Oh, wie er schmachtend den Günstlingen nachsieht und wie er immer schmachtender wird, während er die räße Suppe, in welcher gesalzenes Fleisch gekocht ward, verzehrt, und noch schmachtender, wenn er ans halbgekochte, räße Fleisch hin muß und an wohlgesalzene und braungekochte Rübli und sonst nichts da ist, kein Tropf

Wein, kein Tropf Wasser, er hungrig ist, die räße Speise zusammenschlagen muß und vor Durst nach Gott schreien möchte und doch nicht recht darf, weil er noch zwenig lang beim Handwerk ist, um uvrschant geworden und uvrschant sein zu dürfen. So ein Höllenfraß und Mordiodurst verklären sich in zwanzig, dreißig Jahren, wenn der magere, hungrige Anfänger ein schöner, fetter, stattlicher Prinzipal geworden ist, zu einer anmutigen Erzählung, ungefähr wie die unsäglichen Strapazen auf dem Rückzug aus Rußland bei den mit dem Leben Davongekommenen sich verklärt haben.

Sobald der Prinzipal an einem gut besetzten Tische sitzt, guter Wein auf dem Tische steht und es heißt: «Seh, trinket doch, machet aus», so fängt er an, der Prinzipal nämlich: «Das ist hier nicht so, wie ich es einmal gehabt habe, es ist schon mehr als zwanzig Jahre, wo ich noch ein Anfänger gewesen bin, dLehrzeit war freilich aus, aber me ist doch geng no gar grüseli dumm. Da hat mich mein Prinzipal, er ist jetzt längst gstorbe, er ist e guete Herr gsi, aber sy Frau es vrfluechts Rybyse, o gschickt ga inventarisiere, und ih ha mih druf gfreut, mi glaubts nit, nit e Neutaler hätt ih gno drfür. Da han ih gmeint, ih überchömm de o einist recht guet un gnue z'esse, vo wege, mir sy mängist so hungrig vom Tisch gange, mir hätte de Hüehnere nachegfresse, wenn sie öppis im Trögli gha hätte, aber die heys gha wie mir u sy o geng z'früeh fertig worde mit ihrer Sach. Und doch het ihm sy Pfoste meh as zechetusig Pfund abtreyt es Jahrs. Jo wäger, ds selbist ist es Drbysy gsy, es ist anders gsi als jetzt, wo me chum mit em Lebe drvochunt.» «He, öppe gar e Mangel sieht man Euch nicht an, Herr Major», sagt dann etwa ein Gerichtssäß. «Bi gschlachter Art», antwortete der Major, brach dann den Inzident ab und fuhr fort: «Ja, wie gseit, ih ha mih gfreut, mi hätt mrs gar nit chönne abchaufe. Spät sy mr fertig worde, un ih ha e Hunger gha, wie me de hungrig wird in dem Alter und ordinäri nit fürig z'esse het; und e Durst han ih gha, daß es mih düecht het, es chleck alles a mr. Und du, was hey mr: e räßi Suppe, gsalzes Fleisch un ygchocheti Rüebli und hinger nüt u vorfer nüt, un drby ists bliebe, die Schelme i dr andere Stube hey es Herrefresse gha un Wy, meh as gnue, wie mr nache hey möge merke. Ja, ih werde myr Lebtig dra sinne, was ih ds selbist für e Täubi un für e Durst usgstange ha. U was du no ds Ärgste gsi ist, myner Kamerade hey vrno, wie es is gange ist, u hey mih du no brav usglachet. Sider denke ih allimal dra, wenn bi ere sellige Glegeheit Wy uf e Tisch chunt. Ih wüßt mr zwar jetzt besser z'helfe.» So redet der Prinzipal, so oft er bei solchen Gelegenheiten, welche ihm noch immer nicht unerquicklich sind, persönlich erscheint. Es ist freilich nicht Speise und Trank, was ihm alleine erquicklich vorkömmt, es hängt an solchen Dingen ein silberner Schwanz, der das Hauptgericht ist, welches ihm am besten mundet.

Es ist ein unglücklicher, aber in der Natur der Sache liegender Umstand, daß das Feld, welches vielen Leuten zum Unterhalt angewiesen ist, das Unglück ihrer Mitmenschen ist. Wir wollen nicht alle die Arten von Anweisungen auf das Unglück anführen, nur eben zwei: der Arzt und der Schreiber. Der Arzt müßte verhungern, wenn keine Menschen krank würden und fürchteten sterben zu müssen. Der Schreiber hätte auch nicht viel zu tun, wenn die Menschen nicht ökonomisch oder physisch auf die Gnepfi kämen oder ökonomisch und physisch von der Gnepfi herab zu Tode fielen. Beide leben vom Unglück der Leute, aber unendlich besser ist doch der Arzt daran. Der Arzt erscheint im Unglück als der Helfer, der den Schmerz mildern, den Menschen aus der Gnepfi wieder auf feste Beine stellen will, er ist eine wohltätige Erscheinung jedem Leidenden, und das fast immer sichtbare Leiden weckt in ihm das Mitgefühl, und dieses Mitgefühl wird dem Kranken sichtbar, der gar nicht daran denkt, daß der Arzt vom Leiden lebt und vielleicht den Ruf zu einem Kranken wie eine fröhliche Botschaft angehört hat, und zwar nicht wegen dem Helfen, sondern wegen dem Ziehen. Der Schreiber ist in ganz anderer Lage: er hilft von keinem Übel, er erscheint nur als ein notwendig Übel, er lindert keinen Schmerz, aber er kostet Geld, er wird dazu noch aufgedrungen und nimmt zuweilen fast alles, was da ist, gerade bei Benefizien zum Beispiel und bei Geltstagen. Er erscheint daher dem, der dessen Notwendigkeit bei den gegenwärtigen Verhältnissen nicht begreift, selten in einem liebenswürdigen Lichte, obgleich es unendlich viele sehr ehrenwerte Schreiber gibt und einige sich alle Mühe geben, sich liebenswürdig zu machen, besonders bei Leuten, welche leicht in Fall kommen, Kontrakte machen zu lassen, Obligationen, Käufe, ja wo vielleicht bald ein Schlagfluß zu hoffen ist und eine darauf folgende Teilung.

So bringt es halt das Leben mit sich, und hoch in Ehren ist der zu halten, der seine Person über seinen Beruf erhebt und während sein Beruf ihn unter die Blutsauger ordnet, sein Charakter ihn zum Tröster, zur Stütze Solcher stempelt, die Trost und Stütze bedürfen.

So ein Benefizium beginnt hier und da auch Leute in Versuchung zu führen, welche der Natur der Sache nach eigentlich dabei durchaus unbeteiligt wären. Das sind die, welche sich locken lassen, Eingaben zu machen in Benefizien, in der Hoffnung, sie bezahlt zu kriegen, weil niemand ordentlich Auskunft geben kann, weil kein ordentlich Hausbuch da ist, weil man lieber was zahlt als prozediert, namentlich wo Gemeinden Prozesse führen sollten. Solche Eingaben machen Männer, von denen man es nicht erwarten sollte, und daß solche Eingaben von Amts wegen gezüchtigt worden wären, wie sie es verdient, hat man nicht gehört. Es ist überhaupt mit dem «von Amts wegen» eine sehr heikle Sache, der Begriff verdunkelt sich ganz, wir denken auch, das Wort werde sich bald verlieren, wie ein ausgebrannter Stern am Himmel auch nicht mehr gesehen wird.

Am meisten erfreute sich jedoch über das ausgeschriebene Benefiz-Inventari die gegenüberwohnende Speisewirtin. Jetzt könne man sehen, wie es herauskomme, sie hätte Töne läuten hören, wie es unsauber aussehen solle. Sie hätte es immer gesagt, es komme so; wie sollte es auch anders! Niemere ha u doch geng groß tue, so müeß es zletzt zBode gah! Sie wolle sich nicht rühmen, aber ds Halb mehr Kunde hätten sie, ds Halb minder vertäten sie, und sie wisse, wie an einem kleinen Orte der Profit Platz habe. Das gebe da eine Änderung, darauf könne man zählen, da könne man sehen, daß doch noch Gerechtigkeit im Himmel sei. Was die Leute sie erplaget hätten, es könne es niemand glauben, sie seien nirgends sicher gewesen vor ihnen, dKinder nicht und sie nicht, sie hätten nirgends sein sollen, und doch hätten sie ihnen nichts in Weg gelegt, sondern ihnen dienet, wo sie können und mögen hätten. Sie könne nicht sagen, wie sie beten und Gott danken wolle, wenn der Hochmutsteufel und Hoffahrtsnarr ihr ab den Augen käme. Wenn es länger hätte dauern sollen, sie hätte es nicht ausgestanden, nein, sie hätte es nicht, dUszehrig wäre das mingst, wo sie aufgelesen hätte. Ja es heyg se mängist düecht, si heyg se scho am Hals. Indessen so arg, als die Speisewirtin es machte, mußte es doch nicht sein, denn sie war noch nie so viel unter dem Fenster oder vor dem Hause gewesen wie über diese Zeit, trotzdem daß es Winter war. Und wo die beiden Weiber sich zu Gesichte kriegten, da gränneten sie einander an, machten welche wüster, daß es einem oft dünkte, sie sollten entweder das Maul nicht wieder zubringen oder die Zunge nicht wieder ins Maul. So oft die Speisewirtin abkommen konnte, war sie am Südeltrögli, hantierte da nach Herzenslust und schabte Eisi Rübli und füllte das Trögli mit ihren Sachen. Hatte sie den Rücken gekehrt, so schickte Eisi die Jungfrau, ließ die Sachen herauswerfen und ihre dreintun. Darauf paßte die Speisewirtin, kam dann herausgefahren wie der Bysluft und sagte der Jungfrau wüst und warf ihre Sachen heraus und tat ihre wieder drein. Dann ließ Eisi zum Läufterli aus allerlei Titel fliegen und Weisungen für die Jungfrau, bis ihm das Läufterli zu enge ward, es sich zum Haus aus machte und mit eingestemmten Armen sein grobes Geschütz losbrannte. Die gegenüber, auch nicht faul, fuhr ebenfalls ihre gröbsten Batterien auf, und so brüllten sie über das Südeltrögli einander an trotz den homerischen Helden. Dieser Südeltröglikrieg verdiente ganz eigens beschrieben zu werden.

Da einmal ein Benefizium sein mußte, so mochte Eisi nicht warten, bis inventarisiert wurde, es meinte, und seine Freunde brichteten es nicht besser, wenn das einmal geschehen sei, so nehme man die Siegel ab und es könne wieder mit freien Händen schalten und walten. Der angesetzte Tag brach endlich an, an welchem das dazu bestellte Personal sich einfinden sollte, Schreiber, Schätzer und Ausgeschossene der Gemeinde. Schon frühe des Morgens hatte die Speisewirtin die Nase unter dem Fenster, um die Mannschaft anrücken zu sehen, und wer vorüberging, den rief sie an: «Weißt, heute schreiben sie ihnen däne ihre Sachen uf, es nimmt mih nüt wunger, wies usechunt, ih weißs, aber anger Lüt werde dGlare uftue, wenn si gseh, wies steyht, es nimmt mih nüt wunger, as wie die Donnstigs Täsche drzue es Gsicht mache wird.»

Es heißt, die Speisewirtin habe als Strafe für ihre Gwundernase einen Pfnüsel aufgelesen, daß sie gefürchtet, daran ersticken zu müssen. Es kömmt mancher Gwundernase kommod, daß sie nicht so delikat ist, sie müßte ja ihrer Lebtag im Pfnüsel sein.

Es war aber auch Grund, einen aufzulesen, denn die Speisewirtin mußte ihre Nase gar zu lange unter dem Fenster haben, um die gesamte Mannschaft einrücken zu sehen, sie ließ sich gar so verzattert herbei.

Zuerst fanden sich die Ausgeschossenen von Eisis Gemeinde ein. Eisi empfing sie puckt, stichelte, es werde ihnen angst gewesen sein, daß sie so früh da seien, oder ob es bloß der Gwunder sei, wie man es hier öppe hätte; es nähms wunger, daß sie nicht ihre Weiber mitgebracht, das wäre etwas für sie gewesen. Manne sollten nadisch nit so gwungerig sein, aber es werde ihnen in ihrem Krottenästli was Neus seltsam sein. Indessen hätte es sich doch nicht dafür gehalten, ihnen an Essen und Trinken was abgehen zu lassen. Es stellte ihnen gehörig das Frühstück auf, stellte Zucker dazu, pfefferte es ihnen aber mit seinen Reden nicht schlecht.

Nach und nach trappeten die Schätzer herbei. Einer hatte noch Futter rüsten müssen, weil der Knecht das Ungnannte an der Hand hätte, der zweite hatte nicht gewußt, was für Zeit es sei, die Uhr sei ihnen gestanden, und wo er habe gehen wollen, sei no neuer cho u heyg ne chönne vrsume.

«Wenn dr Schryber da wäre, wir könnten anfangen», meinte einer; «was ist o für Zyt?» «Es wird bald zehne sein», antwortete der Andere. «Der Amtschreiber wird selbst kommen», meinte einer, «und der ist nicht der Frühste.» Unterdessen tat Eisi vertraut mit den Schätzern, machte die gute, vertraute Frau gegen sie. Es wollte es den Gemeindsmanne einreiben, wie es hier ästimiert sei und für was man es hätte und wie sellig Knuble, wie sie seien, keinen Verstang hätten und nicht wüßten, mit wem sie es zu tun hätten. Es setzte sich neben sie, spaßte mit ihnen, nahm sie dann beiseits, einen nach dem andern, und sagte ihnen, wie sie Vrstang brauchen sollten beim Schätzen und nit so ungeryche fahre, wie es gehört, daß man es an manchem Orte mache; so könnte man es zwänge, eim z'vrdächtige un dr Name z'mache, mi heyg a Hag use gwurstet u bal fürnache. Öppe übertriebe bigehr es nicht, selb trag nüt ab, aber si sölle sih i acht näh, was si mache, bsungerbar mit dr Schatzig vom Hus u dr Ligetschaft. Es well ne säge, was Trumpf syg, si chönne sih de drnah richte. «Mih möcht me drvostoße, u ds Mas Brueder möchts a dHang näh öppe um e Spottprys, wie sis de mache, wenn si chönne zPlatzg cho, u die zwe Mulaffe, wo si da gschickt hey, seu drzue helfe. Ih has scho gmerkt, dr Dümmer vo ne het scho e Ton la falle, wies für e Gmein sih nit wohl schick, son es Witfraueli im e sellige Gschäft la z'hürsche, bsungerbar wes öppe no wyt abhange syg, wo me nit chönn drzue luege. Wohl, dem han ih du dNase gwüscht, er ist froh gsi, z'schwyge. Ih ha denkt, ih well dr säge, was Trumpf isch, su weißt, woran daß de bist u woruf hier gspitzt isch.»

Begreiflich trösteten und beruhigten diese Männer Eisi. «Häb nit Chummer», sagten sie, «öppe viel zwänge werde die nit, u mir schätze, wie öppe recht u billig un dr Bruch ist, vo wege, mir hey e Pflicht uf is.»

«Ih wett doch gern, er chäm bald», sagte einer der Schätzer und gschauete seine Uhr; «dr halb Tag isch jetzt de ume; halbi englefi u no nit agfange u er no nit da, un am vieri sött ih wieder hey ga fuehre; ha zwar gseit, si sölle afe einist ychegä, wenn ih nit da syg.» Auf diese Bemerkung hin hielten es alle für passend, zu muckeln und zu sagen, wie es ihnen zwider sei, so lange zu warten; ob es aber allen ernst war damit, das wissen wir begreiflich nicht.

Endlich kam so ein grau, mager Ding die Straße herauf und beinelte stark der Gnepfi zu. «Das ist nit dr Amtschryber», sagte ein Schätzer, «das ist eine von seinen Schryberdienere, es soll e Gschickte sy, hät aber e wunderlige Name, ih has am letzte Solothurner Märit ghört, syner Kamerade hey ihm all so gseit, ih chas ume nit säge, neuis fast wie Ankebock.» Als man meinte, das graue Ding werde zur Türe hereinschießen, sah man es draußen bei der Speisewirtin stehen; es hatte die Kappe in der Hand, wischte den Schweiß sich ab und plauderte holdselig mit dem appetitliche Fraueli drüben. Da ward Eisi täuber als ein welscher Hahn, wenn er was Rotes sieht. «Luegit doch, wie dä Donners Schyßbueb sih nüt schämt, mit ere sellige Luenz uf dr offene Straß ga z'karisiere; wohl, dem wey mr Bei mache! Fritz lauf u säg, er söll enangerenah cho, es wart alles scho mängi Stung uf ihn.» Fritz lief ab und verrichtete wahrscheinlich seine Botschaft treu, denn der junge Herr drehte sich so rasch um, daß er beinahe über eine hinter ihm liegende Kegelkugel gefallen wäre.

«Spät, spät!» sagte ihm einer der Schätzer, «mir hey afe glaubt, Ihr chömit nimme.» «'s ist nit my Schuld», sagte der junge Herr, schlenggete seine Kopfmähne aus dem linken Auge und blies in die roten Finger, an denen nur wollene Halbhäntsche stachen; «'s ist nit my Schuld, der Herr Amtschryber het mrs z'spät gseit; er het selber welle cho, du hets plötzlich e Fall gä, won er het müesse ga helfe e Untersuechung mache, un seit mr du erst hüt emorge, daß ih cho müeß. Ja, du ist nüt zweg gsi; bis ih du ds Papier grüstet gha ha, was nötig gsi ist, du ist es scho spät gsi. Un de ist es no e Plätz bis hiehin, gäb wie me lauft. La gseh, was ist es jetzt für Zyt hie? Ih ha im Hast my Uhr vrgesse (er hatte keine), es het grad halbi zehni gschlage, won ih furt bi.» «Da syt dr brav gloffe», sagte der Schätzer, «hätt ech nit möge myni Bei etlehne; es ist bal englefi.» «Es ist mr leid», sagte der junge Herr, «da müesse mr gschwind a dArbeit; aber so geyhts bin is; wo so viel Gschäft sy, gits geng öppis Ungsinnets, a das me gar nit denkt het.»

Der junge Herr spazierte bei dieser Entschuldigung etwas bei der Wahrheit vorbei. Ja freilich hatte er es zu rechter Zeit gewußt, schon gestern vormittags; aber du liebe Zeit, was das für Zeit braucht, bis ein junger Herr zu einer solchen Reise gerüstet ist, vielleicht gar zu seiner ersten! Wir wollen nicht einmal davon reden, wie ängstlich er sich instruieren läßt über alles, was er zu beobachten habe, was er schreiben müsse, was nicht, wie er das Papier zu linieren habe und wie manchen Bogen wohl, das ist nicht die Hauptsache. Aber man denke sich, er hat die Stiefel beim Schuhmacher und zufällig kein gewaschenes Hemd daheim. Jetzt sollte er fragen, linieren, Notizen machen, dem Schuhmacher nach, der Wäscherin, sollte mit den bessern Hosen zum Schneider wegen Stegreifen, sollte noch dies und das, er wußte nicht, wo ihm der Kopf stund. Das Hemd zu kehren ging nicht wohl, obgleich er daran dachte, es war ein gar zu grobes, bloß neunkreuzeriges Schwabentuch; den Hosen trauete er nicht recht, ob sie Stegreife erleiden möchten, er war in großer Verlegenheit. Seine Kollegen sahen seine Verlegenheit wohl und ergötzten sich gröblich daran; keiner gönnte ihm sein morndriges Glück, sie hofften halb und halb, er werde außerstande sein, abzumarschieren, oder wenigstens müßte er so gehen, daß sie und Andere nach Herzenslust über ihn spotten könnten. Aber sie täuschten sich, der junge Herr hatte einen besonders glücklichen Tag. Als er in seiner Angst zum Schuhmacher lief, ihn zu pressieren wegen den Stiefeln, begegnete ihm einer, der aus dem gleichen Orte war, aber in einer andern Schreibstube das Handwerk lernte, diesem klagte er seine Not. Der hatte viel Patriotismus im Leibe und sagte: «Denen wollen wir es reisen, wart nur, Hosen und Hemd mußt du haben; wenn du nur die Stiefel kriegst, von wegen meine brauche ich selbst, so ist dSache gut.» Diese Stiefel waren es aber, welche ihn eine Stunde aufgehalten hatten. Dem Schuhmacher war nicht halb so angst, sie zu liefern, als dem jungen Herrn, sie zu kriegen, von wegen der Kunden bester war er nicht. Sein Vater wollte ihm kein Geld mehr geben, weil er von den Söhnen einer war, welche die teuflische Freude zu haben scheinen, die Eltern auszubeuten, ärger als der ärgste Dieb es könnte, bis sie in den Spital müssen; sein Verdienst war unbedeutend, und hatte er einen Kreuzer, so vertat er zwei. Endlich hatte er sie, hatte dazu noch zehn ganze Batzen im Sack, denn als er Hosen und Hemde sich zu Gemüte geführt hatte, hatte er zum Freunde gesagt: «Könntest du mir nicht noch zehn Batzen geben, ich gebe sie dir wieder, sobald ich zum Vater komme; me isch doch neue nit recht wohl, wenn me ke Chrüzer Geld im Sack het am ene frömde Ort, es ma eim gä, was will.» Der Freund hatte A gesagt und sagte auch B.

Jetzt stelle man sich das schwellende Glück in der jungen Brust unseres jungen Herrn vor, als er aus der engen Stube ins Freie kam, ein frisches Hemd am Leibe, währschafte Hosen an den Beinen, zehn Batzen Geld im Sack, kein Prinzipal, der ihn abputzte, keine Kameraden, die ihn ausführten, jetzt einmal ganz selbständig draußen im Leben, und noch dazu nicht etwa als nichts, so ganz nur Gitzimist, sondern als einer, der was vorstellen sollte, der so viel sein sollte draußen im Lande als der Herr Amtschreiber selbst. Potz Blitz, was da für Stoff zu einer schwellenden Brust war! Da brauchten die Vögelein nicht zu pfeifen, die Blümelein nicht zu duften, die Sonne nicht zu glitzern, die Berge nicht majestätische Gesichter zu machen, so eine junge Schreiberbrust mit Wonne zu füllen; die kochte sich den Wonnestoff in der eigenen Pfanne, und die Vögelein konnten lange zwitschern und die Blümlein blinken, so eine innerlich glückliche Seele merkt das alles nicht. Er war noch keine Stunde weit gekommen, so streckte sich ein Wirtshausschild gegen die

Straße hin; den merkte er, und er dachte, das schickte sich hier wohl, den Amtschreiber zu probieren und sich zu postieren, daß es eine Gattig hätte; zudem nahm es ihn wunder, ob das Stubenmeitli noch dort sei, welches er einmal gesehen und das ihm so bsunderbar wohl gefallen hatte, von wegen, es tat so manierlich, zäberlete schön und hätte sogar noch Vermögen, hatte man ihm gesagt. Öppe pressieren mit dem Heiraten tue es ihm nicht, sagte unser Held, aber man wisse nie, was es gebe, und da schade es allweg nüt, wenn me zur Zyt öppe lueg, wo me ane well, sih o öppe bikannt mach u agnehm. Wann konnte die Stunde günstiger sein? Ein weißes Hemde, schöne Hosen an, Geld für mehr als einen halben Schoppen u das Recht dazu, des Amtschreibers Postur anzunehmen, er mußte Eindruck machen, ds Meitschi mochte wollen oder nicht.

Er stellte sich also bolzgrad auf, postierte sich vom Tüfel, schritt gegen das Wirtshaus zu und öffnete weit der Gaststube Türe, daß er gleich mit der ganzen Postur darin erschien. Drinnen saß wirklich ds Änneli ganz alleine und knorzete an einem Strumpf. «Eh Servitör, Jungfer Süeßlächt», sagte der junge Herr und streckte sich schön gerade in seiner hart geschnürten schwarzen Krawatte. «Was lebet dr geng, es freut mih, wenn dr wohlsyt», sagte er mit starkem Anstand und sehr herablassend, ungefähr wie der Prinzipal mit ihnen redete, wenn er freundlich tun wollte. Der gute Junge wußte nicht, daß ihr Prinzipal ganz andere Mienen machen konnte, wenn er mit einem lustigen Mädeli oder einer Jungfer Süßlächt sprach, als wenn er einem gstabeligen Subjekt kapitelte. Dazu schlenggete er den Haarbüschel zurück und strich mit gespreizten Fingern nach. Änneli machte kein unmanierlich Gesicht; da kein Hübscherer da war, so gefiel ihm unser Herr nicht übel. «Was lebit dr geng?» sagte es, «Ihr syt lang nit dagsi, u womit chan ih ufwarte?» Damit legte es die frei gewordenen Hände über einander und rieb sie auf einander. Der Herr rieb seine Hände auch, aber anders; der rieb sie ineinander und sagte: «Es macht frisch dä Morge, e halbe Schoppe Rote denk! Wenn man schon stark läuft, so mag man sich doch nicht erwärmen, man muß etwas haben, für nachzuholen, bsunderbar wenn man noch einen weiten Weg hat.»

Unglücklicherweise sagte er das, als Änneli bereits unter der Tür war, so daß die Frage: «Wo geyhts de no hi?» ausblieb. Während Änneli den Wein holte, rupfte der junge Herr sich noch besser zweg, übte sich im gravitätischen Schritt und dachte stark, wie er dem Gespräch die rechte Wendung wiedergeben könne. Es brannte ihn, zu erzählen, er stelle heute den Herrn Amtschreiber vor. Derselbe hätte sonst Keinen, dem er so was anvertrauen könne; derselbe wisse, daß wenn er ihn schicke, die Sache gemacht sei, gerade wie wenn er sie selbst gemacht, oder noch besser. Aber gar nichts wollte ihm einfallen, gäb wie er die Hände rieb und am Hemdekragen rupfte. Da stellte ihm Änneli den Wein auf den Tisch, frug: «Kann ich sonst noch mit etwas aufwarten?», und als er gesagt hatte: «Dankeiget, Jungfer Süeßlächt, emel einist nit», frug es, die Hände über einander reibend: «Um Vrgebung, wo geyht der Weg us?» Wie dem guten Jungen da ein Licht aufging! Es gehe doch nichts, dachte er, über ein Weibervölchli, das Verstand hätte, das mög selber no e Schryber mit em zSinncho un neuis Ersinne. Da erzählte er, für was ihn der Amtschreiber halte und wie er ihn dahin schicke, wo dSach e Nase heyg, wo nit en iedere drüber chömm, und bi ihre Gschäfte lay es sih luege, potz Wetter, mi syg vrantwortlig; es heyg scho Fäll gä, wo son e Amtschryber mängs tusig Pfung heyg müesse ersetze, wil sih son e Gali überluegt heyg un dSach nit exakt gmacht un nahm Gsetz. «Üse Amtschryber het scho mängist gseit: i keim Gschäft chöme so schwer Fäll vor wie i sym, und niemere müeß so vrtrauti, chennbari un durriebeni Lüt ha wie son e Amtschryber, sust heyg es gfehlt mit ihm.»

Es glaubs, sagte Änneli, un da uf dr Gnepfi werds o no nit am liechteste sy, drüber z'cho; es syg dert son es Gschäft, dLüt heyge scho lang drvo gredt. Er glaubs, sagte der junge Herr, es syg ihm scho vorcho, es heyg em Amtschryber selber gruset dra hi, u drum heyg er ihn gschickt, «er wird wohl gwüßt ha warum. Aber was säge de dLüt? Es chunt eim mängist chumlig, wenn me selligs weiß, mi cha sih de rangiere un öppe i acht näh. Es ist uf gar mängi Sach z'luege, es glaubts niemere, we me nüt vo dr Sach weiß.» Natürlich erzählte Änneli gerne, was die Leute sagten, wie dort ein Geschäft sei, viel gebraucht worden und wenig eingenommen, erzählte, wie allbets die Gumene fluchten über die dortige Unordnung und wie sie kein Geld erhalten könnten, wie sie fast keinen Wein mehr brauchten und der beste Wein, wenn sie ihn vierzehn Tage im Keller hätten, so schlecht würde, daß kein Mensch ihn mehr erkennen würde für das, was er gewesen. Mit ihm hätten die Leute noch Erbarmen gehabt, sövli e Wüeste wäre er nicht gewesen; aber seine Frau, das sei eine Wüste, so recht es hochmüetigs Beel, un wenn es die scho chehr, so möchten es ihr die Leute ume gönne, es sei auch fry gar niemere, der öppe Erbarme mit ihr hätte. Vor dere sölle er sich nur in acht nehmen, sust mach ihm die dr Marsch. «Oh, Jungfer Süeßlächt, heyt nit Chummer», sagte der junge Herr, «üsereim chunt mit gar viele Lüte i Vrkehr, u da wachse eim dHaar uf de Zähnge, mit weiß nit wie. Der gröbst Bur, wenn er i dSchrybstube chunt, wird so zahm, daß er nit weiß, darf er no uf zweu Beine stah oder ume no uf eim.»

Er begann Änneli zu erzählen, wie man so einen dummen Bauer zahm mache; es waren alte Geschichten, welche er vordatierte und in ihre Schreibstube versetzte, und wir zweifeln, ob er selben Morgen ab Fleck gekommen wäre, hätten ihn nicht einige Luzerner Säutreiber aus seinem holden Selbstvergessen geweckt und sein tête-à-tête gestört. Plötzlich fiel ihm ein, daß er eigentlich auf die Gnepfi solle, nahm holdselig Abschied, und Änneli ermangelte nicht zu sagen: «Chömit de zueche im Heygah!» Das tönte wie Harfenklang und Saitenspiel in die Ohren und machte einen Glücklichen noch glücklicher, von wegen, er deutete das persönlich, nahm das auf zu Ehren seiner schönen Augen und agnehmen Unterhaltig, wegem agnehmen Ydruck, daher drehte er sich um, so gut es die Krawatte erlaubte, und sagte höflichst: Er wisse nicht, wie es gehe, mi müeß sih geng nahm Gschäft richte, aber wenns möglich sei, mit allem Vergnügen. «Apropos, heyt dr öppe Zigarre, i dem kalte Wetter wäre eini nit übel.» «Bhüetis ja», sagte Änneli und brachte das Druckli; er chönn selber uslese, sagte es. So ein Zigarrenauslesen, besonders wenn einer nicht weiß, auf welcher Seite man sie ins Maul nimmt, und in großer Angst lebt, er könnte eine kriegen, welche nicht gut sei, mit Zündhölzchen nicht recht umzugehen weiß, bald die Finger, bald die Nasenspitze in Gefahr bringt, gibt die schönste Gelegenheit zur angenehmen Vertraulichkeit, zu heimeliger Annäherung. Erst mußte Änneli sagen, es glaub, das sei eine gute, dann, es glaub, das ander Ort schick sich besser ins Maul, dann, es wolle ihm Feuer machen, er söll ume zieh, fry brav, dann: «Jetzt heyt er mrs no glösche, chömet bas yche i Gang, wo dr Luft nit zieht, u tüet de fry süferli, so, jetz glaub brönnts, u we dr brav zieht, su wirds ech ha.» Jetzt muß man doch ein Möff sein, wenn man dabei nicht zu allerlei galanten Redensarten und Manieren Anlaß finden und sich dabei nicht wieder einige Minuten länger versäumen sollte.

So kam es, daß unser junge Hecht so spät eintraf, aber

begreiflich sagte er was anders; man muß sich früh daran gewöhnen, wenn man im Alter was Rechts vorstellen will, allezeit mit guten Gründen bei der Hand zu sein. Eisi sah ihn verflucht sauer an, aber unser junge Herr nahm gar keine Notiz von ihm, er sah es für keine wichtige Person mehr an nach dem, was er von Änneli Süßlächt vernommen. Aber schön strüßte er sich vor den Grichtsäßen und längte ihnen die Hand, fragte, ob das nicht die Ausgeschossenen von der Gemeinde seien, längte dann auch diesen die Hand und sagte, er hulf anfangen. Da sagte einer der Gerichtsäßen: «E, ih wett doch no öppis näh; wenn me sövli wyt glaufe isch, su ma me wohl öppis. Seh, da isch no es sufers Kacheli, Wirti, du wirst wohl no neuis i dr Kanne ha.» «He», sagte Eisi, «wenn nit ist, su cha me mache, wes sy mueß.» Der junge Herr sagte zwar, er hätte nichts nötig, er sei gar nicht gewohnt, durch den Morgen etwas zu nehmen, und heute hätte er noch apart mit dem Herrn Amtschreiber deschiniert, wo dä ihm seine Instruktionen gegeben; da müsse man immer mehr nehmen, als man eigentlich möge, der Herr Amtschreiber täte es nicht anders. Indessen als Eisi ein Kacheli zusammengerüttelt hatte, so nahm er es doch und versorgte dazu so tapfer Käse und Brot, daß die Manne dachten, dä Kehr müeß das Dischiniere mit em Herr Amtschryber nit bsungerbar bschosse ha.

«Scho bal halbi zwölfi», sagte endlich einer, «jetz wärs doch de afe Zyt». Ja, sagte der junge Herr, man müsse daran hin, er sei zweg, ds Papier syg liniert, er müß nur noch einiges ausfüllen. So packe er sein Säckli aus, ein altes Ridikül der Frau Amtschreiberin, welches gewöhnlich zur Ehre kam, bei solchen Gelegenheiten aufzumarschieren, so wie ein vornehm Kutschenroß, wenn es alt und längst von der Staatskarosse entfernt worden, doch noch zuweilen zur Ehre kömmt, untergeordnete Subjekte zu ziehen, wenn die einmal

Staat machen und sich zeigen möchten. «Nein aber, jetzt habe ich in der Eile das Tintenhüsli vrgesse, der Herr Amtschryber het mrs doch zwegta u gseit, ih sölls mitnäh, es chömm eim mängist chumlig. Weit dr doch so guet sy, Frau Wirti, und mr gschwind es Tintehüsli gä!» «Ja, ja», brummte Eisi, «bifehle cha en yedere Löhl», und nüsterte in allen Ecken herum und in zwei oder drei Stuben. Endlich sagte es, es wisse keins, es werds es King vrschleipft ha oder i dr Schuel vrgesse. Jä, sagte der schöne Herr, Tinte müsse er haben, das sei unerläßlich, man solle zum Krämer schicken, der werde sicher haben, und ein Gütterli solle er gleich dazu geben, man könne es dann waschen und zurückgeben, um nicht Kosten zu machen. Das sei ihm afe es Gstürm, schnauzte Eisi, es gsäch wohl, daß niemere begehr dSach furtztrybe; wenn die Donnere z'fresse u z'sufe heyge bis über e Hemlischrage uf, su früege si de am angere nüt nah, u das Benefizi chönnt sy wos wett. Die Magd rapportierte, dr Krämer heyg ke Tinte, dr Schumeister handli drum. «He, su lauf zum Schumeister, gschwing, süst nachtets, eh die Dräyhüng agfange hey.» Die Magd blötschte in Zentnertrab dahin, solange Eisi sie sehen konnte, dann machte sie sichs bequemer, stellte sich hier und dort und brichtete, was im Wirtshaus gehe und wofür sie springen müsse. Endlich, endlich kam sie in schwerem Trabe wieder angerückt, daß die Scheiben zitterten, und schnupsete: «Dr Schumeister isch nit daheim. Er syg i dRütti ga muse u werd dr Schlüssel zur Schuelstube i dr Täsche ha, si sig emel bschlosse, aber si well ihm es King schicke, u de well si de, wen er dr Schlüssel schick, es King mit eme Gütterli schicke, i re Stung oder zweie längst müesse si Tinte ha, es söll nit fehle, het dFrau gseyt.»

Da sahen sie einander mit Bedenken an. Eisi versprützte fast vor Zorn und fragte spöttisch, obs nit ds Gschydste wär, wenns ne grad zMittag brächt, si hätte jetzt, bis Tinte chäm, am baste Zyt drzue. Unserm jungen Herrn ward katzangst bei diesem boshaften Vorschlag, hatte er doch eben erst so tapfer eingepackt, daß er, obgleich sein Magen eine auffallende Dehnbarkeit besaß, wirklich in Verlegenheit gekommen wäre, noch mehr zum Frühern einzupacken; aber mit Einfällen eben nicht behaftet, wußte er nicht, wie dem Vorschlag, dessen Bosheit er eigentlich nicht einmal recht begriff, begegnen. Glücklicherweise waren die Schätzer gewandter und wußten solchen Zumutungen zu begegnen. Sie hulfen, meinten diese, ds Ghalt öffnen, wo die Barschaft sei, die könnte man zählen und afe angfähr übers Hausbuch luegen un was öppe für Gschrifte dasyge, einist müeß das doch gmacht sy, u gäb jetz oder gäb später, das chömm öppe i eys, u mit eme Rysbly chönn me ds Nötige da de ufmache, es werd nit so viel gä, u mit dr Federe chönn me de hingerdry drüberfahre.

In dem Vorschlag fand unser junge Herr große Weisheit, kriegte daher Respekt vor solchen Männern. Das seien Leute, dachte er.

Man fand die Siegel unversehrt, brach sie auf und öffnete das Bureau, welches das Herz des Hauses, das heißt die Schatzkammer war. Wenn so ein versiegelt Bureau aufgeht, offen vor den Anwesenden liegt, sie nur die Hände auszustrecken brauchen, um zu erfahren, was darin ist, es zu erforschen in den verborgensten Falten, es ist ein eigentümlicher Augenblick, und wie da schon so manches Herz geschlagen hat in großem Bangen und in bloßer Neugierde auch!

Vor dem Bureau seines Vaters, wie oft ist da der Knabe gestanden in großem Respekte, sah staunend, wie aus einer Schublade der Vater blankes Geld nahm, sah anderes, welches so wohl ihm gefiel, aber meist alles nur auf Augenblicke, seine Neugierde sättigte er nie, die Schätze alle übersah er nie, und was in all den Schriften und Briefen sei, durfte er nicht fragen. Wie manches Weib sah jahrelang auf des Mannes verschlossenes Gehalt, sein Bureau, grollend und eifersüchtig. Was darinnen war, das war ihm verborgen, selten öffnete es der Mann in seiner Gegenwart und nur auf Augenblicke, schloß die geheimnisreiche Kammer auf, nahm Bücher heraus, tat Geld hinein, wie der Kluge in einsamer Schenke, wenn gegenüber ein Unbekannter sitzt, sein Geld nicht vorzieht und ausbreitet, weil er die Macht gereizter Lust ermißt. Und der Schuldner, wenn er Zinse brachte, und der Gläubiger, wie oft dachte der: Oh, wenn ich doch sehen könnte, wieviel drinnen ist, wenn ich einmal so recht nach Herzenslust das Geld durch die Finger laufen, Zahl um Zahl überschauen, mit den schön geblümten Schriften tändeln, träumen könnte eine Stunde lang am offenen Bureau, alles, was darinnen, sei mein! Nun ist gestorben der Besitzer des geheimen Gehalts, den Schlüssel zu seinem Geheimnis konnte er nicht mitnehmen. Dieser blieb, ging in andere Hände über, diese schlossen jetzt auf, vor fremden Augen liegt nun offen, zum beliebigen Erlesen, was so viele Jahre lang so sorgfältig gehütet war; der Sohn, das Weib, der vielleicht zum Schätzer gewordene Schuldner stehen endlich am Ziele ihrer Wünsche, nach Belieben können sie enthüllen und schauen, was so lange ihnen verborgen war.

Ein anderer Schlüssel zu einem andern geheimnisvollen Behälter blieb nicht hienieden, den nahm der Gestorbene mit, den Schlüssel zu seinem innern Leben, zu seines Herzens Empfindungen, zu den Gedanken seiner Seele. Wenn der auch hienieden bliebe dem andern Schlüssel gleich, zu finden wäre in irgend einer Tasche, wenn man mit demselben aufschließen könnte des Toten geheimnisvolle Kammer, lesen könnte, was da innen sich bewegt hatte in der Jahre langem Laufe, aufgeschrieben fände in wunderbarer Schrift in der Sprache der Geister, was da innen alles sich bewegt und geregет hatte, vor dem Sohne aufgerollt wäre des Vaters Innerstes, die Witwe lesen könnte ihres Mannes Seufzer, seine Gebete, seine Träume, seine Hoffnungen! Was würde erst da innen zu finden und zu lesen sein, und wie würde beben in Erwartung jeder, der stünde vor dem aufgeschlossenen Geheimnis! Aber was das für ein Sterben wäre, wenn man wüßte, daß nach dem Tode die Lebenden aufschließen könnten der Seele geheime Kammern, lesen könnten, was da innen alles sich geregt und bewegt hätte in des Lebens langem Laufe, alles was später vergessen, überwunden worden, alles was flüchtig vorübergerauscht und was täglich wiedergekehrt. Was das für ein Sterben wäre im Bewußtsein: wenn du deine Augen geschlossen hast, so werden sie kommen und werden deine Seele öffnen und werden schauen alles, was darin gelebt, was du darin geborgen hast! Da fühlt es der Sterbende, wie gut es ist, in die Hände Gottes zu kommen statt in die Hände der Menschen, wie gut es Gott gemeint, daß er das Schauen der Seelen sich selbst vorbehalten hat, keinen Schlüssel dazu für die Menschen gemacht, einen Vorhang davorgewoben hat, den kein sterbliches Auge durchdringt. Doch wenn auch verschlossen und unsichtbar die Seele von hinnen geht, wenn endlich das Bureau offen steht, so werden doch in demselben ihre Spuren gefunden, Zeugen von ihrem Wesen und was sie wohl zuletzt gedacht und gewollt. Da innen sind vielleicht Briefe verwahrt, die vieles sagen, da innen ist vielleicht der letzte Wille verwahrt, in welchem enthalten ist, wen die geschiedene Seele am meisten geliebt, enthalten ist, was zuletzt besonders sie bewegte. Es finden sich da innen aber auch die Zeugnisse, ob sie Ordnung geliebt, den Ihrigen Vorsorge getan, dafür gesorget, daß ihr Tod nicht die Türe sei, durch welche ihre Hinterlassenen eingehen müssen ins Elend.

Ach, da war es schlecht bestellt mit Steffen; einer der Ausgeschossenen meinte, er hätte es fry no nie so atroffe. «Du wirst öppe no nit mängist drby gsi sy allem a, si werde öppe di Witzigere vorabgno ha», antwortete Eisi.

Wo eine Meinung so bestimmt und scharf sich äußert, da schweigt man einstweilen, man blickt sich bloß, wartet den Augenblick ab, wo die scharfe Person den Rücken gekehrt hat, dann läßt man los, was einen drückt.

Der Ausgeschossene hatte jedoch vollkommen recht, es war im Vorgefundenen ein Ghürsch sondergleichen. Es war wohl ein Hausbuch da, aber dasselbe in einem Zustande, um deswillen es verdient hätte, an einer Kunstausstellung ausgestellt zu werden. Längs Stück konnte man nichts lesen, besonders was Eisi aufgekräbelt hatte, sehr oft war die Sache so gestellt, daß das Gegenteil herauskam. So erschien zum Beispiel mehr als eine Kindbetti, welche als ausstehend verzeichnet war, wo aber zu lesen war, daß «wegen einer Kindbetti schuldig an Klaus Kräuchi acht Franken», oder aber «wegen geliefertem Wein an Herrn Gusch», oder «Herrn Kötz Wein geliefert zwölf Säum, tut fünfhundert Franken». Register hatte der Buchbinder eins gemacht, aber bald war eingetragen, bald nicht, bald durchaus unrecht: Kötz zum Beispiel im Buchstaben G, Gusch aber im Buchstaben F. Dann war wohl geschehen, wenn die Papiernot groß war, daß hier und dort ein Blatt herausgerissen worden war. Wenn zum Beispiel ein Reisender was schreiben wollte, der Krämer schon nieder war, der Schulmeister in der Rütti, und im ganzen Hause war nicht eine Handgroß weißes Papier, so hätte Eisi sich doch nicht dafür gehalten, so was zu bekennen, solange noch irgend weißes Papier zu kriegen war. Da nun Steffen nicht hätte ds Herrgetts sein sollen, ihm einen Schlüssel zu verweigern, wenn er ihn nämlich zufällig hatte, und eigentlich selbst zu faul war, an die Folgen zu denken, so mußte in solchen Nöten unbsinnt das Hausbuch herhalten.

Aus dem gleichen Grunde mußte dasselbe herhalten, wenn etwas aufzuschreiben und kein ander Papier da war, was eigentlich durchaus nicht in das Hausbuch gehörte. Begreiflich hatte man nicht immer Zeit, zum Schulmeister zu schicken, besonders wenn er in der Rütti musete. So hatte zum Beispiel Steffen darin aufgeschrieben, wer an einer bei ihm abgehaltenen Steigerung auf ein ihn weiters nicht angehendes Stück Land geboten und wieviel – bloß wegen der Merkwürdigkeit der hohen Gebote –, aber was für einen Stich er mit dem Gerber hatte und wie sie in Rechnung stunden, das fand sich nirgends. Es fand sich ein bedenklich Gekribel vor, welches niemand lesen konnte. Endlich gab Eisi Auskunft, daß es eine Rechnung sei, wie oft die Speisewirtin das Südeltrögli trotz angelegtem Verbot benutzt habe zu jener Zeit, wo sie einen Prozeß deswegen begonnen hatten. Es fanden sich Quittungen, aber im Hausbuch stand die Schuld noch, Fuhrbriefe, aber kein Betrag im Hausbuch angezeigt, es fand sich da ein fürchterlich Gewirr, welches dem Stellvertreter des Amtschreibers den hellen Schweiß auf die Stirne trieb. Barschaft fand sich vor über hundert Fünffrankenstücke und allerlei Grümpel noch darneben, wo Eisi nicht ermangelte, zu bemerken, so Hudelleute, wie man meine, seien sie doch nadisch nicht, es syg mänge Gugag, der anger Leute Vogt sein möchte, u sövli Geld heyg er nit u sy Ätti nit u dr Großätti nit binenangere gseh. Es heyg zum Byspiel es Burgergmeindli, we me dert dBure all uf e Gring stellti, sövli Münz, als da sei, fiel ihnen nicht aus den Säcken, man könnte dFüdle so lang doppeln, als man wollte. «He ja», sagte einer der Ausgeschossenen, «öppe viel Geld desumezkräze hey mr nit im Bruch, mr luege öppe drfür, daß we mr gstorbe sy, dSchulde nit daherchöme wie dKrähye uf ene Keib.» He, sagte Eisi, die uvrschantisti Nation syge dKrähye nit, we me tot syg, so tües eym nüt meh weh; hundertmal uvrschanter syg das Gschmäus, wo eim bi lebigemLyb plag, we me sih nit wehre chönn, we me schlaf, oder we me eß oder we me Witwe werd oder es arms Waisli. «Aber aprobo, vo wegem Gschmäus, gchochet wär, u aständig wärs, we drs nähmtet, wils warms isch, öppe dr ganz Tag ds Für z'ha für nüt u wider nüt, wurd sih öppe nit schicke so für es arms Witfraueli, dere me rübis u stübis alles ischrybt.»

Unterdessen hatte des Schulmeisters Kind Tinte gebracht, unser junge Herr konnte vervollständigen, was angefangen war. Als er zum Einschreiben der Barschaft kam, geriet er in Verlegenheit, wie er die Fünffrankenstücke berechnen solle, ob zu fünfunddreißig Batzen oder zu vierunddreißigeinhalb, gesetzlich oder ungesetzlich. Darüber hatte der Amtschreiber keine Instruktion gegeben. Er trug den Fall den Anwesenden vor. Die Schätzer meinten, er solle sie ungesetzlich nehmen, gehe doch alles, was einzuziehen sei, ebenfalls ungesetzlich ein, und Wein und derlei Schulden werde man auch nicht gesetzlich bezahlen. Die Ausgeschossenen dagegen sagten, sie hätten den Befelch, sich am Gesetz zu halten, und so wollten sie alles gsetzlich haben. Gehe es dann wie es wolle, so sei man nach dem Gesetz gefahren und man könne ihnen nichts vorhalten, und zletsch de no öppe ga z'vrgüete, wes zweni syg u me lätz grechnet hätte, selb möchten si doch neue nit. Das werde ihnen öppe niemere zuemuete, sagte Eisi. Aber es sehe wohl, worauf es gemünzt sei. Sie sollten aber nur machen, was sie könnten, es sei dann auch noch da. Daß man mit ihm machen könne, was man wolle, öppe wie man sich gewohnt hätte so bei einem Nebeusfraueli, wo nüt vo dr Welt wüß, selb sei nit. DFeufedryßger sölle si ufmache, wie me se ynähm un usgäb, u nit angers. Es sött kes Vrmöge fürecho, es merks wohl, aber si sölle sih i acht näh, was si mache. Jetzt sei ds Esse zweg, si sölle mache u cho. Der Schreiber hätte noch gerne die

Sache ins Reine gebracht, ein Schätzer aber (der, welcher heim mußte, um zu füttern und zu melken) meinte, es sei schon lange über Mittag, bal drü, er hulf öppis ga näh, me chönn de geng nache no furtfahre, wes no Zyt syg. Begreiflich hatte diese Meinung das Mehr, und Eisis Aufwartung ließ man sich behagen, denn Eisi hätte sich nicht dafür gehalten, die Sache nicht recht zu machen, wie unanständig ihm auch die Männer waren.

Die Männer vertieften sich in gemütliche Gespräche über vorliegende Dinge, vom Rindfleisch kamen sie auf die Kühe und vom Kalbfleisch auf die Kälber usw. Lustig wäre es gewesen, den Gegensatz zwischen dem jungen Herrn und den andern Männern, namentlich den Ausgeschossenen, zu betrachten. Der junge Herr schnabelte so hastig, als ob er in Furcht lebe, er möchte zu kurz kommen, und wenn er nicht rasch mache, so könnte nichts mehr da sein, oder ein strenger Blick der Frau Prinzipalin jage ihn vom Tische, ehe er satt sei. Die Andern hatten es nicht so, man sah es ihnen an, daß sie in voller Ruhe das Vertrauen hatten, es stehl nes niemere. Namentlich einer derselben aß mit einem Behagen, daß es eine Freude war, ihm zuzusehen; es lag in seinem Essen der feste Entschluß: Kumen ih nit hüt, so machen ih bis morn!, das heißt: Kriege ich heute nicht genug, so esse ich bis in den folgenden Tag hinein, und ehe ich genug habe, höre ich nicht auf. Er nahm langsam, führte langsam zum Munde, kaute langsam, schluckte langsam, legte und bygete alles zweg, als ob es jahrelang aufgebyget sein sollte. Er war daher beständig hintendrein, und als die Andern schon beim Rindfleisch waren, war er erst beim Voressen, und als sie mit dem Kalbfleisch fast fertig waren, da reckte er erst nach Schweinefleisch und Sauerkraut. Aber das irrte ihn nicht, brachte ihn nicht in Hast, auf seinem Gesichte stand geschrieben: Machet ume, das ist mir doch glych, ihr werdet wohl warte, bis ih o fertig bi! Wenn man ihn mit dem eilfertigen Herrn verglich, so hatte man zwei schöne Vergegenwärtigungen: der langsamen Stabilität, die es sich behaglich macht auf der Welt, und der flüchtigen Beweglichkeit, die heißhungrig alles verschlingt und doch nie recht satt zu werden scheint und alleweil mager bleibt.

Es war auch recht schön, wie Beide einander Blicke zuwarfen und innerlich sich gegenseitig auszäpfelten. Der Ausgeschossene lächelte, weil der Andere fraß wie ein junger Jagdhund. Friß du ume, dachte er, du wirst bald höre u mast nit halb e sövli wien ih. Der junge Herr lächelte nicht weniger. Herr Jeses, wie der ißt, wohl, den würde die Frau Amtschreiberin anders dressiere, u de wurds ne no selber lehre, wenn er ungesse vom Tisch müeßt! Wenn ers bi üs so miech, so hätt er nit dSuppe gesse, wenn scho keis Stäubeli meh uf de Platte wär. Nei aber, so han ih doch no niemer gseh. Das ist es rechts Burebabi un überchunt däweg niene gnue. Und während der Andere bloß für sich lächelte und zäpfelte, warf der junge Herr Blicke, bald nach diesem, bald nach jenem, und wollte winken und deuten, aber in keinem einzigen Auge lockte er Blicke des Verständnisses hervor, nicht einmal aus Eisis Augen. Eisi war diese Weise, zu essen, nicht ganz neu, zudem hatte es den Schreiber auf der Mugge, es hatte ihm die Speisewirtin noch nicht vergessen und auch die Frage wegen den Fünfunddreißigern nicht. Es ist nun nichts fataler, als jemandem blicken und nicht verstanden werden, darum ward unser junge Herr verlegen; um diese Verlegenheit zu verbergen, aß er um so hastiger, und als er dieses sah, lächelte der Andere desto seliger und aß um so behaglicher.

Den Herrn wurmte es, daß niemand ihn verstehen wollte, und es ist, wie gesagt, nichts fataler als das Gefühl, nicht verstanden zu werden oder nicht verstanden werden zu wollen, unter Larven die einzig fühlende Brust! Dem reise ich es noch, dachte er, denn sich rächen zu wollen, ist eine allgemeine, auch der fühlenden Brust zukommende Empfindung. Kaum hatte er den letzten Bissen hinunter, so daß er deutlich fühlte, noch einer habe nicht mehr Weite, so sagte er, er hulf wieder drahi, es sei ihm, daß die Sache gefördert werde. Da blieb es stille am Tisch, kein Mensch antwortete, aber auch keiner tat einen Wank. Das lästige Schweigen versüßte er sich mit einigen tapfern Schlücken, endlich sagte er doch wieder: «Ja, es wär mr doch recht, wenn mr wieder drahi gienge, mr hey fast nüt gmacht hüt no, un es isch viel Arbeit.» He ja, sagte endlich der behagliche Ausgeschossene, da alle Andern schwiegen, er hätte nichts darwider. Sie seien schon um achte dagewesen; wenn man ds selbist hätt chönne afa, su hätts öppis möge ergä, u de wo me gmeint heyg, es gäbs, heygs du a dr Tinte gfehlt. Wenn er das gwüßt hätt, su hätt er mitbrunge, er hätte notti o daheim. Das sei von einem guten Kalb (das Fleisch, welches er aß), aber doch notti nit vom ene so schwere, wie er letzte Zyste uf Langete gfüehrt heyg. Das gab eine lange Geschichte, während welcher er mit dem Essen noch weniger pressierte als vorher. «Wahrhaftig, es fängt schon an zu dunkeln», sagte endlich mit ungeduldigen Gebärden der junge Herr, welchen die Kälberverhandlung wenig interessierte, «wir werden doch einist drahi müesse.» Da zog der eine der Schätzer die Uhr hervor und sagte: «Jo wäger, scho meh as halbi feufi, da mueß ih hey, ychegä werde si wohl afe ha, aber träyche u melche mueß ih selber, u gäb ih hey bi, geyhts non es Wyltschi. U gäb ih syg da oder nit, ihr chönnt notti furtfahre.» «Selb nit, ih wott nit eleini dSach mache u drby sy», sagte der andere Schätzer. Nach langem Märten ward endlich erkannt, mi well für hüt da blybe u de morn zytli furtfahre. Mit sellige Sachen könne man ohnehin beim Licht nicht viel schaffen, bsunderbar wenn eim dAuge afaye böse u me ke Spiegel bin ihm heyg.

Unser junge Herr wurde dabei nicht gefragt, die Andern machten das mit halben Worten aus, sie verstunden sich innerlich, und wenn man im Herzen einig ist, so braucht es der Worte nicht viel, um sich zu verständigen. Jede Sache hat eine gute Seite, wohl dem, welcher sie rasch bemerkt, wenn sie ihm sich zuwendet, er ist zum Diplomaten geboren, er wird Großes vollbringen in der Welt, das heißt es weit bringen, das heißt gute Pöstlein werden ihm allweg nicht fehlen, während der Eigensinnige und Starrköpfige, der gar nicht begreift, daß man jede Sache wenden kann wie an einem Bratspieße und allemal, was oben ist, am besten ist, wie ja auch unsere Erde gleichsam an einem Bratspieße läuft und es mittags oben auf ihr am hellsten ist und am schönsten, wenn man nämlich was Gutes zu Mittag hat, sondern welcher was anders will, was eben nicht oben oder nicht Trumpf ist, sein Glück beim Schwanz zieht und mit Welt und Weltkindern beständig im Kriege liegen wird. Unser Jungherr hatte große Anlagen in diesem Fach, wenn man dieselben ihm schon nicht ansah, er faßte es rasch, wie kommod es ihm wäre, wenn er die Lücken in seiner Instruktion, welche die Erfahrung ihm bemerkbar gemacht hatte, ausfüllen und namentlich bestimmte Weisungen vom Herrn Amtschreiber erheben könnte, wie die Fünffrankenstücke zu berechnen seien, ob zu fünfunddreißig Batzen oder nur zu vierunddreißigeinhalb Batzen. In dem Fall, sagte er, wolle er geschwind heim, der Herr Amtschreiber habe es nicht gerne, wenn seine Subjekte außer Hause übernachteten, und jetzt gebe es es noch gar gut. Das Ding fand Widerspruch; wenn man morgen wieder erst bald um zwölfi anfangen könnte, so wärs doch neue bös, sagte einer, und Eisi meinte, dr Amtschreiber werd wissen, warum er sie lieber daheim habe; aber Vrstand werd er doch o ha u bigryfe, daß we me ume e Stung oder zwo a re Sach syg, e Sach länger gang, as we me drahi gang, wies öppe o dr Bruch syg u wofür me dr Lohn heyg. Drnebe chönn er mache, wie er well, es frag dem einstwyle nüt nah.

Unser Jungherr wäre vielleicht rückgängig geworden, wenn ihm nicht Änneli Süßlächt lieblich vor Augen gestanden und der holde Spruch: «Chömet de zueche im Zruckcho!» in den Ohren geklungen hätte. Er ging, aber wegen Änneli hatte er sich verrechnet, auch nicht zu einem traulichen Augenblicke fand dasselbe Zeit oder Lust, nicht einmal die Zigarre half es ihm anzünden; es waren jetzt andere Majestäten da, Sterne erster Größe, die ein so armselig Ding, das noch gar kein Stern war, höchstens ein kleiner Mond, der um einen Amtschreiber lief und von diesem alleine Glanz und Licht empfing, total verdunkelten. Er ward böse in seinem Gemüte und wälzte in selbigem schwere Gedanken, erstlich über das ganze weibliche Geschlecht. Alle und eine seien doch gleich, dachte er, und eine so nichtsnutzig als die Andere. Keine hätte Sinn so für einen rechten Menschen voll Verdienst und innern Geist und hoher Bildung, der einen Begriff hätte von beiden Sprachen und wüßte, was Weltsch sei, der eine so ferme Handschrift schrieb und schon hie und da was ins Amtsblatt gemacht hatte ohne Aufsatz, was doch gar Mancher nicht könne, der meine was er sei und dNase schon bald zoberist hätte. Die Gäxnäseni liefen jedem Hosenbein nach, in dem ein Leutnant stecke oder sonst einer mit einem Titel, und wenns am Ende nur Mauser wäre oder Lumper, und je mehr einer lumpe, dest besser gefalle er ihnen. Da innen seien Viele gewesen, ja fast alle, die nichts wert seien gegen ihn, bsunderbar innerlich, aber weil sie schöner daherkämen und tituliert wären, Drei oder Vier sogar mit Schnäuzen, so hätte er hintenabsehen können, und kein gut Wörtchen hätte das Gäxnäsi ihm gegeben. Dem wolle er es aber zeigen, dem wolle er nicht bloß gut genug sein, wenn es alleine sei und an Strümpfen knorzen solle, da kehre er nicht mehr ein, oder wenn es sein müsse, so gebe er dem Täschli kein gut Wort. Und warte das nur, bis er einmal sei, was er sein werde, dann wolle er dasselbe trabeln, daß es wisse, was trabeln sei! Dem wolle er dann seine Frau bringen, eine gebildete Tochter, so eine aus einer Sekundarschule, wo wisse, wo der Murtensee sei, oder gar eine Weltsche, dann wollten sie das Lumpenmönsch, wo gar keine Bildung habe, nicht einmal ansehen, das müsse dann wissen, daß ein Unterschied sei so zwischen einem Stubenmeitli und Standspersonen. U we das sih de nit dFinger abbyß bis hinger a Ellboge, su well er hingertsi ga Rom laufe.

So wälzte unser Subjekt donnernde Gedanken in seinem Gemüte, welche jedoch noch selben Abend in den frostigen Erörterungen des Amtschreibers abgekühlt wurden.

Wir wollen die ganze Geschichte des Inventarisierens nicht beschreiben, wollen beim Vorgeschmack es bewenden lassen, die Geduld könnte Manchem bei der Beschreibung so gut ausgehen, als sie bereits Manchem bei der Sache selbst ausgegangen ist. Nur weniges Bezeichnendes müssen wir noch berühren.

Am folgenden Tag war man ziemlich früh beisammen, die Gewissen schienen in etwas erwacht zu sein, indessen ganz besonders rückte man doch nicht mit der Sache. In einem Wirtshause gibt es der Sachen gar mancherlei aufzuschreiben, besonders wenn man im Kaufen, was einem in die Augen stach, eben nicht spröde gewesen war. Von vielem war der Wert den Schätzern nicht kunds, sie sagten oft: «Ih weiß my Treu der Sach ke Gattig z'gä», und wenn Eisi sagte, was es glaube, daß die Sache gekostet habe, so düechte es sie gewöhnlich viel zu viel; da gabs ein langes Werweisen, ehe endlich einer sagte: «He nu, su machit e sövel, es wird enangere nit übel bschyße, u wes de scho meh gilt, su wird niemere nüt drwider ha.» Wenn aber auch die Sache ihnen bekannt war, so lief es doch oft nicht kürzer ab. Ein Schätzer hatte den Brauch, Vergleichungen anzustellen, so oft er konnte, zwischen der Sache, wo er schätzen sollte, und den eigenen Habseligkeiten, welche er daheim hatte. «Grade so eins haben wir auch, ume daß de üses viel ds brävere ist, dr Großätti hets scho gchauft, er het mängisch gseit, es heyg ne ume sövli gchost, un jetz ist es no emel ds Halb meh wert weder das.» Solche Vergleichungen dienten natürlich nicht in Eisis Kram, es erkaltete daher sichtbar gegen die Schätzer, und den, welcher so stark in den Vergleichungen war, trümpfte es oft nicht schlecht ab. «Es isch doch schad», sagte es, «lebt dä Großätti nimme, wo sövli guet u sövli wohlfel het chönne chaufe, es mangleti ne niemere bas as grad dihr selber.»

Dagegen schien eine Annäherung mit den Ausgeschossenen stattgefunden zu haben. Eisi begegnete ihnen freundlicher, und sie achteten sich Eisis Reden mehr. Wie das zugegangen war, ward nicht erforscht, aber der Abend war lang, den sie alleine im Wirtshaus zugebracht hatten, und dann müßte doch alle Bildung und aller Fortschritt nichts helfen, wenn eine Weltfrau wie Eisi an zwei Baurenmännlene nichts abbringen, ihnen nicht wenigstens imponieren sollte. Zudem sahen sie viel Sachen und glaubten vielleicht, wo so viel Sachen seien, müsse auch Vermögen sein, allweg die Sache nicht so bös, wie sie den Verdacht gehabt. Freilich Wein war nicht viel da, zum Verwundern leer waren die Fässer. Eisi entschuldigte dies, indem es sagte, sie hätten viel bestellt, er hätte längist kommen sollen, es wisse nicht, wo er bleibe. «Süst», meinte der abgetrümpfte Schätzer, «möge die Wyhändler nit warte, bis si schicke chönne, es isch ne o ums

Geld, wenn si denke chönne, si überchämtes öppe inist.» «Du wirst afe viel Wy gchauft ha», sagte Eisi, «daß de so guet Bricht weißt. Wirst meine, dWyhändler heyges o wie du, we de drü Müttli Korn vrkaufst u dr Müller zahlt nit grad, su leyst ja o enangerenah anger Schueh a u laufst vo Hus zHus ga Bricht yzieh, obs ächt vrlüre müessist oder obs ächt e Müglichkeit syg, daß de de nadisch chönnist dHoffnig ha, daß de de öppe inist no zahlt werdist, gäb dr jüngst Tag vrrumplet heyg.»

Den gröbsten Hatz jedoch setzte es ab bei der Schatzung der Liegenschaft, welche man bis zuletzt aufgespart hatte. Eisi wollte für ds Guggers Gwalt, daß man den Wert nicht bloß nach den Kaufsummen bestimmen solle, sondern noch dazuschlagen, was man für Kosten damit gehabt. Zu diesen Kosten rechnete es aber nicht bloß das verbaute Geld, sondern es hatte auch an das verprozedierte gedacht, vo wege, we me nit grad das Gwerb gha hätt, su hätt me nit müesse prozediere, u wers chauf, müeß doch dem o viel rechne, daß dProzeß jetz abta syge. Die Schätzer wollten aber kaum mehr hinauf zu der Kaufsumme, geschweige denn da hinauf, woran Eisi dachte, auch gar nicht so hoch, wie die Liegenschaft angeschlagen worden, als Steffen den Schein hatte fällen lassen. Damals hatte man einen mutmaßlichen Wert im Auge, von dem keine Rede mehr war, und nicht den wahren Wert. Item, die Speisewirtschaft drüben lief jetzt ordentlich, item, die neue Straße war noch nicht gemacht, und da der Ingenieur geändert hatte, so war mit Grund zu vermuten, daß mit einem neuen Gelehrten auch eine ganz neue Gelehrsamkeit, neue Grundsätze und Ansichten aufs Tapet kommen würden, ja die Gnepfi ganz und gar abgefahren werden könnte, in welchem Fall sie dann wirklich dienlicher zu einer Waldbruderhütte als zu einem Wirtshaus wurde. Das alles begriff freilich Eisi nicht, darum tat es wüster als nie, weil es erst jetzt recht deutlich sehe, wie man es ihm machen wolle. Es zwängte aber nicht viel. Es komme ihm sövli nicht darauf an, u müglich sygs ja, daß die Schatzig doch nit viel z'bidüte heyg. Vierzg Krone chönn er no helfe zuechemache, ume daß Eisi sih nüt z'rchlage hätt, meinte der eine Schätzer. «Ih pfif dr uf dyni vierzg Krönleni», sagte es, «du wotsch mih für e Narr ha, aber ih sötts nit merke u dr no grüseli danke; aber dä Kehr bist a dr Lätze.» Es gebe aber einen, der werde ihnen schon den Marsch machen.

Endlich, als alles, was man finden und auftreiben konnte, auf dem Papier war, fand es sich, daß wenn man das halbe Weibergut, dessen Nachgang erklärt war, abrechne, noch Vermögen heraussah, «und ds Halb mehr würde es gegeben haben, wenn sie nicht geschätzt hätten wie Schelmen und Spitzbuben», sagte Eisi seinen Vertrauten.

Sie könnten jetzt sehen, wie die Sachen stünden, sagte Eisi zu den Beteiligten, und daß es keine Rede sei, daß es hier nicht fortfahre, darum hoffe es, man werde es jetzt nicht mehr so wollen eingänterle wie bis dahin; es werde jetzt doch ungeniert gehen können über Geld und Wein und alles, was es öppe nötig hätte. Das sei in einer Wirtschaft nicht wie öppe in einem Bauernhaus, wo man nichts mangle als all Tag Erdäpfel und alle sieben Jahr, wenns gut gang, einen frischen Anzug an die Betten. Da komme alle Tage etwas Ungsinntes vor, wo man nicht Zeit habe desume z'gumpe, u de no grusam aha sött für das, wo sy müeß; so a dGnad vom ene Schnürfli möge es nit cho.

«He, wie es herauskömmt, Frau, weißt du noch nicht, es frägt sich, ob alles da ist, was Ihr schuldig seid, ich zweifle, wart ume, das wird sich bald erzeige. Es ist mir, ich hätte einen Ton gehört, wo was anderes sagt», sagte der bösere Schätzer. «Du wirst manchen Ton hören, während der Tag lang ist», sagte Eisi, «dawider bin ich nicht, aber ob der Ton von einer Kuh kömmt oder von einem Menschen, selb merkst du nicht, dafür sind deine Ohren nicht gereiset. Einmal dir sind wir nichts schuldig, gottlob; wenn wir dir einen Kreuzer schuldig gewesen wären, du wärist Tag und Nacht vor der Türe ghocket wie dr best Hushung, bis de ne gha hättist.» «Nit, nit», sagte der andere Schätzer, «das chunt neue afe wohl grob, un es wär dir nützer, Wirti, du zugist dPfyfe e chliseli y, allweg weißt du no nit, wies chunt.» «Selb wär gspässig», sagte Eisi, «wenn ih das nit wüßt, wer sötts de wüsse, u de heyt dihr ja alles uf em Papier.»

Eisi wußte gar wohl, daß das nicht so war, es kannte einzelne Ausstände ganz genau, aber kurios ist es, wie der Mensch selbst Dinge, die er weiß, sich ausreden, oder besser gesagt, ganz vernütigen kann. Eisi machte sich selbst weis, was nicht auf dem Papier stehe, das mache nichts, das wüßte ja niemand und selb brauche auch niemand zu wissen. Halb dachte es, es werd vergessen, halb hoffte es, wenn es mit den Leuten vernünftig rede, so gäbten sie die Anforderung nicht ein, sondern kämen an ihns und sein Versprechen. Kurz kurios waren Eisis Gedanken, wunderlich durcheinander, das bloß stand fest und klar vor ihm: es wolle Wirtin auf der Gnepfi bleiben, die nächsten Verwandten möchten ihm das nicht gönnen, aber wenn es sich vrfluecht wehr u ds Wüestist alles mach, su heyg das ke Not, Vrmöge syg allweg gnue da, u was da syg, syg sys, u mit dem chönn es mache, was es wolle, da heyg ihm ke Hung nüt z'bifehle. Alles nun, was dieser Überzeugung widersprach, seien es Menschen oder eigene Gedanken, eigenes Wissen, trümpfte es verflümert ab und wies es kurzweg von der Hand. Dieser Gemütszustand scheint wunderlich, fast unnatürlich, und doch, wenn die guten Leute ihre Vergangenheit erlesen wollen, so werden die Meisten finden, daß derselbe ihren eigenen Erfahrungen nicht fremd geblieben ist.

Als der bessere Schätzer Eisi auf so hohem Rosse sah und mit scharf eingelegtem Speer, so sagte er: «He nu, sei das jetzt wie es wolle, so geht das mit dem Wein und überhaupt mit dem Ybschließe üs weneli oder nüt meh a, das ist ds Massaverwalters Sach. Wenn der dich über das alles lassen will, so kann er unseretwegen, das ist seine Sache, wir haben ihm da nichts zu befehlen und nichts zu verbieten.» «Das wäre gspässig, wenn das nicht an euch wäre. Ich habe mit ihm geredet, und er hat mir gesagt, wenn ihr und die Ausgeschossenen ihm ume es paar Buechstabe welle gä uf Stempel, su mach er was me well, es syg de nit öppe, daß er Freud dra hätt, mih z'plage. Un ih han ihm wohl agseh, daß es ihm so gsi isch, vo wege, er isch e brave Ma, es wär wohl guet, es wäre all eso.»

Dawider hätte er nichts, sagte der Schätzer, er sei ihm ganz der Rechte, und wenn die Ausgeschossenen den Massaverwalter autorisieren wollten, so sei es ihm ja recht, aber wie gesagt, seye gehe es nichts an, sie seien nichts als Schätzer.

Dawider würden öppe die Manne nichts haben, meinte Eisi, sie könnten ja jetzt sehen, daß da nichts Gefährliches sei, wo noch so viel Vermögen zum Vorschein käme.

Das düech seye wunderlich, daß sie da sollten autorisieren, das sei sonst neue nicht der Brauch. Allweg täten sie es nicht von sich aus machen, sie müßten es erst der Gemeinde vorbringen; wenn dann die eintrete, so könne es ihnen auch recht sein. Als nun Eisi gegen diesen Aufschub protestierte, weil auf diese Weise ihm die Sache eingeschlossen bliebe, es wisse kein Mensch wie lange, denn bis die Mannleni dMüeh nähmten, zsämezstopfe, gehe es manchmal lange, und es habe sich verflucht und verschworen, so eingänterle, wie wenn nichts sein wäre und es zu nichts was zu sagen hätte, lasse es sich nicht, da fand unser junge Herr passend, seine Stimme zu erheben und Eisi zur Ordnung zu weisen.

Er hatte Eisi bedenklich auf die Mugge gekriegt, denn Eisi hatte ihn immerfort mit schnöder Verachtung behandelt und ihn in das schlechteste Bett gelegt, welches es im Hause hatte; er wollte das Ding ihm jetzt eintreiben.

Es werde sich dem Gesetze unterziehen müssen wie alle andern Weiber auch, wo ganz andere Vermögen aufzuweisen hätten. Die Gemeinde könne und werde nicht eintreten, sie hätte dem Massaverwalter nichts zu erlauben und nichts zu verbieten, das Gesetz spreche darüber deutlich, und wenn der Massaverwalter was wolle, so wisse er, an wen er sich zu wenden habe, sonst solle er nur das Gesetz lesen, in denen und denen Paragraphen stehe es deutlich, ein Kind könne es begreifen.

«U mih düecht de», sagte Eisi, «das gieng Euch nüt a u das söttet dr begryfe. Wenn die Manne wey, su heyt dihr nüt drnah z'frage, dihr syt nüt as e Schryberdiener u no vo de mingere eine, u de no lang nit dene Manne Vogt, u bruchet ihne nüt ga vorzcheue, was si z'tue oder nit z'tue heyge, die werde öppe, so Gott will, witziger sy, as daß si vom ene King manglete brichtet z'werde.» Unser Herr war wie gesagt noch wohl jung, hatte noch keine Nase wie das Rhinozeros ein Horn, das bekanntlich nie rot wird und vor nichts erschrickt. Er ward böse, die Lust zum Aufbegehren fehlte ihm nicht, bloß das Courage dazu, und vergessen hatte der Amtschreiber, ihn zu instruieren, wo er allfällig aufzubegehren hätte, wo aber nicht; er sagte daher bloß: «Ih wott dene Manne gar nit bifehle, ih ha bloß gseit, was im Gsetz ist, drnebe chönne si ja mache, was si guet finde, dry mischle ih mih nüt. «Selb wird ds Best sy», sagte Eisi, es düech ihns, er hätt zu ihm selber gnue z'luege, un ds Gsatz werd ihn öppe weni agah. Wenn er schryb, was me ihm bifehl, su werd er öppe nah weni angerem meh z'frage ha. Da stach unsern Mann denn doch das Puntenöri, die Amtsehre. «Verzeiht,

Frau Wirtin, da seid Ihr falsch daran, wir müssen das Gesetz kennen, und alles, was wir machen, müssen wir nach dem Gesetz machen und eben auch dazu sehen, daß alles nach dem Gesetz geht.» «Öppis Dumms eso», sagte Eisi, «da wurd me de sellig schicke! U de düecht mih no, wenn selb wär, su söttet dihr de zerst bi Euch selber luege, daß es nahm Gsatz gang u daß de Lüte nit ds Halb meh gheusche wird, as recht isch, u ghudlet ganz Nächt, daß me zletzt nit weiß, weles die größti Sau ist.» «Frau Wirtin», sagte unser Männchen, «was, mir heusche ds Halb meh, as recht ist? Das kann ich nicht so annehmen, das ist gschulte, ih vrmahne, ihr Manne.» «Siebemal cheut Ihr vrmahne, we dr weyt», sagte Eisi, das den Rummel in solchen Sachen aus Erfahrung wohl kannte, «aber ih ha nit gseit, dihr heuschet ds Halb zviel. Was zum Tüfel wettet dihr o z'heusche ha, so eine wie dihr ist froh, wenn ihm niemere nüt heuscht, ihm nit us emen iedere Hus eine oder eini nahspringt u dHang darhet.»

Das stach, jetzt ward er wirklich zornig und sagte: «Was, es lauf mir aus jedem Haus jemand nach und heyg z'heusche? Das ist nicht wahr, ich vermahne noch einmal.»

«Putzit doch zerst dOhre u trochnet se, eh dr vrmahnit!» sagte Eisi, «sust säge die Manne, dihr syget ume e Stürmi, u lache ech us. Ja lueget ume, es lächeret allsame, daß dr da vom Gsatz brichte weyt, un es eifalts Wybervölchli het ech am Hag u weiß, was ds Gsatz erlaubt z'rede u was Vrmahne ist. Es düecht mih, mi sött am Amtschryber 's la z'wüsse tue, wenn er ke Witzigere z'schicke heyg, su sött er es angermal selber cho.» Das sagte Eisi laut; was es aber im Hinausgehen brummte, daraus wußte man nichts zu machen.

Unser Herr fragte zwar rundum: «Was seyt si, was het si gseit?», aber alle sagten, si heyg neuis brummlet, selb heyge si ghört, aber vrstange, daß si öppis drus mache chönnte, selb heyge si nit.

«Aber vorhin hat mich die uvrschante Frau gescholten, daraus wird doch wohl etwas zu machen sein, so kann ich das doch nicht annehmen», sagte er.

«Ih wett das la grate», sagte einer. «Es ist es Wybervolch, u dene isch sih nit viel z'achte, am beste chunt me mit ne furt, we me tuet, als hätt me nit ghört, was si gseit hey. U de wurd me us dene Worte öppe nit emal viel chönne mache, si het nit gseit, dihr syget alle Lüte schuldig, bloß, dihr syget froh, we si Euch nüt heusche, u nit, daß dihr zviel heuschet, bloß: dihr söttit zerst bi Euch luege, u das het gar es wyts Mul, daß nit zviel gheusche wurd. Das isch e schlimmi Frau, ih chas eym säge, die cha eim ungererecke, daß me möcht nah Gott schreie, u ds Best isch doch, mi tüey nit emal drglyche, daß mes gmerkt heyg.»

«U doch e Dummi!» sagte der erbitterte angehende Herr, «sie kennt von keinen Gesetzen nichts und will in keine Ordnung sich fügen.» «Was weyt dr», sagte der Schätzer, «es ist es Wybervolch, u si heys my armi türi alli so. Was hey die de Gsetze nahzfrage, die gange se nüt an. Si heys mit em Zwänge, Zwänge ist ihres Gsatz, u was si zwänge chönne, das ist recht. Da ist nüt angers z'mache, as dr Mähre zum Aug z'luege u se öppe im Gläus z'epha, nüt la zwänge, as was me gern will, drnebe la feufi grad sy.»

«Es mahnt mih dra», sagte ein Ausgeschossener, «üse Grichtsäß chenn dSach, het er öppe selber wohl e Handligi?»

«Ebe nit», antwortete dieser, «gar e keni han ih, drum chan ih am beste öppe e unparteyischi Meinig abgä. E Vrhüratete darf nimme säge, wies ihm ist. Er hets grad wie e Landjäger mit sym Regierungsstatthalter, gäb wies ihm ist, mueß er ne doch rüehme.»

Kurz unser gute junge Herr mußte seinen Zorn verwerchen, da war niemand, der ihm Hand bieten wollte, die

Wirtin anzugreifen. Da erfuhr ers praktisch, daß er im Gsatz nicht vollständig beschlagen sei, aber noch viel weniger in der Welt Läuf und Gäng. Da ist nicht bloß der Stärcher, sondern der Meister, welcher der Stärkere scheint nicht im Recht und in der Gerechtigkeit, sondern in irgend einer irdischen Macht, im Geld, im Maul, in der Faust, in der Frechheit usw. Der wird wohl recht haben, denken die, wo schwache Gedanken haben, der dürfte sonst nicht so aufbegehren; der ist e Ruche, es ist besser, man komme dem nicht in Weg, denken die, wo die eigene Haut lieben; der hats dem Tüfels lustig gmacht, die mueß me no meh zsämereise, denken die, welche Bosheit im Leibe haben und ihre Freude daran, wenn Menschen oder Hunde sich beißen.

Und diese Läuf und Gäng findet man nicht etwa bloß unter den barfüßigen Gassenbuben und Mistauflesern, nicht bloß ein jung Schreiberlein ohne Namen und ohne Klang erfährt sie einer rauzigen Wirtin gegenüber, die sind gäng und gäb in höheren Regionen, denn wo steht geschrieben, daß die Feingekleideten oder Hochbetitelten nicht noch unterm Balg den Gassenjungen bergen? Es wollen Viele ganz bestimmte Erfahrungen in diesem Kapitel gemacht haben. Den Kürzern ziehen zu müssen, wo man das Recht ganz bestimmt auf seiner Seite weiß, tut allerdings weh, indessen muß so einer denken, er sei noch nicht auf der Höhe der Zeit. Ein sehr hoch geschnäuzter Mann hat jüngst an einem Ort, der sonst moralisch berühmt war, wo sich aber Spangrün angesetzt zu haben scheint, gesagt, das Wort «legal» sei ein relativer Begriff. Es war kein Jesuit, der das gesagt hat, sondern gerade das Gegenteil; aber bekanntlich berühren die Extreme sich. Indessen eben von dem geschnäuzten Hecht (fast hätten wir im Verschuß Held geschrieben) möchte das Wort gelten: «Vater, vergib ihm, von wegen, er wußte nicht, was er sagte»; denn möglicherweise möchte es ihm stark vorkommen, wenn er nicht bloß eine relative, sondern bestimmte Erklärung über die Worte «legal», «Begriff», «relativ» geben sollte, das heißt auf der Stelle, ohne daß er irgendwo nachschlagen oder irgendwen fragen könnte. Sei dem jedoch wie es wolle, recht hatte er allweg, denn für relativ wird der Begriff «legal» wirklich gehalten an sehr vielen Orten und bei vielen Menschen, und besonders da, wo Spangrün sich angesetzt hat an den Wänden und in den Herzen. Relativ legal handelt jeder Sauniggel, der Gunst hat, denn er wird nicht gestraft, sondern befördert, legal ist jede Ungerechtigkeit, jede Schlechtigkeit, jede Lüge, sobald sie entweder den Schutz der herrschenden Macht hat oder von der herrschenden Macht selbst ausgeht. Gottlob, vor solchem relativen Sauniggeltum schützt uns die Verfassung! «Ach großer Gott, wir arme Sünder haben schon als kleine Kinder deinem Willen widerstrebt, daß wir jetzt vor deinen Augen alle Tage minder taugen», so können aber die singen mit dem relativen Begriff, die keine Verfassung haben, höchstens eine Staatsmoral. Doch was sagen wir! Die Leute mit dem relativ legalen Begriff, die werden auch nicht mehr solche Gesänge haben, sondern freisinnige Gesänge, ungefähr wie sie in Baselland freisinnige Gebete erkannt haben. O Herrgott, vergib doch solch freisinnigen Unverstand, gib ihnen den Verstand, daß wer nicht demütig beten wolle, der gar nicht mehr beten solle; wehre, o Herrgott, dem landschäftlerischen Beten!

Aber eben auf dieser Höhe der Zeit war unsere liebe junge Seele nicht, begriff ihre Stellung nicht, die Klugheit der Andern nicht, sondern ward grimmig im Gemüte und wälzte schwere Gedanken. So manchen Tag, dachte er, hätte er den Leuten gedient und ihnen geraten, wenn sie am Hag gewesen, daß ihm selbst fast der Verstand darob ausgegangen, und jetzt am Ende diesen Dank davon! Aber warten die nur, denen wolle er es eintreiben, wenn er einmal zPlatzg komme, die dummen Kerls wüßten noch nicht, was so aus einem Schreiberlein es einmal geben könne. Einstweilen aber, bis er äußerlich was geworden, Gerichtspräsident oder gar Landammann, halte er es bei ihnen nicht aus, er wolle und müsse unter gebildete Leute, welche die Bildung und die Kenntnis zu würdigen wüßten, hätte man einen Rock an, was für einen man wolle, eigene oder geliehene Hosen, und sei man gewaschen oder nicht gewaschen. Unter solchen Leuten werde er seinen Weg machen, und solche Leute gebe es gottlob, und je näher er der Regierig sei, dest mehr Hoffnung sei für ihn, erkannt, hervorgezogen und gewürdigt zu werden. Er ward ordentlich beredt in seinem Zorn, doch wohlverstanden bloß innerlich, nicht äußerlich, und wenn ein Anstand kam, so salbete er sein Gedankenrad mit Wein, bis es wieder in Schwung kam. Begreiflich hat aber auch die schönste Rede ein Ende und hintendrein ein Punktum. Als unser junge Herr bis zu demselben gelangt war, stund er auf, griff nach dem abgestandenen Ridikül der Frau Amtschreiberin, das nun in Staatsdienst übergegangen war, weil es privatim nicht mehr taugte, und packte ein alles, was er laut Instruktion mitnehmen sollte. Auf die Mahnung, er solle nicht pressiere, er komme noch immer heim, gab er keine Antwort, sondern nahm kurz Abschied, wie es jungen empfindlichen, schönen Gemütern eigen ist, und Eisi übersah er ganz.

Aber Eisi war eine Weltfrau, wie bekannt, konnte sich fassen. Zudem gibt das Siegsgefühl zuweilen den Anstrich von Gutmütigkeit. «He, he», sagte es, als der junge Herr ohne Abschied von dannen wollte, «so wey mr doch nit von enangere, das wär sih doch dr wert, taub z'sy über eangere wege es paar Wörtlene! Seh kömit, mr wey no Gsundheit mache, ih ha da no e Maß Bessere brunge, we si mr scho alle vrmacht u vrsieglet hey. Seh chömit u tüet Bscheid, un es angers Mal redet am ene arme Witfraueli z'best u nit z'böst, sust geyhts nit guet i dr Welt, u dihr werdit doch nit Euer Lebtig ume so e Schryberdiener welle blybe.» Er mußte Bescheid tun, er mochte wollen oder nicht, aber den Groll vergaß er darob nicht, nichts verletzt solche Gemüter giftiger als eine Überlegenheit, die einem entgegentritt, wo man seiner Stellung nach sich überlegen glaubt, eine Überlegenheit, die man legal zu überwältigen keine Kraft in sich hat.

Sobald er aus dem Hause war, glimmte der Zorn auf, und jeder Schritt, den er tat, blies ihn stärker an. Nur war er zornig über sich selbst, daß er der dummen, hochmütigen Frau nicht erstlich die Kutteln gewaschen und zweitens ihren gelben, geschwefelten Wein, wo ihm ganz wunderlich mache, ins Gesicht geschüttet hätte. Es dünkte ihn je länger je mehr, es werde ihm ganz schlimm, und wenn er nicht was mache, so hätte er vielleicht morgen Kopfweh, und wie dann das wichtige Geschäft, die Erstlinge seiner Weisheit, ins Reine bringen? Wenn er vielleicht noch was nehmen würde, so würde ihm das wieder wohl machen, dachte er. Erst dachte er an kaltes Wasser, aber das mache gerne den Husten und bsunderbar im Winter und so ins Laufen hinein, dachte er. Öppis muß doch sein, dachte er, aber während dem Werweisen war er bei mehreren Wirtschaften vorbeigekommen, und er kannte keine mehr als die, wo Änneli Süßlächt Schenkkönigin war. Dem Säumeitschi tät ers nit zGfalle, dachte er, es könnte sonst gar meinen, er käme seinetwegen; aber wunder nähmte es ihn doch, was es für ein Gesicht machen würde, ob es ihm vielleicht nicht leid sei, daß es grob und mutz mit ihm gewesen, er brauche sich ja seiner auch nicht zu achten, und schnauze werde er zuletzt auch können, wenn es sein müsse; ja gerade wenn er gehe, zeige er, daß ihm so an einer Gäxnase nichts gelegen sei. Die Logik war nicht schlecht, wie überhaupt die meisten Menschen stark in der natürlichen Logik sind, das heißt mit bündigen Schlüssen beweisen können, daß sie gerade das um der Vernunft oder um der Religion willen tun müssen, wozu sie eben am besten aufgelegt sind oder durch fleischliche Lüste getrieben werden. Diese Logik ist nicht bloß gut, sondern sie trägt zumeist auch den Sieg davon; was sie bewiesen hat, das führt sie auch aus; so tat sie auch bei unserm jungen Herrn, wie sich auch der alte dreitägige Groll gegen sie auflehnen mochte. Ja er entschloß sich, z'grob machen wolle er es nicht, er bigehre nicht, daß es öppe z'teuf gryf, u so bim ene Meitschi chönn me nie wüsse; er heyg scho mängisch ghört, so Meitscheni syge gar zarti Wese, obschon me dr Amtschrybere u dr Donnstigs Wirti nit agseh sött, daß das o zarti Meitscheni gsi wäre.

So trat unser junge Herr in Gedanken wohlgerüstet ein. Er sah zu seinem Schrecken akkurat die gleichen Majestäten da wie das vorige Mal und bsunderbar alert und lustig Änneli Süßlächt unter ihnen herumschwirren und gugeln mit ihnen. Das verletzte ihn schon, indessen faßte er sich, trat näher, und ohne Gruß sagte er: Er möchte einen halben Schoppen und für einen halben Batzen Zuckerwasser. Änneli wandte sich schnippisch und spöttisch zu ihm und sagte: «Öppis Dumms eso! Ih ha myr Lebtig no niemere für e halbe Batze Zuckerwasser gä!» Aber er wolle drum grad für e sövel, meh mach ihm nit wohl, anwortete unser Herr. «He mira», sagte Änneli, «mi chas mache, aber öppe ds Tüfels süeß wirds nit sy.» Als es die Sachen brachte, sah es die Majestäten spotten und lachen, und wenn man Beifall weiß, so juckt es einen gerne zu einem Witz («Habs selbst erfahren», sagte einmal ein Gelehrter). «Da habt Ihr aber das schöne Säckli bei Euch, was tusigs heyt Ihr geng mit eme Säckli desume z'laufe, traget dr öppe dr Frau Amtschrybere dEyer zsäme?» frug das schnippische Änneli und rieb vor ihm stehend rüstig die Hände. «Nei, Jungfer Süeßlächt», sagte er zornig zum Zerspringen, «das schickte sich besser für Euch als für mich, dihr würdet ech o besser druf verstah als ich.» «Das wär no dFrag», sagte Änneli, «u de, we dihrs nit vrstundet, su wurd ech die öppe scho brichte, die söll ech neue brav i dr Kur ha, heißts.» Was nit i sys Fach ghöre, sagte er, da lay er sih nit brichte, und er heyg wichtigere Gschäft als so. «He nu so de, mira», sagte Änneli kaltblütig und wandte sich kaltblütig den Majestäten zu.

Es wollte unserm jungen Herrn fast den Kopf obenabsprengen vor Zorn, davon nahm Änneli keine Notiz, es schäkerte und lachte und, wie unser Herr Ursache hatte zu meinen, über ihn. Er trank sehr langsam, weil er hoffte, Änneli werde in seine Nähe kommen, dann wollte er ihm was verfluxt Uverschants sagen, das es sein Lebtag in der Nase hätte; er sann stark darüber nach, allein weil es nie kam, so hinderte ihn die Täubi am Denken. Endlich gings ihm doch zu lang, er frug, was er schuldig sei, aber zweimal mußte er fragen, ehe Änneli es einmal hörte, endlich antwortete es ihm, aber nur so über die Achsel aus der Mitte der Stube, dieweilen es eben mit einer Majestät sprach. So mußte die arme Seele gehen, ehe er was recht Uvrschants ersinnet und angebracht hatte, und bereute bitterlich die Logik, welche ihn hiehergebracht, und die zwei Batzen, welche er vertan hatte, u hell zUnutz, denn das heyg ihm du erst nit wohl gmacht.

Ume eys syg, das ne trösti: Dem Täschli heyg er eys glängt, es heyg lang dra gworget, er heygs wohl gmerkt, wenns scho nüt derglyche ta heyg. «Nei, Jungfer Süeßlächt», heyg er ihm gseyt, «das schickti sih besser für Euch as für mih.» Ume schad sygs, daß er ihm das nit heyg chönne säge, wo er heyg welle ersinne, das wär no viel vrflüechter gsi.

ZWÖLFTES KAPITEL

Wie Eisi auf das Benefizium den Krapel kriegt und zu interessanten Aufschlüssen kömmt

Das Benefizium-Inventari lief also, und der Amtschreiber schrieb Briefe, so viel er konnte, das Stück zu vier Batzen. Doch war er ärgerlich, dieser Posten gab bei weitem nicht aus, wie man hätte erwarten sollen, dieweil eben im Hausbuch nicht viel aufgeschrieben war, und gar oft die Namen der Betreffenden unkenntlich; ein ärgeres Donnstigs Hudelbuch sei ihm sein Lebtag nicht unter die Finger gekommen, sagte er.

Eisi lebte während dem Verlauf nicht übel zweg. Die Siegel wurden ihm freilich nicht abgenommen, aber eben besonders scharf war der Massaverwalter nicht. Den Wein, den er ihm zumaß, mußte es ungefähr im Ankaufpreis bezahlen, beim Verwirten blieb ihm also immer ein Stück Geld in der Hand. Im Notfall kannte es in den Fässern Zügeli, an die der Massaverwalter nicht dachte, von denen er wahrscheinlich nichts wußte. Was ihns am täubsten machte, das waren die Gumene, über die ließ es lange Zylete ab, daß man ordentlich Angst kriegte, es hänge alles aneinander, es könne nicht mehr aufhören, bis es ersticke. Von den vielen, die sonst zu ihnen gekommen waren, zeigte sich selten einer mehr in seinem Hause. Dagegen hatte es den Zorn, sie in der Speisewirtschaft vorfahren zu sehen, mußte sehen, wie die Wirtin sie freundlich und zärtlich empfing und manchmal nach Stunden erst und dann noch zärtlicher und freundlicher verabscheidete. Das konnte es fast nicht vertragen, es dünkte ihns manchmal, es müsse erworgen. Das wären jetzt die Herrchen, die so schön getan hätten, so treuherzig, als ob es ihnen nicht ums Geld sei, sondern nur um ihre Freundschaft, als ob Steffen und absonderlich Eisi ihnen die liebsten Leute seien auf dem ganzen Erdboden. Das waren die, denen Eisi so gut aufgewartet, so wenig gefordert hatte, die manchmal so gnietig wurden nach Mitternacht, sürfelten und stürmten und doch nicht zu Bette wollten, denen es so oft mit Kamillentee helfen mußte oder mit einer sauern Leber den sturmen Kopf und schlechten Magen doktern. Die alle fuhren vorbei und sahen nicht einmal hin, taten drüben schön, die –, und Titel kamen aus Eisis Mund, so lang und saftig fast wie Bandwürmer.

Und wenn zuweilen auch einer sich bei ihm zeigte, so tat er so fremd und unheimlich, hatte weder Ruhe noch Bleiben, tat, als ob er krätzig wäre oder gestohlen hätte, fragte wunderliche Sachen, und wenn Eisi ihn fragte, warum er den bestellten Wein nicht sende, so hatte er Ausreden, und wenn es ihm vortrug, was sie ihm etwa noch schuldig sein möchten, das solle er nicht angeben, es wolle ihn nach und nach bezahlen, es solle ihm nicht fehlen, so brummelte er verblümte Redensarten, aus denen Eisi wenig machen konnte; die Weltschen sagten sogar: «Oui, oui, madame, n'ayez pas peur!» Dann machten sie sich nach einem flüchtigen Viertelstündchen und einem lumpichten halben Schoppen fort und wohin? Hinüber in die Speisewirtschaft, saßen dort stundenlang und verhandelten es wahrscheinlich und lachten es aus. Wenn das nicht ist für einer Frau das Herz abzudrücken, so weiß ich nichts mehr, das gut wäre dafür. Andere Freunde machten es ähnlich: solche, die sonst dagesessen hatten bis nach Mitternacht, alle Tage, zeigten sich selten mehr, kaum einmal in der Woche, und die, welche in der letzten Nacht mit Steffen gespielt hatten bis nach Mitternacht, die sah man, wenns dunkel war, nie mehr in diesem Hause, hie und da zwickte einer derselben rasch einen halben Schoppen bei Eisi, aber selten.

Was das für ein Leben, für ein Dabeisein ist, und namentlich für eine Frau, und zwar für eine hochmütige, hoffärtige, heißblütige, wenn sie nicht bloß sehen muß, wie die Leute sich von ihr wenden, sondern wenn sie sehen muß, wie sie gegenüber bei ihrer Todfeindin einkehren, dort sitzen und bleiben einen lieben langen Abend durch, während es öde und einsam bleibt im eigenen Hause!

Was das für ein heiß, bitter Sitzen ist, einen lieben langen Abend durch in weiter, öder Gaststube, alleine mit seinem Zorn, seinem Groll, drüben aber in des Feindes Haus erleuchtete Fenster und hinter denselben ein bunt Gewimmel!

Was da für Gedanken auf- und niedersteigen müssen von fünf bis zehn Uhr einen langen Winterabend durch, beim düstern Schimmer einer verglimmenden mageren Kerze! Das sind nicht Engel, welche aus offenem Himmel auf- und niedersteigen, das sind schwarze, trübe Schatten, welche an der Seele vorüberstreichen, Gespenster, die durchs öde, schwarze Moor schweben, ein Grauen der Wanderer. Was so ein arm, verlassen und doch hoffärtig und hochmütig Weib alles sinnen muß in öder Einsamkeit, wie da Vergangenheit, Gegenwart, Zukunft sich durcheinanderschlingen, dreien Schlangen gleich, die, grausig durcheinandergewunden, sich ringeln um einen zuckenden Menschenleib und dreiköpfig ihm ins Auge züngeln! Wie es da vor ihm aufsteigt, was alles da gewesen, und wie schön es gegangen, und wie viel Gutes man dem erwiesen und wie viel Geduld jenem, und wie die es jetzt machten, wie sie jetzt noch Freude hätten, mit den ärgsten Feinden zusammenspielten, und was sie einem noch alles tun würden, wenn sie könnten, und wie daran niemand schuld sei als der Mann, der gestorben! Der sei ein Löhl gewesen, hätte sie da hineingewerchet, allen Leuten geglaubt, nur der Frau nicht. Aber warten die nur, es komme auch eine Zeit, wo man denen daran denken, es eintreiben wolle, daß sie daran zu denken hätten ihr Leben lang! Und bei diesen bestimmtern Gedanken dann doch, einem formlosen Nebel gleich, einer schwarzen, einförmigen Wolkendecke, ein düster Bangen, wie es kommen werde, ob man sich durchschlagen könne durch die vermeintlichen Feinde, oder ob man zBoden müsse, ungerecht durch Übermacht und Spitzbüberei bezwungen? Das alles sind heiße, brennende Gedanken, züngelnde Schlangenzungen, ein Verzehren in Rachsucht und Zorn, eine geistige Höllenpein. Von der eigentlichen Reue, der Einkehr in sich selbst, dem Erkennen der eigenen Schuld, dem tiefen Weh über sein eigen Wesen ist dabei keine Spur, darum ist auch kein rechter Trost da, bloß ein öder, in die Luft gebauter, der auf Hoffnungen der Rache ruht, da ist kein Erheben des neuen Menschen aus dem von Tränen der Reue erweichten und befruchteten Seelengrund, da ist nichts als ein verzweifelnd Umsichschlagen eines Geschöpfes, das in den letzten Zügen liegt, das blind nach dem Aste schlägt, an dem es sich retten könnte aus dem gähnenden Abgrunde, wenn es ihn ergreifen würde, statt nach ihm zu schlagen. Man denke sich nun einen solchen heißen, glühenden Gedankenstrom, einem glühenden Lavaflusse vergleichbar, der alle Tage zur nämlichen Stunde heraufrauscht, brennend und sprühend durch die Seele strömt, oft erst in den ersten Morgenstrahlen verglüht, man denke, wie tief der sein Bette sich ausbrennt, wie dürre die Seele werden muß, wie glühend die geistige Höllenpein!

Wenn dann schon zuweilen ein paar Schnapsbrüder kamen und an einem halben Schoppen Herdöpfler einige Stunden lurggeten, so war das nur Öl ins Feuer, und heißer und mächtiger rauschte der feurige Strom durch Eisis Seele. Die vertaten in vier Stunden vielleicht vier Batzen, an den vier Batzen hatte es einen Batzen Profit und dabei fast für so viel Licht gebraucht, das war seine Herrlichkeit, vielleicht einen

Kreuzer Gewinn selben Abend, und drüben glänzten zwei, vielleicht sechs Lichter und hinter denselben ein bunt Gewimmel.

Wenn gar niemand da war, dann kam wohl Anne Liseli hinein, schmiegte an die Mutter sich und sagte endlich: «Ach Müetti, es ist mr wieder so angst um e Ätti, weiß nit warum, aber fast all Abe chunts mih a, daß ih nüt möcht as bete u briegge. Müetti, wettisch mr nit helfe für en Ätti bete, dAngst vrgeyht mr de, u wenn ih de schlafe, su düechts mih de geng, ih ghör dEngeli singe im Himmel, o Müetti, so schön, so schön, ih cha allbets nit gnue lose.» Gewöhnlich weigerte Eisi sich anfänglich; wie heiß seine Gedanken auch brannten, an das Feuer hatte es sich gewohnt, es löschte es nicht einmal gerne aus, und immer noch wars ihm, als ob jemand das Beten ihm wehre, als ob ihm die Worte im Halse anschwellten, als ob es sich schämen müßte, es wußte freilich nicht vor wem. «Gang mr jetz, chähr mr nit, erst vorgester ha dr ja ghulfe, schwyg mr jetz! Anne Bäbi söll, ghörst, ih wott nit, wotsch jetz oder wotsch nit, oder soll dr ds Füdle erhaue?» Aber Anne Liseli setzte nicht ab, es sagte, Anne Bäbi sei nicht da, es flattierte der Mutter, der ja niemand mehr flattierte als ihr Anne Liseli, und wem täte Flattieren nicht wohl? Si söll ume afe lose, äs well afa u säge, was es chönn. Und hatte Anne Liseli es so weit gebracht, so wußte es wohl, Mutter betete zuletzt auch, und wenn auch die ersten Worte kamen wie einzelne Regentropfen nach langer Tröckene, langsam, eins lange nach dem andern, sie kamen am Ende doch alle und wirklich rascher und geläufiger und manchmal nicht einmal alle im gleichen Tone, sondern es war zuweilen wirklich, als ob Eisi in das eine oder andere Wort etwas gelegt hätte, das im andern nicht war. Und nicht bloß das, es ward dabei Eisi wirklich wohler, es war ihm, als versiege der heiße Strom beim Quellen des Gebetes, es ward ihm milder und linder ums Herz, es wechselte freundliche Worte mit Anne Liseli und sah drüben die hellen Fenster nicht. Ja es war ihm manchmal, als rinne ihm was die Backen ab, als werde es ihm innerlich ganz wunderlich; dann gab es wohl Anne Liseli ein Müntschi und frug ihns: «Mast öppe es Bitzli Wurst un es Tröpfli Wy, su sägs, drnah will dih de is Bett tue, wenn Anne Bäbi nit da isch.»

Und wenn es dann zu Bette war und Eisi fortwollte und Anne Liseli sagte: «Wart no, Müetti, no bete», so wartete Eisi, betete nach, seufzte wohl dabei, und wenn ihm Steffen derweilen in Sinn kam, so war doch kein Groll bei dem Gedanken. Kinder werden als Heiden geboren, sie müssen vor etwas Sichtbarem beten, das heißt ein wirklich Wesen muß ihnen gleichsam zuhanden des unsichtbaren Gottes ihr Gebet abnehmen. Sagt man ihnen später, wenn der Leib gewachsen, diese Kulturstufe aber geistig nicht überwunden, verklärt ist: «Bist jetzt afe große, chast selber bete, wenn ih scho nit geng drby bi», so hört das Beten auf; sie wissen nicht, was Beten abtragen sollte, hört es doch niemand mehr! Daß der innere Mensch nicht im gleichen Verhältnis wie der äußere wächst, wird allezeit vergessen, wird ja doch auch immer und immer vergessen, daß Kenntnisse nicht Bildung sind, daß industrielles Streben an sich kein christliches ist, daß in der Ausbeutung der Erde man das Himmelreich nicht findet, daß die dem Menschen verheißene Krone nicht dem wird, der Herr der Elemente, sondern der Herr seiner selbst wird, nicht dem, der die Gesetze erkennt, welche Gott in die Welt gelegt, sondern dem, der die Gesetze erkennt und faßt, nach denen die Seele der Menschen zur Seligkeit kömmt.

Wenn aber endlich Anne Liseli verstummte, seine Äugelein sich schlossen, die Engelein niederstiegen vor seine Seele, himmlische Lieder sangen und mit Wonne sie füllten, und

Eisi ging wieder in die vordere Stube, sah drüben die hellen Fenster, dahinter das bunte Gewimmel, dann siedete neu auf der heiße, versengende Strom, und jeder lebendige Keim, der sich geregt hatte in seiner Seele, verwandelte sich in einen feurigen Springbrunnen, und es düechte Eisi, es wohle ihm nimmer, bis es einmal hinübergehe, allen wüst sage nach Herzenslust und die Donners Dorftäsche unter den Tisch schlage, daß sie vierzehn Tage lang nit meh füre mög. Wenn dann die in der Gaststube hängende Schwarzwälderuhr Stunde um Stunde schlug und endlich die zehnte, drüben es immer heller ward statt dunkler, darob die eilfte Stunde schlug, endlich die zwölfte, ohne daß der Glanz drüben viel trüber wurde, was da Eisi verwerchen mußte, kaum glüht der Ofen in einer Eisenschmelze heißer, als der Zorn glühte in Eisis Brust, und je heißer es ward, desto fester war es gebannt in seine vordere Stube, fast wie ein Geist, der was hüten muß und erst zur Ruhe darf, wenn der Hahn kräht. Es mußte die Fenster drüben hüten, bis der letzte Gast entwichen, bis das letzte Licht verlöscht war. Aber wie zornig derweilen die feurigen Wellen durch seine Seele rollten, das faßt niemand als ein eifersüchtig Weib.

So einer gehe alles an, aber man wisse warum; in ehrlichen Häusern herrsche das Gesetz, um zehn Uhr müsse Feierabend sein, aber bei so einer Dolders Täsche liege alles unter einer Decke, darunter könne sie machen, was sie wolle. Das sei afe e Ornig; wes so chömm, de guet Nacht! Aber mi wüß warum; we me glaub, es syg am e Ort e rechte Ma, su mach e selligi Täsche ihm Dreck i dAuge, daß er am heiterhelle Tag nüt meh gsech, vrschwyge um Mittinacht. Wohl, sie hätten es so treiben sollen, me hätt ne wurde! Das gute Eisi vergaß, daß sie in ihrer Glanzzeit ebenfalls gemacht hatten, was sie konnten, daß sie ebenfalls diesem oder jenem Dreck in die Augen gemacht und grüslich aufbegehrt hatten, wenn zur Selteni einer sie in Verlegenheit gebracht hatte. In Kosten kann man kaum sagen, denn Bußen derhalb waren nicht der Rede wert, und wenn die zweite acht Franken betragen hatte, so kostete die dritte vielleicht nicht mehr als einige gute Flaschen, dieweil die Anzeige nicht begründet gewesen. Und wie sie dann gelacht, den Anzeiger ausgespottet, gerühmt hatten, daß es doch noch vernünftigere und bessermeinende Leute gebe als solche Spitzbuben, welche nur darauf ausgingen, die Leute ins Unglück zu bringen!

Es ist sehr merkwürdig, zu welcher Tiefe die Achtung vor den Gesetzen gesunken ist an vielen unnennbaren Orten; Gesetze seien nichts als e Donners Zwang, ein verfluchter Hemmschuh persönlicher Freiheit, laut welcher jeder machen könne, was er wolle, so sieht man die Gesetze an. Wer Übertretungen der Gesetze anzeigt, ist ein Unglücksmacher; so nennt man ihn, als solchen verfolgt man ihn. Wer die Anzeigen zu berücksichtigen hat, die Übertretungen zu strafen hätte, muß denken, er müsse nach der herrschenden Meinung sich richten, die Meinung des Volkes ehren, die Majorität, die Freiheit, die schöne, den Unglücksmachern den Marsch machen und lange Nasen, wo es möglich sei. «Das ist prächtig so, das ist herrlich, ganz dem Zeitgeist angemessen», so urteilt man eben an jenen unnennbaren Orten. Diese Ansicht führt aber in ein unnennbares Elend hinein, und namentlich in das, daß jede Regierung an diesen unnennbaren Orten auf faulen Füßen steht und auch bei schwachen Windstößen überpurzelt. Das müssen auch die Glieder solcher Regierungen fühlen, zappeln erbärmlich beim leisesten Zephir, suchen die Segel zu richten und drehen die Mäntel, hilft aber all nichts. Und wenn es auch hülfe, was hülfe es ihnen? Was hülfe es ihnen, wenn sie die Menschengunst erniederträchtigen könnten bis ins Grab durch den

Verrat der Gesetze Gottes? Im Grabe faßt sie dann ein Anderer, der immer der Gleiche ist und sich nicht verraten läßt. Was er mit ihnen macht, wissen wir nicht. Vielleicht setzt er sie grittlige auf Wolken und läßt sie hin- und herjagen durch die Himmelsräume, durch alle himmlischen Winde, und zwar in alle Ewigkeit, und zwar ohne Speise und Trank.

An dieses Auslachen, wenn den Unglücksmachern Nasen gedreht wurden, an den Jubel, daß man nicht mehr so in verfluchter Tyrannei sei, dachte Eisi nicht mehr, das hatte es rein vergessen, es hatte mit veränderter Lage ganz andere Ansichten gekriegt, hatte seine Grundsätze geläutert, und zwar ohne daß es es wußte, es hätte, wenn es geistlich gesinnt, das heißt in geistlichen Redensarten geübt gewesen wäre, sagen können, der Herr gebe es den Seinen im Schlaf. So redete aber Eisi nicht, sondern es fluchte jämmerlich in sich selbst hinein oder an die kalten Scheiben über alle dabei Beteiligten und verschwor sich bei allen Heiligen, bei einer solchen Hudelordnig, wo dHuere Küng syge u sLumpepack Meister, chönns nit gah, da chömm zletzt dr Tüfel u nähm die ganze Pastete.

Wenn dann endlich drüben die Lichter erloschen, so suchte Eisi wohl sein Bett, aber Ruhe fand es selten, es sei dann, daß es sein eigener Gast gewesen; doch dieses war nicht Regel. Eisi lebte gerne gut, aber apart trinken, dazu hatte es den Hang, die Anlage nicht; wenn es sie gehabt hätte, so hätte es ihr begreiflich nicht widerstanden. Aber wie soll Ruhe über den Leib kommen, wenn die Seele im Aufruhr ist, daß ihre Ufer, der ganze Leib, erzittert?

So verwerchete Eisi einige Wochen, ohne daß es viel ans Benefizium dachte, außer insoweit, daß es dessen Ende herbeiwünschte, weil es seine Einsamkeit nur demselben zuschrieb und den Lügen der Täsche drüben, die, wie zuweilen ein Weib, das verstohlen sich bei Eisi einschlich, sagte, nichts anders berichtete, als wie es einen grusamen Geltstag geben und an denen Hoffartsnarre ein Sündengeld verloren gehen werde. Das regte Eisis Zorn allemal neu auf. Es hatte sich anfänglich wohl erkundigt, wie es stehe mit dem Benefizi, aber gehört, es sei nichts eingegangen, das neuis dr wert sei. Da sehe man, hatte es gesagt, wie man es in ungerechtem Verdacht gehabt, es wolle verheimen. Wenn die Leute was zu fordern hätten, so hätte ja jeder der Erste sein, Keiner warten wollen bis zuletzt, wo er ja griskiert hätt, nüt meh z'übercho. Es nahms wohl zuweilen wunder, ob dieser oder jener, dem es angehalten, er solle nicht eingeben, ob der, welcher gesagt hatte: «N'ayez pas peur, madame!» sein Versprechen gehalten oder nicht. Indessen hätte es sich doch nicht dafür gehalten, daß es hätte fragen lassen oder gar selbst zu fragen gegangen wäre. Die würden schön lachen, dachte es, und meinen, wie angst ihm sei und es stehe selbst im Glauben, dSach überhey. O je nei, die Schreiberleni müßten es nicht auslachen oder gar abputzen, es mög dr Sach wohl erwarte! Luege si ume zue, was si mache!

Da kam eines Abends, als Eisi abermals einen Zorn verwerchete ohnegleichen, denn nicht weniger als zwei Weingumene und einen Weinherrn wußte es drüben, und keiner setzte einen Fuß zu ihm, die gedachte wohlmeinende Frau geschlichen, die allenthalben obenauf war wie ein Pantoffelzapfen. Sie wußte unter dem Scheine der Gutmeinenheit den Leuten Sachen zu sagen, die ihnen fast übel machten, so wie man die greulichsten Wurmmittel zum Beispiel den Kindern einhüllt in süße Latwerge. «Du gueti Frau», sagte diese zu Eisi, «bist aber eleini, du chast mih doch afe dure, wie ungwahns mueß dr doch das sy, allbets so viel Lüt u jetz niemere! He nu, es geyht so i dr Welt, si kehrt sih, seit me. U zletsch, wes no so blieb, wies jetzt wär, su wärs dr no z'gönne, aber ih ha hüt e Ton ghört, du chast mih doch afe dure, du armi Frau, was de bist». «Das wird aber neuis Dumms sy vo dr Blättere, e vrfluechti Lugi, wo si erheyt un erloge het! Seh, füre mit! Einist mueß es doch sy, gsehn ih wohl, daß ih dr Herreschleipfe dHaar us em Gring schryße u ere dZähng acheschla, daß si se i de Schuehne mueß sueche. Seh, füre mit, Trini!» «Darf wäger schier nit, los Frau, du durist mih viel z'fast. U de mein de nit öppe, ih heygs vo dere däne. Bhüetis, die redt nüt mit mir, u we si scho wett, su wett ih nit, meh weder es Jahr hey mr enangere nit emal meh guete Tag gseit uf dr Gaß. Si hasset mih gar grusam, si mas nit erlyde, wes neuere guet mit dir meint.» «Seh, stürm mr nit e halbi Nacht wie dr Sigrist zu W., won er het welle lehre lüte; säg, was ists, su weiß ihs einist.» «Lue, Wirti, ih sött schwyge, vo wege, wes de nit wär, su macht es dr ume z'leerem Vrdruß, u mügli ischs, daß nüt a dr Sach isch, vo wege, es chunt vo dere däne, aber mir het sis nit gseit.» «Wie weisch es de?» fragte Eisi schnauzig.

«He, wie weiß ihs! Dä halb Tag, he es isch grad gsi, wo si mit der Kuppele Säu da duregfahre sy, bin ih zum Bach u ha neuis welle schwäyche, su chunt grad Säbelgrits Nähyere vrby u het neuis unger em Fürte. Ih traue, es syg e Halbi Brönz gsi, si säge geng, si nähms vrfluecht gern, daß si mängist längs Stück ihres Fürte un es Hemmli oder was si uf dr Schoß heyg, zsämenähy, daß mes fast nit meh von enangere mache chönn. Si säge, daß si für Tüfels Gwalt ihri Nase heyg welle an es Göller schnurpfe oder süst a neuis. Si schleipft e Schuehmacher desume, u ganz halb Tag söll er by re hocke, säge dLehrmeitscheni, dä wird ere ds Geld gä ha für ga e Halbi z'reyche. Die geyht vrby u stellt sih by mr. Mr rede sust nüt mit enangere, du weißt, mr hasse enangere, du weißt, wie si mrs einist gmacht het i dr Chile, wo si i üse Bank borzet isch für ds Tüfels Gwalt u zvorderist abghocket un ihres Gschir ychedrückt het, as wärs e Ysewegge, un ume wil si es neus Tschöpli agha hät u se dBuebe recht hätte solle gschaue. Jawolle, die schwarzi Gränne, si het mr fast Plätze abdrückt ds selbist, vo wege, ih bi eigetlig zvorderist ghocket gsi, du weißt, u sider hasse mr enangere. Wo die sih du stellt, denke ih: Was wott die, daß die wieder wott afa rede? U won ih du ufluege, gsehn ih du, daß si neuis unger em Fürte het, un es isch mr grad zSinn cho was, u ha du däycht, si syg öppe hie gsi u heyg ihri Sach by dir greycht u du heygist ere neuis für mih gseit, we si mih öppe gseh sött, u ha Bscheid u Antwort gä, wos gfragt het: ‚Machst suber?‘ ‚Ih sött‘, han ih gseit. ‚Bist neue usgsi, Grit?‘ han ih du gseit. ‚Ha neuis müesse reyche‘, hets du gseit. ‚Wirst bi Steffes Eisi gsi sy?‘ han ih du gseit, ‚ists zweg?‘ ‚Nei, ih bi bi diesere gsi, mi machts dert geng ds Halb besser‘, seit das Täschli. U wie ih ihm du druf wott diene, wies sih ghört hätt, seits du: ‚Ja, u was die mr gseit het, weißts o? Nei aber, wien ih glost ha, has zwar geng denkt, das chömm eso, u has o mängist gseit zu myne Lüte‘, seit die schwarzi Gränne. ‚Weiß aparti nüt‘, han ih du gseit. Hätt gern gseit: ‚Weder was all Lüt säge, daß die, wo ihm ds Brönz gä heyg, i alle Lüte Mülere syg wege ihrem Gschleipf.‘» «Warum hests nit gseit?» fragte Eisi. «Hätt nit möge zPlatzg cho», antwortete Trini. «Das wär dr Tüfel, wes dr Ärst gsi wär!» antwortete Eisi. «Los, wäger nit, u fueßwarms hätti die Täsche ’s umegseit, u däych, mys Ättis Brueders Sohn hechlet dert. Aber los jetz, was es du seyt, aber wäger, ih darf drs fast nit säge. ‚Denk, was ih vrno ha,‘ seyt du die Täsche, ‚dWirti het mrs gseit. Jetzt sygs am Tag, wies dem Hoffartsnarr dert äne, wo se geng am Fenster usgrännet heyg, gang, die chönn jetz ds Säckli näh u dr Gottswille ga heusche. Da chönn me doch no gseh, daß e grechte Gott im Himmel syg. Es gäb e Geltstag, vo de grüslichste eine, viel, viel tusig Pfung syge zweni.‘ Wo das Täschli das seyt, ist mr du ds Für dur e Gring gschosse, u du sägen ih, das syg erheyt un erloge. ‚Wes wär, su müeßt ihs doch o wüsse! Es gange ja kener Schulde y‘, han ih du gseit. Da lachet du das Mönsch, oh ih bi so taubs worde, ih hätt ihm möge a Gring schieße, u seyt du: ‚Da bist schints lätz brichtet oder tuest ume drglyche. Ja, im Afang syg weni ygange, dLüt heyge däycht, si welle mit dr Sach nit pressiere, es syg zletzt no früeh gnue. Wers nit chennt, wies dLüt mache, hätt chönne glaube, dSach wär nit sövli bös. Aber die letzte drei Tag, du wohl, du syg es du cho, es syg e schröckligi Sach gsi, si heyge dPost bal nit möge gfüehre, so syge Briefe cho inn use, un dAmtschryberei syg geng gstocket voll Lüt gsi, dr Grichtschryber heyg sih geng hinger enangere vrfluecht, so heyg ers nie erlebt, u wenn das no länger währe sött, su lief er furt, daß ne ke Hung meh gsecht, vo wege, lebig gstieng ers nit länger us. Und hüt oder morn erst gangs us, aber es syg scho gester so grüslich viel gsi, daß wo sis heyge welle zsämerechne, längs Stück ’s keine chönne heyg.‘ Wohl, du ists mr du nimme z’helfe gsi; jetz sölls schwyge, han ih ihm du gseit, sust chömms de usufer da dänne, ih wells lehre, so ga z’lüge u dLüt verlümde, jawolle! Du seyts du, es lüg nit, es heygs nit ersinnet, si dinne heygs gseit für e gwüssi Wahrheit, si heygs selber gseh, u nit menge Tag werds gah, so werdes dKüehyer u dMäritlüt brichte. So hets gseit u geyht du u lat mih am Bach stah wien e Mulaff, u won ih du endlig ds Mul wieder zsämebringe cha un ihm o so recht vaterländisch wüest säge wott, su isch es du scho wyt eweg gsi. Jetz han ih däycht, ich wells dr cho säge, damit du gsehst, wie wüest u lugethaft dLüt afe sy, u wed öppe e Ton ghörist drvo, de grad wüssist, us welem Loch er chunt. A der Sach wird nüt sy, natürlich, oder häst du öppe o neuis vrno?» frug Trini und machte ganz spitzige Augen zu der Frage.

In Eisi stritten Zorn und Angst und schnürten ihm den

Hals zusammen, aber der Zorn überwand die Angst, der Unglaube an seine Zustände, welchen der Hochmut ihm eingeredet hatte, der war noch nicht erschüttert. Es sollte niemand von ihm reden, was es selbst nicht glaubte; es wäre alsobald hinübergestürzt und hätte dem Tüfel vo Lugnere dZähng hingeregschlage, daß sie se in den Schuhnen hätte müesse zsämelese, wenn Trini ihm nicht in Weg gestanden, dr tusig Gottswille angehalten hätte, es solle doch ja das nicht machen, es chömm zwüsche yche u müeß sih de etgelte u sys Vaters Brueders Sohn. U de söll es ne doch däne dFreud nit mache, es syge Gumene däne und angers Herregschmäus no meh, u die hätte die größti Freud daran, we zweu Wyber enangere o so recht rupfte, u zletscht hätte sis de no mit diesere, u we de alles wider ihr syg, was es de mache wett? Es müeßt dr Kürzer zieh u Schang u Spott usstah, u diesi chönnt dr Buggel voll lache. Es söll lieber warte, bis dä Uflat eleini syg, de, wenn es glaub, es mög se u es gsechs niemere, su söll es de gah u se abhosche, bis es es düech, es heygs jetz für e Rung, aber dr tusig Gottswille allweg nüt säge, wer ihm neuis gseit heyg, es bruch ja gar nüt z'säge, warum es ere gäb, si chönn däyche, es syg Zsämegsparts vo langem. Es hielt hart, bis Eisi sich setzte, denn wenn eine Frau so recht ertaubet ist, so frägt sie nach gar nichts, und daß jemand stärker sein könnte als sie, das fällt ihr gar nicht ein. So eine rechte Weibertäubi ist die Schwester der berühmten nordländischen Berserkerwut, das hat schon mehr als ein Mann erfahren, wenn die ertaubete Frau ihn aufsuchte im Wirtshaus und ihm in Mitte seiner Spießgesellen in die Haare fuhr. Sie hatte auch nicht lange gewerweiset, sehe es jemand oder niemand, sei sie oder er stärker, sie fuhr halt los, denken tat sie nichts. Endlich, da Trini nicht absetzte mit Wehren, überwog die Aussicht auf besseren Erfolg. Eisi stellte Trini seinen üblichen Lohn für eine Kräzete auf, einen halben

Schoppen samt einem Stück weichen Brot, und verhandelte mit ihm die Leute in der üblichen Runde von einem zum Andern, bis Trini seinen halben Schoppen aushatte und zärtlichen Abschied nahm. Böse Leute wollen behaupten, Trini habe noch selben Abend drüben bei der Speisewirtin einen ganzen Schoppen getrunken und zwar ebenfalls gratis.

Als aber Trini fort war, kam Eisi die Angst doch wieder; die Posten, welche es wußte und nicht aufgeschrieben gewesen, stiegen wie Gespenster vor ihm auf, Ahnungen von andern durchschauerten wie bewußtloses Grauen seine Seele, es machte ihm heiß, daß es den Schweiß abwischen mußte. Es lag die Nacht durch ohne Schlaf, wie im Fieber. Als der Tag kam, verschwand allmählig seine Angst gleich wie Gespensterfurcht, der Glaube an das, was es nicht sah im Sonnenschein vor Augen, löste sich auf wie sogenannter Aberglauben im Scheine sogenannter Aufklärung. Es ward überzeugt, es sei nichts da, indessen wolle es sich so recht vergewissern, dann die More abschla, daß es dem Brunnestock un am Südeltrögli gschmuecht werd. Es sinnete zuerst daran, den Massaverwalter zu bescheiden, aber seit einigen Tagen hatte es ihn in Verdacht, er sei falsch an ihm, es hatte ihn nämlich zwischen Tag und Nacht in die Speisewirtschaft gehen sehen.

Es entschloß sich kurz und gut, auszufahren. Sie hatten zwar das gleytige Byggerli nicht mehr, dagegen einen guten alten Bletschi, mit welchem das dümmst Wybervolch fahren konnte, solange die Räder trolen konnten. Dieses Ausfahren alleine hatte an sich nichts Auffallendes, schon bei Steffens Lebzeiten hatte Eisi oft Zügel und Geisel gehandhabt. Bloß das Ziel maskierte Eisi, es fuhr vom Hause weg, als ob es ds Land ab wolle, lenkte dann aber seitwärts, bis es in die rechte Richtung kam und an den Ort, wo die Amtschreiberei stand. Dort hatte es eine Freundin, mit welcher es vielen

Verkehr trieb. Es schickte ihr allerlei zu, Anken und was man so auf dem Lande produziert, während sie ihm Dessert lieferte, wenn es nötig hatte, oder Zitronen oder eingemachtes Pflaster auf Tatern. Es war eine gutmütige Person, und solange ein Mensch auf zwei Beinen stund, verachtete sie ihn nicht, ließ ihn nicht fahren. Sie sagte oft, keine Feder müsse man zertreten, wie schlecht sie auch sei, die schlechteste sei noch zu was gut, vrschwyge öppe e Mönsch, wen eym scho düech, er syg zungerist niede, teufer nützti nüt. Mi wüß nie, ob me ne nit no nötig heyg, u solang eine leb, syg dr Sach nie z'traue; es chönn eine sih bkyme über Nacht, es wüß ke Mönsch wie, u de vrfluechti Tätsche usteile dene, wo gmeint heyge, si chönne uf ihm umetrappe wie dKüeher uf em Mist.

Diese Freundin empfing Eisi freundlich wie immer. «He, bist o einist wieder da, das freut mih doch», sagte sie, «ha gmeint, du sygist gstorbe oder höhns, u hätt doch nit gwüßt für was. Wes besser Wetter u Weg gsi wär, ih wär expreß usecho cho luege, was mit dr syg; aber ih alte neue afe u ma nimme laufe wie allbets, bsungerbar diese Winter. Es ist mr neue uf em Herz, daß es mih zytewys düecht, es well mit mr dur e Bode ab. Oh, mi weiß nit, we me jung isch u gsüng ums Herz, was me het u wie me sött zfriede sy. Nei, das weiß me nit, bis es angers wird, de sinneti mes neue.» «Es wär so», sagte Eisi, «drnebe cha me gsung ums Herz sy u doch e Burdi druf ha, daß es eym düecht, es müeß abenangere.» «Hesch Vrdruß, hest neuis?» fragte teilnehmend die Freundin.

So ging Eisi das Herz auf, es packte aus, was es darin hatte, und frug um Rat, wie machen, um über dSach z'cho, obs ächt selber i dSchryberei müeß? «Bewahre nei», sagte die Freundin, «ih will dr scho drzue vrhelfe, es ist nüt liechter.» Und richtig, ehe eine halbe Stunde um war, trat der Amtschreiber ein. Er war verblüfft im ersten Augenblick, doch faßte er sich und richtete nun Eisi an, daß ihm fast gschmuecht wurde, eine solche Summe wäre im Traum ihm nicht in Sinn gekommen. Der Geltstag sei unvermeidlich, sagte der Amtschreiber, wenn man nicht akkommodieren könne; es sei auch möglich, daß falsche Eingaben gemacht worden, das werde sich aber erzeigen. Er hätte anfangs nicht geglaubt, daß es so bös sei, aber in den letzten Tagen hätte es ihm schier welle afa gruse. «So», sagte Eisi, «ists däweg?», aber wunder nähms ihns doch, woher das alles gekommen, es hätte doch auch darum müssen wissen. Der Amtschreiber konnte nur oberflächliche Auskunft geben, nannte nur einige der beträchtlichern Summen, welche ihm im Gedächtnis geblieben waren. Die richteten Eisi wieder auf. Das sei erheyt und erlogen, sagte es, von diesem und jenem wisse es kein Wort, dene Spitzbuebe wolle es den Marsch machen. Aber gerade so sei es mit den verfluchten Benefizien, es hätts schon manchmal gehört. Da meine ein jeder Spitzbube, er könne eingeben, was er wolle, und hintendrein könne man entweder zahle oder prozediere, dann komme es zum Eid, und wenn e sellige Schelm dazu kommen könne, dFinger ufzha, so sei alles verspielt. Es habe nicht umsonst gewehrt und gemeint, es müsse nicht sein, aber so a re Frau los me nüt, es wolle es ihnen aber um dNase rybe, daß si z'schmöcke heyge meh as gnue. Die aber, wo z'grechtem eingegeben, die würden schon mit sich reden lassen, wenn sie gsechte, wie es gegangen und wie man es ihm machen wolle.

Der Amtschreiber nahm Eisi die Hoffnung nicht, ja, ja, sagte er, me müeß luege, dSach werd sih scho mache. Weibern in solchen Umständen Wahrheit einschenken tut niemand gerne, das ist eine Sache, die man dem Nächsten gerne gönnt. Niemand tut gerne den ersten Zorn ab, zieht den Haß auf sich, die Nachrede, man habe jemand ins Unglück gestoßen. Das ist die merkwürdige Täuschung, daß der Unglückliche denjenigen, welcher ihm zuerst die Wahrheit verkündet, die Augen über sein Unglück öffnen will, für den Urheber seines Unglücks ansieht, nicht satt werden kann, ihn zu verfluchen und zu verdammen. Dem entzieht man sich gerne, will nicht dr bös Ma sy, gibt ausweichenden Bescheid, hilft mit verblümten Redensarten sich aus der Klemme, tädiget Fragende uneinläßlich ab und drückt sich. Man denkt dabei nur an sich und bedenkt nicht, welch Unheil man anrichtet. Denn der, welchen man mit solchen Redensarten getröstet und abgetädiget hat, läßt das Zweideutige aus denselben fallen, behält nur das, was ihm zusagt, macht daraus bestimmte Aussprüche, die Recht oder Rettung verheißen, und klammert sich daran wie der in einen Strom Gefallene an jeden Zweig, der über das Ufer hängt. So behauptete Eisi und behauptet es noch, der Amtschreiber hätte gesagt, die Sache ließe sich machen, wenn man es begehre u we me lueg. Aber es heyg ebe niemere bigehrt z'luege, ds Conträri, en yedere hätt gluegt 's z'unterdrücke u vo syr Sach z'bringe, daß sis vor Gott i alli Euigkeit nit vrantworte könne.

DREIZEHNTES KAPITEL

Eisi erhebt sich, sendet Freunde aus und wird auf einen Standpunkt gestellt

Das Benefizium ward ausgefertigt, der Gemeinde zugestellt, und Eisi schlug die Hände über dem Kopf zusammen, als es dasselbe zu Gesichte kriegte, denn es hatte per se vergessen, wie es bei ihnen zugegangen war. Eine Unmasse kleiner Schulden kamen zum Vorschein, für hundert Dinge, an die es durchaus nicht mehr dachte. Hier hieß man den Knecht was mitbringen: «Säg de, mi well cho zahle, wenn me öppe yche chömm»; dorthin waren Kinder, Mägde ausgesandt worden, sollten was holen, sollten nur sagen, man werde dann selbst zahlen. Das alles wurde vergessen, die Leute forderten es nicht ein, dachten, es gebe noch mehr, sie wollten es dann zusammenmachen, oder sie hatten einen Konto eingegeben, aber man hatte dessen sich nicht geachtet, er war mit anderm Papier verbraucht worden. Wie sich aber solche Schüldleni aufhäufen und summieren können, davon hat man keinen Begriff. Darum sagte Eisi, es chönn neuis sy, aber e sövli, darvo syg ke Red, es müeßt sih ja schäme bis i Bode ache. Dann kamen die Metzgerschulden, hier für Kälber, dort für Schafe, für Kühe, besonders Restanzen von vier, sechs, zehn Neutalern. Nur zu oft hatte Steffen gesagt: «Sä, da hest afe, mit em Reste wartist mr wohl no e chly; hätt viel z'zieh, aber niemere wott mr nüt gä.» Müller und Bäcker waren nicht weniger beteiligt, dann erst die Weinhändler von allen Sorten, vor allem aber die, welche zumeist bloß mit wackelnden Wirten Geschäfte machen, mit welchen Wirte, welche Geld haben, ihrer Unredlichkeit, ihrer Verfälschungen und Wuchereien wegen nichts zu tun haben mögen. Diese kamen nicht bloß mit Rechnungen angezogen, sondern mit Schuldbillets und Zinsen, und ob die Summe, welche im Billet stund, nicht um einen Drittel größer war als der Betrag des gelieferten Weines, wer wollte das untersuchen, war doch das Billet da, von Steffen unterzeichnet, und in Steffens Hausbuch war von diesem Weine nichts verzeichnet. Dann kamen andere Schulden. Steffens Bruder zum Beispiel hatte eine Forderung von tausend Franken, die er geliehen, eingegeben; ähnliche Anleihen kamen mehrere. Dann kamen die Bürgschaften, die Steffen so leichtsinnig als möglich eingegangen war. Wahrscheinlich dachte er: Das komme jetzt auf eins, öppe e chly minger oder e chly meh.

Dann erst kam das Weibergut und die auf der Liegenschaft haftenden Schulden, so daß die Schuldmasse das Vermögen weit mehr als um die Hälfte überstieg.

Dieses Ergebnis hielt die Gemeinde Eisi unter die Nase und sagte ihm unverblümt: «Lue du dumms Fraueli du, wies gange wär, we me dr glaubt hätt; das wär sufer usecho! Hätt me ume scho früeher gluegt, mi hätt chönne, mi hätt sölle, aber es isch ds selbisch e angere Meister gsi. Da isch nüt angers z'mache, hör ume chähre, da mueß geltstaget sy, das ist fertig. Sövli Vrmöge gha u jetz sövli Schulde, un i so kurzer Zyt, wie wottisch jetz mit de Schulde chönne huse, wo drs nit heyt chönne mache, wo dr sövli rych gsi syt?» Als Eisi von Steffen sagen wollte, wie der schuld sei, jetz alleine es anders fahren wolle, da hieß es: «Es wird öppe eys dm angere nit viel fürzha ha. Mr hey Steffe wohl bchönnt, mr wüsse, wie er eine gsi isch; wenn er ds Gfell gha hätt, en angeri Frau z'übercho, wo hätt wüsse z'huse, nit ume z'bruche, so hätt Steffe chönne e Ma abgä; dr Vrstang hätt er gha drfür. Aber wenn bedi nüt vrstange vo dr Sach u nüt wüsse as bruche, so chunts eso.» Da wollte Eisi die Arme stützen und sagte, es nehme es doch wunder, was es Schlechts gemacht habe und was es solle gebraucht haben; wenn einer was wisse, so solle er hervorkommen und es sagen. Vo wem ds Vrmöge chömm, werd me wüsse, u wer dSach heyg müeße mache, hätt me chönne gseh, wenn me wär cho luege, un es well ihs düeche, as hätte si selber o nit viel Vrstang vo dr Sach. «Los du, branze wey mr nit, dSach isch wie si isch, ds Best isch, du luegisch öppe bi de Vrwandte u bi de Gvatterlüte, wer öppe vo de Kinge ds eint oder ds anger well, u du luegist für Platzg als Köchi oder Stubemagd, öppe di jüngst wärst nimme, aber drnebe no bravi gnue, vo wege, da ist nüt angers as dr Geltstag azrüefe.» Das tue es nicht, sagte Eisi. Um Platz zu suchen, darum sei es ihm noch lange nicht, und wenn es sein müsse, so werde es sie nicht fragen, für was es bravs genug sei, einmal gewiß nicht für so schläberige Kudermannleni. Der Amtschreiber hätte ihm deutlich gesagt, wenn sich jemand seiner annehmen wollte, so sei dSach z'mache. Wenn man daraustäte, was falsch sei, mit den Andern um ein Billiges akkidierte und dSach im rechte Preis anschlüge – es sei alles ds Halb z'wohlfeil –, so lasse die Sache sich machen, wie man nur wolle.

He nun, wenn es so leicht sei, so solle es es machen oder zum Amtschreiber gehen, der solle ihm helfen, das sei ihnen ja recht, sie aber wollten die Erbschaft nicht antreten, dazu sehe sie ihnen zu strub aus. Aber wenn jemand anders es wolle, so sei es ihnen ja recht. Zum Amtschreiber gehe es nicht, sagte Eisi, dä heyg de z'uvrschant ufgmacht für sy Müehy u heyg doch nit emal möge selber cho, heyg ume son e Löhl gschickt, aber er werd gwüßt ha warum. Meh as drei Tag syg er dagsi, u doch heyg es ihm dr Hunger nit chönne gstelle, vom Durst wells ume nit rede. Es wisse noch andere Leute, wo es zRat gehen könne. Wenn sie sich keine Mühe geben wollten für ihre Burger, so wolle es selber luegen, so liederlig setze es nicht ab und lasse fahren, was sie so viel gekostet. «He nu so gump, u weds mache chast, su gib bis den u den dr Bscheid, sust rüefe mr dr Geltstag a, ohni Pardon.»

Was doch Eisi beim Heimfahren für einen Zorn verwerchete über die Kudermannleni, die so mit ihm umgingen, auch gar kein Einsehen haben wollten mit ihm, ihns behandelten wie eine Kachelifrau oder eine Umgängerin!

Eisi fuhr zu seinem Bruder, daß der ihm helfe oder für ihns einstehe, reversiere; es wußte zwar nicht, was das Wort bedeute, aber man hatte es ihm so gesagt. Es hatte zwar anfangs auch Verdacht auf ihn gehabt, er wolle da was für seine Buben fischen, seither hatte es aber nicht gemerkt, daß er die

Hand im Spiele habe, auch hatte er nichts ins Benefizium gegeben, es traute ihm daher noch am meisten.

Doch der wollte nichts von der Sache. «Reversiere, öppis Dumms eso, das cha me nit, u we me chönnt, su wott ih dFinger nit ycheha, es chönnt mr se abschnelle bis a dAchsle zueche. Brav Wyberguet mache u sust nebezueche no, was me cha!» Das war seine Meinig; in dieser Beziehung war er zu Rat und Hülfe bereit.

Aber Eisi hatte dafür taube Ohren, es sinnete nur in einer Richtung; die Räte, welche nicht in die gleiche Richtung schlugen, die waren ihm vom Bösen. Eisi wollte Wirtin bleiben, der Donnstigs Täsche gegenüber wollte es nicht weichen, der wollte es zeigen, daß am besten lacht, wer zuletzt es tue, u daß all ihr Aufreisen und Hetzen ihr nichts helfe als se selber i ds Loch z'schla.

Eisi sagte daher seinem Bruder wüst, fuhr heim und machte heimlich seinem ehemaligen Rechtsfreund Bescheid, alsobald vor ihm zu erscheinen. Der hatte es wie alle geschaffenen Kreaturen, er ließ sich gerne der Sonne nach, verschmähte es jedoch auch nicht, im Finstern sich was zu Gemüte zu führen, er war eins jener beglückten Geschöpfe, die tags und nachts ihr Futter finden können. Er hatte sich lange nicht bei Eisi sehen lassen, sondern war zur Speisewirtin übergesiedelt, der Botschaft jedoch folgte er sonder Säumen. Als Eisi ihn anrauzte, ob er ein bös Gewissen habe, daß er sich nicht mehr zeigen dürfe, wege der Luenz da äne, oder ob er sich seiner verschäme, daß man ihn gar nicht sehe, begehrte der auf und sagte: Er habe alle Ursache zu glauben, Eisi zürne ihm, es hätte sich so und so gegen ihn betragen, und da er sich nicht im Fehler gewußt, so hätte es sich ihm nicht geschickt, zu fragen, was das bedeuten solle, er hätte gedacht, es hätte ihns jemand aufgewiesen. Die beste Manier im gemeinen Leben, sich bei solchen Anlässen herauszuhauen, ist immer das Aufbegehren, durch dasselbe wird zumeist der Gegner verblüfft, die Stellung wird verändert, der Friede wird geschlossen mit gegenseitigen Zugeständnissen. Es ist eine ähnliche Weise, wie die sogenannten Mächte von jeher ihre Kriegserklärungen abgefaßt haben; jede ist im göttlichsten Recht, hat den Frieden gewollt, wirft der andern Macht Friedensbruch und die ersten Feindseligkeiten vor.

Eisi war in solchen Kämpfen nicht Neuling; es meinte, das seien Schneckentänze, er werde geglaubt haben, es sei bei ihm nichts mehr zu verdienen, und das sei nichts anders, we me halt dm liebe Brot nah müeß. O jere, sagte der Freund, wegem Brot bruch er de nit so nötli z'tue, es syg ihm wege dr Gsellschaft; we me dr ganz Tag im Bureau gsi syg, su schwätz me am Abe gern e weneli u vrnehm öppis Neus. «Syg das jetz wies well», sagte Eisi, «su los neuis». Nun erzählte es ihm, wie es ihm gegangen allenthalben und wie die Sachen stünden. Der Freund machte anfangs ein bedenklich Gesicht, nahm das Benefizi zur Hand, rechnete, stützte den Kopf auf und machte dazu ein so bedenklich Gesicht, daß der schwarze Maudi, welcher ihm gegenüber auf einem verlöcherten Lischenruhbett sein Lager hatte, Angst kriegte, einen Katzenbuckel und den Schwanz strub machte, zum Fenster hinausgesprungen wäre, wenn Eisi ihm nicht die Türe geöffnet hätte. Endlich nach einer heißen Stunde, in welcher kein Wein anschlug, den er durch den Rachen goß, sagte er: «Wirtin Eisi, ih mag rechne wien ih will, so hat der Amtschreiber recht, dSach chunt guet, wenn sih ume öppere dr Sach anäh will. Lue selber, sövli Schulde sy, sövli der Gattig u sövli der Gattig, u die da all chönnt me viellycht durstryche, we me dSach recht erliest. Lue jetz, we me dene zeche vo hundert git u dene zwänzg, so schlecke si dFinger; de dä mit dm Gültbrief mueß dZeyse la fahre, emel bis a eyn, u es sy siebe. Wes e Herr gsi wär, sövli hätt er nit la zsämecho, aber das ist no eine us dr eltere Lieferig; die hey sih gmeint, wenn si hey chönne rüehme, so u so viel tusig Pfund usstehedi Zeyse heyge si u heusche niemere kene, bis es well fürnache gah; die sy aber neue nimme dick. U we me de öppe, was da ist, recht a dSchatzig bringt un öppe z'gelte macht, was me etmangle cha, öppe unger dr Hang, es brucht de notti ke Steigerig z'si, wo nüt weder chost, u Hus u Hey o öppe im wahre Wert nimmt, so luegt dir no es schöns Vrmöge use u du chast wirte hie, solang de lebst, u dih erst recht ufla. Aber natürlich, mit dene Lüte mueß me rede, mi mueß ne nah. Öppe zHus u zHey cho anerbiete, si welle dr dSach schäyche, selb werde si öppe nit. We dr de dGläubiger däweg a dHang gange u de villycht so zum Schyn e Käufer hättisch, daß de biwyse chönntisch, dSach well dr sövli gelte, su mueß dGmeind ytrete, sust will ih de. Ih übernime de ds Ganze, ih will de bim Schieß scho luege, ob ih mög gfahre oder nit.»

Eisi sagte, so sygs ihm vorgsi, aber usenangerenäh hätt es dSach nit chönne; wes jetz ume öppere hätt, der dr Sach nachlief, es selber chönn nit vo Hus, sy Brueder syg e Schyßhung, u sust trau es kem Mönsche, weder wenn er wett gah, er verstiengs un es hätt dr Glaube zun ihm. «Ja fryli, Wirti, vrstah tät ihs wohl, aber de sy no zwo oder gar drei Sache drzwüsche; drnebe tät ih drs gern zGfalle. Erstlich han ih verfluecht viel z'tue u chönnt fast nit ertrünne; zweutes bin ih nit dy Vogt, nit dy Vrwandte, hätt ke Prokur vo dr Gmein; wenn öppe eine vo de Vrwandte drby wär, emel im Afang, bis me öppe afe e Lyste hätt, su wärs scho öppis angers; u endlig dä Augeblick wär ih wirklich nit bi Gelt für dere Uslage z'ha, vo wege, das chost, is Weltschlang yche un allne nah. Ih sött Geld ha wie Steine, sött chönne vier

Küeh fuettere drmit, we mes schnätzle chönnt wie dHerdöpfel, aber es geyht mr i Gottsname nüt y, u ds Wüestist mache brächt ih nit übers Herz. Meh weder es Dotze chönnt ih uf e Gring stelle, won ih ustriebni Rechti ha, Uslage, es weiß e ke Tüfel wieviel, u Hüfe Geld zsämebrächt wie Birlige, aber ih ma neue nit, dLüt dure mih, mys Herz isch z'lings für selligs.»

Wege de Köste bruchte er nit Chummer z'ha, sagte Eisi, das wett es luege z'mache, es heyg no Geld, öppe ganz blutt syg es notti nit. Nit daß es öppe aparti e Mutech gmacht heyg. U de heyg es no viel Sache, das syni syge, vo heime u vo de Gvatterlüte u sust öppe Kram, u we me das öppe für u nah z'gelte mach, su gäbs no es styfs Hüfli. Ds Gelt sött nüt im Weg sy u wege de Gschäfte werd sih das öppe o mache, gäb e Wuche uf oder nieder, werd das öppe nit viel druf acho; mit syr Sach aber pressiers. Aber beim Verwandten, bei der Prokur blieben sie stecken.

Da ging die Türe auf und Steffens Bruder, dessen Schuldner er geworden war, kam herein. Er kam nicht holdselig, der mutmaßliche Verlust drückte ihn sehr; er wollte sehen, ob da nicht irgendwie etwas zu seinen Gunsten zu machen sei, und wenn nicht, Eisi so recht oberarm wüst sagen, der Gescheutest war er eben nicht. Dem Rechtsfreund ging ein Licht auf, den Schwager faßte er beim Zipfel, und ehe sie gute Nacht sich sagten, war der Schwager zufrieden, einstweilen wenigstens, und die Sache richtig. Er war der erste Schuldner, der neunzig Prozent einschlug, das heißt auf dem Papier, denn Eisi versprach schriftlich und mündlich, ihn, wenn die Sache zustande käme und es auf der Gnepfi bleiben könne, vollständig zu entschädigen. Auch verstund er sich dazu, persönlich der Sache sich anzunehmen und wenigstens in der Kehr herum mit dem Freund gemeinschaftlich zu agieren, gegen Weltschlang zu well er ne de la mache, uf das Donners Weltsch heyg er sih neue nie recht chönne vrstah, vrschwyge de neuis drmit mache.

So könne es nicht fehlen, sagte der Rechtsfreund, dSach müeß gah, si mög welle oder nit, u mängs tusig Pfung chönn me däweg us em Für zieh, aber selligs chömm nit alle Lüte zSinn. Je mehr sie rechneten, desto mehr Profit sahen sie, Eisi kriegte die beste Hoffnung, reicher zu werden, als es je gewesen, es war der fröhlichste Abend, den es seit Steffens Tod zugebracht. Die da äne, wart die ume, dere well es es de zeige, was Trumpf syg, und eh die barfueß dem heilige Almuse nahlauf, setz es sy Seel nit ab. Aber zerst well es se de no einist erchrute, daß si nah Gott schrei u mein, alli Beinli syge abenangere.

Die nächsten Tage ging das Akkommodieren also an, die Beiden liefen nach und kriegten alle Tage bessere Hoffnung, daß das Ding sich machen werde. Freilich mußten sie dabei auch viel abtun und hören, aber sie gewöhnten sich daran und übten sich dabei in gottseligen Redensarten. Allenthalben empfing man sie finster und böse, sagte zuerst, mit der Sache wolle man nichts zu tun haben, entweder alles oder nichts, und wenn man schon unterschreibe, so gebe es doch aus allem nichts, wer da o wett dFinger zueche ha? U de a sellige hoffärtige u hochmüetige Lüte, wo eym nit emal heyge möge danke, we me ne dZyt gwünscht heyg, müesse ga z'vrspiele, das düech se strengs! U wes no nit e Wirt wär, si wette no minger säge, öppe son e Krämer, wo dMüsterler zBode gritte heyge oder süst Ungfell gha heyg, aber son e Wirt, dem ds Geld zuechetrole wie dur es Stiefelrohr ab, wo zerst ds Land usnutzi, daß es e grüsligi Sach syg, grad wie es schlechts Lehemannli ds Höfli, wo es empfange heyg, de no ga geltstage u dLüt no einist, no nam Tod um ihri Sach z'bringe, das syg nit recht, däweg chömms nit guet, u mit der Sach welle si nüt z'tue ha, si welle nit ga Götti sy, für daß die hochmüetigi Gränne no länger chönn die für-nehmi Frau mache u seye über dAchsle aluege. Es nähm se einist wunger, was die o für es Gsicht mache, wenn si uf em Blutte hocke.

Dann begann der Rechtsfreund seine Rede. Ja, sagte er, es sei so, er könne ihnen nichts darwider haben, es täte ihm auch weh, sein Geld zu verlieren, und viel sei gegangen, wo nicht hätte gehen sollen. Aber geschehene Dinge müsse man z'best reden, und Steffen, wo sich eigentlich zu verant-worten hätte, nicht weil er alleine schuld gewesen, sondern weil er doch der Hausvater gewesen und die Hand hätte am Arm haben sollen, der sei jetzt unterm Herd, an ihm könne man nichts mehr machen. An die armen Kindlein solle man denken, es wäre doch auch grausam für die, wenn die so von Haus und Hof sollten, vielleicht in Umgang, und vermöch-ten sich doch nichts dafür, und wenns dann grüslige Lüt aus ihnen geben würde, so müßte man sich auch ein Ge-wissen machen, wenn man geholfen hätte sie von ihrer Sach stoßen.

Was selb sei, sagte dann wohl hie und da eine Bäurin, so stoße man niemand von seiner Sache, wenn man nichts wolle, als was einem von Gott und Rechts wegen gehöre. Dann sei es aber noch die Frage, obs den Kindern nicht wohl ginge, wenn sie unter brave Leute kämen, und sie möchten fast kommen zu wem sie wollten, so ging es nicht übel. Sie hätte noch nie gehört, daß es aus Kindern, die nichts arbeiteten und äßen und tränken, was sie gut dünkte, und gschändeten, daß es eine himmelschreiende Sache sei, je was Gutes ge-geben habe. Und öppe wüstere, uverschanteri, schmäder-fräßigere King, als die seien, hätte sie nie gesehen.

«Ja, ja, du gute Frau», sagte dann der Rechtsfreund, der zwischen den beiden Wirtinnen sich eine bedeutende Ge-wandtheit im Umgang mit Weibern erworben hatte, «du hast recht, so ist dSach, die besten Kinder sind es nicht, aber das wurd sich ändern, zähl darauf! Es het scho mängs Kanari angers afa pfyfe, wes het welle vrsufe, vrschwyge de es Wybervölchli. Und dann wird dazu gesehen werden, zähl darauf, die läßt man nicht so machen, wie es sie gut düecht. Selber werchen müssen sie, und die fremden Leute bleiben dahinten. Daneben mußt für dich rechnen, und es ist doch besser öppis as gar nüt, besser e Lus im Kabis as gar ke Fleisch, seyt me allbets. Von hundert gibt man zehne, das ist doch geng das, und an manchem Orte gibt man gar nichts und begehrt die Leute um alles zu bringen.» «Oh, öppe wege dr Ehrlichkeit dwege werdet ihr nicht nachlaufen; wenn ihr nicht sähet, was dabei zu profitieren, so wäret ihr wohl daheim geblieben», antwortete man gewöhnlich.

Dann begann wohl auch Steffens Bruder eine Rede und wollte die pure Gemeinnützigkeit dartun, weil er voran unterschrieben mit ere sellige Summ, und doch, wenn jemand bezahlt würde, so würde er es, von wege, er käme gleich vorab nach dem Weibergut. Indessen auch er mußte manche Bemerkung schnupfen, daß er sich wohl werde zu decken wissen; wenn eine sövli nah bim Ofe syg, su gang neue selte eine ungwärmt dänne usw. Am Ende unterschrieben sie doch, weil ihnen zehn Prozent immer lieber waren als gar nichts. Und wenn auch hier und da einer nicht unterschrieb, so tröstete man sich leicht damit, wenn man sie alle hätte, bis an den, so werde es mit dem zletzt auch noch zu machen sein.

Endlich blieb der Bruder dahinten, und Eisi schwitzte Geld um Geld für weitere Ausflüge. Der Freund mußte auf Basel, wo sie aus Landschäftler und Picardan den Markgräfler machen und aus Elsässer und schwarzem Französischen den Taveller und sonst herrliche Tafelweine; er mußte auf Vivis, wo sie den See nahe haben und noch apartes

Wasser fast in jedem Keller, mußte hierhin, mußte dorthin, traf die Leute nicht an, oder es hieß, man wolle noch warten, bis der und der unterschrieben; so gabs ein Gespreng hin und her, und ob allemal der Freund die Wahrheit berichtete und allemal da gewesen war, wo er vorgab, das konnte man nicht untersuchen, er reiste ohne Paß. Wahrscheinlich trauete er dem Regierungsstatthalter nicht, und ohne dessen Empfehlung kriegt man bekanntlich bei der Polizei keinen, wenn man kein Vorrecht dort hat, ein *Städter* ist zum Exempel.

Ob diesem verlief der gesetzliche Termin; die Gemeinde schlug die Erbschaft aus, der Geltstag ward erkannt und verlesen. Bhüetis Gott, wie tat Eisi, als es vernahm, der Geltstag sei verlesen worden! Die Speisewirtin war selben Tags so fröhlich ums Haus getänzerlet und hatte mehr als sonst hinübergegrännet, daß es Eisi auffiel; aber es dachte: Die Täsche wird aber bsoffni sy; he nu, nähm si ume recht, su isch si dest eh für e Tüfel greiset. Indessen ermangelte Eisi nicht, wieder zu gränne. Am Abend kam Trini und gab nach einer langen Rede endlich Aufschluß über die Ursache, welche die Speisewirtin so fröhlich und grännsüchtig gemacht. Bhüetis, wie da Eisi tobte und auskehrte! Trini mußte auf der Stelle um den Rechtsfreund aus, und als der erschien, hatte es ihm wüst gesagt, daß es einem dünkte, er sollte in kleine Fetzleni verfahren, ehe er nur mit einem Worte sich verteidigen konnte. Endlich, als er schnupen, zu Atem kommen konnte, fast wie einer, dem man den Kopf unterm Wasser gehalten, der ihn endlich losgekriegt, als es eben die höchste Zeit war, entschuldigte er sich, daß er gemeint, Eisi wisse per se darum, daß der Geltstag erkannt sei, das hätt ihm per se sollen angezeigt werden, aber es werds o niemere gern ta ha. Indessen ändere das jetzt an der Sache nichts; akkommodieren könne man nach wie vor, da sei der Geltstag gar nicht im Weg; im Gegenteil, das zeige den Leuten, daß es Ernst sei, und wer noch nicht unterschrieben habe, der sei jetzt froh, wenn man noch einmal komme, und sei vielleicht mit dem Halben von dem zufrieden, wo man ihm früher habe geben wollen. Darum solle es doch nicht so tun, dSach mache sich jetzt ds Halb ringer, wenn man recht kuraschiert dranhin gehe. Was es etwa mehr Kosten gebe, sei nicht der Rede wert, und wenn dSach bis an die gemacht sei, so mache sich das allweg auch; der Grichtschreiber und der Amtschreiber würden allweg auch mit sich reden lassen.

Schwer ließ Eisi sich beschwichtigen; der Geltstag stach ihm im Kopf, und das Grännen und Tänzerlen seiner Gegnerin konnte es nicht vergessen, und der Rechtsfreund mochte sagen was er wollte, allweg war es wieder einen Schritt näher dem Ziele, wo es nicht hin wollte; jetzt nur noch die Steigerung, so war die Sache fertig: mit dem Rücken konnte es seine Herrlichkeit ansehen, mußte den Kürzen ziehen gegen die More drüben. Während die blieb, mußte es gehen; das war ihm, als wenn man mit einem Garbenknebel alle Eingeweide im Leibe umdrehe und reigle. Sie könnten sich in acht nehmen, sagte es, wenns denn dahin komme, so sollten sie luegen, was es mache. «Da häb du nicht Kummer, Frau», sagte der Freund, «verlaß dich darauf, dSach geyht! Aber öppis Gelds sött ich wieder ha, das Reise kost vrfluecht viel Geld, wenn ich auch die versäumte Zeit gar nicht rechne, so zwei bis drei Fünfedryßgler sind futsch, mi weiß nit wie, vo wege, es isch gar Mänge, er unterschreibt nicht, bis er ein halb Dutzend Flaschen im Leibe hat, bsungerbar son e Weltsch mahnt mich an einen Heustock, der angehen will, da kann man Melchter um Melchter Wasser darüberab schütten, er schlücket alles, und je mehr er schluckt, dest stärker rauchnet er. Einer zMurten hat gemeint, wenn einmal die Kamele ausgestorben seien, so wolle unser Herrgott dLacôteschlüch in

Afrika schicke, die seien besser verpicht als Kamelschläuche, es möge mehr darein und de no Wy statt Wasser, vo wege, es erzeig sih je länger je meh, daß die Weltsche die beste Kamel gäbte, wo me ume wünsche chönnt. Eigentlich sei er schon lange reuig gewesen, daß ers nicht von Anfang an so gemacht und dKamel ins Weltschland gepflanzt hätte und die Weltschen ins Kamelland.»

Eisi war nicht empfänglich für solche Späße, es brummte stark über das Sündengeld, welches daraufgehe, und wahrscheinlich für nichts und wieder nichts, spendierte indessen wieder die Einbünde der Kinder und ein Paar schwere Göllerkettelein. Er könne selbst sehen, daß er dafür Geld kriege, es damit mache und dSach abtreibe; ume für sih la für e Narre z'ha, syg es ihm z'köstlig, u wes scho wett, öppe viel hätts de nimme dra z'wänge. «Häb nit Chummer, Frau, ih denk das läng, u wes nit längt, su fehlt doch nit viel meh», sagte der Freund und strich sich mit seinen Schätzen.

VIERZEHNTES KAPITEL

Es ergeben sich noch andere Standpunkte, daraus entsteht allerlei

Nun gab es noch ganz andere Plackereien, wie Eisi es nannte, welche ihns fast die Wände auf trieben; es wurde noch ganz anders vrpetschiert und die Sachen eingeschlossen, und nur mit der größten Mühe konnte es es zwegbringen, daß das Wirtshaus nicht geschlossen wurde, daß man ihm gegen Bürgschaft einiges Geräte ließ. Zum Wein verhalf ihm jene Freundin, welche ihm zum Amtschreiber verholfen hatte. An all diesen neuen Dingen sei der Gerichtschreiber schuld, behauptete Eisi, das vom Gesetz nichts kannte. Dä – steck mit der More da äne unter einer Decke, es syg e Schang für ds ganz Lang, wie das gang u wie me Lüt, wo me a angere Orte scho siebemal ghäycht hätt, a sellig Plätzg tüey, wo si, anstatt ghäycht z'sy, drvo lebe chönne, Witwe u Waise z'schindte u anger brav Lüt u de dSach mit sellige – z'vrbruche, daß dSteine uf dr Gasse sih vrschlüfe wege der Schang. Der Gerichtschreiber machte den Amtschreiber wieder gut, aber erst so recht, als nun eine neue Schatzung vorgenommen wurde und alles noch niedriger geschätzt als früher. Der Gerichtschreiber, der nicht ungern den Bureaustaub mied und die freie Luft genoß, weil er Anlagen zu einer schönen Seele hatte, machte die Inventare selbst, trümpfte Eisi ab, daß die Schwarten krachten und er, ohne es zu wissen, des Amtschreibers Subjekt schrecklich rächte. Eisi versuchte freilich auch Widerstand, aber ein Gerichtschreiber und ein bloßes Subjekt sind zweierlei Krebse. Schon das Bewußtsein, eine Staatsperson vor sich zu haben, verursacht bei vielen Leuten und begreiflich auch bei Wirtsleuten gar gerne eine Art von Zungenlähmung. Denn gäb wie Eisi was sagte, so grunzten ihm die Anwesenden mißbilligend darein, beim Subjekt hatten sie es umgekehrt gemacht. Nichts lähmt aber die scharfe Zunge mehr als allgemeine Mißbilligung, der Zorn und die Grobheit können steigen, aber der Witz wird stumpf, verkriecht sich. Beifall ist des Witzes Schleifstein, er sprudelt am muntersten aus einem ungestörten oder geschärften Selbstbewußtsein, darum ists Königen und Hofnarren am leichtesten, witzig zu sein, darum weiß man von Königen und Hofnarren so viele stehende Witze, sie hatten das Vorrecht zum Witz, und sobald sie den Mund auftaten, lachte bereits alles vorläufig. Schöne Frauen und reiche Mädchen haben ebenfalls viele Rechte, scheinen aber doch nicht die Anlagen zu haben wie die Obengenannten. Zudem hielt der Gerichtschreiber, ein stattlicher Mann, viel auf Würde, das heißt wo er Untergebene vor sich zu haben glaubte. Da konnte er tun wie ein Landvogt aus uralter Zeit, potz Himmelsapperment! So vor Mannen duldete er weder Anzüglichkeiten noch Grobheiten, spätzelte nicht, plänkelte nicht. Da setzte er die Leute, daß sie meinten, sie seien stötzlige auf den Grund gefallen, daß sie oft sagten, der sei gewiß am lätze Ort fürecho u ghörti eigetlig an es angers Ort.

Dann trat freilich auch eine ganz entgegengesetzte Natur in ihm hervor. Gegen die Mannen, welche was zu bedeuten hatten, da konnte er sich glatt und weich machen wie ein länghaarigs Küngeli, konnte alles Mögliche tun von wegen der Popularität. Wir wollen von Gevatterschaften nicht reden, aber einmal klagte ihm ein Vetter, er mache keine Karriere, kriege kein Pöstlein, nicht einmal im Militärdepartement, was doch grad für ihn am kommodesten wäre, vo wege wui und nesbah! Dem sagte er: «Mußts machen wie ich, dih Donners meine u drnebe Arsch lecke so streng de mast, bsungerbar wes niemere gseht.» «Vetter», hatte der gesagt, «allbets hets mr nüt gmacht, öppe e chleiseli bin ih afe dra gwahnet gsi, un es het neuere niemer angers düecht, aber jetz wetts mr neue fast drab gruse, u was sieg ds Volch?» «Narr, was bist, warum gruse, dChust isch geng die glychi», sagte der Ratgeber, «u sövli niederzha wie allbets brucht me nimmemeh. U wegem Volch, Narr, was bist, das het nüt drwider, es isch sih dra gwahnet un es isch ihm selber agnehm, nume mueß me ihm selber allbeeinist e chly schlecke, aber ume so im allgemeine, un das geyht vrfluecht ring, dr erst best Löhl chas mängist am beste.»

Der Mann hatte den Strich und auch so gewisse nicht unangenehme Manieren für eine gewisse weibliche Kulturstufe, gegen Eisi aber war er sackgrob. Ob es nicht auf der Kulturstufe stand, welche ihm angenehm war, ob es sich sonst gegen ihn verfehlt hatte, wissen wir nicht; aber er ließ sich mit Eisi in kein Wortgefecht ein. Gleich hieß es, er verbitte sich das und Eisi solle daran denken, mit wem es rede, Grobheiten anzunehmen sei er nicht gewohnt, aber Ruhe sich zu verschaffen, das wisse er. Eisi sagte, es wisse wohl, warum der so sei, aber so eine ertaubete Frau redet viel, während der Tag lang ist.

Kurz der machte den Amtschreiber wieder ganz gut, so daß es wieder Vertrauen zu ihm kriegte und bei seiner Freundin ihm einmal sein Leid klagte und sein Herz ausschüttete. Der Amtschreiber und der Gerichtschreiber haßten einander begreiflich gräßlich – wie Hund und Katze, sagt man gewöhnlich; das Bild paßt aber hier durchaus nicht. Hund und Katze gewöhnen sich bekanntlich so aneinander, daß sie in süßester Eintracht aus einer Schüssel fressen; das aber eben ists, was Amt- und Gerichtschreiber selten oder nie können. Der Amtschreiber war jedoch ein gewixter Mann, packte nicht vor jeder Frau aus, sagte, soviel er höre, sei alles in der Form, aber jeder Mensch habe seine eigenen Manieren. Er glaube, das Akkommodieren könne immer noch gehen und er sei recht gerne bereit, auch etwas einzuschlagen, aber vor allem müsse man mit dem Herrn Gerichtschreiber reden, der könne in der Sache am besten raten, und was der einschlage, das wolle auch er, wenn er schon die größere Mühe und Arbeit habe und nicht halb so viel einzunehmen. Nur solle man eilen und Eisi solle machen, daß es wisse, woran es sei, und zu viel Geld ins Blaue ausgeben, das täte er nicht mehr an seinem Platz. Eisi sperzte an der Sache. Aber es gibt Dinge, die bei allem Sperzen, Treiben, Hasten nicht ab Fleck wollen, es ist akkurat, als ob man in einen Napf voll gestoßene Nidle oder in einen Haufen weichen Lehm stüpfe, man kann ganze Tage stüpfen, man kriegt die Schuh voll, aber weiter bringt man weder Nidle noch Lehm.

Es selbst mochte mit dem Gerichtschreiber nichts zu tun haben, und sein Rechtsfreund hatte bald dieses, bald jenes zWort, was noch sein müsse und warum er gestern nicht gekonnt und morgen wieder nicht. Endlich verlor Eisi die Geduld, jagte mit Wüsttun Bruder und Schwager auf die Beine – dem Rechtsfreund schickte es sich aber unglücklicherweise wieder nicht, er mußte ins Seeland vor Audienz –, die mußten hinter den Gerichtschreiber, daß er seine Meinung sage und Nachlaß der Kosten verspreche.

Der Gerichtschreiber fuhr die beiden Mannen gar bedenklich an, wahrscheinlich war er selben Tag mit dem linken Fuß zuerst in die Schuh gefahren. Das sei ihm ein ewig dumm Gestürm, sagte er, was sie doch auch sinneten? Es nähmte ihn nur wunder, wer so was Dummes ihnen angegeben hätte und wie sie so dumm sein könnten, so was Dummes zu glauben. Ho, sagte Eisis Schwager, öppe hüt erst seien sie nicht auf die Welt gekommen, sie wüßten notti wohl, was Akkomidieren sei und daß das schon viele Leute getrieben hätten, denen es nichts an der Ehre geschadet, und was Andern erlaubt gewesen, werde wahrscheinlich ihnen ebenfalls erlaubt sein. Sie hätten ihn nur fragen wollen, ob er ihnen nicht auch an den Kosten schenken wolle, der Amtschreiber hätte gesagt, er wolle auch, wenn der Gerichtschreiber wolle. «Nüt schenke ich», antwortete derselbe, «keinen Kreuzer, und höret mr jetzt stürme! Aus was wollt ihr zahlen, was ihr versprechet, oder wer verbürget es, daß bezahlt wird? Wer will da zueche?» Es werde sich desse öppe nüt mangle, antwortete der Schwager; was man verspreche, das werde scho öppe zahlt werde, allweg könne man es aus dem nehmen, wo man mehr löse, als die Sachen geschätzt seien; wenn es verkauft sein müsse, aus dem, was für e Gültbrief u ds halb Wyberguet us fürschieß. «Nüt schießt für», sagte der Gerichtschreiber, «kein Kreuzer. Wenn die Kosten abgezogen sind, so ist nicht einmal genug da. Das Land ist nichts wert, ich wollte es nicht geschenkt, wenn ich darauf bleiben müßte; nicht sieben Hühner kann man darauf wintern, vrschwyge denn andere Ware. Das Haus ist nichts wert, besonders wenn die andere Woche die neue Straße erkennt wird, da können sie dann zusammen plären, die beiden Weiber, es hat es dann eine wie die Andere. Was der Grümpel ist, der zählt nichts, außen fix und innen nix; ich hätte geglaubt, es wäre viel mehr da. Für alles, wo aussteht im Hausbuch, gäbte ich nicht manchen Batzen; wenn die Schuldner gerne zahlen wollen, wohl und gut, wollen sie nicht, so ists fertig, mit dem Lumpenhausbuch ist nichts zu beweisen. Es müßten allweg, wie es auch das Gesetz vorschreibt, zwei währschafte Bürgen herbei, die müßten garantieren, daß, was man verspreche, man auch bezahlen werde.» Wer Tüfel da wollte Bürg sein, von wegen, mit dem bloßen Garantieren sei es da nicht gemacht, da sei es ums Bezahlen zu tun. Oder ob sie etwa die Bürgen seien? Davon hätte man ihnen nichts gesagt, sagten die beiden Verwandten, emel einist seien sie sich dessen nicht Sinns. U wes nötig syg, su chönn me de geng no luege. Es wär emel einist ume darum z'tüe, daß er sich unterschreibe, daß er ein Namhaftes an den Kosten schenke, das andere werde sich schon machen. Sie dächten, öppe dr Wüestist gege Witwe u Waise werd er nit welle sy.

Was er sein wolle, das sei er für sich, sagte der Gerichtschreiber, sie gehe das allweg nichts an. Das sei ihm eine uverschante Sache, fremde Leute zu plagen, daß sie schenken sollten, was ihnen von Gott und Rechts wegen zukomme, um sich selbst bezahlt zu machen, und dann noch uverschant zu tun, wenn man nicht ihr Lappi sein wolle. Sie sollten jetzt machen daß sie fortkämen, sie wüßten seine Meinung, und für ganze Tage mit solchen Leuten zu stürmen, dafür sei er nicht da. «He nu», sagte Eisis Bruder, «we das so gmeint isch, su cheu mr gah. Lebit wohl, z'danke hey mr nüt.»

Beide waren aus Gemeinden, welche nicht in des Gerichtschreibers Bezirk lagen, sonst wäre er glimpflicher mit ihnen umgegangen, hätte ihnen vielleicht die Sache auch des Nähern erläutert. Ob sie ihm geglaubt hätten, das ist eine andere Frage. Es herrscht namentlich in diesem Gebiete eine so unglaubliche Beschränktheit in vielen Köpfen, daß sie das Dümmste felsenfest glauben, dagegen die klarsten, mit Gesetzen belegten Erläuterungen von der Hand weisen. Sieht man der Sache näher auf den Grund, so findet man, daß man festhält, was man gerne glaubt, sei es aus Eigennutz, Rachsucht oder Neid, und von der Hand weist, was diesen Leidenschaften nicht in Kram dient. Man sollte es nicht glauben, aber es braucht schon einen bedeutenden Grad nicht bloß von allgemeinem Verstand, sondern von Kenntnis seiner selbst und Kraft über sich dazu, gutem Rate glauben und ihn annehmen zu können.

Die beiden Manne waren begreiflich stark ertaubet, einen so großen, uvrschante Himmels– hätten sie ihrer Lebtag doch noch nie angetroffen, erkannten beide einstimmig, drzue dr wüestist Gythung un Batzeklemmer, war ebenfalls beider Meinung. Wenn er einen gesunden Blutstropfen im Ranzen hätte, so hätte er gegen Witwen und Waisen nicht so sein können, sondern wenigstens das Halbe schenken müssen. Öppis recht hätte er drneben vielleicht, meinte Eisis Bruder, und ds Best könnte wohl sein, man ließe das Werk fahren, liefe nicht mehr die Beine ab darum und suchte bloß so viel Weibergut zu machen als möglich, das sei die Hauptsach; beim andern bringe man doch nichts heraus, er sehe das wohl. Dieser Meinung dagegen war Eisis Schwager nicht. «Ja», sagte der, «das wär chumlig, däweg überchäm ja niemere nüt. Diese Weg gäbs doch o öppis. Sött ih de vrgebe nacheglüffe sy un mr ha la wüest säge un us Erbarme mr alli Müeh gä ha u zletsch nüt übercho un alles sölle vrspiele, nei bim Donnstig, selb wott ih nit, das wär ja die ungrechtist Sach vo dr Welt, wo sy chönnt. Du hesch chumlig z'rede, du hesch nüt im Für, du, u bist nit nacheglüffe u hest dr nit müesse la wüest säge wien ih; we des hättisch wien ih, du wurdist o angers rede u dih nit so für nüt u wider nüt la absprenge vom ene sellige Kalb, wo öppe dSach nit eleini vrstah wird u de no lang geng nit.»

«Ha nüt drwider, e uvrschante Uflat isch er», sagte Eisis Bruder. «Aber es düecht mih doch, ds Wyberguet wär jetz dHauptsach, u alles angere sött me la gheye, wies gheye will, u dys Bigehre wirds notti nit sy, welle ga vorabznäh, was de Kinge ghört. Öppe schöns wär selb nit.» «Ds Schönst wär allweg», meinte der Andere, «wenn du zuechestiengist un o neuis tätisch, Bürg wärist oder sust, as ume den angere welle z'bifehle, was si tue sölle u was schön wär. Gredt ist bal viel u chost nüt, u däweg het scho mänge Hudel dm angere welle helfe.»

Das gab natürlich Feuer, und wenn andere Leute nicht geschieden hätten, so wären die Beiden blutig hintereinandergeraten, denn Beide waren ertaubet und Beide stärker am Leibe als am Geiste, namentlich der Schwager. Er hatte es wie viele Kinder gescheuter, kundiger Väter, er hatte bloß des Vaters Haus geerbt, des Vaters Wissen und Kenntnisse nicht, von wegen, der Vater hatte sein Wissen und Kennen nicht den Kindern zugewandt, sich auch bei ihnen apart durch niemand vertreten lassen; darum gerieten sie, wie schon oben gesagt, nicht absonderlich weder zu geistiger noch zu leiblicher Arbeit.

Nachdem man sie auseinandergerissen, machte Eisis Bruder sich heim und verschwor sich hoch, wegen der Sache versetze er keinen Tritt mehr, luege si synethalb, si syge jetz nimme hie daheim, u dSach gang ne hell nüt meh a, as er gern well un es sih ihm öppe wohl schick.

Der Andere dagegen fuhr Eisi zu, tat dort wie ein brüllender Löwe, und wenig fehlte, er hätte Eisi die abgestreckt, die dessen Bruder bestimmt gewesen waren. Der Rechtsfreund, der ganz unvermutet, wie er sagte, früher heimgekehrt war von seinen Geschäften in der Fremde, der mittelte jedoch. Er tat lästerlich über den Gerichtschreiber, was das für einer sei. Dem wolle er es aber eintreiben, er habe für den schon lange eine Kochete über dem Feuer, jetzt wolle er ihm anrichten, daran solle er genug haben sein Lebelang. Dä Donner schade dem Volk jährlich nicht bloß etwa vier- oder fünftausend, mehr als zehntausend Franken. Er kennte die Sache, aber er wolle nicht, dest schlechter sei es von ihm. Das sei ihm nur wegen den paar Franken, die er schenken sollte, aber die wolle er ihm salzen, daß er grännen müsse, daß es dem Teufel darob gruse. Das, was er gesagt, seien alles Späße und Dummheiten, sie sollten sich nur auf ihn verlassen. Aber einstweilen sollten sie still sein, jetzt könne man so viel nicht machen, weil der Hund nicht wolle und der Amtschreiber auch nicht und man nicht gleich jemand bei der Hand habe, der das Geld werde schießen wollen. Aber man solle das nur gehen lassen, bis die Sache von der Regierung zurück sei, es werde sich schon anders kehren, und gsetzt, es komme nicht gleich u dr Geltstag gieng vrby, so miechs aber nüt, mi chönn ne uf ha, u de sygs de a dene z'etschädige, wo dschuld syge dra. Wohl, dem Donner wett er de e Gunte mache, dä ihm mängsmal lieber sy sött as das Wirtshüsli mit allem, was drinne syg!

Die Antwort von der Regierung kam indessen immer nicht, wohl aber nahte sich der Tag der Steigerung, und gäb wie Eisi lästerte, das –kalb von Grichtschreiber sei an allem schuld, es fand in diesem Zorn je länger je weniger Trost, denn je länger je größer ward sein Leiden.

FÜNFZEHNTES KAPITEL

Wie aus allem endlich ein Geltstag entsteht, und was ihm noch alles vorangeht

Es gibt je länger, je mehr Leute, welche nicht arbeiten mögen, doch gerne gut Sach hätten, reich werden möchten. So bloß mit dem gradane Zähntröcknen an der Sonne kömmt man weder zu dem einen noch zu dem andern, das begreifen die Leute noch. Wenn man zum Faulpelzen und Zähntröcknen an der Sonne wirte oder dFrau und Kinder wirten läßt, so fehlten dFischli zMorge und dKrebsli zNacht nicht, so meinen die Leute noch bis auf den heutigen Tag, obgleich das Amtsblatt von verhudelten Wirten wimmelt, wie in einer Kaserne die Flöhe wimmeln im August.

Wenn daher irgendwo eine Wirtschaft ausgeschrieben wird zu freier Hand oder Geltstags wegen, zum Ausleihen oder Kaufen, so fäckelt das daher wie Spatzen auf einen Kirschbaum, wie wilde Tauben auf eine Eiche, wenn die Eicheln reifen, wie Mäusi hinter eine Wanne mit Haußet. Da kömmts daher vom Oberland und Niederland, alles Rustig, die wohlfeil reich werden möchte, und firmt in allem herum und steckt in alles die Nase und rümpft sie über alles, rühmt, wie man es gehabt, und grännet über was man findet, tut verfluxt hochmütig, als ob man daheim alle Bschüttilöcher wegen Mangel an anderm Platz voll doppelte Berndublonen hätte und dr Gring voll Klugheit und Finesse vom Tüfel, frägelt viel und gibt doch kein manierlich Wort und tut mit den Leuten im Hause ungefähr wie mit Schallenwerchern, wenn man das Schallenwerch besichtigt. So ein Ehepaar auf der Gschaui macht überlaut sich gegenseitige Eröffnungen, wie es nicht alles sein müsse hier, die Leute wären sonst nicht über nichts gekommen, und wenn einmal ein Wirtshaus so verhudelt sei, so sei es fast nicht möglich, es wieder gutzumachen und Gastig zuechezzieh, es mein geng alles, es sei noch das alte Ghudel. Ein Haus sei bal zungerobis, aber ufstelle, selb gang lang. Kam bloß Mannevolch auf dGschaui, so gings noch. Eisi war gewohnt, mit dem zu fahren, und vertrug auch noch was. Kam aber so hoffärtiges Weibervolch gwägelet, rieb sich die Hände, rümpfte die Nase und brichtete, wie es ihm sein müßte, was es alles dolete und nicht dolete, was ihm wegmüßte u was uflätig sei, «schüli» sagen die Zürcher, dann kam Eisi ab der Kette und tat wie ein alter Metzgerhund, der Junge säugt, und trümpfte so junge Gäxnäseni ab, daß sie weißeten wie junge sich beißende Rosse. Doch das war noch das Mindere, was es auszustehen hatte, von wegen, die kamen und gingen; die Meisten sah es nicht wieder, und bei den Meisten hatte es das wohltuende Bewußtsein, daß es dene es gesagt, daß sie ein Wyltschi daran denken würden. Viel bitterer weh taten ihm Nachbarsleute, denen es nicht auf den Leib konnte, deren Plagen sich alle Tage wiederholten.

Wenn ein Haus in Geltstag verfällt, das heißt ein Haus, in welchem allerlei Effekten sind, so tauchen rundum allerlei Hoffnungen und Gelüste auf. Es ist keine Haushaltung, in welcher nicht was fehlt, wo man nicht dies oder das haben sollte, aber das Geld hatte einen gereut, neu machen lassen mag man nicht, aber so ungefähr und um den halben Preis käme man höllisch gerne dazu. Gibts nun an einem Orte einen Geltstag, so kömmt ihnen so ein Haus vor fast wie den Spatzen ein Kirschbaum, der zu plündern steht, was da alles zu haben wäre um den halben Preis, halb kaufs-, halb plünderungsweise. Die ganze Masse betrachtet man als herrenloses Gut, möchte sich auslesen, was jedem anständig wäre, und wenn man es umsonst haben könnte, so trüge man durchaus kein Bedenken, es umsonst zu nehmen. Wem die Sache gehört, wie man zu den frühern Besitzern gestanden, kömmt nicht in Betracht, Mitleid ist keines da. «Si heys gha, hätte si gluegt, daß sis chönnte bha, dr Reste geyht mih nüt a», das ist Wahlspruch. Nun nimmt es einen wunder, was dasei, ob wohl gerade das, was man wünscht, ob es sich der Mühe lohne, der Steigerung beizuwohnen, in welchem Zustande die Gegenstände seien, und wenn zwei von einer Sorte vorhanden sind, welches wohl der bessere sei. Das alles möchte man vor der Steigerung wissen, an der Steigerung selbst kann man dann nicht alles so punktum untersuchen, jedenfalls passen viele Augen auf und gucken ebenfalls. Und je näher man dem vergeltstagten Hause wohnt, ein um so näher Recht glaubt man an die Sachen zu haben und eigentlich pflichtgemäß auf jegliche mögliche Weise dafür sorgen zu müssen, daß man das Beste am wohlfeilsten vorabkriege, nit öppe son e frömde Schelm, wos eigetlich gar nüt agang u wo me gar nit sött zuechela, eim dSach vorabnehm.

Auf der andern Seite herrscht das natürliche Gefühl, das Seine ungern in fremde Hände übergehen zu sehen. Es dünkt einen, es sollte niemand davon mögen, kein Mensch darauf bieten; wenn niemand darauf böte, so würde es ihnen ja bleiben. Und allemal, wenn man merkt, daß jemand davon möchte, wird man rot im Gesicht, bei jedem Bott gibt es einem einen Stich, und wenn jemand etwas ersteigert und wegträgt, so denkt man: So, auch du! Hätte doch nicht geglaubt, daß auch du so schlecht wärist, aber wart nur, dir treibe ich es ein!

Die Begierde der ganzen Nachbarschaft nach seinen Sachen mußte Eisi auf das bitterste empfinden. Wenns dämmern wollte des Abends, so sah Eisi, wie Nachbaren ums Haus schlichen, sah sie hier einen Wagen, dort einen Kommet besichtigen, so gleichsam im Vorbeigehen, sah des

Morgens, wenn es aufkam, sie aus dem Stalle kommen, und wenn es einmal ungsinnet vom Essen ging, so war es sicher, verdächtige Gestalten hier und dort stehen zu sehen.

Andere machten die Sache noch anders, die kamen zu ihm ins Haus, taten gar teilnehmend, sagten wohl: «Du armi Frau, wie de mih doch dure chast», ließen unterdessen die Augen herumspazieren, musterten, was sichtbar war, fragten verblümter und unverblümter, je nachdem sie ein gröber oder feiner innerlich Ygricht hatten, nach diesem und jenem; doch sehr selten war eine so grob, zu sagen: «Wes öppe nit z'höch ufetriebe würd, su hätt ih Muet drzue, hätt scho lang gern e selligs gha, aber ds Geld het mih neue greut. Nit daß mrs nit gha hätte, aber wenn me King het, su mueß me geng zerst a die sinne, gäb me neuis zUnutz usgit.» Die Andern sagten höchstens: «Aber nei, Eisi, daß du das erlebe mueßt, lue, du chast mih dure, ih cha nit säge wie (die Feinsten nahmen hier einen Zipfel von der Scheube und fuhren damit in den Augen herum). Wie dich doch alles grüsli reue mueß, hättist alles so schön im Stand gha, u jetz drvo z'müesse bi lebigem Lyb, nei, es isch schröcklig, es zrschryß mih, ih gstiengs lebig nit us. U vrmast dih desse nüt, u wärs a dir glege gsi, su wärist de im Stang, niemere eso, aber was cha en armi Frau zwänge, we dr Ma nüt nutz ist u ds Geld oberarm yche vrschlengget. De Totne söll me nüt bös nahrede, es heißt, si chönne ein no plage, un ih möchts sust nit tue, ih wurd mih schäme, aber gseit han ih zu myne Lüte mängist: Dä Steffe isch doch dr Nütnutzigist u Fülst, wos git, wie mih doch die Frau erbarme cha; we die e rechte Ma hätt, wo ere a dHang gieng un a dSyte stüng, das wär die fürnehmst Wirti ds Lang uf, ds Lang ab, i mängem Kanton fung me ke selligi. Aber alles wirst de doch nit la vrkaufe, du wirst o bha öppe ds Beste drvo, bi selligem Vrmöge wirst de dih öppe nit la blutti mache?

Öppe die beste Bett wirst de bhalte, un öppe es schöns Bureau un die große Gumode i dr Stube mit dene arige Umhänge u länge Fransine, ume so öppe das Schlechter wirst furtla, öppe die plätzete Sache oder die, wo ume no halb ganz sy? Aber grad öppe dä groß schön ehrig Hafe wirst nit furtla, un dr Brönnhafe o nit; wenn de wieder öppis Neus afast oder ds Wirtshus wieder a dih nimmst, su manglist se. Die bessere Täßleni, da die schöne blaue, die wirst näh, un die schöni gelbi Kaffeekanne? Emel ih miechs, het mes, su het mes, lat mes furt, su gilts nüt, u we mes umeha sött, su chosts es Sündegeld u dSach macht me drzue no all Tag schlechter.» So fühlten die feinern Weiber auf den Zahn, mischten das Süße mit dem Sauern so künstlich, daß Eisi ihnen nicht nach Noten dienen konnte, sich fangen und ködern ließ und erst hintendrein dachte: Oder wott die Donnstigs Täsche öppe o cho steigere u het si deretwege so nötli gfragt, was ih bhäb u was nit?

Qualen stund indessen auch die Speisewirtin aus, neben der großen Wonne, in welcher sie sich wälzte, die jedoch nach und nach abzustehen anfing, denn jede Sache wird alt, absonderlich eine Sache, die man alle Tage im Munde hat und jedem Gaste, der die Nase zur Stube hineinhat, vorkaut. Begreiflich hatte sie seit Wochen die größte Wonne ausgestanden, hatte viel bündigere Kenntnis vom Stand der Dinge als Eisi und ermangelte nie, denselben ihrer Gastig mitzuteilen und aufzustellen an einer von ihr selbst gemachten Sauce, welche ungefähr aus folgenden drei Bestandteilen bestund: «He nu, es geht doch no i dr Welt allbeeinist nah dr Grechtigkeit, wes mängisch scho lang geyht, bis me se gseht. Es nimmt eim zu Gott wunger, daß es da äne so lang gange isch, so wie sis triebe hey, das het afe ke Gattig gha. Aber wunger nimmts mih notti, ih ma fast nit gwarte, was dä Narr afat. Ih traue geng, si häych sih, oder si chönn de öppe ugsinnet wieder manne; aber wer wett e selligi möge u vrmöge se nachezfuehre, vo wege, die vrbrucht de öppis, ih chas eim säge.» Hier pflegte sie gewöhnlich an die Sauce einen langen Stiel anzubringen. Auch sie hatte per se darauf spekuliert, an der Steigerung zu glänzen und Eisi zu zeigen, wer zletzt noch Trumpf habe; sie hatte schon lange Silber gespart, so viel sie konnte, um so recht mit demselben zu klimpern und zu glänzen; was nicht mit Batzen zu zahlen war, mußte warten bis nach der Steigerung; ob sie nach der Steigerung zahlte oder es hatte wie der alte Bursche im Lied: «Vor der Messe zahl ich nicht, nach der Messe wird auch nichts daraus», wissen wir nicht. Nun sah diese Speisewirtin andere Weiber hinübergehen, die man sonst nicht im Wirtshause sah, namentlich bei Eisi nicht, und klug genug war die Speisewirtin, obgleich sie Bäbi hieß, alsbald zu merken, daß jene Weiber nicht bloß wegen ihren guten Herzen und wegen Erbarmen hinübergingen, sondern wegen was anderm. Nun wollte es Bäbi fast versprengen, daß die drüben alles sollten ausgwundern und erlesen können, es aber nicht und so aufs Geratewohl dreinplampen müßte, nicht wisse, was alles dasei und was das Bessere sei. Bäbi setzte ein paar Male an, um hinüberzugehen, geistete sich auf, sagte sich: Töte wird die dich öppe nit u fresse nit, die wird doch wohl öppe zahmet ha un alti gnue sy, emel zeche Jahr ist die älter als ih, für z'wüsse, was es erlyde ma u was nit, u de han ih ds Recht so guet as öpper anger, u de chönnt ih ja öppe e Knecht zwegstelle, daß er mr gschwing zHülf chömm, wenn ih afieng brülle, u daß er se de so recht vom Tüfel abhabereti. Indessen war sie doch nicht Babi genug, die Sache ins Werk zu setzen. Was Tüfels hätt ih zletsch drvo, dLüt hätte z'grusami Freud dra, wenn mr enangere recht vrkreblete, u de dörft ih ja gar nit emal a dSteigerig, ds selbist will ih doch de gah, da nimmts mih doch de zu Gott wunger, ob ih de dert nit sövli Recht heyg wien e angere Mönsch.

Es half sich, so gut es konnte, mit Nachrichten durch Trini und stillete so seinen Gwunder bestmöglichst. Es hatte sichere Nachricht, teilte es daher seinen Gästen mit, daß a dSteigerig nüt Grechts cho werd, un es syg eine e Narr, wenn er deretwege ume e Tritt vrsetz; ds Best gsech me niene meh, es wüß ke Mönsch, wos hicho syg, u was syg, syg es Ghudel, daß es e Schang syg. Öppe Sorg gha heyg niemere zur Sach, es heyg so müesse gah, wies gange syg. Aber mi wüß wohl, woher das chömm, ungrecht Guet tüe nie guet. Es heiß, Eisis Großätti syg rych worde, es heyg ke Mönsch gwüßt wie, aber es syg geng dRed gange, just ds selbist syg e ryche Krämer, dä uf Zurzi welle heyg, vrlore gange, u kei Mönsch heyg chönne erfahre, won er hicho syg. Es werd wohl öppis a dr Sach sy, mi wüß ja, wie es Eisis Schwester gange syg.

So konnte Eisi der Steigerung nicht ausweichen und hatte doch nicht alle Hoffnung verloren, der Rechtsfreund wußte immer neuen Trost, und wenn Eisi in vollem Zorn auf ihn einfuhr, so hatte er immer die Antwort: «E aber, Fraueli, tue nit so, grad das isch guet, grad so han ihs welle, jetz wirds öppe nimme fehle», und wußte es mit den dümmsten Gründen zu bereden, daß es ganz buschauf wurde; was man halt gerne hört, das glaubt man auch gerne. Vernünftige Leute hätten an diesem Glauben gar nichts begreifen können; «het dä Narr 's nit glaubt bis am letzte Tag, es mach alles nüt, es chömm no guet», sagten die Nachbaren unter einander. Ein solcher Glaube wird viel häufiger, als man glaubt, gefunden in Israel. Glaubt ja doch so manches arme Mädchen an Treu und Liebe, bis es im Unglück sitzt, bis der Treulose mit einer Andern am Altare steht; glaubt doch die arme Mutter an die Rettung ihres Kindes, bis die blassen Lippen sich nicht mehr öffnen wollen, im starren

Auge der Tod sichtbar wird; glaubt doch so Mancher an längeres Leben, nimmt das leise schwindende Leben für leise werdende Genesung, denkt ans Sterben noch kaum, wenn auch der letzte Atemzug entschwunden ist, denkt ans Sterben nicht, ans Leben nicht, bis der Seele der Tod erscheint, bis das Herz im Tode bricht; ach und glaubt ja so manches Babi nicht, daß es ein Babi, so mancher Lädi nicht, daß er ein Lädi, so mancher Taugenichts nicht, daß er ein Taugenichts sei, bis Gott es ihm muß selbst sagen, mit feurigen Buchstaben an die Stirne schreiben wird.

«Du wirst öppe nit welle drbysy», hatte jemand Eisi gefragt, als der Tag der Steigerung nahte, «du wirst mit de Kinge öppe e weni nebeus welle, bis dSach für isch». «Warum sollte ich nebenaus?» fuhr Eisi auf, «gell, daß man dest besser bschyße un stehle chönnt, wenn ne niemere uf dFinger luegti. O Jere nei, ih blybe drby bis zletzt, ih wüßt gar nit, warum ih nit sött, bin ih doch nit dschuld, vrma mih desse nüt, u wär ih nit gsi, su giengs no viel wüester. Nei, ih wott de Lüte unger dAuge stah, selb wott ih, si müesse nit meine, ih heyg mih z'schäme u dörf mih nit zeige. Ih wott luege, wer Freud dra het, vo üser Sach z'kaufe, un sih möcht wärme a üsem Für. DLüt chenne möcht ih, vo wege, es chunt de öppe e Zyt, wos mr chumlig cho chönnt, wenn ih wüßt, won ih dSach z'sueche ha u wem ihs ytrybe cha.»

«He ja, ja», sagte die Frau, «du chasts so mache, aber Mängi chönnt nit drbysy, nit die Zechnist gstiengs us. Aber frage mueß ih doch, zürns nit, aber es nimmt mih notti wunger, wo de de uswotsch, we dSach vrby isch, du wirst drum gluegt ha, wirst öppe welle ga Krüzerwirti sy?»

«Warum nit gar, Krüzerwirti», sagte Eisi, «ebesomähr Hüehnermeitli! Nei, da han ih nüt gluegt, un ih hätt nit gwüßt, warum ih luege sött. Wunger nähms mih notti doch, wer mih hie ustrybe wett; es ist de notti mys Geld gsi, mit dem dSach gchauft un zahlt worde isch. Da blyben ih, u we me vier Roß asetzti, mi brächt mih nit weg. Will doch de luege, ob no Grechtigkeit uf dr Welt isch.» «Mit dere ischs afe bös», antwortete die Frau, «si säge, es syge Schmutzflecke druf cho, u du heyges dMüs gschmöckt u syge drhingercho u heyge se z'völlmig gfresse. Weiß nit obs isch, un a alle Orte möcht ihs nit säge.» «Es wird viel dra mache», sagte Eisi. «Aber sygs wies well, su will ihs probiere.» «He ja», sagte die Frau, «wed glaubst, du zwängist öppis, su machs, ih möcht drs gönne. Un ih glaub, du chönnist no öppis zwänge, es cha neue schier en iedere mache, was er will, u wenn eine recht ufbigehrt, su isch me froh, ne la z'laufe, u git ihm no e Pfoste, bsungerbar wenn er öppe e Schnäuzler isch, oder doch emel e Paß. Aber wenn ih dih wär, a dr Steigerig wär ih doch nit da, es isch sust neue nit dr Bruch, u was dLüt säge, het me sih doch geng e weneli z'achte.» «Was frage ih de Lüte nah, rede die doch, was si wey, u wes ne nit recht isch, was ih mache, su stecke si doch e Steckli drzue u hocke druf». «Su adie», sagte die Frau, «ih mueß gah, ih ha sBrot im Ofe, es wird wohl guet sy, aber mr leus gern lang drin, es grauet de minger, u de Müse ischs o zwider drahi, wes ordli herts isch. Aber denk, was mr gscheh isch; won ih am vordere Tag es Brot näh wott, su rüehrt es sih drin, grad wie wes lebigs wär, ih ha bim Schieß e Gux usgla, si heys im ganze Hus ume ghört u sy cho luege. U wo me du recht luegt, was isch du gsi? Hey mr nit dMüs ds Brot usghöhlt u drin gnestet u Jung gha, siebe jung Müs sy drinne gsi! Un vom ganze Brot hey mr kes Schnefeli chönne bruche über e Tisch; dr Rauft han ih du no ygschnitte, daß es die angere nit gwüßt hey. Vo wege, es het mih graue, es isch bsungerbar guets Brot gsi, un emel nit meh as feuf Wuche isch es gsi, daß mr bache gha hey. Adie!» Und brummend ging sie fort, denn daß Eisi an der Steigerung anwesend sein wollte, war ihr begreiflich nicht recht, von wegen, sie hatte ein Pfänni im Auge un e bsungerbar styfs Gartesschüfeli. Sie verbreitete überall, was Eisi im Sinne hatte, und überall nahm man das Eisi sehr übel, und war Eisi schon vorher nicht beliebt, so verlor es doch jetzt vollends das letzte Fünklein Gunst und Gnade bei sämtlichen Weibern rundum.

Eisi hatte das Ding sich doch leichter vorgestellt, als es war, es ging ihm fast wie manchem jungen Helden, dem es ein leicht Werk schien, eine ganze Armee zu überwältigen, so lange als er kein Soldatenbein sah, dem es aber zu duttern anfing, als er die erste Flinte zwitzern sah, der nach was Sicherm sich umsah, sobald der erste Schuß losging.

Es graute Eisi doch, als es am Abend vor der Steigerung an die folgenden Tage sinnete, wie da eins nach dem andern verschwinden werde, hier aus, dort aus, daß es nicht einmal wußte wo aus, und wie die Leute es ansehen würden, einander müpfen, fragen: «Ist das se, dWirti, wie ma die drbysy, das mueß doch e Usgschämti sy», und wie diese oder jene, die es sonst so gut kannten, es morgen vielleicht nicht mehr kennen, zimperig tun, die Hände reiben, höchstens sagen werde: «Goggrüeß ech u wie geyhts?», und wie drüben alles voll sein, Chaise und Schärbänk dort stehen werden und hier nichts, obgleich es auch wirten wollte und angewendet hatte mit Vorkehren. Aber was das für ein Vorkehren ist, wenn man gewohnt war, alles um sich zu haben die Hülle und Fülle an Geräten und Vorräten, mit vollen Händen zu spenden, das Geringe nichts achtend, beim Rasseln zerspringender Flaschen und Kacheln nicht einmal umzusehen, Anken ins Feuer zu werfen, wenn man nicht gleich hölzerne Scheiter bei Handen hatte, und jetzt bloß noch hie und da ein Pfänni und ein Kacheli und etwa noch ein Schüsseli und etwa noch ein Züberli, und an Vorräten hier ein Brösmeli und dort ein

Restli, armselig alles, als hätte man die Mäusenester geplündert oder schmäderfräßigen Jungfern die Säcke geleert, und doch vielleicht trotz aller Armseligkeit noch viel zu viel. Denn wer ißt gerne in einem Wirtshause, wenn Geltstagsteigerung darin ist? Ists nicht, als habe jede Sache eine eigene Kust, laufe einem im Halse auf, daß man es fast nicht hinunterbringen könne, oder würge einen wie halbreife Kannenbirnen? Darum, wer es anders machen kann, mag da nichts nehmen, nicht essen, absonderlich allfällige Wirtsleute nicht, welche an die Steigerung kommen. Ists denen nicht, wenn sie was genießen sollen, als müßten sie vom eigenen Fleische essen und vom eigenen Blute trinken? Oder ists ein Grusen ab der eigenen Kust der Sachen und dabei denken zu müssen, auch ihre Sachen kriegten diese Kust, wenn Geltstag sei in ihrem Hause? Es sei die eigentümliche Geltstagskust in einem Wirtshause, wie es einen eigentümlichen Leichengeruch gibt, einen eigentümlichen Gaststubengeruch, der alle Morgen frisch zu riechen ist, ehe die Stubenmagd die Federn aus den Haaren gemacht, den Zieger aus den Augen und frische Luft eingelassen hat in die durenänderlige Unaussprechlichkeit, in die unaussprechliche Durenänderlichkeit. Ists zu machen, so läßt man das Fuhrwerk am nächsten Orte und schmuggelt sich herbei so unvermerkt als möglich, absonderlich die Männer. Den Weibern ist dies freilich oft nicht recht, sie sagen: «Emel ih schüche mih nit, hätte si o ta wie mir, su hätte si o chönne bi ihrer Sach blybe, so guet as mir»; und dabei denken sie wohl: Ja lueget mih ume a, ih ha am liebe Gott z'danke, daß ih nit e Selligi bi, sonder e ganz e Angeri, wo no Mängi, wo meint, was si isch, chönnt Exempel näh vom ene Byspiel.»

Das alles, Tun und Sinnen, hatte ihns halb taubs, halb weich gemacht; da ging es noch durch die Stube, wo seine Kinder alle schliefen, so wohl und fest, daß sie nichts wußten von der Welt, nichts von Geltstag und Steigerung, keinen Gedanken daran hatten, daß vielleicht bald die Stunde kommen könnte, wo sie kein Bett mehr hätten, ja wo sie nichts hätten, nicht wüßten, wo sie ihr Haupt hinlegen könnten. Anfangs ward Eisi taub bei diesem Anblick. «Da liegen sie», sagte es halblaut, «als ob sie alles nichts anginge, und ich alleine muß alles austrappen und ausessen, und es düecht mih doch, die Größere sötte afe dr Vrstang ha z'merke, was geyht, u z'sinne, daß si o dra dschuld syge un jetz o öppis tue oder emel o drglyche tue sötte, daß si dSach o öppis agieng u daß si o dschuld dra syge. Si sötte sinne, was si afe gchost hey u was me für seye het müesse usgä. Nienehi isch me, daß me nit für e Hampfele Geld Sache oder Kram heybrunge het für seye, u de sövli nüt Sorg gha drzue, u dSach vrdrecket u vrhudlet gsi isch, gäb me ume umeglueget het. Ja we die nit gsi wäre, es hätts no lang gha, bim Donnstig. A de Klynere düechts mih nüt angers, es King isch es King, aber die Größere, wohl, die sötte dr Vrstang ha! We si ne nit hey, wohl, su cha me ne ne mache», und Eisi war drauf und dran, dem ersten Antrieb zu gehorchen und den ältesten Jungen zu haaren vaterländisch, ihn partikular zu züchtigen, damit er sein eigen Selbst im Weh ertränke und Anteil nehme am allgemeinen Weh. Es ist das eine eigentümliche Kurmethode, die öfters angewendet wird. Indessen, wie gesagt, Eisi war halb taubs, halb weichs. Als es so im Zorn ans Lager trat, in welchem die beiden ältesten Buben schliefen, sicher, fest und kühn, man hätte eine Kanone ablassen können neben dem Bette, sie hätten sich nicht geregt, so stutzte es und das Weiche faßte ihns stärker: Si schlafe bim Dolder, wie wenns nie meh guet wär! Wer weiß, wenn si wieder drzuechömme, wer weiß, viellicht ists ne vorgsi, daß si ds letztmal i dene Bette sy, u weys jetz no recht profitiere! U si hey recht, un se jetz ufzjage, wär notti nit recht.

Un es chönnt zletsch no öppis z'bidüte ha, wenn ih se ufjagti drus, si chönnte meine, ih wär dschuld u heyg ne se nit gönnt, u wer weiß, was es sust no öppe chönnt z'bidüte ha, öppe aparti mit selligem möcht ih mih nit no ga vrsünge zletsch, won ih mih sust nit vrfehlt ha. U nüt dschuld sy u zletzt doch alles usfresse müesse un alles abtue un alles sölle dureschleipfe u zletsch doch müesse bhange, dKing eim nüt helfe chönne u die Angere alli meine, si syge Krähye un ih ume e Keib, u niemere ha uf dr ganze Welt, wos guet meint! U bi es schöns Meitschi gsi u ha zechetusig Pfung Vrfallnigs gha, u jetz e alte Kratte, sövli King u morn dr Geltstag, u nüt dschuld u nüt wüsse wo us un a!

Da überwältigte einmal die weibliche Natur Eisi auch so recht, es weinte sich in ein Weinen hinein, das am Ende fast einem Erdbeben glich, ihm Leib und Seele schüttelte, ihm fast den Atem nahm. Gedanken hatte es lange keine, vom allgemeinen Elende wurden sie überflutet. Als endlich der Wolkenbruch sich schloß, die Elendsflut zu versiegen begann, erhob sich über die Wasser der Fels seiner Natur. Nein, dachte es, weder häyche no is Wasser, das Gfalle tue ih ne nit, die Freud müsse si nit ha, dene will ih unter e Bart stah, daß si wüsse, daß Eisi Eisi blybt, mache si mynethalb was si wey, si heys z'vrantworte.

SECHZEHNTES KAPITEL

Wie ein Geltstag angeht, und was zuerst aus dem Hause geht

Am folgenden Morgen war es schön auf Erden, ach wenn es ebenso schön in den Gemütern gewesen wäre! Klar stieg die Sonne auf, übersilberte das Eine, übergüldete das Andere, und tausendstimmig zwitscherten die Vögel des Schöpfers Lied aus grünendem Busch, von schwellendem Baume, die Märzenglöcklein nickten in leisem Morgenwinde den Takt dazu, und vom dampfenden Miste weg krähte der Hahn sein Wohlgefallen an des Schöpfers Herrlichkeit, der Sonne lieblichem Scheine, der Vögel munterm Gesange, der gackerenden Hennen holdseliger Freundlichkeit.

Öde aber, dumpf und traurig sah es um das Wirtshaus auf der Gnepfi aus; fast einem großen Sarge gleich, der zugeschlagen und vernagelt eine Leiche birgt, stand es da. Drüben in der Speisewirtschaft rührte man sich früher, es rauchte der Kamin, es wurde ums Haus gewaschen und gekehrt, die sämtliche Mannschaft schoß zu allen Löchern aus und ein, wie es in einem Bienenstocke geht, wenn er zu stoßen droht. Still wars noch auf der Straße, bloß einige Hunde machten ihre Morgenpromenade, Kinder holten Milch, und Mägde liefen mit Zübern den Brunnen zu, als ob es brenne, stunden dann aber bei den Brunnen, als ob sie aufs Angefrieren warten wollten, und verwarfen dazu die Arme, als ob sie Gott einstweilen in Windmühlen verwandelt hätte. Bettler strichen durchs Dorf, Zugvögeln gleich, die durch Steppen streichen. Ein Mädchen und ein Knabe hoscheten lange am Wirtshaus und schrieen kehrum: «Möcht ds Almuse!», aber kein Leben regte sich drinnen, z'leerem mußten sie wieder fort. Dann kam ein Mannli daher an langem Stecken, die Pelzkappe wohl über die Ohren, gehorsamst wadelten ihm die langen und breiten Fecken seiner Speckseitenkutte nach. Doch bewegte sie sich in immer kleinern Schwingungen und stand endlich gehorsamst ganz stille, als das Mannli sich stellte, den Stecken vor sich, beide Hände darauf, und das Wirtshaus betrachtete. So stund das Mannli alleine lange, knüpfte auch mit keinem Vorübergehenden eine Unterredung an, rührte sich weiter nicht, als daß es zuweilen eine Prise nahm; aber wenn ein Kind vorüberging und ihm die Zeit wünschte, so dankte es. Dann endlich stellte sich nicht weit von ihm ein anderes Mannli auf, lehnte sich an eine Ladenwand, machte Tubak ein, versenkte in tiefe Betrachtungen sich, gab keinen Laut von sich. Endlich kam eine Frau dahergetrippelt, die Hände in den Kittelsäcken, die schwieg nicht, gab dem einen Mann die Hand, wünschte guten Tag, hing dem Wunsche noch einige Redensarten an, dann die Frage: «Ist da no niemere uf?» Als das erste Mannli antwortete, er hätte no niemere gmerket, so meinte die Frau, das hätte doch afe ke Gattig, scho bal achti un es zeig sih no niemere. Si hulf ga dopple, es syg ere neue so gspässig, schier wunderlich, si nähmt für e Halbbatze Brönz, u de schick es sih grad am beste öppe z'luege, was da syg, un öppe z'frage, gäb son es Gstüchel syg, daß niemere zueche chönn. Es sei ihm gleich, sagte das Mannli, «we du dopple witt, su chumm dr nah. Gäbs afat e Schluck schadt nüt, es macht eim ume herzhaft zum Biete, zviel nützt nüt, mi chönnt ume z'kuraschiert werde, u selb ist nicht gut; mit zviel Biete het sih scho Mänge überlüpft.»

Sie gingen, fanden wider Vermuten das Haus offen, aber leer die Gaststube, und dort mußten sie lange lange doppeln, ehe endlich Eisi erschien, stattlich angezogen, doch nicht im eigentlichen Staat, und rauzig fragte: «Was hättet dr welle?» So ging für ihns der Tag an, und seine Marter begannen, die es sich nicht vorgestellt hatte. Der Mensch kann wohl sich vorstellen, was sich zutragen, wie es gehen werde, aber was für Eindrücke das machen werde auf sein Gemüt, was er bei diesem, bei jenem empfinden werde, das kann er sich nicht vorstellen, das liegt außer aller Berechnung. Der Mensch kann was vom Wetter wissen, kann sagen: «Auf den Abend wird es donnern, es wird regnen durch die Nacht», aber wann der Zorn donnert in seiner Seele, wann bitteres Leid in sein Herz sich ergießt, ob im nächsten Augenblick oder in der nächsten Stunde oder gar nicht, das weiß er nicht.

Da kamen nun Leute, welche gar keine Rücksichten hatten, welche ganz ungeniert fragten, nach diesem, nach jenem, ohne sich seiner viel zu achten, Gespräche führten, wie es eine strenge Sache sei, so vor e Hag use z'wurste und müesse gseh eys Stücki hie us träge, ds anger dert us, no viel ärger as bi re Brunst. Da chönn me doch denke, emel meh as ds Halbe werd nit gstohle u ds anger überchömm me ume, hie chömm nüt ume. Wie die Leute sich mehrten, wuchs auch ihre Courage. Zuerst trippelte das erste Fraueli aus der Gaststube in eine andere Stube, dann trappete ein anderer Trappi nach, dann ein anderer anderswo aus, trappeten allmählig im ganzen Hause herum, zu allen Türen ein, gschaueten alles, lobten, kritisierten wie auf einem Markte, wie in einem herrenlosen Hause, wo es niemand weiter was anging, was man sagte, was man machte, wohin man ging. Die Kinder, die gewohnt waren, liegen zu bleiben, solange es ihnen gefiel, waren aufgestöbert worden wie ein Nest voll junger Wachteln, wenn des Mähders Sense über sie fährt. Wie die jungen Wachteln zerstreut durch den Klee schlüpfen, hier aus, dort aus, bis in einer fernen Ecke die Alte leise schlägt, dann auf den ersten Schlag die junge Brut der rufenden Mutter zustrebt, ihrem Schutze sich anzuvertrauen, so liefen die aufgestöberten Kinder wohl auch zerstreut, verwundert, die Kleinsten ängstlich durchs ganze Haus; aber ihnen rief keine schützende Mutter, da waren keine Flügel, unter die sie sich bergen konnten, und wenn eins zufällig auf die Mutter stieß, an ihr Fürtuch sich klammern wollte, so hieß es: «Gang mr doch unger de Füeße weg, hang doch nit so a mer, gang lue, wo die angere sy, ih ha jetz angeri Sache z'tüe! Putz dNase, gang, si sölle dih wäsche, du gsehst ja dry, mi mueß sih fry schäme.»

Richtig stunden oft die Leute bei den Kindern still und sagten laut, unverhohlen zu einander: «Nei aber au, luegit au, was das für King sy, kes gstrählt u kes gwäsche, u laufe so desume, no am ene sellige Tag. Nei, jetz nimmts eym nüt meh wunger, daß es so gange isch; bi ere sellige Ornig, wie wetts chönne guet gah!»

Das nötige Personal war da aus Eisis Gemeinde, die Geltstagverordneten, der Weibel, Eisis Schwager, und endlich kam auch der Gerichtschreiber mit Säckli und Parisol, schob das unbekannte Personal ohne viele Rücksichten beiseite, bot dagegen mit ausgezeichneter Freundlichkeit und lieblichen Gebärden den Mannen die Hand und sagte: Er hätte gedacht, zu früh zu kommen trage nichts ab, man müsse doch mit dem Ausrufen warten, bis die Leute daseien, und vor den zehne gehe es selten gut. Es werde ohnehin öppe nicht gar gehen, und mangelte man doch, so viel zu lösen, nur um das Nötigste zu decken. «Ihr werdet es wissen, am vordern Tage ists herausgekommen, wo die Straße durchkömmt, das hat sich übel getroffen für uns, indessen es kommt einem Andern wohl. Es ist halt so in der Welt, was einem nützt, schadet dem Andern, dary mueß me sih halt schicke.» «Grad so ists», sagte der Weibel, «wie dr Herr Grichtschryber seyt, mi mueß sih dry schicke, u wes eim nit breicht, su machts no nit sövli.» Nun mußte er Bescheid geben über die erkannte Richtung und Mündung der neuen Straße; den Einen gefiels, Andere fanden es eine Hornvieherei, Einige wollten protestieren, Andere, wie der Herr Gerichtschreiber gesagt, sich darein schicken, wahrscheinlich alles je nachdem es die Leute breichte, z'guetem oder z'bösem.

Ob den Reden hin und her über hochgeachtete Weisheit, welche der Gerichtschreiber mit großem Behagen anhörte, da er nicht unter der erkennenden Behörde stand und es üblich ist unter uns, daß jede Behörde eine Galgenfreude hat, wenn einer anderen Behörde was Menschliches entfährt, verstrich Zeit und sie merkten es nicht, bis endlich Eisi kam und ohne den Gerichtschreiber zu grüßen sagte: Es düechs, es wäre bal Zeit anzufangen, die Leute wären da und pressierten. Der Gerichtschreiber fuhr zweg, als ob ihn jemand gespickt oder ein Cousin ihn gestochen hätte. «Frau Wirtin», sagte er, «das ist unsere Sache, wir fangen an, wenn wir es gut finden, und anständiger wärs, Ihr wäret gar nicht da, am allerwenigsten steht Euch das Befehlen an. Hie ists jetz usbifohle, da prediget morn oder übermorn scho en Andere.» Das werd sih de erzeige, meinte Eisi, und es düechs, ob es dasei oder nit, gang de niemere nüt a, un wenn es dMeinig gä well, su heygs ds Recht. Mi heyg ihn bschickt für z'steigere u nit für z'dampe un eim dSach vrnütige, ihm werd ds Mul emel einist niemere welle vrbinge u de emel er nit. Eisi machte es wie ein Schütz, der durch eine Schießscharte geschossen, der streckt seinen Kopf auch nicht durchs Loch, sondern macht sich hintere, läßt die erwidernden Schüsse durchs leere Loch puffen. Der Gerichtschreiber wetterte wohl, aber Eisi war verschwunden, und der Herr ging ans Werk, denn richtig der Sache nach war Eisis Bemerkung wirklich.

Man ging also an die Arbeit, und nachdem die üblichen Formalitäten beseitigt waren, sagte der Gerichtschreiber: So wolle man jetzt anfangen, und natürlich bei der Liegetschaft, vo wege, wenn eine wüß, daß er der Höchstbieted sei, so werds ihm de chumlig cho, no anger Sache meh drzue z'steigere, gläsigs Gschir un angers. Es werde Käufer dasein und sie sollten nur brav bieten. Jetzt zeigte sich begreiflich die Wirkung von des Gerichtschreibers Nachricht, die Käufer sahen sich an, meinten, sie hätten Lust gehabt, aber auf den Bericht hin wär einer ein Narr, wenn er ein Bott täte; was man mit einem Wirtshaus anfangen solle, wo niemere drzuechömm als im Winter und Schnee dHase und im Sommer öppe hie u da en Ägertsche? Nun wurde freilich der Lage des Hauses wieder z'best geredet. Es wurde gesagt, immerhin bleibe hier eine Verbindungsstraße; wenn öppe e rechte Wirt darauf komme, so höre dann die Speisewirtschaft auf, weil es nicht mehr zwei hier abtragen möge, also gewinne man eher als man verliere. Es seien reiche Leute zentum, darum sei die Schaal gut, und Kindbettene gebs ganz hageldick, es schätz es hie ume e Bur nit, wenn er nicht es dotzemal müeß Kindbetti ha, er meinte, dLüt meinte, er vermöchte es nicht. Ganz besonders wurde auf das Mätteli und das Bächli dabei mit einem verflucht schönen Wasserfall aufmerksam gemacht, wo man errichten könne, was man nur wolle: Knochenstampfe, Öle, Reibe, Säge, Mühle, Galandern, Wollen- oder eine andere Spinnerei, eine Brönnerei, eine Glasfabrike, wenn ds Sand nit e wenig zu weit zu führen wäre, vortrefflich wäre es Gelegenheit für eine Gasbrennerei, wenn einmal den Bauern der Verstand käme, Gasbeleuchtung einzuführen in ihren Häusern, um Öl zu ersparen und von wegen den Schmutzflecken, die ihre Bücher kriegen und auch das Papier, wenn sie es zu viel auf den Tischen herumwetzten. Ja, sagte der Weibel, man hätte bemerkt, daß allemal nach einem Erdbeben das Wasser mehre, emel ums Halbe. Wenns nun einmal recht stark erdbebnete oder es paarmal brav hintereinander, so gäb das e Bach, kene so im ganzen Kanton, de chönn me allessame errichte, we me ds Geld heyg, Wasser syg emel de gnue, sogar e Rot- oder e angeri Farb, e Fabrike vo kernigem Ammermehl und e Kaffeemühle drnebe, oder kehrum bal das, bal dieses, geng was am meiste ytrag. Das syg dHauptsach i dr Welt, ds Geld un was eim dSach abtrag, u we me drzue de no chönn geistlig sy, warum nit, su syg dSach dest besser, dLüt passe eim de öppe dest minger uf, si dayche, es mangle sih nüt, u glaubes eim, we me sih selber recht tapfer rüehmt. «Luegit», sagte der Weibel, «e selligi Glegeheit chunt nit ume; wenn eine das Wese da chauft, es git my türi öppis us ihm, es git e Zyt, all Zytige hey von ihm, bsungerbar wenn er es paar Chrüzer nit schücht fürs selber la dryztue. Drum bietit, seh wer het ds erst Bott, er überchunt e Maß u de guete, ih han e vrsuecht, ih chas eim säge, wie er isch, u was ds Fürnehmst an ihm isch, am Wy nämlig, er isch geistig un rüehmts nit selber, er het viel Lyb un isch nit hochmüetig, er isch vo ebe rechtem Alter u wird doch wie länger wie älter um so hübscher u milder u nit räßer, u das wär allweg dHauptsach, bsungerbar bi de Wybere, nit wahr, ihr Mannleni?» Doch der Weibel mochte reden, wie er wollte, und er konnte es sonst und war berühmt dafür, so wollte doch alles nicht anschlagen. Die Leute waren aus dem Konzept gebracht, und weil auf einmal zur Hauptsache wurde, was als Nebensache kaum geachtet worden war, so wollten sie die Sache erst besser gschauen. Aus dem Grunde erkannten die Lenker der Dinge, was anders zwegzschryße.

«Seh, was wey mr?» «Herr Grichtschriber, ih möcht ech ersuecht ha, das la uszrüefe, ih möchte de furt, ih ha wyt»; «tüet mr ds Gfalle u rüefit mr gschwing das, es wär grad da.» So rief man rundum, und hinter dem Gerichtschreiber stund noch einer, der rief nicht laut, der flüsterte ihm was ins Ohr. Der Gerichtschreiber war jetzt zum gnädigen Herrn gemacht, dessen Gunst und Gnade jedermann suchte. Es ward ein förmlich Spiel, und wer das Spiel verstund, trug Beute heim. In diesem Spiel waren es hauptsächlich zwei Künste, auf deren zweckmäßige Anwendung das Meiste ankam. Der erste Kniff war der, daß man von vornenherein erklärte: «Das will ich», dann sich dazu stellte, sagte: «Das laßt mir, daß mir niemand darauf biete, sonst luegit, treibe ich euch auch das, was ihr wollt, herauf vom Teufel. Aber öppe sövli uvrschant wird niemere sy u mr das welle uechetrybe oder gar vor em Mul ewegnäh». Solches Seinigen der Sache, noch ehe man sie ersteigert hat, beseitiget leicht andere Käufer, schlägt die Lust nieder, besonders wenn jemand es treibt, den die Leute scheuen müssen, den sie nicht gerne böse machen. Einem ganz gemeinen Grämpler, besonders wenn er dazu noch ein Fremder ist, würde diese Kunst wenig helfen.

Die andere Kunst wird verdeckt getrieben, und zu ihrer Ausübung ist eben Gunst und Gnade der Steigerungsregenten vonnöten. Wenn einer, der zu vergeltstagende Habe zu seinigen, die besten Stücke um ein Trinkgeld sich anzueignen gewohnt ist, und er kömmt mit der ersten Kunst, mit dem einfachen Handdarüberschlagen, nicht fort, sondern sieht Leute, die sich nicht abschrecken lassen wollen, sondern entschlossen sind, ihm die Sachen bis auf das Äußerste streitig zu machen, so wird eben die zweite Kunst geübt. Man nähert sich nämlich einem Steigerungsregenten und flüstert ihm zu: «Das laß mr jetzt bei Leib und Sterben nicht ausrufen, ich will dir dann ein Zeichen geben, wenns gut ist und dStube sih gsüferet het.» Ist man einverstanden, so kann nun die Gegenpartei lange auf den Ausruf warten; frägt sie nach, so heißt es: «Das kömmt noch lange nicht, wahrscheinlich erst morgen;» kehrt sie den Rücken, räumt sie das Feld, so wird geblicket, und hui ist die Sache abgetan, und nicht rasch genug kann der Weibel sagen: «Und – zum – dritten.» Das sind halt Künste; soviel wir wissen, sind sie in keinem Gsatz verboten, und vermutlich werden sie auch nicht allenthalben getrieben, sondern sehr selten wahrscheinlich. Daß sie an der Steigerung auf der Gnepfi getrieben worden seien, behauptete man steif und fest, aber sehr möglich ist es, daß die Behauptung durchaus ungegründet ist, denn behauptet nicht jetzt noch Eisi, der Gerichtschreiber sei schuld daran, daß der Geltstag nicht durch ein Akkommodement verhindert worden, weil es ihm um die Kosten gewesen, und wer unbefangen ist, hat doch einsehen müssen, daß auf solchem Boden ein Akkommodement unmöglich war.

«Seh», sagte der Gerichtschreiber, ohne auf alles, was man darstreckte und ausgerufen haben wollte, zu achten, «da ist der Stutzer geschrieben samt Weidtasche, Pulverhorn und was drzue gehört. Nein, nicht dort der kleinere ist es, dort der größere, wo so schön eingelegt ist, ein Staatsstück und nur sechzig Franken geschätzt, wer gibt mehr als sechzig Franken?» So mußte der Stutzer voran, mußte diesen Reigen eröffnen und war doch zu einem andern Reigen bestimmt. Der Stutzer, der schweizerische Enkel der Armbrust, mit welcher Tell den Tyrannen erschossen, der Stutzer, das Sinnbild des Schweizer Entschlusses, das Sinnbild des Loses eines Tyrannen in der Schweiz, der Stutzer, des schweizerischen Hauses Zierde, die Wehre, die voranblitzt, wenn der Feind einbricht, mit welcher der Schweizer Weib und Kinder schützt, seine Hütte zur Festung macht, diese Wehre eröffnete in des Weibels Hand den Reigen der Zerstreuung aller Habseligkeiten eines schweizerischen Hauses, er öffnete die Türe zum Austragen, zur friedlichen, gesetzlichen Plünderung, er war der Erste, der Weib und Kinder verließ, er ging zuerst zur Türe hinaus, zu welcher Weib und Kinder ihm folgen sollten, um auf der Gasse zu stehen, ohne zu wissen, wo sie ihr Haupt hinlegen könnten. Wie man die gleiche Sache doch doppelt auffassen kann! «Lue, mach gschwing», flüsterte unser Flüsterer dem Weibel. «Es ist mir öppe nicht ganz ums Geld, daß ich ihn teurer haben müßte, es ist mir wegen der Sach. Lue, es ist eine Ehrengabe, wo er an dem und dem Schießet gewonnen hat. Da würden die Leute doch ein Gresinier haben, wenn es z'fast unter sie käme. Da könne man sehen, würden sie sagen, was man mit selligem gwinn u wohi es zletzt füehr. Mach gschwing, selligi Ehregabe sötte eigetlich nie in e Geltstag, es sött es Gsetz drfür sy.» Der Weibel begriff das, rasch kam der schöne Stutzer in des Flüsterers Hände um ein Spottgeld; mehr als hundert Franken war er unter Brüdern wert, von wegen, er war nicht bloß schön, er war auch gut.

Da sagte Eisi: «Jetzt wohlet es mir fry, daß dä Donnstig aus dem Hause ist, dä ist meh as halb dschuld gsi a üsem Unglück; mi sött selligi Sache im Mist vrloche, si bringe eim Unglück is Hus, un drum ists vor Gott u Mönsche recht, daß si o zerst wieder drus müesse mit Schang u Spott.» Der gute Stutzer, die Ehrengabe an einem Schießet, trug an des Hauses Unglück keine Schuld; wenn eine treue Hand, ein biederer Sinn ihn empfangen und getragen hätten, er wäre des Hauses Schutz und Ehre geblieben für Kind und Kindeskind. Die treue Hand hätte ihn nur gebraucht, wenn des Hauses und der Kinder Wohl beschickt gewesen. Der biedere Sinn hätte ihn ohne Leidenschaft gebraucht, den Gebrauch nie zum Vorwand gemacht, hätte nie vergessen, daß der Stutzer nur dann den Schweizer ehrt, wenn er seines Hauses Schutz ist, und nicht, wenn er zum weiten Maule wird, das Ehre, Gut und Frieden verschlingt. Dem biedern Sinne wäre die Ehrengabe keine Verlockung gewesen, untreu zu werden an Haus und Kind, kein Anfang zur Ehrlosigkeit, sondern ein Sporn, ein Ehrenmann zu bleiben für und für, als ein schweizerischer Ehrenmann zu leuchten unter dem Volk. Aber eben darin besteht die schweizerische Ehrenhaftigkeit nicht, daß man an allen Lumpeten ist und womöglich der Erste und der Letzte, daß man des Hausvaters Pflichten den Festen nachsetzt, daß man den Farbenstrich sich über die Nase streichen läßt, der an solchen Festen eben Mode ist, und so recht wüst tun kann, sondern darin, daß man treu ist im Kleinen wie im Großen, daß man nicht bloß im Schießstande und hinter der Flasche ein Mann ist, sondern hinter jeglicher Arbeit und in jeder Not, treffe sie

Waisen und Witwen, treffe sie den Bruder oder den Nachbar, das eigene Haus oder das Vaterland. Solche sind die Ehrenmänner, auf die man bauen kann, das Vaterland und das eigene Vertrauen, denen man im Sterben die Seinen empfiehlt, die man im Gebete Gott empfiehlt, daß er sie erhalten möge zu Nutz und Frommen allen und jedem. Schweizerische Feste sind so schön, schweizerische Ehrengaben, seien sie gewonnen auf kleinen oder großen Schieß- oder andern Stätten, sind die Trophäen dieser Zeit, jedes Hauses Zierde, Orden und Kronen des Republikaners; aber ob sie zum Fluch oder zum Segen des Mannes werden, der sie empfängt, zum Fluch oder Segen des Hauses, in welches er sie trägt, hängt nicht ab von den glattgetretenen Sprüchen, von dem Gebrüll, unter dem er sie empfängt, von der Zahl der Flaschen, die dabei getrunken werden, oder ob es Champagner oder Vierunddreißiger Lacôte oder Vierundfünfziger Markgräfler gewesen, sondern eben vom Sinn, der sie empfängt, vom Geiste, der sie verwaltet. Dieser Sinn, der das Haus den Kindern wahret, das Vaterland dem kommenden Geschlechte, die Seele Gott, dieser echt konservative Sinn ist es, der die Hände treu macht, sie weiht, daß alles, was sie empfangen, zum Segen wird, der ists, der an Festen, wenn sie echt schweizerisch sein sollen, geweckt und genährt werden muß, der der Geist sein muß, der die Feste heiligt. Dieser Sinn ist es, der gepflegt und gehegt werden soll im gesamten Vaterlande und allen dessen Einrichtungen, er ists, der den Frieden bringt in Haus und Land, er ist der echt christliche Geist, der zur Seligkeit den Menschen bereitet, der stark macht für die Not der Welt und rein für den Himmel, zur wahren Freiheit führt, die da nicht kömmt mit äußerlichen Gebärden, die da wachsen muß von innen heraus. Der Freiheitssinn, welcher nichts ist als eine angekleisterte politische Ansicht, eine Meinung über staatliche Einrichtungen, ist nichts als eine Wolke ohne Regen, ein Gespenst, das am Tage umgeht, sich für die Freiheit ausgibt, aber nichts als ein Schatten ist, ohne Gehalt und ohne Kraft, das nichts als täuschen kann, alles verspricht, nichts hält, nichts hat für seine Bekenner, weder Frieden hier noch Seligkeit dort, ja nicht einmal politischen Frieden, ja nicht einmal politische Seligkeit. Wie sollte da Friede sein, wo man von der Freiheit nichts hat als eben den Schatten, Worte, die man nachsprechen muß, pünktlich, exakt, hinterzi, fürezi wie die Kinder das ABC; wie sollte da Seligkeit sein, wo man eine Freiheit hat, die nichts als ein Irrlicht ist, welches in die Moräste der Sünde lockt, und wo anders ist eben die Hölle als in den Morästen der Sünde!

Aber leider nicht mit diesem Sinne hatte Steffen die Ehrengabe empfangen; ob sie ihm auch nicht mit dem rechten Sinn gegeben worden, wissen wir nicht. Aber was da für ein herrlicher Tag war, als er sie empfing, Eisi konnte es wissen, denn es war auch dabei, und daß es dem Jubilieren und Traktieren ein Ende gemacht hätte, können wir nicht sagen, wenn wir der Wahrheit treu bleiben wollen. Es hatte am Schuß und Preis vielleicht eine noch größere Freude als Steffen selbst. Es war zu einer Zeit geschehen, wo es sich groß meinte, mit Steffen sich zu zeigen als Wirtin auf der Gnepfi, wo es sich also noch ganz besonders meinte, als Steffen den Stutzer gewonnen hatte, als er gefeiert, ein Lebehoch nach dem andern ihm gebracht wurde. Nie in seinem Leben hatte es so flink die Wirtin gemacht, eingeschenkt, Wein kommen heißen, Gesundheit gemacht und lustig getan, daß es Manchem vorkam, nicht bloß Steffens Stutzer hätte einen Stecher, sondern auch seine Frau.

Was selber Abend, selbe Nacht kosteten, stand nicht im Hausbuch, Steffen hätte selbst nicht gewußt, was er aufschreiben sollte, es war noch zur Zeit, wo sie ungezählt aus dem Schublädli nehmen konnten, ausgaben, ohne zusammenzurechnen, den Rest weglegten, ohne nachzuzählen. Doch das wäre eine kleine Summe gewesen, was daran hing, war unendlich größer. Nun mußte Steffen, wo es nur möglich war, den Stutzer zeigen; die Flaschen alle, welche er noch zu dessen Ehren zahlen mußte, zählte er wiederum nicht. Das größte Unglück aber war, daß Steffen sich jetzt für einen Schützen von erster Sorte, für einen Wettkämpfer um die höchsten Preise hielt, meinte, jetzt fehlten ihm die besten Preise nie, und allweg sei es ein Ehrenpunkt für ihn, allenthalben darnach zu ringen. Er hatte es gerade wie ein junger Spieler, der anfänglich Glück hat und nun für eine Art von Pflicht es hält, das Glück auszubeuten, und wenn es ihn verläßt, wiederum für eine Pflicht, ihm nachzulaufen, um es wieder zu haschen. So war Steffen nicht bloß auf den Schießeten, sondern er mischte sich unter die Eliten, unter die Auserwählten, welche was setzen, mit viel Schießen das Beste erzwingen wollen, und dieses kostet viel Geld, darob ist niemand noch reich geworden, aber Mancher arm, besonders wenn er nicht mehr zu setzen hatte als Steffen.

Sehr lange gings und sehr viel Geld kostete es, bis Steffen endlich merkte, daß sich da nichts zwängen lasse. Jetzt, wo er wenig oder nichts mehr erschoß, gäb wie viel er schoß, jetzt sagte er, er möge nichts mehr damit zu tun haben, es käme alles nur aufs Gfell a, un er heyg es Donnstigs Ungfell, gäb wie guet er schieß. Doch den Glücksschuß schob er nicht dem Gfell zu, sondern seiner Kunst, denn er sagte, uf ke Schießstang chömm eine, der besser halten könne unds besser gsehy as er, da förcht er kene, aber es well ihm nimme grate, er glaub emel, er syg vrhexet, und wenn er wüßt, daß drgege öppis z'mache wäre, er miechs. So hat es der Mensch, sein Glück schreibt er seiner Weisheit und Kunst zu, sein Unglück dem Ungfell oder dem Neide. Steffen konnte schießen wie hundert Andere, wenn er nicht fehlte, so traf er die

Scheibe; es ging emel geng öppehi, und wenn er so recht in der Übung war, so schoß er schön graduse, das heißt so ums Schwarze herum. Für einen Schützen hätte er sich nie gehalten, hätte er nicht den unglücklichen Schuß getan, und unglücklich wäre der Schuß nicht gewesen, hätte Steffen den rechten Sinn gehabt; dann hätte der Stutzer nicht als das erste Geräte wandern müssen aus dem vergeltstagten Hause, verflucht und verwünscht von des Hauses Frau als des Mannes Verführer und Unglücksmacher. Der arme Stutzer, das Ehrenwerte als Ehrenpreis hatte er verloren, indem er aus dem Hause, dessen Ehre er sein sollte, in zweite Hand überging, nun galt er bloß noch nach seiner Nützlichkeit. Und ob er dem neuen Hause, in welches er kam, nützlich sei, wer sagte das? Teuer kam er in Steffens Haus, sehr wohlfeil jetzt ins neue, aber waren es treue Hände, die ihn trugen, ein treuer Sinn, der ihn empfing?

Es ist wunderbar, aber es ist doch. Es gibt einzelne Geräte, wohlfeile und kostbare, vornehme und ganz geringe, ein ganz eigener Geist scheint in sie gebannt zu sein, böse Geister vornehmlich. Mit diesem, jenem Geräte scheint ein böser Geist ins Haus zu ziehen, es stellt sich in den Ehefrieden, es hetzt den Mann gegen die Frau, die Frau gegen den Mann, es ist der Funke ins Spinngewebe im Dache, der Funke ins Pulverfaß im Keller, der Wurm im Gebälke, der Schwamm an den Wänden, der Bissen, der die Herzen auseinandertreibt wie der Eisenwecken die verharzetesten Stöcke. Oft meint man den bösen Geist alsbald zu erkennen, sperrt sich gegen den Einzug bestmöglichst; oft trägt man es selbst hinein, merkt erst später dessen Spuk; oft fühlt man im Hause den bösen Geist, und weil man meint, alles auf der Welt müsse seine bleibende Stätte haben, und jedenfalls meint, alles, was uns plage, müsse außer uns diese Stätte haben, so sucht man sie hier, dort, in diesem, jenem Geräte.

Bei den Katholiken herrscht noch immerdar die Sitte, daß sie gerne etwas Geweihtes, Geheiligtes im Hause haben, sei es ein Palmbüschchen, sei es ein gemein Amulett, sei es eine heilige Reliquie, sie hoffen Schutz davon gegen böse Geister, gegen Bresten, gegen die Pest. Wenn was einbrechen will, wenn Unglück sie umflutet, wenn ihnen bange werden will um das Herz, so wendet sich ihr Auge dem Geweihten zu, anbetend neigen ihre Lippen zu ihm sich nieder, und Ruhe kommt ihnen wieder, und ein unnennbares Vertrauen überschattet sie, daß in Ergebung sie entgegengehen dem Unausweichbaren. Wir Reformierte haben diese sichtbaren Zeichen verbannt und mit Recht, wir haben uns damit um Jahrhunderte emporgehoben über unsere Schwachheit, über unsere ans Sichtbare klebende Natur, und recht ists so, es ist eine Staffel in des Berges Mitte, ein Absatz zwischen der Erde und dem Himmel, wohin wir doch alle wollen.

Indessen haben doch auch wir noch eine Art von geweihten Dingen, Andenken, Familienstücke nennen wir sie, doch auch diese verlieren mehr oder weniger ihre Bedeutung, je mehr alle Bande mit den vergangenen Geschlechtern, alle Bande der Liebe mit den Gliedern der lebenden Geschlechter sich lockern, je mehr unser Gemüt versandet in den trocknen, scharfen Winden unserer Zeit. Solche Andenken wandern in die Hände der Grämpler, Familienreliquien auf den Estrich, die Zeichen der Gevattertreue in die Sparkassen, zu Gelde wird alles, zu Golde sollte alles werden, an die beschmutzenden Vögel des Midas, an die innerlich wachsende Gier des Unseligen gedenkt man eben je länger, je weniger. So geschieht dann eben das Umgekehrte, das Haus wird denn doch besetzt, aber leider nicht mit geweihten Dingen, sondern mit Andenken und Reliquien anderer Art, an denen nicht die Andacht erglüht, das Vertrauen sich entzündet, der Mut emporflammt, sondern an denen alle Tage der

Ärger neu wird, die innern Wunden immer wieder aufbrechen, die Herzen immer kränker werden an verzehrendem Hasse, in welchem jede Lebensfreude versengt wird, wie die Pflanzen vertrocknen ohne Tau, ohne Regen in tötender Tröckne. Das Haus wird angefüllt mit Dingen, welche der Mann herbeischleppt, mit Dingen, welche die Frau erzwingt, jedes frönend dem inwohnenden Triebe, keins beachtend das Andere oder abwägend, ob das, was es will und bringt, der gemeinsamen Wohlfahrt dient. Jedes stellt das Seine auf, wie es kann und mag, und jedes, wenn es das des Andern sehen muß, ergrimmt im Herzen wider das Andere und flucht dem armen Geräte, das sich dessen nichts vermag, daß nicht der Geist der Liebe es herbeigetragen. Im armen Geräte scheint ein eigener Geist lebendig, der den Bewohnern durch die Augen ins Herz fährt und daselbst immer brennend erhält nicht das ewige Licht der Liebe, sondern das andere Feuer, das auch ewig brennen soll, das wenigstens in den unglückseligen Herzen brennt so lange, bis sie ausgebrannt sind hier auf Erden.

Der arme Mensch, wie sehr er sich erhebt, hängt doch so sehr vom Äußerlichen und dessen Eindrücken ab, darum sollte er mit sinnigem Ernste und mit wahrhaft reformiertem Sinne dafür sorgen, daß was ihn umgibt, für ihn erhebend sei, daß mit jedem Geräte, mit dem er sein Haus ziert, ein guter Geist einziehe, der jedesmal, wenn er es sieht, ihn erhebt, ihn neu durchdringt mit heiligendem Gedenken einer schönen Stunde, mit dem Geiste, den er ins Haus gebracht. Das wäre die wahre, echte Weihe, und echte Reformierte, hätten wir das Haus doch voll Reliquien, heiliger Amulette, und was der Schweizer an vaterländischen Festen gewonnen, das würde ihm zum geweihten Palmbüschel, dessen Anblick ihm das Zeugnis geben würde, sein Haus sei ein geweihtes und sicher vor jedem bösen Geiste, solange die Weihe des

Herrn es überschatte. Aber dafür müßte man eben wissen, was echt schweizerischer, reformierter Sinn sei, müßte begreifen, daß der Sinn ganz was anderes sei als zusammengestoppelte Phrasen, und dieses begreifen noch ganz andere Majestäten nicht als unser Eisi, das dem Stutzer fluchte und doch denselben Sinn barg in seiner Brust, der scheinbar den Stutzer zu des Hauses Fluch gemacht, und mit demselben Sinne andere Dinge ins Haus schleppte, auf denen dann des Mannes Fluch lag.

SIEBENZEHNTES KAPITEL

Wie eine Wirtin eine Uhr haßt, welche sie im Kopf gehabt, die aber nicht nach ihrem Kopf gegangen

Doch während wir da schwatzen und gottselige Betrachtungen anstellen, eilt die Zeit von dannen, rollt die Steigerung sich ab. Wie Ameisen an einem Stück Holz, welches sie zernagen wollen, tummeln die Leute sich durchs Haus, und bald hier einer, bald dort einer schleppt was zum Steigerungstische, das er ausgerufen haben möchte. Bald wird es ausgerufen, ein Spinnrad, ein Erdäpfeldrücker, eine Waschbahre, dann kömmt plötzlich der Laun, man wolle unten die Fässer ausrufen oder hinterm Hause die Wagen. Die Menge rollt über einander, strömt zu den Türen aus, fährt um die zu versteigernden Gegenstände herum.

Unterdessen kömmt der, welcher den Stutzer gesteigert und in Sicherheit gebracht, dahergeschlichen mit einer schönen Pendule und meint: «Rüefit mr gschwing no das, es geyht grad i eym zue jetz.» Eisi sah es und meinte: «Gut, wenn die einmal fort ist, es glaubt kein Mensch, wie froh ich bin. Wege dere habe ich einen Verdruß ausgestanden, ich könnte es niemand sagen, es hat sich alles umgedreht in mir, so oft ich sie schlagen hörte. Dem Ketzer habe ich es aber greiset, ih han e nüt meh ufzoge, er het du von ihm selber ghört schla.» «Was hat er dir denn zleid getan?» frug der Weibel. Eisi begann zu erzählen; «rüef doch, rüef!» sagte der, welcher die Uhr gebracht. «Wer git mehr as vierzig Franke?» rief der Weibel, «vierzig Franke zum erstenmal!» «Vierzig Franke un e Batze», sagte der Andere. «Vierzig Franke un e Batze zum erstenmal!» rief der Weibel. «Nit, nit», rief Eisi, «nit, es isch ja niemere da, u siebe Dublone het dä Hung gchost. Wartet doch, mi mueß zerst dLüt zuechemustere, das isch nüt, das», rief Eisi, «wartit doch, säget doch de Lüte, si sölle sih zuechemache!» und ging selbst nach, die Leute zu mustern. Unterdessen tönte es drinnen fort: «Vierzig Franke ein Batze zum erste!» «Drei Batze!» rief eine andere Stimme. «Vierzig Franke drei Batze zum erste, wer git meh?» «Vierzig Franke vier Batze!» rief hastig der Erste. «Vierzig Franke vier Batze zum erste ist bote. Vierzig Franke vier Batze zum zweute», pressierte der Weibel. «Vierzig Franke sechs Batze!» rief der Zweite. «Vierzig Franke sechs Batze zum erste», wiederholte der Weibel. Da stolperte es die Treppe hinauf. «Zweiundvierzig Franke!» rief der Erste hastig. «Zweiundvierzig Franke zum ersten, zweiundvierzig Franke zum angere un zweiundvierzig Franke zum dritte!» So rief der Weibel eben, als der Zweite, den der Aufschlag von vierzehn Batzen auf einmal verblüfft hatte, so daß er einige Zeit brauchte, sich zu erholen und zu sammeln, den Mund zu einem neuen Gebote öffnen wollte. Das gieng ihm gschwing hier, sagte er. Das gang wies gang, sagte der Weibel. Wenn eine an e Steigerig well, su söll er sih daheim bsinne oder dFrau mitnäh, we dies gleytiger chönn, a dr Steigerig syg eine da für z'biete. Wenn er warte wollte, bis sih en iedere Lappi usbsinnt hätt, su müeßt er in Euigkeit weible un usrüefe u steigere, u selb wär ihm doch zwider. «Emel du weißt de nit», sagte der Andere, «ob du de fertig bist mit Steigere, we du de scho unger em Herd bist, u ob du nit mueßt umecho cho nachebessere. Selb weißt du no nit.» Nun gings dem Weibel so, wie früher jenem. Die Antwort hatte eingeschlagen bei ihm, auch er mußte sich fassen, und als er den Mund zur Duplik öffnete, war jener verschwunden.

«Scho anegä!» sagte Eisi, als es wiederkam. «Selb wär mr doch de lieber, mi warteti, bis o Lüt da wäre, däweg chunt me wohl vo dr Sach, aber nit zum Geld, u selb wär mr doch de dHauptsach.» Der Gerichtschreiber replizierte nicht, diesmal ignorierte er Eisis Rede. Darin hatte er viel Takt, wo er reden und wo er schweigen sollte. Zu Vertrauten sagte er, damit sei es gerade wie mit dem Wetter. Trage man Eisen mit sich, so ziehe das das Wetter an, und ganz ungsinnet könnte man einen Blitz anziehen und zBode donnert werden, ehe man was dazu sagen könne, so sei es mit dem Reden. Da müsse man wohl wissen, was für Wolken am Himmel seien und wann man Worte in den Mund nehme, zu unrechter Zeit ein Wort könne einem das verfluchteste Wetter auf den Hals ziehen, und hätte man geschwiegen, so hätte man das Verfluchtest tun können und kein Mensch hätte ein Wörtchen gesagt. Da der Gerichtschreiber nichts sagte, so meinte Eisi, es werde dem Uflat (der Pendule, nicht dem Gerichtschreiber, versteht sich) ahange oder ihm ata sy, ihs taubs z'mache bis zletzt use. Da sei es, erzählte es einer Nachbarin, es sei noch nicht so manches Jahr, einmal ausgefahren mit Steffen an ein Gesangfest, es heygs neue düecht, es möcht o einist luege, wies a dene gang, und wenn ihs düecht hätt, es luegti es Profitli drby use, su hätts de im Sinn gha, o einist eys byn ene azstelle, un es recht es vrfluecht es schöns, es hätts de welle zeige, daß es es chönnt, so guet as a dene Orte, wo si meine, es syg niene eso wie bi ihne, un eym de ufwarte, syner Säu heyges längs Stück besser gha. So seien sie zusammen gefahren, es sei ein schöner Morgen gewesen und viele Leute seien da zusammengekommen, es wüß eigetlich nit wege was. Gsunge sölle si bsungerbar schön ha, wie me gseit heyg, aber es heyg neue nüt drvo gspürt un afa längi Zyti übercho, aber es heyg neue nit gwüßt wie mache für dänne z'cho. Ungereinist heygs ghört, ke Mönsch heyg meh e Gux usglo, un es syg ihm fry e Stey ab em Herze gfahre, es heyg däycht, es syg us. Es use mit de angere u heyg nah Steffe gluegt, aber dä syg niene z'gseh gsi. Glückligerwys syg eini dagsi, dies scho gseh heyg, u die heygs gfragt: «Wey mr öppe desume e weni, bis 's wieder ageyht?» «Was agah? säge ih, öppe Gottel ists us, si erlittes ja nit, költschbrun si si ja alli gsi, wos ghört het.» «Nei», sagte die Andere, «si müesse no einist drahi, aber wenn de wytt, su wey mr e weni desume u dStadt luege, öppe viel Rars söll zwar neue nit sy, es isch mr o lieber, ih müeß nit wieder yche.»

Nun erzählte Eisi in Kürze, wie sie umhergegangen, dies gesehen, unter anderm schöne Uhren, und wie ihm auf einmal in Sinn gekommen, dere hätten sie noch keine und gerade so eine hätte es längst haben wollen, dieweil es eine Schande für sie sei, noch keine zu haben. Wie es eine gekauft, nicht die schönste, aber die leidest nicht, siebe Dublone nur hätte sie kosten sollen. Er soll sie einpacken, habe es befohlen; wenn sie fortwollten, so wollten sie dieselbe holen und bezahlen. Geld hätte es wohl bei sich gehabt, aber nit sövli, wie man wohl denken könne. Es hätte auf Steffen gerechnet, der eine ganze Blatere voll mit sich genommen. Wo sie zur Kirche gekommen, da heyge si no gsurret drinne, und wie sie gwerweiset heyge, ob wieder hinein oder was sonst machen, da sei es aus gewesen und dLüt aus der Kirche hinaus und dem Wirtshaus zu. Sie seien nicht die Letzten gewesen, und da sei es lustig gegangen, aber Steffen hätte es nicht gesehen, zwüsche yche, wenn nüt Lustigs gange syg, heygs geng müesse denke, wo dä ächt aber syg. Da hätten sie angefangen, zerst allerlei z'stürme, du z'singe, das syg scho lustiger gange, u du z'tanze, u das syg ds Lustigist vo allem gsi. Es hätte auch müssen, gäb wie ungern, und drob seis spät geworden, es hätte es nicht gemerkt. Da sei, wo es am lustigsten gegangen, Steffen dagewesen und hätte gesagt, sie wollten fort. Es heygs düecht, heyg er so lang ihm nüt nahgfragt, so pressiers ihm jetz o nüt. Zletscht heyg es doch müesse, u zNot heyg es es no chönne zwänge, daß si öppis gesse heyge, er heyg zerst gmeint, er mög nit, u doch heyg er du gno, daß es sih heyg müesse schicke, wes o neuis welle heyg. U wo si abgschaffet heyge und furt welle, syg du da eine gstange u heyg gfragt, ob er jetz dUhr reyche söll. Es heyg dä Donnstigs Ketzer ganz vrgesse gha. Da frag Steffe: «Was für e Uhr?» Da säg es, es heyg eini gchauft, wie si scho lang eini hätte sölle ha, un er söll ihm gschwing siebe Dublone gä. Da heyg Steffe ihm gseit, es syg e Narr mit dr Uhr u wie er siebe Dublone ha wett? Un es heyg doch wohl gwüßt, daß er meh as siebe Dublone mitgno heyg, aber es heyg ne nit vrgebe dr ganz Tag nüt gseh, un Narr heyg es ihm nit welle la säge, vor de Lüte. Es wisse, was es gesehen, und wenn er si nimme heyg, su well es se scho übercho, aber die Uhr wells jetzt, es hätts nit angers ta vor de Lüte, u hätt men ihm dr Gring abgschrisse. Es heygs am Wirt gseit, un dä heyg ihm enangerenah siebe Dublone gä, und äs heyg dUhr gno, die syg im e Kistli gsi. Das heyg du neuis chönne, gäb si hey gsi syge, es syg ds erstmal gsi, wo si enangere o so recht gseit heyge, es hätt sih möge ztod pläre ds selbist, vo wege, Steffe syg trunkne gsi u es nit, u da heyg er ihm Sache gseit, Sache, we ds Halbe wahr gsi wär, su hätts dSunne nie meh sölle aschyne. Was aber du ds Vrflüechtist gsi syg: wos du morndrist die Uhr uspack, su heyg sie ihm du gar nüt meh gfalle, dä Donnstigs Schelm heyg ihm gwüß en angeri ypackt, as es usglese heyg, und doch heyg es se du müesse bha u heyg nüt dörfe säge, u o neue niemere heyg si welle gfalle. Du syg dä Schnürfli vo Wirt, wos die siebe Dublone etlehnt gha heyg, neue grad einist dahercho u heyg se umewelle. Er heyg ungsinnet es Roß gchauft, heyg er zWort gha; Steffen werds gmerkt gha ha, oder obs e abgredti Sach gsi syg, wüß es nit, wos well Geld näh, heygs kes Schlüsseli, u wos Steffe suech, syg dä niene, u dä Wirt heyg ta wie e Katz am Hälsig, dä Uflat, es heygs düecht, es möcht ihm die Uhr uf em Gring vrschla. U wie mängist es die Gschicht sih heyg müesse ghöre fürha u was es deretwege heyg müesse lyde, es glaubs ke Mönsch. Es syg allimal taub worde, wes dä Ketzer heyg müesse aluege, u froh sygs, daß er furt syg. Wes gwüßt hätt, daß er um das Lumpegeld furtchäm, su wär er nit erst hüt furtcho, so lang Täubi drum hätt es nit gha, um das hätts ne längst chönne bruche.

ACHTZEHNTES KAPITEL

Wie Eisi dagegen Gschir im Kopfe hat und warum

«Nit, nit!» rief Eisi plötzlich, als sein Blick auf den Steigerungstisch fiel, auf demselben sein schönstes Kaffeegeschirr sah auf einem großen Cabaret und der Weibel eben sagte: «Wer gibt mehr als dreizehn Franken, zum zweute u zum–?» «Nit!» sagte Eisi, «das lan ih nit, das wott ih, füfehalb Krone sy bote!» «Aber was wotsch drmit», sagte ein Mann Eisi, «spar dys Geldli für Bessers». «La du mih mache u lue du für dih!» antwortete Eisi. «Aber warum willst du das ghebt ha?» fragte ihns eine Frau. «Sechs Krone!» rief Eisi; «will drs de säge, allweg chan ih dere Züg nit alles la fahre, bsungerbar was Brüchigs ist. We mes scho hingerdry gsetzlig umeha chönnt, wie si säge, su möchts dr Tüfel alles zsämetrybe, u was vrheyt isch, isch vrheyt.»

Es ist sonst Sitte, daß, sobald man weiß, daß die Sache für die Familie ersteigert wird, was gewöhnlich irgendwie verlautet, das Bieten mit großer Bescheidenheit getrieben wird. Und sowie einer fortfahren will, müpfen ihn die Andern und sagen: «E was witt, es isch für seye.» Eisi hatte der Sache noch viel besser den Tätsch geben wollen, wollte selbst bieten, es wollte sehen, wer ds Herrgetts syg, von seinen Sachen zu kaufen, bsungerbar wenn es selbst darauf biete.

Nun waren wohl Leute, die sich vor ihm scheuten und balgeten, wie eine doch so ungschämt sein könne und beiwohnen und sogar bieten. Wes no pläriti drby, daß me chönnt dHäng unger ihm wäsche, su wette si no nüt säge, aber ke Tran heygs no vrgosse, ke Tran. Aber nicht allen imponierte Eisi. Es waren glänzende Weiber da, seiden und galanderiert, was Schöns; gäb wie leicht sie sich drehten und kehrten, so rauschte es, fast wie das murmelnde Bächlein, das durch duftende Wiesen sich schlängelt, fast wie der Zephir, wenn er durch den grünen Wald fährt, auch hatten sie Ringe an den Fingern, Ketten um den Hals, kurz waren ein schön Luegen. Die hatten keine Notiz von Eisi genommen und sahen es nicht an, wenn aber Eisi von ihnen sich abwendete, so blickten sie einander und rümpften die Nasen. Dagegen betrachtete Eisi sie oft, und wären seine Blicke Pfeile gewesen, so wäre Keine lebendig ab dem Platz gekommen. Die hatten also sichtbar keinen Respekt für Eisi, aus deren Mitte kam die bietende Stimme und trieb Cabaret samt Geschirr auf zwanzig Franken hinauf. Endlich erlangte Eisi doch den Sieg, der Weibel sagte: «Und zum – la gseh, wott no öpper, und zum – und zum – dritte!» Der Weibel lag mit Eisi nicht unter einer Decke.

«Schwyg du,» hatten die Weiber zu der Bietenden gesagt, «bis di Witziger, si chönnte zletzt säge, du heygists expreß gmacht, u we si ganzi e Narr wird, su müeßtisch du dschuld sy. Es isch geng wege dene arme Kinge, u wes ne scho guet gieng, we die dänne chäm, su dörft mes nit emal lut säge.» Die guten Weiber, wie ihre zarten Herzen für Eisis arme Kinder schlugen und zwar so gewaltig, daß keine von denselben an das eigene Trüppeli dachte, das jede zu Hause hatte!

In Zorn und Triumph, fast wie Juno in Jupiters Donnerwagen, fuhr Eisi ab mit dem Cabaret, sagte für sich: «Su han dih doch. U wenn ih dr Kittel hätt müesse vrkaufe un ds Gloschli drzue!» sagte es zu dem Weibe, das ihm folgte und noch etwas nachtrug. «Aber warum hangist o sövli daran?» sagte das Weib, «öppe selligs hättisch geng übercho, wennds wieder brucht hättisch, das wird notti nit ds enzige i dr Welt sy, un öppe nit viel türer.» «Selb nit», sagte Eisi, «was das gchost het, weißt nit. U syg das wies well, su han ih das nit welle la, das wott ih pha.» «Was ist de drmit?» fragte die Frau. Da erzählte Eisi, als es zum zweiten Male guter Hoffnung gewesen, hätte es Gotte sein müssen in einem Wirtshaus bei entfernten Verwandten. Da sei schön aufgewartet worden und bsunderbar schöns Geschirr hätten die gehabt, daß es es fast hätte versprengen wollen vor Zorn, denn der Gattig hätten sie keins gehabt, es hätte nicht einmal gewußt, daß man selligs hätte. Es sei ihm nicht mehr wohl da gewesen, es hätte pressiert für fort, und auf dem ganzen Heimweg hätte es von nichts brichtet als von solchem Geschirr und daß sie auch deren haben müßten. Da hätte Steffen gesagt: «He, ich wollte mich nicht so plagen, es ist jetzt öppe eine Zeit, wo nicht viel Leute kommen; aber wenn du dieses Mal einen Bub hast, so kannst du anschaffen so schöns als du willst, dann mueß e Fure gah. Ists ein Meitschi, so machen wirs nur wohlfeil und die alte Rustig tuts auch noch, sie wären an manchem Orte froh, sie hätten solches. Es sei ihm noch, als ob es heute gewesen, wo er das gesagt habe, und es wisse noch auf welchem Platz. Da sei es ihm immer gewesen, wenn es nur einen Buben kriegte, vorher hätte es nicht viel darnach gefragt, weler Gattig, es heyg nüt angers gsinnet, as wes nume für wär. Glücklicherweise hätte es wirklich einen Buben gegeben und es eine Freude gehabt, es könne es niemand sagen. Es hätte nicht vierzehn Tage gewartet für in die Kirche zu gehen, es hätten sich alle Leute verwundert, als sie es schon gesehen, und zmorndrisch schon hätte Steffen mit ihm müssen nach Solothurn, um Geschirr zu kaufen. Da hätte es nichts gespart, es müsse es sagen, und Steffen hätte nicht gewehrt, wie er sonst wohl hie und da zum Brauch gehabt. Es hätte ihm selbst gefallen, und wenn es öppe gwerweiset, so hätte er noch angestrengt. Es sei aber dafür auch schön gegangen an der Taufe. Den Dessert hätte er von Bern kommen lassen, dBratis und ds angere hätten sie selbst gemacht; aber e bsungerbari Köchin heyge si bschickt, e Gans heyg dGotte mitbracht, un es angers Bratis heyg ne e guete Fründ gschickt, dem si viel Wy abgno heyge, us em Schwarzwald, es heyg sölle e Rehschlegel sy; die Wyber, wo ne dSach nit heyge möge gönne, heyge gseit, es syg neue es Schaffüstli, aber es wohl beizts, die Täsche. Es sei sich dr wert gewesen, recht aufzuwarten, sie hätten eine vornehme Gevatterschaft gehabt und sonst viele Leute eingeladen weither. Es hätte ein vornehmer Gumi fast sein Roß ztod gsprengt, um dabeizusein. Mehr als acht Tag hätten sie es im Stall gehabt, und bloß Tritt für Tritt hätte man es führen können. Öppe viel Profit hätten sie davon nicht gehabt, denn einen Kreuzer dafür zu fordern, hätte man sich geschämt. Gut dreißig Personen seien dagewesen, und einmal über das andere Mal hätten sie sich verwundert, wie das eine Aufwart sei, so seien sie doch nie dabeigewesen. Das sei wahr und noch im Grab müß es ihms nachreden, einen Wein hätte Steffen zweggemacht gehabt, die Beine hätte man nicht stillehaben können unterm Tische, wenn man ihn von weitem gesehen habe. Er hätte noch kommen lassen, Tschämpis säge man ihm, und noch andere Rustig, es wisse nicht mehr, wie man ihm sage. Lustig gegangen seis, es sei nie so dabeigewesen. Trunken sei worden öppis Schröckligs; gäb was man auf den Tisch gestellt, es sei gerade gewesen, als ob man alles auf einen heißen Stein geschüttet, und gesungen hätten sie, es heygs düecht, dWäng söttes nit ha. Bloß ein paar Weiber hätten Gesichter gemacht, gerade als ob man ihnen Dörn in den Wein geschnätzelt hätte, und hätten die Maulecken fast bei den Augen oben gehabt. Und grade die hätte am meisten gegrännet, wo es vorher bei ihr zu Gevatter gestanden. Es heygs vrflüemeret glächert, grännit ume! hätte es gedacht. Wo es bald Morgen gewesen, seien die hinausgegangen und seines Schwagers Frau, aber es, nicht dumm, sei nache, vo wege, es sei ihm bald zSinn cho, da könnte man was vernehmen. Da hätte es Sachen gehört! Es sei ihm in alle Finger gekommen, ihre Köpfe voran in die Löcher zu stoßen. Aber es hätte nicht dergleichen getan, sondern gedacht: Wartit dihr ume. In die Küche sei es gegangen, hätte Kaffee befohlen und angewendet, daß es wohl gewußt, solchen hätten sie noch nie gehabt. Da sei aufgestellt worden in dem Geschirr, und was die da für Augen gemacht und einander geblickt und grännet, man glaub es nicht! Es aber hätte gedacht: Blickit ume u grännit ume, grad so ists mir recht. Je mehr die Andern gerühmt, dest täuber seien die worden, es sei fast vrspritzt vor Lachen. Da hätte sich endlich eine nicht mehr halten können und gesagt: «Bsungerbar gfallt mir das o, u wenn ih nit däyche müeßt, es nähms zletsch öpper anger, su schaffet ih mr o a. Aber es ist e Zyt, un es lehrt eym zur Sach luege, we me drby blybe will.» Du heygs du gseit, es syg ihm o so, drnebe aber chömms geng druf a, wie me tüey. Es syg nit Sinns vo dem z'la, u solang es leb, daychs nit, daß öpper dFreud ha werd, 's z'synige. Mi chönn nit wüsse, hätte darauf eine geantwortet, daß es es nit hätt sölle ghöre. Aber es heygs notti ghört u gseit: Es hätt nüt drwider, es gang mängs ungsinnet, aber selb wells eym guet sy drfür, daß öppe niemere Freud ha söll a dem Gschir, solang es no chönn Kaffee arichte. Da hätten sie geschwiegen und die Pfeifen eingezogen, und wenn es den letzten Kreuzer hätte geben müssen, so hätte es ihnen nicht die Freude gemacht, sagen zu können: «Jä gäll, Eisi, jetz prediget en angere, u jetz heschs!»

NEUNZEHNTES KAPITEL

Wie Babi, die Speisewirtin, ein Schesli im Kopf hat, und wie der Schwarze Babi darum bringt

So packte Eisi aus, während ein Kind ihm Wache stehen mußte und berichten sollte, ob was Besonderes gehe. Jetzt kam es gelaufen und berichtete, sie hätten noch so allerlei Grümpel verkauft, Waschstecken, Bierkrüge und Grasbähre, jetzt redeten sie davon, sie wollten essen, es sei schon lang über die Zeit, u tüeye drglyche, si wüsse nit wo. Si rede drvo, si welle übere. Da fuhr Eisi auf und machte den Mannen den Marsch, daß sie wüßten, wo sie essen sollten, so daß selbst der Gerichtschreiber nicht aufreden durfte, so gerne er auch in die Speisewirtschaft gezogen wäre. Dort ging es allerdings lebendiger zu, dorthin waren die glänzenden Weiber gezogen und mit ihnen viele Männer, die aber nicht so glänzten wie die Weiber. Auf dem Lande ist bis dato die Toilette das ausschließliche Eigentum der Weiber geblieben, einige

Schmachtlocken und einige Stegreife an jungen Dandys abgerechnet. Nun wäre eine Gelegenheit geboten zu schönen Tischreden, an denen auch die Speisewirtin so eifrigen Anteil nahm, daß sie die Aufwart vergaß und manche Bemerkung nicht hörte (solch Geschütz wird meist im Rücken abgebrannt). Nit bas as me hie syg, nähms eym dest meh wunger, daß es däne nit besser gange syg, die müeßte afe ghuset ha vom Tüfel, un dr Platzg syg doch so bös nit gsi, u sövli Vrmöge für e Afang, wos nit dr Hundertist heyg.

Diese Tischreden wurden unterbrochen durch die Nachricht, daß man drüben wieder anfangen wolle zu steigern. Sie wirkte wie Pulver, das als Minen unter die Bänke gelegt worden. Wie da die zentnerigen und zweizentnerigen Dinger, welche die Bänke belasteten, auffuhren! Das wär dr Tüfel, hieß es allgemein, kaum hätte man halb gegessen; selligs syg doch neue nit permidiert, me wart süst, bis dLüt wieder dasyge, aber es werd wieder neuer was wohlfels welle. Er glaube, sie wollten ans Schesli hin und ans Geschirr, erläuterte der Berichterstatter. Da setzten sich viele, viele Zentner wieder nieder, brachten es ihm und meinten, da pressiere es ihnen nicht, das wollten sie sie machen lassen u no näh, was öppe no chömm. Unter diese Zahl gehörten die meisten Weiber, das brachte die Speisewirtin fast aus dem Hüsli. Die gute Speisewirtin wußte noch nicht, wie man sich selbst vor den Füßen sein kann. Sie brannte ärger als ihr Kochöfeli vor Begierde, hinüberzugehen; alleine hatte sie es nicht gewagt, auf das Begleit der glänzenden Weiberschaft gerechnet, sich aufgedonnert, daß ihre Kinder sämtlich ihr nachliefen und schrien: «Muetter, wotsch zKingbetti oder zMärit?» Sie hatte schwatzen müssen mit den Weibern, den Kragen leeren, wie man sagt, hatte darob die kürzeste Zyti gehabt, während sie den Andern um so länger wurde, hatte Kochen und Aufwart versäumt. Jetzt, als es anging, war sie nicht fertig, die Weiber nicht gewohnt, halbgegessen aufzustehen. Hatten die mal die Beine unter einem fremden Tische, so wollten sie sein, wollten öppe lebe, wies dr Bruch syg, we me furt syg, wollten das Bratis gehörig versorgen, wollten Tatere, den Dessert schenkten sie nicht, eine Halbe Roten verschmähten sie nicht. Ja es kam schon hier und da einer in den Sinn zu sagen, den Kaffee habe sie emel gerne, sie glaube, wenn sie einmal sterben sollte, mit Kaffee könnte man sie wieder lebig machen, aber schwarze nach dem Essen nehme sie ihn doch am liebste, wenn neuer wett, si hulf.

Das sind die Weiber, die starch den Männern nachstreben und starch an der Emanzipation der Weiber machen. Ach, und so ein Schäsli war der guten Speisewirtin schon lange im Kopf gesteckt, ihr förmlich hineingewachsen. Wie oft hatte sie im Kote pfoseln müssen von einem Markte heim, und wenn sie eine halbe Stunde hinter sich ein Fuhrwerk rasseln hörte, war sie stille gestanden, und ach was für zärtliche Liebesblicke hatte sie ihm zugeworfen, sobald es in ihren Gesichtskreis kam; ach und wie oft hatte ihr das gar nichts geholfen! Das Pferd hatte sie noch überspritzt, in den Hag, in ein Gräbli gedrückt, daß sie einen Gix und einen «Uflat!» nach dem andern ausgelassen, aber es hatte nichts geholfen, die Leute darauf hatten gelacht und sie in Kyb und Kot pfoseln müssen bis heim. Wenn sie im einen oder im anderen erstickt wäre, ke Hung hätt se ufglese, hatte sie oft geklagt. Manchmal hatte man sie wirklich aufgeladen, wenn man das Wägeli nicht bereits schon voll alter oder junger Schweine gehabt hatte. Sie hatte glückliche Stunden so verlebt. Aber ach, wenn der Bysluft so recht zog oder es hurnigelte, daß man glaubte, das Katzenhageln wolle angehen, und sie eine schöne Kappe aufhatte, eine neue Scheube an und dazu nur ein schlechter Parisol, ach, dann kehrte sich in ihrem zarten Herzen alles um, daß sie so zweg sei und nicht in irgend einem Schäsli, wo e Teil noch Schüchleder hätten, die man vormachen könnte. Wenn dann gar noch Eisi vorbeirasselte im Schäsli mit dem gleytigen Byggerli, dann drehte sich nicht bloß ihr Herz um, sondern alles im Leibe, sie ward zur radikalsten Kommunistin. Wenn das gerecht sei, daß so eine fahr, während sie so durch Dicks und Dünns stampfen müsse, so möchte sie doch wissen, was Gerechtigkeit sei. Aber das müsse anders kommen, sie sei einem gut dafür, und es seien noch andere Leute ihrer Meinung.

Bei solchen Seelenschmerzen wars begreiflich, daß sie nichts sehnlicher als ein styfs Schäsli wünschte, so mit Schüchledere, wo man sich gut einmachen könne, öppe von den köstlichsten brauche es nicht zu sein, daß sie ihrem Mann beständig mit diesem Wunsche vor den Ohren lag, fast wie ein guter Haushund vor der Haustüre oder eine Katze vor dem Mäuseloch. Der Mann war aber auch ein harter Klotz, wie viele Männer sind. «Was sinnist, Babi!» war seine fast unveränderte Antwort, «was sinnist, Babi; dr letzt Zeys nit gä, dr vorig ebe halb u dä o bal ume, u de no anger Lüt, die Geld wey! Nei, Babi, wed nit laufe mast, su blyb daheim!» Nun hatte Babi seine Hoffnung auf Eisis Schäsli gestellt, und hochauf war ihm das Herz gegumpet, wenn Babi dachte, wies dann auch bei Eisi vorbeitschädern wolle, daß es fry Feuer gebe, und es müsse nicht zu machen sein, so müsse es über und über überdrecket werden, allemal wenn es bei ihm vorbeifahre. Und wes es vrsprengti vor Täubi, su sygs ihm glych, und es wett säge: «Recht gschehts dr, du Narr, das ist für e Hochmuet guet!» Wie gesagt, einige Fünfudryßiger hatte es zweg, und ihre Wyherre, das seien alles seine guten Freunde, tröstete es sich, die begehrten sie nicht zu plagen, warteten, bis es sich ihnen wohl schicke, und gings bis am letzten Fasnachtmärit. Das syge brav Herre, es wüßs.

So weit hatte Babi also nachegwerchet, jetzt war das Schäsli zu haben, und gewiß um nichts, denn wer wett ihm i Weg cho, wenn me merk, daß es es möcht, dachte es, ke Mönsch tüey es Bott druf. Und jetzt wars noch nicht fertig, und die Blättere saßen da wie Trüecher, hatten keinen Verstand und taten gar nicht, als ob die Steigerung sie was anginge. Babi wußte wirklich nicht, sollte es die Wände auf fahren oder aus der Haut, und als es sie fragte, ob es se nit düech, sie möchte ga biete oder ga luege, wies drum gang, es söll es meineidig sittigs Ryte drin sy, antworteten sie kaltblütig, si syge nüt gwungerig und Lust zu dem alte Kratte hätten sie auch keine, aber es söll ne öppe e Fläsche oder zwo vom bessere Rote bringe, u viellicht daß de no öppe eini oder die anger es Taßli Schwarze nähmt. Es wett, daß dr Schwarz seye nähmt, dachte Babi. Die Speisewirtin schoß statt in den Keller über die Gasse, wo sie ihren Mann bei den Steigerungsleuten in der Nähe des alten Krattens stehen sah. «Los neuis», sagte sie und rief ihn nebenaus. «Die Plodere wey nit uf, si sy abränntet un ih darf nit vo ne, u daß de mr jetz das Schesli nit layist fahre, ghörst, chosts was 's well, su wott ihs jetz, u ghörst, biet, bis es hesch, sust lue de, wies dr geyht!» «Denk chum z'töte», sagte Babis Mann halblaut, während er langsam wieder der Steigerung sich zudrehte.

Da stund die Menge um das Schesli herum, gschauete die Räder, visitierte das Räderwerk, probierte die Federn, und bald war das Eine nicht gut, das Andere ausgelaufen, das Dritte mangelte Reparierens, und alle kamen darin überein, öppe viel wert sei es nicht. Wenn man leicht was dafür geben müßte, so kaufte man ringer ein neues, dann wüßte man, was man hätte, und hätte etwas nach der Mode. Das sei altväterisch, und leicht ein hoffärtig Meitschi oder eine eigeligi Frau fuehr eym nit emal drin. Hatte doch Eisi gemeint, was es hatte, als Steffen sich endlich zu dem Schesli bewegen ließ!

Steffen hatte nicht daran gedacht, hatte eine währschafte Haut, die was ertragen mochte, hielt nicht viel auf dem Äußern, fürs Inwendige sorgte er dest fleißiger; wenn man innenache gut gfüttert sei, sagte er, so tüey eym ke Bysluft nüt, und wenn sein Byggerli mit ihm davontschäderte, so saß er auf seinem tschäderenden Bernerwägeli in Schneesturm und Regengüssen stolz und wohlgemut wie ein König. Aber hundertmal hatte Eisi gesagt, uf dä Hung gangs ihm nimme. Und doch war es ihm immer wieder gegangen, von wegen, das Hotzle auf dem Rumpelkasten war ihm doch noch aständiger as das Daheimhocke. Da war einmal im Winter eine große, vornehme Partie, wo sie auch eingeladen waren und auf die es sich viele Wochen freute. Es war schöne Schlittbahn, Steffen hatte ein verflümeret styfs Schlittli zwegmachen lassen, hatte ein Gschäll gekauft, daß man es nicht schöner hören konnte, und ein Fähnchen machen lassen von rot und weißer Seide, daß man nicht genug luegen konnte, wenn es so recht wadelte im Winde. Daneben hatte Eisi einen Staat zweggekorbet, der ihns zu der Hoffnung berechtigte, zletzt werds de heiße: «DWirti uf dr Gnepfi, die het mr gfalle, das ist doch die Hoffärtigst gsi u dSach isch ere no bsungerbar wohl agstange.» Wie eitel aber menschlich Hoffen sei, sollte Eisi erfahren. Am Morgen vorher glänzte noch so prächtig die Bahn, gegen Mittag ward es so milde, daß Eisi meinte, grad so sollte es morgen sein, wege dr Kälti heygs ihm schier welle gruse, mi überchömm so vrfrore Nase, un nüt stang eim minger a as son e rot u blaue Knebel im Gsicht. Daß die Wälder schwarz wurden, die Berge dunkelblau, dessen achtete sich Eisi nicht. Aber in der Nacht, als das Haus in allen Fugen krachte, erwachte es, müpfte Steffen: «Los doch wie dr Bysluft geyht, es wott mr schier gruse», sagte es. Aber am Morgen sah man, daß es nicht der Bysluft, sondern der Flühluft war, er spritzte warmen Regen über den weichen Schnee, wüst gelb war die so schöne weiße Straße geworden, Wasser sammelte sich in jede Vertiefung, hie und da war sie schon vollständig schwarz. Was das für ein Jammer war, für ein Hin- und Herschießen an allen Fenstern herum, weil man immer hoffte, an einem andern Fenster sehe das Wetter besser aus! Aber durch keines kam ein Hoffnungsstrahl, Steffen erklärte, der Schlitten gehe kaum mehr, und wenn man heute es schon zwängen könnte, so käme man morgen gar nicht heim, man werde das Wägeli nehmen müssen, wenn es gfahre sy müeß. Was da Eisi für einen Zorn auswand! Steffen kam endlich zur Einsicht, daß es ihm weit ringer ginge, ein Schesli anzuschaffen, als dFrau so zu sehen und sich so sagen zu lassen. Als sie endlich doch fuhren, als allerdings Eisis Staat wüst herhalten mußte im erneuerten Sturm, als alle Leute zäpfelten und stichelten, daß sie so in einem offenen Wägeli daherkamen, ob er nicht etwas Deckts vrmöge, er müeß doch vo de Wüestiste eine sy, daß er in selligem Wetter e sellige Frau uf eme sellige Kaste desumeführ; wenn Mänge e selligi Frau hätt, no hüt schaffete er ihr ein füfzigdublönigs Schesli a: da ging Steffen in sich und erkannte seine Schuld und bekannte, daß es ihm so nicht mehr gehen müsse, selligs wolle er nicht mehr ausstehen. Und wahr seis, wenn er alles rechne, so erhus eim so ein Schesli viel Geld, was man an den Kleidern erspare, wie Manchen man könne reiten lassen, der einem gerne was zahle, und dann noch Leute führen. Wenn er ein Schesli gehabt, viel Neutaler hätte er mit verdienen wollen, es wär denk längst zahlt, vo wege, es Roß müeß er allweg ha.

Steffen bestellte noch in den nächsten Tagen ein Schesli, und die Arbeitsleute predigten, wie sie ihm eins machen wollten, daß Adam im Paradies kein so schönes gehabt hätte, und so wohlfeil, daß sie gewiß ihr eigen Geld daran verspielten. Indessen weil er es sei, so käme es ihnen auf ein paar Franken nicht an, sie hätten Freude ihm öppis z'arbeiten, es sei immer eine Rekommandation, am ene sellige Ma garbeitet z'ha. Er söll de ume niemere säge, was es ne gchost heyg. Kurz sie machten ihm das Ding so schön und süß, daß er eine Freude über das Schesli in den Leib kriegte akkurat wie ein Kind auf das Neujahrkindli. Er fuhr, es weiß kein Mensch wie oft, hin, zu sehen, ob es nicht fertig sei, und allemal kehrte er mit noch größerer Freude heim. Die Arbeiter hatten ihn umringt, ihm gezeigt, wie herrlich und gut alles sei, ihm vorgewiesen, was sie ihm zLieb und zEhr noch alles ersinnet hätten, Kommods und Schöns, und wie sie dieses trocknen und jenes beizen oder gerben lassen müßten; aber er solle dann nur hin mit, wohin er wolle, es schöners u chumligers u liechters Fuehrwerk treff er nit a, es fehlte nüt, su laufs von ihm selber, bsungerbar wenns e chly niedsig gang. So zogen sie die Schrauben seiner Freude an, er zahlte brav Wein und sonst noch was, und wenn er heimkam, so sagte er, er sei sich nur eins graue, daß er nicht schon lange eins habe machen lassen, er hätte nicht geglaubt, daß man so Freude daran haben könnte.

Was war das aber für ein Tag, als das Schesli daher kam! Sattler, Wagner und Schmied hatten ausdrücklich sich ausbedungen, selbst es zu bringen; sie dürften sich wohl zeigen damit, und dann gebe es immer noch dieses und jenes z'brichte. Als sie angefahren kamen, stand alles vor die Häuser und sah das Wunderwerk der Welt. Gravitätisch stiegen die drei Künstler aus, schüttelten die Hosen über die Stiefel nieder und stellten sich der Schmied vornen, der Wagner neben, der Sattler hinten, und demonstrierten der erstaunten Menge das Wunderwerk. Nachdem sie es von außen erklärt hatten, mußte Eisi einsteigen, mußte bewundern, wie bequem der Tritt ersinnet sei, dann husch Eisi nach der Sattler, plötschte ins Kissen, und Eisi mußte bewundern, wie wohl man in den

Kissen hock u wies es lings Alähne syg, u de syg da no es Täschli am Fueßsack, das sei bsungerbar kommod für e Naselumpe oder sust neuis. Aber lang wars ihm nicht vergönnt, neben Eisi zu hocken, der Schmied stand ungeduldig am Türli und sagte: «Seh, chumm doch einist use!» Kaum hatte er den Sattler hinausgebracht, so machte er sich selbst hinein, plötschte mit Macht ab und wiegte dann das Schesli hintere und füre. Eisi sollte merken, wie stark die Federn seien und wie gut sie spielen. Man könnte den Emmengrund auf und ab sprengen, sagte er, man merkte nichts, es gieng so sittig wie uf eme Teller. Aber aus dem behaglichen Wiegen riß ihn der Wagner. «Es düecht mih», sagte der, «Schmied, du layist drs ume z'wohl sy, chumm use!» Langsam und ungern tats der Schmied. Da stieg der Wagner ein, aber langsam, er mußte Eisi erst zeigen, wie kommod man die Hände aufstemmen und sich halten könne beim Einsteigen; dann setzte er sich und sagte mit bedeutendem Gesichte: «Jetz, Wirti, streck dBei! Hest se gstreckt, aber recht? Gäll, du chunst nit vorne a u mast doch styf zBode glänge, mit de Füeße ganz eberecht, gäll so ischs? Jä lue, das ist am e Schesli dHauptsach, daß me mit de Füeße zBode ma u dBei strecke cha. Fehlt das, su isch alles nüt, sygs de wies well.» Er hätte vielleicht noch weitere wichtige Hauptsachen entwickelt, wenn nicht Schmied und Sattler hinter ihn geraten wären. Er mußte Steffen Platz machen, der mußte sich neben Eisi setzen, der Sattler zog das Verdeck über sie auf und demonstrierte, wie man da eingemacht sei gegen alle Gewitter des Himmels und was man alles abela und was man vormachen könnte. Aber ehe er ds Halb fertig war, sprengte der Schmied bereits mit dem Ehepaar davon, die nun praktisch erfahren sollten, wie sittig es gehe. Der Wagner sprang hinten auf, der Sattler, zu spät dazu, lief hinten nach und fluchte, bis er keinen Atem mehr hatte, dann wartete er an einem Hag, bis es dem Schmied beliebte, umzukehren und praktisch zu zeigen, wie man ränken, umwenden könne und stillstänglige, während der Wagner Erläuterungen beifügte, wie hagelsschön die Räder drungerdur möchten und auch nicht an einem einzigen Orte anstellten, u das syg e Hauptsach, vo wege, wenn sie astellte, su chönnt me per sche nit ränke. Als sie zurückfuhren, lag hohe, unaussprechliche Befriedigung auf allen Gesichtern, ausgenommen auf dem des Sattlers, der Mühe hatte, Atem und Ärger ins Gleichgewicht zu bringen, weil er dem Ränken nicht hatte beiwohnen können. Es müsse sagen, sagte Eisi, es hätte es nicht geglaubt, daß ein so großer Unterschied im Fahren auf einem Wägeli und auf einem Schesli sei. Es sei schon in manchem Schesli gfahre und auch in Schärbänke, aber es müß es sagen, so in einem noch nicht, jetzt wollten sie es aber auch recht profitiere. Jetzt sollten sie das Roß in Stall tun un ychecho. Das ließen sie sich begreiflich nicht zweimal sagen. Künstler haben bekanntlich oft Durst, es sind Naturen, die viel Feuchtigkeit mangeln. Kaum hatten die Herrschaften sich zurückgezogen, so trat die Dienerschaft auf, und jedes wollte wissen, wie es ein Hocken in einem Schesli sei. Das Kindemeitschi schlich dem Stallknecht nach und setzte sich ab mit einem Gix ins schöne Kissen, die Köchin und der Metzger probierten, ob man mit den Füßen zBoden käme und die Beine strecken könne, die Kinder liefen schreiend herum und schrieen immer lauter, bis auch sie drinnen saßen und alles probierten, was sie gehört hatten, daß man probieren könne. Später mußte, um ihr Brüllen zu hemmen, der Stallknecht anspannen und sie führen, und noch später soll Eisi sich hinausgeschlichen und privatim noch einmal probiert haben, wie gut man drinnen hocke und wie schön man die Beine strecken könne. Kurz es war ein Wonnetag, und was an Essen und Trinken versorgt ward, würde die Nachwelt kaum glauben.

Manche Woche lang war das Schesli des Hauses Kleinod gewesen, war allen Leuten gezeigt worden, und ihm zLieb und zEhr war man anfänglich ausgeritten, so oft als man nur immer was ersinnen konnte, nach dem sollte geritten werden, und wenn schon früher Eisi hoffärtig gewesen war, so schaffte es doch noch manches noch Hoffärtigere an, weil es meinte, es stehe dem Schesli wohl an. Später verlor sich der Reiz der Neuheit, wenn auch der Stolz aufs Schesli blieb.

Wenn an einem Dienstag in Bern beim «Schlüssel» oder an einem Samstag beim «Kreuz» in Solothurn oder beim «Bären» in Burgdorf an einem Donnstag Weiber weberten, sie glaube emel, es well cho regne, sie sötte pressiere für hey, sie heyge ume es offnigs Gferg, u dä schyßig Lädi (der Mann, versteht sich) well sih gar nüt zuechela, gäb i welem Egge er sih vrsum, so antwortete Eisi allemal so recht dick und breit mit Behaglichkeit: Emel ihm pressiers nüt, u wes vom Himmel ache miech, daß es nit schröckliger chönnt, so sygs ihm graglych, si heyge es deckts Gferg, es Schesli! Da syg me drin wie i re Stube, so warm u troche. Da gspür me vom Wetter gar nüt, un wers nit erfahre heyg, chönn sih gar nit vorstelle, wie chumlig es Schesli syg u wie me guet Sach ha chönn drby u sittig ryte drin. Wie oft hatte ihm auch stolz das Herz im Leibe gelacht, wenn es so behaglich und sittig ritt und Weiber vor ihm durch den Kot pfoseln mußten, stille standen und so sehnsuchtsvoll nach dem Schesli blickten wie ein Verschmachtender nach einem Kruge Wasser, ein sehnsüchtig Mädchen nach einem hochzeitlichen Paare!

Oh, Eisi hatte glückliche Tage mit dem Schesli verlebt, glückliche Stunden darin gehabt, und als es oben zum Fenster aussah, wie es dem Schesli erging, und wenn es dachte, worin es jetzt dann zMärit oder sonstwohin fahren sollte, so wollte ihm das Herz fast schwer werden. Es düechte ihns, es möchte das auch steigern, indessen seine Barschaft war nicht groß, und hatte es nicht später das Recht, wieder darauf zu greifen, wenn dSach wieder im Greise war? Doch war es ihm fast, als tue es ihm weh fürs arme Schesli, es machte das Fenster zu und ging weg. Wenn es gewußt hätte, was die Speisewirtin im Sinne hatte und was sie verwerchete, Eisi wäre auf der Lauer geblieben. Gäb es das Schesli der Speisewirtin nur für einen Augenblick in die Hände gelassen, hätte es lieber den letzten Kreuzer aufgewandt. Eisi pfoseln, Babi fahren! Den Anblick hätte es nicht überstanden.

Daß fast etwas wie Bedauern mit dem Schesli in Eisis Herz sich regte, ist nicht zu verwundern, es war eine Art Mitgefühl, ihm und dem armen Schesli gings ja akkurat gleich. Vor nicht so vielen Jahren war der herrliche Tag gewesen, wo als Weltwunder das Schesli nagelneu vor dem Hause gestanden, die Bewunderung der Welt, und jetzt stund es akkurat auf dem gleichen Platze und Viele stunden wieder darum, aber da war Keiner, der es nicht aushunzte und in Spott darüber ausbrach. Die Räder sollten nichts wert sein, da lodele alles, im Eisen sei es grundschlecht, und doch sei es schwer, daß man ein paar Stiere haben sollte, um es desumezschleipfe. Das Leder sei spröde, gehe dahin, und das Innere hundsschlecht, in den Kissen sei Hundshaar und das Tuch so wüst, daß man es neu werde machen müssen. Und wenn man dann alles neu machen lasse, was neu gemacht werden müsse, so kosts, daß es eine grüsliche Sache sei, und zletzt habe man doch nichts als einen alten Krämerstand. Zehnmal ringer kaufe man ein neues, da könne man es doch dann kaufen und ne bifehlen, wie man es haben wolle. Vielen mochte es im Herzen nicht so sein, sie mochten noch ein gut Haar an selbigem finden, aber sie sagten es nicht, sie verleugneten es alles schnöden Gewinns wegen. Sogar Schmied, Sattler und Wagner redeten nicht z'best, sie machten es bloß, wie man es zuweilen beim Weibervolk macht: «Herr Jemer, was für e Wüesti un e Alti, u was das für es schöns Meitschi gsi isch, das glaubti afe ke Mönsch!» Sie sagten auch: «Ke Mönsch glaubt, was das für es schöns Schesli gsi isch, wos neus gsi isch, aber si sy mit ihm umgange, si sötte sih schäme.» Die Anzüglichkeiten wegen leichtem Eisen, grünem Holz und dem Hundshaar überhörten sie. Teuer war das Ding nicht geschätzt, kaum einen Drittel vom kostenden Preis, der freilich weit höher war als der akkordierte. Von wegen, als die drei Mannen das Düpfi mit der Freude so recht überkochen sahen, hatte der eine das vergessen gehabt anzugeben, dem zweiten waren Neuigkeiten in Sinn gekommen, von denen er gedacht, sie stünden der Sache wohl an, dem dritten hatte das Material unter den Händen aufgeschlagen, und doch hatte er nicht zum wohlfeileren gegriffen, er hatte gedacht, Steffen sei einer, der ihn nicht schadenhalb lasse. Der Schmied hatte angefangen; als der Wagner mit seinen Nachträgen fertig war, düechte es ihn, der hätte es wohl gut gemacht, so sei er ganz im Hinterlig, und meinte: «Abrobo, bal hätt ihs vrgesse, un es wär mr viel z'übel gange, vo wege de Federe, die han ih no einist so schwer gmacht, as mr abgredt gha hey; das ists ebe, warums jetz so sittig geyht. Du wirst allweg nüt drwider ha.» Da wards dem Wagner fast gschmuecht: «Aberebo, bal hätt ih vrgesse», und kaum war der fertig, so war der Sattler gekommen: «Abrebo», der hatte gedacht, er wolle ihnen zeigen, daß Zuletztsein zuweilen auch gut sei. Wir wissen wirklich nicht, wie oft sie den Kehr gemacht hatten mit dem Abrebo, von wegen, sie besannen am folgenden Tage sich selbst nicht recht und waren in drei Meinungen geteilt, nur so viel ist gewiß, daß das Schesli so viel gekostet hatte, daß Steffen sich wirklich nicht berufen fand, jemand die Wahrheit anzuvertrauen.

Jetzt drehte es sich mit dem Bieten, alle taten, als ob sie die

Hände ob dem Kopf zusammenschlagen wollten vor Grauen ob dem schrecklichen Preis, und Einige waren so uvrschant, mit den Geboten unteneinzukommen. Da sagte der Weibel, die rufe er nicht, von wegen, er wüßte, die Schätzer nehmten es gerne um den Anschlag, und wenn niemand mehr bieten wolle, so wolle man an etwas anders hin. Da endlich meinte der Wagner, um Schades yzcho, well er dSchatzig bote ha. Von da an harzete es Batzen um Batzen langsam, und derweilen saßen drüben die Weiber beim Roten behaglich und meinten, mit dem Schwarzen pressiere es nicht, sie seien noch streng a dem alte Gstüdel, und die Speisewirtin wußte wirklich nicht, sprenge es sie aus der Haut gleich einem Zapfen aus einer Champagnerflasche, oder heygs dHut no zNot. Sie hielt sich nicht länger, sie brachte den Schwarzen; dKöchi, dä Black, hätte ihn angerichtet ungheißen, sagte sie. So mußten die Weiber den Roten mit dem Schwarzen tauschen, sie mochten wollen oder nicht. Da fragte eine: «Was laufen die Leute dort weg?» «He», sagte eine Ältere, welcher viele Erfahrungen auf dem Gesichte geschrieben standen, «weißt nicht, daß von einem Toten die Läuse laufen und die Flöhe und von einer versteigerten Sache die Leute?» «My Lädi wirds ha, hets ächt my Lädi?» rief Babi, die Speisewirtin, und stürzte hinaus. «Es selligs Babi mangelt es Schesli, lehrti die zerst schwarze Kaffee mache, das ist ja ume Wäschwasser un öppe es Göhni drinne gschwäycht!»

Während drinnen die Weiber lachten, erhob sich draußen ein gar lautes Gerede: «U hesch mrs de nit chönne zGfalle tue, hest nit gwüßt, wien ih dra hange, un es nähmt mih de wunger, ob de mih de nüt z'estimiere hättisch. Wer macht dSach, wer mueß sinne un ufwarte un bi de Lüte sy, wes eim scho düecht, es well eim vrsprenge? Emel du nit, du –, was de bist! U hest mrs vrsproche gha u machst mrs jetz eso, aber wart ume!» Ehliche Gefechte ziehen sich zumeis aus ebenem, offenem Felde in Schluchten und abgeschlossene Täler, dieses ward in die Kindbettistube, wo die Weiber saßen, gedrängt, und namentlich durch Schmied und Sattler, welche die Wirtin faßten und zur Stube führten. «Frau», sagte der Letztere, «nicht so bös, dSach ist recht. Das Schesli war nichts mehr wert, nicht um dSchatzig hätte ichs mögen. In der kurzen Zeit haben sie das zugrunde gerichtet, wie ichs noch nie gesehen, und ist so gut gewesen, kein schöners hat man gesehen. Es hat wohl zwei solche Lappine sein müssen, um mehr als dreißig Franken hinaufzubieten.» «So viel hätten wir doch auch vermögen, wenn die es vermochten», sagte Babi, die Speisewirtin. «Wem ists?» «E Krämer und e Agent hey enangere dSach ufetriebe, u syt froh, daß dihrs nit heyt», sagte der Sattler. «Wir machen euch ein neues und dann ganz ein anders, als der alte Kasten war, und nicht teurer, als der gewesen wäre, bsunders wenn Ihr dazu rechnet, was sRepariere gekostet hätte.»

«Was kosten wir hier?» fragte ablenkend die Alte drinnen in der Kindbettistube, welche genug Schwarzen gehabt. «Pressieret nit!» sagte die Wirtin, mit dem halben Leib noch im Gefechte, den andern halben widerwillig dem Geschäfte zuwendend. «Wir müssen doch noch sehen, was drüben geht», sagte eine, «so ganz vrgeben dazusein, wär doch nichts.» Wenns erlaubt wär, so käms mit, sagte Babi, die Speisewirtin, es nähms auch wunder. Und wenn man was wolle, so müsse man selbsten gehen und nicht dManne schicken. Gäb man schicke so einen Möff oder nicht, es komme hell in eins. Nachdem es diesen Kartätschenschuß ins männliche Lager abgefeuert hatte, zog es mit den Weibern ab.

ZWANZIGSTES KAPITEL

Wie eine Wirtin der andern einen Spiegel überliefert

Wer kann sich wohl das Gefühl eines Feldherrn denken, der viele, viele Tage vor einer feindlichen Festung gelegen ist, unendlichen Zorn verwerchet hat, jetzt ist sie ihm endlich aufgegangen, ungehindert reitet er ein zum offenen Tore, kann schalten und walten drinnen, wie er will; wie ists ihm wohl so weit und stolz zumut, und doch guckt er noch in jede Ecke, ob Keiner drinnen laure mit der Büchse. Oder wie war es gar den Griechen, als sie endlich in Troja waren, das sie zehn Jahre lang so scharf und doch umsonst belagert hatten! Wenn man sich das recht deutlich machen kann, so kann man sich ungefähr einen Begriff machen, wie es in Babis Seele aussah, wie es die Beine hob und wie kühn es dreinsah. Nicht zehn Jahre, aber doch manches Jahr war ihm das Wirtshaus drüben vor der Nase gestanden, täglich hatte es dasselbe mit Blicken wie mit Bomben beschossen, aber nichts abgebracht daran, und gäb wie es schoß, hinein kam es nicht, und doch nahm es es so verflümert wunder, wie es drinnen sei und was alles sie drinnen hätten, ob wirklich so schöne Sachen, wie die Leute brichteten. Es hatte manchmal mit einer Magd die Abrede versucht, daß sie es in Abwesenheit der Meisterleute hineinlassen sollte, aber nie war es zur Ausführung gekommen, bald war ein Knecht, bald eine Magd im Wege, bald die Kinder, denn das hatte man gewiß, daß wenn es Eisi wieder vernahm, die Verräterin nicht bloß einfach ausgejagt wurde, sondern Haut und Haar riskierte. Und jetzt war das Haus offen, und in Mitte einer glänzenden Leibgarde schritt Babi, die Speisewirtin, kühn darauf los. Man hatte unterdessen etwas Pferdegeschirr versteigert, Mistbähre und Stallgeräte, und Einige drängten hart, man solle an die Wagen hin und anderes Ackergeräte. Als aber der Gerichtschreiber die glänzende Garde daherkommen sah, sagte er, da draußen gehe der Bysluft wohl stark, es friere ihn sehr an die Füße, er sei an Finken gewöhnt und möge die Lederschuhe auf dLänge nicht erleiden, er hulfe hinein und drinnen steigern. Auch gelte Schiff und Geschirr am meisten, wenn einmal ein Eigentümer zur Liegenschaft sei, der lasse das Meiste um keinen Preis fahren. Da die Sache eine Nase hatte und auch des Gerichtschreibers Füße zu respektieren waren, so geschah es also.

Als Eisi den Zug sah und seine Erbfeindin dabei, so funkelten seine Augen, daß man Schwefelholz daran hätte anzünden können, wie die Augen einer Tigerkatze, welche Junge hat, die man ihr rauben will. Die Speisewirtin ward dabei allerdings von einem unheimlichen Gefühl beschlichen, dessen niemand sich erwehren kann, der einem Feinde sich nähert, welcher an Energie und Kraft ihm überlegen ist, auch wenn man ihn gebunden oder unschädlich glaubt. Es werden Wenige einer toten Boaschlange ohne Schaudern sich nähern, Wenige auf ein totes Rhinozeros gelassen sich setzen und kaltblütig eine Prise nehmen. Des Gedankens: Wenns nicht tot wäre, der Tod nur Schein wäre, wenn es sich regte wieder? werden sich Wenige erwehren, und wenn sie das denken, so wird es die Meisten dünken, es rühre sich, werden blaß aufspringen und schreien: «Herr Jeses, het es sih nit grüehrt?» Babi strüßte sich fast wie ein Huhn, das sich seinem Feinde gegenüber breitmachen möchte, machte bei den Weibern die Vertraute, welchem diese augenscheinlich wenig nachfragten und mutz mit Babi taten. Dasselbe griff nach manchem, zeigte es den Weibern, hielt Rat, obs rätlich sei, kaufte Lumpereien, Kellen und kleine sogenannte Portreli mit schauderhaften Figuren, und wenn es was für sechs Kreuzer ersteigert hatte, so zog es eine Handvoll Fünfunddryßiger hervor und plagte den Gerichtschreiber mit Wechseln, tat, als ob es sein Lebtag keine Münze, sondern lauter Silber gehabt hätte.

Da kam das Steigern an einen Spiegel, der Vielen wohlgefiel, die Weiber fast alle drängten sich darum, und wenn sie schon dieses oder jenes daran auszusetzen fanden, so dachten sie doch, so einen hätten sie schon lange mögen, wenn man sich recht drehe und bögle, so werd es viel dran machen, daß man sich hinten und vornen sehe. Es müßte nicht zu machen sein, so wollten sie den, und wenn schon die Eine oder die Andere ihn nicht begehrte, so konnte sie sich doch des Dareinsehens nicht erwehren. Vor allem aber drängte sich die Speisewirtin vor, funkelnd vor Freude. Das war was für sie, und hatte sie das Schesli nicht haben können, so wollte sie jetzt den; indessen bedauerte sie vor den Leuten, daß er nicht größer sei. Sie hätte schon lange einen mögen, aber einen größern, von der rechten Sorte einen. Das Bieten begann, die Weiber gaben allgemach Laut, der Rote, den der Schwarze nicht ganz gedämpft hatte, begann in ihnen zu spuken, die Gebote folgten sich immer strenger, am raschesten aber bot nach Babi, unsere Speisewirtin. Eisi war auch da. Als der Spiegel zum Vorschein kam, da war ihm das Blut in den Kopf gefahren, daß derselbe ganz dunkel ward. Das Dunkle verging, es war fast, als ob Wasser käme in Eisis Augen; aber wie die Speisewirtin zu bieten begann, begann das Wasser in Eisis Augen zu versiegen, sie glänzten und funkelten, daß es allen Leuten auffiel. Sie meinten, das sei der Zorn, daß die Täsche da drüben biete, und freuten sich, das gäb Für, ehs lang gang. Aber die Leute verstunden sich auf die Gesichter nicht. Wohl ging was Besonders vor in Eisis Sinn, aber was ganz anderes, als sie dachten.

Es waren einige Jahre her, da stund mal ausgeschrieben die Geltstagsteigerung eines Wirtes, und süß war der Mund der

Menge gemacht mit der Ausschreibung der schönsten Sachen. Ganze Haufen Dinge kamen Eisi, als es die Ausschreibung las, auf einmal in Sinn, welche es durchaus haben sollte, indem es nicht länger ohne dieselben haushalten könne. Steffen hatte satt gewehrt, denn der Geldklamm hatte begonnen, und Steffen begann zuweilen es zu sinnen, daß man das Alte zahlen sollte, ehe man Neues kaufe. Aber Eisi hatte wie gewohnt aus höherem Tone gepfiffen, und Steffen schwieg, jedoch wollte er nicht mit. Er mangle nichts, sagte er, und wenn Eisi was mangle, so könne es alleine gehen, Zwei brauche es dazu nicht, es sei alleine groß genug. Eisi hatte gemeint, das sei ihm ganz recht, es könne ihn gar wohl etmangle, gäb mi heyg geng e sellige Schnürfli nebe eym. So wars gefahren mit Fünfunddryßigern im Sack, so viele es im Schublädli zusammenkratzen konnte.

Es war ein schöner Maitag gewesen, die Vögelein hatten gepfiffen, so klar wie selten, und die Blumen gefunkelt und geduftet, als ob sie stünden im schönen, schönen Himmelsgarten. Doch von dem merkte Eisi nichts, bloß dachte es, wenn das Wetter so fortfahre, so gebe es dieses Jahr wieder Bohnen; zumeist litzte es in Gedanken über Steffen oder dachte an sich. Es hatte sich gewaltig zugestutzt, hatte einen schwarzen Grüsel von Lampihut auf dem Kopf mit Lätschen und Federn, fast ein Fuder hätte es gegeben, ein Fürtuch an von ganz neuer Sorte mit arigem Namen, den es nie aussprechen konnte, aber verflümeret schön. Es düechte ihns fry, dHagspatzen hörten auf durch die Dörne zäberle, stünden still, guckten ihns an und flögen wieder vorfür, um den Genuß zu erneuern. Auch neben dem war es schön, daß schöner nichts genützt hätte, und was die Leute dazu sagen und was sie für Augen machen werden, wenn sie ihns sehen werden, das gab ihm viel zu denken. So bei rechten Gäuggle bschüßt das Alter nicht viel, es macht sie bloß wüster, nicht witziger.

So kam es aufgezogen nach Nixiswyl, wo die Steigerung war. Da war es auch nicht bloß zBode gange, sondern noch einige Klafter bas abe und, da gar kein Weibergut da war, die Frau und ein Trüppeli Kinder, die man alle mit einer Wanne hätte decken können, auf der Gasse. Eisi hatte die Frau wohl gekannt, hatte hier und dort mit ihr zMittag gegessen, aber diesmal kannte es sie nicht. Es waren noch andere Weiber da, auch stolze und hoffärtige, aber als Eisi sie gemustert hatte, sagte es bei sich: «Bim Donnstig ma mih keini, die hey hüt vrgebe agwengt!» Indessen hinderte ihns das nicht, mit ihnen Kameradschaft zu machen, das Haus zu durchstöbern, alles auszuführen, vor die allerdings etwas verwahrlosten Kinder sich zu stellen und zu sagen: «DKing chönne eim am meiste dure, das sy arm Tröpf, was sölle die jetz afa, dr guet Lebtig wird ne nit nachewelle, u neuis glehrt werde die o nit ha, drzue gseh die z'strub us. Die gseht me de öppe einist vor dr Tür, daß si heusche; öppis fürznäh, chunt dene nit zSinn u werche meu si o nit.» Ebenso hatten sie das Essen ausgeführt; me gsehy wohl, daß ds Fleisch ume etlehnt syg, öppe ds best geb me nit, we me nit wüß, ob me zahlt werd oder nit. We si nit bessere Wy gha heyge weder dä, su nähms eim notti nit wunger, daß die nit heyge möge ko, das syg ja es Sufe, es mach eim fry dSchueh z'gyxe u mi chönnt drmit Katze u Krähye vrgifte. So redeten die Weiber unter sich, als ob niemand Ohren hätte als sie. Daß der Wirtin, die aufwartete, die Tränen über die Backen rannen, achtete niemand, und als sie sagte mit halb erstickter Stimme, sie sollten nicht zürnen und vorlieb nehmen heute, si gäbs wie sis heyg, geng sygs nit so gsi, da gab ihr niemand eine tröstliche Antwort. Eisi sagte zu seiner Nachbarin, doch so, daß man es am ganzen Tisch hören konnte, es machs geng esn ieders, wies es vrstang, aber besser, as mes vrstang, dSach z'mache, selb syg e Kunst. Die verhöhnte, verachtete Wirtin war nicht groß, nicht dick, ein gleytig, gwirbig Fraueli mit dunkeln Augen, die nicht dumm waren. An ihrem Unglück hatte sie nicht große Schuld, sie hatte wohl anfangs geglaubt, einer Wirtin möge sich alles erleiden, nachher aber getan, soviel ihr möglich war. Aber ihr Mann war nichts wert gewesen, war allen Schelmereien nachgelaufen, welche zu ersinnen waren. Er war von Natur nicht viel wert gewesen, kam noch in ein Nest voll Lumpenhunde, trieb sich mit ihnen herum, bis es ihn, einen der Ersten, auf den Kopf stellte, wie es die Andern, einen nach dem Andern, auch auf den Kopf stellen wird. Sie verwerchete Elend und Zorn bestmöglichst, doch als Eisi so herzlos laferte, schoß sie ihm einen Blick zu, der fry spretzelte, drückte aber den Zorn nieder und ging hinaus.

Nach dem Essen waren die Weiber kräschlig und bötig, und das zog vom Leder mit Steigern wie Buben mit Schneeballen, wenn der Schnee lind ist. Eisi war nicht die Letzte, führte ein laut Wort und wendete stark an mit Lachen und Breiammeln. Endlich kam der Spiegel zum Vorschein, von dem wir geredet, den Weibern gefiel er auch damals wohl, Eisi bsunderbar, und darum setzte es auch nicht ab, bis es ihn hatte. Da meinte es, als der Weibel endlich gesagt hatte: «Und zum – und zum dritten!» und es ihn zuhanden nahm: «Wer sich jetzt noch gschauen will darin, der tue es, es ist jetzt noch Zeit, nachher ist er mein», und damit drehte es ihn und auch dem armen Wirtfraueli zu und sah dasselbe mit einem besondern Blick an. Das Fraueli faßte ihn, und seine Augen glühten auf wie angeblasene Kohlen; es trat vor. «He nu», sagte es, «wenn niemand will, so will ich mich noch einmal darin gschaue, ich hab es manchmal getan, und jetzt wirds wohl das letztemal sein. Und du», sagte es zu Eisi, «du vergiß es aber auch nicht, wenn er dir versteigert wird, dich noch einmal z'gschaue darin, und die, wo nach dir kommt, soll es gleich machen, wenn es ihr geht wie dir und mir!» Das Fraueli schaute hinein und sagte dann: «Nassi Auge gsehn ih, aber gottlob kes bös Gwüsse, viellicht gsehst du u die angere de öppis meh as ih.» Darauf ging die Frau, ihr Betragen hatte alle verblüfft; so gleitig die Weiber sonst schnäderten, jetzt fand keins eine rasche Antwort, selbst Eisi wars, als hätte es eine Ohrfeige gekriegt, als steche ihns jemand ins Herz durch und durch, fast hätte es «ui, ui!» gerufen. Hintendrein konnte man nicht genug Worte finden, um das Betragen der Frau zu verdammen und zu sagen: Wie das doch afe e Usgschämti sei, e selligi vrdien nit ume, daß si uf dGasse chömm, si vrdienti ds Schallewerch, so öppis heyg me doch noch nie erlebt. Daß jede Katze krebelt, wenn man ihr auf den Stiel trappet, hätten die guten Weiber wissen sollen.

Als Eisi nun den Spiegel in der Speisewirtin Händen sah und diese so hitzig im Bieten, allen voran wie bei der Jagd ein Sperzer den Hülören, da flammte wie eine Feuergarbe die ganze Erinnerung in ihm auf, und vor seinen Augen stand die Rede der Wirtin mit den dunkeln Augen wie eine Verwünschung. Am Spiegel hafte eine Verwünschung, das ward ihm klar, und mit dem Spiegel werde diese auf die Speisewirtin übergehen und die werd es über kurzem oder langem auch erfahren, wie das Versteigern und Vergeltstagen gehe, wenn es selbst längst wieder Wirtin sei. So kams Eisi vor, darum leuchtete sein Antlitz so in taubsüchtiger Freundlichkeit, und als endlich Babi, der Speisewirtin, der Spiegel zugeschlagen wurde, und zwar teurer, als es ihn gekauft, trat Eisi unwillkürlich vor den Spiegel, wollte hineinschauen, wandte aber rasch, als ob seine Augen an etwas abgeprallt, dieselben ab und sagte: «Grad dir wird der geordnet gewesen sein, un besser as dir gönne ih ne niemere. Aber lue de o dry, we si dir ne vrsteigere! Was meinst, was gsehst du de ächt drin? Mih nimmts nit wunger; aber lue de, sinn dra, es Kalb ohni Gring oder süst neuis Uflats! Es isch e apartige, weisch es de.»

Eisi ging darauf, es fing ihm an das Herz weh zu tun gar wunderlich. Im Spiegel hatte es etwas gesehen, aber es wußte nicht recht was. War es das Fraueli mit den schwarzen Augen, war es Steffen, war es die Speisewirtin, war es sich selbst, es wußte es nicht, allweg aber war es etwas, das es gesehen hatte. Die andern Weiber wichen vom Spiegel weg, kein einziges guckte hinein, was da zu sehen sei, rein bis auf den Boden war ihnen die Neugierde vergangen. Auch Babi, der Speisewirtin, war es unheimlich ums Herz. Sie hatte sich gerühmt, wie sie es dem Pfau da äne machen und was sie ihm alles sagen wolle, wohl, dere wolle sie die Läuse runtermachen, die müsse einmal so recht wissen, was für eine sie sei. Jetzt aber hatte sie auch nicht ein Wörtlein zur Antwort, es ward ihr ganz trocken im Munde, die Zunge klebte am Gaumen, und als sie dieselbe endlich loskriegte, sagte sie: «Ih will denk mit ihm gah, aber schier lieber wärs mr, ih hätt dä Hung nit.»

EINUNDZWANZIGSTES KAPITEL

Wie ein Tag zu Ende und einem Eisi ein Licht aufgehen kann

Da der Tag sich zu Ende neigte, so wurde von der Effektensteigerung abstrahiert und die Liegenschaft zur Hand genommen. Die Liebhaber hatten sie ins Auge genommen, hatten lange den berühmten Wasserfall, wo man Fabriken und Färbereien anlegen könnte, gesucht, hatten bei einem Bauer sogar eine Brille geliehen, um ihn sehen zu können, und hatten ihn doch nicht gefunden. Es war wohl ein Gräbli da und etwas Wasser konnte man darin auch sehen, wenn man lange luegte, aber es lief ziemlich zahm und hätte fast in einer Brunnröhre Platz gehabt, so daß kaum ein Spulrädli damit zu treiben gewesen wäre, geschweige dann ein Mühlerad. Die Liebhaber haderten mit dem Steigerungspersonal, daß es sie angeführt mit seinem Wasser, und machten dieses noch viel unbedeutender, als es war. Der Weibel kam aber nicht aus der Fassung, sondern bemerkte, wie man bei solch trocknem Wetter Beispiele hätte, daß die größten Flüsse austrockneten und dSchiff auf dem Trocknen fahren müßten dDonau u dr Rhin ab; wenn das den großen Flüssen begegne, warum sollte es bei einem Bache nicht geschehen? Und doch sei noch Wasser da, wie sie selbst sagen müßten, da könnten sie denken, wie viel sein werde, wenns naß würde. Zudem sollten sie nicht vergessen, daß es lange nicht gerdbebnet, es werd wohl jetzt bald wieder, und dann könns ein Wasser geben, wos eym nur zviel werd, eym übel darob gruse. Indessen das Ding wollte doch nicht ziehen; die Einen wußten nicht mehr, wozu das Eingericht brauchen, das Wasser schien nichts, das Wirten nichts, da sicher an der neuen Straße neue Wirtschaften entstehen würden. Zudem muckelte man, was alles darauf hafte, vielleicht mehr, als man sage; an einer Geltstagsteigerung sei die Sache nicht immer richtig, und wieviel bar Geld sein müsse, das wisse man ebenfalls nicht, da könnte man Verlegenheiten kriegen usw.

Es braucht nun nichts als ein solches Gemunkel, um die Leute vorsichtig zu machen, wenn nämlich keine Leidenschaft in Bewegung ist. So unbestimmtes Gemunkel erschreckt nicht bloß deswegen, weil man bei unbestimmten Äußerungen die Sache immer zehnmal größer sich vorstellt, als die Worte ausdrücken, sondern weil bei der Massenhaftigkeit der Gesetze Wenige sind, die sich alsobald zu orientieren wissen, ob Gefahr vorhanden sei oder nicht, ob man da ynetrappe chönn un ychegsprengt werd oder nit. Ja es geschieht, daß wenn man Rechtsgelehrte frägt, wie sich die Sache verhalte und ob da was zu fürchten sei, sie einem antworten: «Cha drs gwüß nit säge, es ist mügli, es ist mügli nit; wenn ih ds Gsatz by mr hätt, su wett ih nacheluege.» Lacht nit etwa, Leute, und denkt, das sei ein schöner Rechtsgelehrter, daß der erst nacheluege müeß, ehe er einem raten könne; wenns ums ufs Luege abchömm, su chönn me das ja selber. Ja, liebe Leute, das könnt ihr eben nicht, sonst probiert es! Nehmt ihr ein Gesetzbuch zur Hand, so steht dSach in einem andern, und habt ihr endlich das andere und meint auch den einschlagenden Artikel gekrogen zu haben, so heißts entweder, der passe nicht daher, sondern sei bezüglich auf was anders, oder aber der Paragraph sei aufgehoben und eine Verordnung von dem und dem verordne ganz das Gegenteil, oder aber, das Gesetz sei wohl da, aber das Gericht habe einstweilen, bis ein besser Gesetz, das heißt eines nach seinem Sinne, da sei, das Gegenteil zur Praxis angenommen und beziehe einen Paragraphen aus einem ganz andern Gesetz hieher und lege ihn einstweilen seinen Beschlüssen zugrunde. Darum lache man nicht, wenn ein Rechtsgelehrter einem von Nacheluege sagt, es ist einer schon ein ganzer Kerl, wenn er das Nacheluege gut versteht. Aber begreiflich so an einer Steigerung findet man nicht immer Rechtsgelehrte, und sind sie da, so haben sie vielleicht nicht Zeit nachezluege. Zudem gibts Leute, die sich lieber den Kopf abhauen ließen, ehe sie einen Rechtsgelehrten um Rat fragen. Dr Tüfel syg e Schelm, sagen die, wenn me ume mit eym red, so heyg me sih viellycht scho vrfehlt, syg ychetrappet, heyg dr Lätsch am Hals u müeß viellycht as Erworge glaube.

Doch wir wollen den Gang der Angelegenheiten, das

Bangen und Verlangen der Steigerer, ihr Abraten und was ihnen geraten wurde, nicht weiter verfolgen, wir könnten es auch nicht, da wir nicht unters Hütli gesehen, unter welchem die Trümpfe gespielt wurden. Wir wollen bloß anführen, daß der Besitzer des Gültbriefes, ein klein, unscheinbar Kudermannli, wir glauben, er trug noch Spitzhosen, die Liegetschaft an die Hand nahm um die Schatzung. Und zwar ausdrücklich bloß aus Erbarmen, wie er sagte, damit den Kindern noch was bleibe, ke sündige Mönsch sonst hätt das chönne drum gä. Da war der Punkt, wo Eisi mit seinen Erwartungen auf den Boden stieß. Es wollte seinen geordneten Beistand oder Vogt bewegen, daß er biete und als Weibergut die Liegetschaft zur Hand nehme. Das wollte der nicht, dazu sei er nicht autorisiert, sagte er, da könne die Gemeinde nicht eintreten, da müsse Geld sein, und die Gemeinde habe keins. Und we me vor em Geltstag nit heyg möge gfahre, wie well me nam Geltstag gfahre, wos ja usgsech im e Hus wie uf em ene Acker, we dHeuschrecke drübercho syge, u dGmein heyg ke Geld für ga z'zeyse, un dWitwe zletsch no la z'vrgeltstage, chönnt ere neue o nit aständig sy. «U hör ume chähre,» sagte er, «us der Sach gits nüt. Mira, wenn öpper anger dr dazue vrhelfe will, su ischs mir recht, aber guet wärs doch, du wüßtisch afe, wod ycheschlüfe wettisch, vo wege, du chast vo eym Tag zum angere müesse ds Hus rume. Ih wüßt dr es Stübli, da chönntisch yche, emel einist, u de chönnt me de öppe luege, was mache.» Aber wohl, der Vogt war froh, zu schweigen; wie unhöflich Eisi ihm kam, wollen wir nicht anführen. Eisi hatte immer im Verdacht gelebt, entweder Bruder oder Schwager spitzten auf das Haus, ließen es daher so weit kommen, um es um den halben Preis zu kriegen. Sellig Gnürzine u halblynig Stopfine, was frügen die einer Schwester nach, sagte es; wenn die dr eigene Mutter dKutte stehle chönnte, daß es ne nit uschäm, si tätes sy

Seel u wartete nit bis morn, si tätes no hüt. Wie aber die Weiber sind und der Wind bei ihnen sich wendet, ohne daß sie es merken, so nahm es jetzt Beiden schrecklich übel, daß sie nicht bieten wollten, die Liegentschaft zum wahren Wert treiben. So sei ja zletzt nicht einmal das Akkommodement mehr möglich, mit welchem man ihm so ein süßes Maul gemacht u was ihns schon schwer Geld gekostet; wes es ume wieder hätt, es wett de zeige, wele Weg es gah sött!

Der Schwager hätte gerne die Sache sich angeeignet, aber um den halben Preis, um Schadens einzukommen, Eisi hätte er wenig nachgefragt. Aber höher zu fahren und etwas aufs Spiel zu setzen, dazu waren seine Umstände nicht und auch sein Kredit nicht, er hatte deren nie viel gehabt und das Schicksal des Bruders hatte ihm noch den Rest genommen. Er konnte also Eisi nicht helfen, nicht einmal trösten tat er es, sondern sagte ihm bloß brav wüst. Es und der Gerichtschreiber seien alleine schuld, daß er sein Geld verliere; aber warte die ume, wenn no e Tüfel syg, su werde si ne erfahre.

Eisis Bruder hatte ebenso wenig Lust dFinger ychezha. Er war anwesend, und wenn ihm was wohlfeil zur Hand kam, so schnappte er darnach und freute sich dessen; wenn er einen guten Schick machen konnte, so fragte er allerdings weder Bruder noch Schwester was nach. Als Eisi mit dem Ansinnen kam, daß er bieten, kaufen solle, da führte er es ganz trocken ab. Er hätte ke Lust, sagte er. Früher, wo es ihms agmuetet, er möchts für ihn, heyg er ihms scho gseit, er well nüt drvo. U jetz wüßt er nicht, warum er sött gänderet ha un öpper angere dwege ga druf biete. Als Eisi ihm vorstellte, mit der Faust auf den Tisch schlagend, daß es doch seine Schwester sei und obs ihm dann gleich sei, daß es samt de Kinge uf dGasse chömm, so sagte er, he, was eym bestimmt syg, dem chönn me nit etrünne, zwo Schwestere syge afe durs Loch, die dritte werd o nache müesse, un wes so sy söll, was er dra mache sött fürs z'ändere? Er müeß zu syne Kinge luege, u de syg es jetzt am ene angere Ort daheim, u dert tüeys nes sauft, o zu ne z'luege. Dem sagte nun Eisi wieder wüst, der aber sagte: «Red ume, dyner Wort mache keni Löcher, nit emal Plätze ab. Hättisch du gluegt zur Sach, wo dr se no gha heyt, su bruchtisch jetz nit so vorume welle z'rede. Aber hör ume, das Gchähr hilft dr nüt, u häb dih gly einist still, su het me o Rueh vor dr, süst setzt me dih de, daß de de weißt, daß de dih söllist still ha.»

Eisi machte ein Gesicht wie eine Tigerkatze, ehe sie auf ein Reh springt, sprang aber diesmal nicht, sondern faßte sich und schlich sich ans Kudermannli mit den kurzen Hosen, redete höflich mit dem und meinte, für sich werde er das doch nicht begehren, er hätte ja Häuser mehr als er brauchen könne. Wenn er gsichert sei für seine Sache, so werd es ihm gleich sein, wers hätte. «Natürlich», sagte das Mannli, «allweg, es isch mr zwider, u we dGmein mr a dHang geyht un o öppe es Wörtli vo de Zeyse redt, su ists mr recht. Gang u red mit em Vogt, los was dä seyt.» Mit dem Löhl, sagte es, könne man nicht vernünftig reden, es wisse nicht, was der für e Gring heyg. Aber es düech ihns, er sött a ihns chönne cho, dSach syg doch geng da, es trag se emel nit uf em Rügge furt. «Du hest recht, du hest recht, Fraueli», sagte das Mannli, «sägs am Grichtschryber, wenn dä a dih cho will, mir ischs recht.» Eisi ward fast gerührt und sagte: «He nu, Dankeigist, frömd Lüt hey mängisch meh Vrstang u meines besser as die, wos am nächsten agah sött.» Eisi, in Hitze, marschierte alsobald auf den Gerichtschreiber los und sagte: Er söll dr Kürzligebur dürtue un ihs schrybe as Käufer, es heyg grad jetz mit ihm gredt un er syg sih desse zfriede. Der Gerichtschreiber, der schrieb, stellte sich das erstemal, als höre er es nicht, dann sagte er, als Eisi zum zweitenmal wohl laut redete und hinzusetzte: «Dr heyts doch vrstange, oder mueß ih no lüter?»: «Öppis Dumms eso, soll de die ganz Tennete uf mym Buggel tröschet sy?» Dann faßte er sich und setzte lauter hinzu: «Ja, mir ist dSach recht, aber wo hescht dr Käufer, ihm ists zuegschlage worde, und er muß selbst kommen und es erklären, daß er sein Bott abtrete und an dich kommen wolle.» Er werd ihm nit traue, sagte Eisi, er werds a syne Bire abnäh, aber dem sei bald abghulfe, dä syg de no z'ha u chönn ihms de selber säge. Eisi schoß fort. «Dä Hagels Fuchs», sagte der Gerichtschreiber.

Eisi schoß wie eine brennende Rakete zwischen den Leuten durch, aber dä Hagels Fuchs war nicht da, war nicht dort. «Grad vori het er mit mr gredt», sagte einer, «und ging in den Gang, aber ob dStege ab oder uf e Estrig, han ih mih nit gachtet, aber a eitwedere Ort isch er gwüß gwüß.» Eisi schoß nach, hinauf, hinab, hier war er, dort war er, dorthin ging er, dort war er nicht mehr; gäb wie Eisi desume schoß, er war nirgends mehr zu finden. Wes e ewige Jud gäb, sagte Eisi, so sygs dä Donnstig, dä wells nimme sueche, viellycht heyg dä gar dr Tüfel gno u dert wells ihm nit nache, es well angere dr Weg nit verlaufe, es gsech jetz wohl, es syg ey Schelm wie dr anger. Indessen machte es bei diesem Ausspruch doch noch eine Ausnahme, und die war sein Rechtsfreund. Zu dem schickte es und ließ ihm sagen, er solle doch recht noch kommen, es wolle ihm warten hinterm Ofenhüsli, es müß mit ihm reden. Es war böse über ihn gewesen, daß er sich heute nicht gezeigt, aber was will man, wenn Ast um Ast läßt, so greift man doch nach Ästen, solange man noch solche sieht. Bald kam der Bescheid, er sei nicht daheim, niemand wisse wohin und wann er wiederkomme. «Das wird doch öppe nicht sein!» sagte Eisi, «oder wenns ist, so ist das doch der schlechtest Spitzbub von allen. Aufreise u sugge, u wenn er sih zeige sött u fürestah u säge, wie dSach isch, su isch er nit daheim. Su söll er vrreist sy, das wär mr dr Tüfel, aber selber luege wird ds Best sy.»

Es machte sich auf nach ihm, es war finster, und zur Vorsicht band es noch einen dichten Lumpen um den Kopf, wie man es sonst nie sah. Als es bei der Speisewirtschaft vorbeikam, konnte es der Versuchung nicht widerstehen, in die hell erleuchteten Fenster zu gucken. Dort waren sonst dichte rote Umhänge, welche des Nachts gezogen wurden, entweder damit die Polizei nicht merke, was drinnen vorgehe, oder damit das Publikum die Polizei nicht merke, welche drinnen es sich behaglich machte, eins von beiden, aber welches von beiden, wissen wir nicht, das mögen Polizei und Publikum mit einander ausmachen. Hinter den Fenstern waren noch viele Leute und mitten unter ihnen der verreiste Rechtsfreund. Man berichtete viel, lachte stark, offenbar hatte man was Lustiges vor, und neben dem Rechtsfreund stand Babi, die Speisewirtin, und stützte die Hand auf dessen Achsel. Da war es Eisi, als breche in seinem Herzen ein feuerspeiender Berg plötzlich auf, glühende Lava ströme herauf; erst meinte es ersticken zu müssen, dann schwoll in unnennbarer Glut der Kopf ihm auf, als ob er bersten wolle, öffnen einen neuen Schlund, damit die Glut ins Freie ströme. In den Tagen seiner Herrlichkeit hätte Eisi ohne Besinnen mit einem Faustschlag das Fenster zertrümmert oder wäre zur Türe ein gefahren wie eine Ländersau in einen Bohnenplätz, hätte den Rechtsfreund beim Kabis gefaßt und Babi, die Speisewirtin, unter den Ofen geschlagen. Aber es ist kurios, wie das Couragi des Menschen ein Fundament haben muß. Fehlt das Fundament, so ist kein Couragi da, und wenn man es mit der Laterne suchte. Aber auch mit dem Fundament ist man wunderlig zweg, bald ists da, bald ists nicht da, bald ists rund und bald viereckicht, bald tief im Boden, bald hoch vorauf, daß man riskiert, die Nase am Himmel oben einzustüpfen. Und das ist ds Kuriosist, daß man nicht merkt, daß es zum Gugger ist, bis man es brauchen will. Dann ist man oft vrflüemeret übel zweg, akkurat wie ein Wächter, der geschlafen hatte, erwacht, Schelme sieht in der Nähe, ruft: «Wer da?», nach dem Spieß greift, mit dem er sonst die Schelme traktiert. Aber der Spieß ist weg, die Schelme ihm auf dem Leib, da ists auch aus mit Wächtern, mit Couragi, mit allem, und der Wächter ist hell nichts mehr, von wegen, weil er keinen Spieß mehr hat. Wir meinen nicht, daß Eisi der Mut ganz entfallen war, aber er war nicht mehr der alte, rechtschaffene, er wackelte. Es war nicht mehr in unbestrittener Herrschaft, man hatte ihm heute zu viel aus dem Hause getragen, es werweisete wie Napoleon in der berühmten Schlacht vor Moskau, als derselbe den Pfnüsel hatte.

Endlich hob es den Fuß, es wußte nicht, ob zum Klopfen an der Türe, um den Freund hinauszukriegen, oder zum feindseligen Einbruch in die Holdseligkeit drinnen. Da hing auf einmal etwas schwer an ihm, daß es fast einen Gix ausgelassen hätte vor Schrecken, in seinem Zorn waren seine Sinne stille gestanden. Da wimmerte es neben ihm: «O Müetti, o Müetti, chumm doch dr tusig Gottswille hey, ih ha so längi Zyti nah dr, ha hüt nüt dr chönne säge, u jetz sött ih nieder u ha dr nüt gseit u nüt mit dir betet! Chumm doch recht hey enangerenah!» «Gang afe, ih chumm de nache, und warum laufst mr nah?» schmälte Eisi. «Muetter, ih darf nit eleyni», sagte Anne Liseli, denn das war es, «es het mih düecht, wo dr nah bi, ih gsehy neuere hinger dr, u jetz gsehn ih dä ungereinist nüt meh.» Da schrak Eisi noch einmal zusammen, es sah sich rasch um, sah aber niemand; es wird doch öppe, so Gott will, nicht Steffen sein, dachte es. «So komm, du Chähre», sagte es, hob rasch das Mädchen auf den Arm und schoß auf einem Umweg mit ihm zu seiner Hintertüre hinein.

ZWEIUNDZWANZIGSTES KAPITEL

Ein wichtig Kapitel vom Keller und vom Kinderwägeli

Wie Eisi diese Nacht verlebte, wissen wir nicht, aber am folgenden Tage sah man es weniger, und wenn man es sah, so mahnte es einen an eine stumme dunkle Wolke, von der man nicht wußte, habe sie im Sinne zu donnern, zu hageln, zu regnen, zu schneien, oder streiche sie nur so für ihre Kurzweil am Himmel herum. Übrigens was versteigert wurde, betraf Eisi weniger. Der Bysluft ging heute minder räß, des Gerichtschreibers Füße mochten das Draußensein besser erleiden, die rechten Leute schienen dazusein, daher gings hauptsächlich an den Keller und was in Tenn, Schopf und ums Haus herum war.

Der Keller in einem Wirtshause ist die geheimnisvolle, wunderbare Zauberhöhle, wo die Geister hausen, von denen man auch selten weiß, woher sie kommen und wohin sie zuletzt fahren, ob in Schweine oder sonstwohin. Wer an einem solchen Keller vorbeigeht, wird selten ermangeln, einen neugierigen Blick ihm zuzuwerfen. Wen aber der Wirt hinunterkommen heißt in seine geheime Zauberwerchstatt, der steigt mit einem Klupf ihm nach, hebt hoch die Beine auf, stellt satt sie wieder ab, stellt sich an der Türe, steht endlich im Gewölbe still, feierlich ists ihm zumut, feierlich spricht er, und wenn er versuchen muß, was in den Fässern ist, so hebt er anders das Glas, trinkt anders, tut alles feierlich. Es ist ihm, wenn er nur ganz wieder draußen wäre, und doch pressiert es ihm nicht, es ist ihm immer, als sollte er noch auf was Besseres warten, als halte ihn jemand. Und wenn er endlich muß, die Treppe wieder sieht, da spürt er die wunderliche Zaubergewalt, die Stufen sind alle um einen guten Fuß höher geworden, und viel, viel haben seine Beine gekurzet, gäb wie er sie hebt, seine Schritte sind immer zu kurz, an allen Tritten stößt er sich und stolpert. Und wenn er endlich oben ist mit dem Kopf voran, hui, wie er da luegen möchte und doch nicht recht kann, wie das glitzert und flimmert, es ist als hätte der liebe Gott die Welt ganz neu angestrichen, die alte Sonne neu angeblasen, daß noch einmal so hell sie scheint. Er glaube, er sei verhext, sagt er, und es wird sein, macht er doch Äugelein so kleine, wunderliche und kömmt er ja da direkt aus einer Zauberküche. Was da unten für Hexenwerk getrieben wird! Wenn die Welt es wüßte, sie würde nicht mehr glauben, es gebe keine Hexenmeister mehr, da ist die alte schwarze Kunst noch in voller Blüte, wo eine Sache verwandelt wird in eine andere, weißer Wein in roten zum Beispiel, wo aus Nichts Neuenburger gemacht wird, ja wo mancher Wirt die wunderbare Kunst täglich übt, guten Wein in schlechten zu verwandeln, Alchimie treibt, Gold in Dreck verwandelt, gute Geister zu bösen macht. Doch empören sich zuweilen die Geister gegen den Meister, dann gehen sie jämmerlich mit ihm um in der Hexenküche. Das hat jener Wirt erfahren, als er vor einem großen Schießet Wein machte. Wie manchen Tag lag der im Bette, wie brannte es ihn am Leibe und wie seelenangst war es ihm, die Geister brächten ihm sein Hexen aus!

Ein solcher Keller, doch nicht von den größten einer, stand sperrangelweit offen, und ungeheißen konnte hinunter, wer da wollte. Und doch gingen nicht alle hinunter, Weiber blieben oben stehn. Eine sagte, sie dürfe nicht hinunter, sie förcht dKrotte grusam und dWirte, säg me, heyge dere geng i de Kellere. «Öppis Dumms eso!» sagte eine Andere, «warum wette die Krotte im Keller ha?» «Mi het mr gseit, si bruche se für e Wy z'lütere. Wenn er trüeb werd, su tüeye si e Krott oder zwo is Faß, de werd er wieder schön luter.» «Schwyg doch, du Uflat!» sagte die Andere. «Pfi

Tüfel, du chönntisch eym dr Wy für syr Lebtig erleide, aber selb wird notti nit sy.» «Wenn ih se ume nit mueß gseh», sagte die Erste, «su machts mr nüt. Abchust gäbs e keni, u we me geng wüßt, was me esse mueß, su möcht me zletzt gar nüt meh u müeßt Hungers sterbe.» «Schwyg mr jetz», sagte die Zweite, «es krüselet mr scho wege dym Gred. Aber wunger nähms mih doch de, ob de würklich Krotte drin wäre, chumm mr wey ga gugge, ume unger dTüre, dert cha me de scho merke, ob derer Tierer drinne sy oder nit, un isch doch sicher, daß sie eym nit uf dSchueh gumpe.» «Mih nimmts nüt wunger, chumm mr wey e weni im Hus umestürme un erlese, was no öppe da isch, im Keller ist notti nüt für is.» «Göhl wasd bist, z'steigere nit, aber z'vrsueche; wer da niede isch, überchunt, vo wege, mr gsehts nit alle a dr Nase a, ob si biete wey oder nit. Öppe e Teile wohl.» «Jäso, wenn selb isch, su chume ih o, aber ume zvorderist», antwortete die Andere, «wo me wohl gseht, was me uf de Füeße het.»

Unten waren wohl viele Leute, aber mit dem Bieten gings nicht stark. Man schien der Sache gar nicht zu trauen, denn man fing immer wieder von vornen an zu versuchen. «Pfi Tüfel, was het dä für e Chust!» sagte einer, «dä steicht ja fry vor Gräueligi, dä cha me ja nimme für Essig bruche.» «Gib, la luege», sagte ein Anderer, hing seine Nase übers Glas, schwenkte den Mund, trank endlich einen wackern Schluck nach, schüttelte sich, als ob er sFieber hätte, und sagte endlich: «Ih glaube nit, daß das gräuelet syg, es isch sust neuis Vrfluechts, es isch fast, als obs keibeleti.» «Wird gwüß von ere tote Krott sy», sagte unter der Türe eine zu der Andern, «es nähmt mih doch vrflüemeret wunger, was das für e Chust wär?» «Emel mih nit», sagte die Andere, schüttelte sich auch, als ob sie das Fieber hätte, ging indessen auch einen Schritt näher. «Warum nicht gar», sagte ein Dritter, der das Glas neu füllen ließ, «es isch e vrfluechte Gstauch, aber das chunt vo rächeligem Schafuschlig, wo am Teri isch, es git nüt e wüesteri Chust as das, aber das weiß no menge Wirt nit, bsungerbar vo de neue nit. Das sy mr Donnstigs Löhle, es isch mänge, er meint was er syg, u chauft ech Biremost mit Chriesi gfärbt für Taveller, und wenn ihm dr Weltsch agäbti, dWytrübel wüchse by ne uf de Nußbäume, er glaubtis, my armi türi.» «He», sagte einer, «das ist einem neuen Wirtli zu verzeihen, aber daß ein alter Wirt nicht weiß, was das für e Chust isch, selb isch e Schang.» «Weißts de öppe du?» «Ja, selb weiß ih, das isch abgstangene Näftebacher, wo im Aargau niede gmacht wird, dä chunt eym so wunderlig i dNase.»

Da das niemand glauben wollte, so mußte man begreiflich wieder hingerfür mit dem Versuchen. Was die unter der Kellertüre für lange, lange Hälse machten, um inne zu werden, wie abgestandener Näftebacher rieche. Sie vergaßen Füße und Kröten, rückten näher und näher, bis sie endlich auch zum Glück gelangten, das Glas zu erwischen. «Ja wäger», sagte die Eine, «abgstangne Näftebacher wird das sy u nüt angers.» «Hest du de scho Näftebacher gha?» fragte die Zweite. «Nei», sagte die Erstere, «aber mengist daycht han ih, dr abgstange Näftebacher müeß grad so sy, wie dä isch. Vrsuech o!» Das tat die, trank sittig einen Schluck; «nei aber au», sagte sie, trank noch einen, «e bsungerbari Chust isch das», setzte noch einmal an, trank aus, sagte dann: «Nei, abgstangne Näftebacher traue ih nit, daß es syg. Tüfel, ih weiß, was es sy wird, e abgstangni Krott oder zwo werde im Fäßli sy, mi wird se vrgesse ha drin!»

So werweisete man, und handlich ging das Bieten nicht. Am besten war der Wein allerdings nicht, doch so schlecht, als man ihn machte, war er auch nicht, abgestandener Näftenbacher war keiner da und abgestandene Kröten hätten auch in keinem Fasse sich gefunden. Da es aber im Deutschen umgekehrt ist wie im Weltschen, im Deutschen man geborne Milchmäuler hat, im Weltschen geborne Weinmäuler, im Weltschen jedes Kind einen Weinrichter vorstellen kann, rechtskundig in diesem Fach geboren wird, im Deutschen für rechtskundig genommen wird, wer Wein von Weintrübeln von Bätziwasser unterscheiden kann (überhaupt nimmt mans mit dem «rechtskundig» sövli spitz nit), so wirkte das Ausführen des Weines sehr hemmend auf das Bieten. Wo das Wissen aufhört, fängt das Glauben an, und sehr denkwürdig ist, daß zumeist die, welche am meisten über den Glauben schimpfen, durch und durch und in den gemeinsten Dingen nur im Glauben leben, eben weil sie gar nichts wissen. Dieser Glaube ist aber ein sehr beweglicher, weil er auf nichts Festem und Bleibendem ruht, sondern auf den Urteilen der Majorität um ihn herum, auf der Tagesmeinung. Die Meisten, welche hier im Keller waren, gehörten zu diesen Gläubigen; die öffentliche Meinung, der Kellerglaube, ward durch einige Wissende bestimmt, welche das Verdammungsurteil über die Weine aussprachen. Nun schauderte es die Gläubigen ordentlich darob, um keinen Preis hätten sie darauf geboten, aus Furcht, ihn ds Halb z'teuer zu haben und am Ende ihn nicht einmal brauchen zu können. Es war ein lang Märten, daß doch endlich jemand bieten möchte; endlich ließ sich der eine, der andere nicht der Gläubigen, sondern der Wissenden bewegen, ein Bott zu tun, so gleichsam nur dr Gottswille, vergaß aber nie hinzuzusetzen: «Er isch viel z'tür, viel z'tür, ih weiß wohl; grad Euch, Herr Grichtschryber, zGfalle, daß dr us dem Keller usechömet, süst tät ihs my Sex nit. Ih weiß emel nit, wien ih ne bruche will, ih mischle ne no mit guetem Vierzger Yvorner u will de luege, ob ih ne für Zabewy bruche cha, ih hätt im Sinn, dä Summer neuis la z'baue. Aber die näh mr ne nit, die Murer u Zimmermanne werde neue o afe meisterlosig, de mueß ihs mit de Aargauer Schiffzieher probiere, u sufe mr ne die nit, su suft mr ne ke Hung.»

So entschuldigte sich ein Wirt oder Weingrämpler nach dem andern, und einer nötlicher als der andere. Da ging ein alter Bauer kopfschüttelnd aus dem Keller und brummte: «Die cheu afe rede, as we si ne für nüt wette weder für ne in es Bschüttloch z'tue, fürs nit la z'vrlechne, u we dErndt chunt, su cheu mr de, was si um drei Batze oder zwe chaufe, chum für füf un sechs Batze ga umenäh. Ih chenne die afe, ih weißs. U jetz, wo dSach um e Pris z'ha wär, darf niemere druf biete, mi lat die mache, as ob si alleini ds Recht drzue hätte, u de werde si dFaß o grad drzue welle u o um nüt, ih chenne die Kunde.»

Um den Weinverkauf kümmerte sich Eisi nicht; da seine Hoffnung auf das Dableiben so mächtig erschüttert war, frug es Wein und Faß wenig nach. Erst als man aus dem Keller wieder herauf war und ein Kinderwägeli zwegschriß, zeigte es sich. Es war ein schönes Wägeli, eigentlich ein Chaischen, hatte einige Dublonen gekostet. Es war mit dem Chaischen eigends zugegangen. Eisi hatte daheim in seiner väterlichen Einsamkeit von einem Kinderwägeli gar nichts gewußt. Erst hatte man die Kinder in einer Wiege liegen, auch in einem Korbe, wie es sich eben traf; sobald sie die Beine regen konnten, setzte man sie auf den Boden hin, hier konnten sie sich tummeln, auf dem Bauche, auf dem Rücken, auf allen Vieren, so viel sie wollten; während dem Kochen nahm wohl die Mutter eins auf den Arm, wenn er grasete, so setzte der Vater zuweilen eins auf die Bähre, und des Sonntags trug wohl eine Jungfer oder manchmal die Mutter das eine oder das andere ein wenig herum. Aber ein Wägeli apart für die Kinder zu haben, daran hatte keine Seele je gedacht. Nicht weit von der Gnepfi, im Heidenloch, wohnte eine Frau Doktorin, die hatte ein Kinderwägeli und noch dazu ein angestrichenes, inwendig rot und auswendig himmelblau, und Kissen darin und gar mit Federn dran. Das erstemal, als Eisi es sah, schlug es die Hände über dem Kopf zusammen, rief alle im Hause zusammen, sie sollten doch kommen und luegen, was das für es Fuhrwerk sei, a dr Diechsle e Jumpfere u drin es King. Solche Bedürfnisse begreifen sich jedoch schnell. Als Eisi ein Kind bekam, war es bereits zur Überzeugung gelangt, daß ein Kinderwägeli ein unentbehrlich Stück sei, aber einen solchen Karren, wie dDoktere, die Blättere, hätte, wollte es nicht, sondern gleich was Rechts; was man einmal hätte, das hätte man. Steffen meinte, sie wollten eins machen lassen beim Wagner, er mach bsungerbar brave Arbeit, und wenn man es ihm recht befehle, so werde er etwas Hoffärtigs auch können. Aber Eisi hatte gehört, daß dDoktere ihres aus der Stadt hätte, darum sagte es, so eine Mistbänne möge es nicht, lieber gar nichts, es wolle seins auch aus der Stadt und enangerenah, un de wüßt er wohl, wie dr Wagner e Lyri und e Dreyßi syg; we me e Sach nit bstell byn ihm, gäb me uf dr Welt syg, su überchömm me se nit, gäb me gstorbe syg. Steffe hatte soweit nichts darwider, es war zu der Zeit, wo man die Geldstücki noch nicht aus den Ecken zusammenkratzen mußte.

Eisi fuhr zur Stadt, wir wissen wirklich nicht, ob auf Bern oder Solothurn. Begreiflich war die Wirtin, wo es einstellte, ebenfalls seine Freundin. «Emel es undeckts chauf nit», sagte die. «Gheyt neuis obenache un ufs King, su schlats drs ztod, gäb es syg im Wägeli oder nit, hergege isch es deckt, su machts nüt; ds Glyche ischs, wenn ds Wägeli umleert, ists nit deckt, su gheyt ds King use u cha de trole, es weiß ke Seel wie wyt, ebesomähr über es Port us in e teufe Grabe ache oder gar is Wasser, hergege wes deckt isch, su mueß es warte, es ma welle oder nit welle. Bsungerbar chumlig aber ischs wegem Schatte u wege dr Sunne; we die schynt, su cha me decke u fürmache, de cha ds King e halbe Tag schlafe, dFleuge mache nüt, dr Luft macht nüt u dSunne erst nit, hergege hesch es undeckts, su leu dr die Kingemeitschi, du weißt wie die Täsche afe sy, am e Ort ds Wägeli stah a dr Sunne, vrklappere sih, u mit eme schöne King sy si furtgfahre, un e Möhr, e Uflat bringe si dr hey, daßd es längs Stück nümme aluege mast. Nei, es vrdeckts chauf, e paar Neutaler meh chosts, aber es treyts meh as ab. Ih chume mit, ih ha neue am e Ort eys gseh, es het mr bsungerbar wohl gfalle.»

Die Beiden gingen nun mit einander und fanden das Chaisli. Es gefiel Eisi auch, die andern Wägeli, welche da waren, sah es gar nicht an. Es frug um den Preis. Der Sattler sagte, es sei ihm leid, aber soeben sei eine vornehme Frau dagewesen, er glaube, es sei die Frau Schultheißin gewesen oder gar dFrau von einem Gesandten, die habe es besehen und gesagt, sie werde nachmittags mit dem Herr wiederkommen, so dürfe er es nicht fortgeben, sie würden sonst denken, was er für einer sei. «Mein Geld wird doch wohl so gut sein als das Geld von so einer Frau, sei ich Schulthessi oder nit Schulthessi», meinte Eisi. Darwider hätte er nichts, sagte der Sattler, und ihr Geld wäre ihm lieb genug; aber Brauch seys, was im Handel liege, nicht weiterzuverkaufen, und sellig Herrschafte, von welchen doch eigentlich der Verdienst komme, mache man nicht mutwillig böse. Selb wär gspässig, ob die alleine zu verdienen gäbten, seiner Gattig Leute brauchten auch Sachen, und dann zahlten sie auch, er brauche keinen Konto zu schicken und sieben Jahr nach der Bezahlung zu laufen, das Geld hätte es auf der Hand. Kurz und gut, das Wägeli gfall ihm und es wells, er söll säge, was es choste söll. Es sei ja noch die Frage, ob die Madame wiederkomme, und komme sie, so könne er sagen, als er nicht daheim gewesen, hätte seine Frau es verkauft. Bar Geld und der Grund, daß die Madame doch vielleicht nicht wiederkomme, denn er hatte es schon mehr als einmal erlebt, daß eine Madame gesagt, sie wolle den Herrn schicken oder mitbringen, aber der Herr war nie erschienen, weder mit noch ohne Madame, leuchteten ihm ein, er tat zwar nötlich, machte aber doch endlich den Preis und zwar einen braven. Aber Eisi stieß sich nicht daran, kaufte und zahlte das Chaischen und brachte im Triumph es heim, mochte nicht warten, bis es dasselbe dem Donnstigs Büntel, der Doktere, unter der Nase herumgezogen hatte.

DSchulthessi heygs welle, so heyg si no keys gseh, heyg si gseit, u zerst heyg dr Sattler schier nit welle, aber wohl, dem heygs es du gseit, u du heyg er sih du gleyt, u zletsch heyg er selber müesse säge, es heyg so schöns Geld as dSchulthessi u de bruch me de no nüt z'warte! Mi sötts nit glaube, aber doch sygs, a de fürnehmste Orte müeß me mengist zechemal heusche, eh me einist zahlt werd. So heyg er gseit, dr Sattler, u wes meh öppis mangli, su sölls ume cho, heyg er gseit, sygs Tag oder Nacht, u was es well, müeß es ha; er wüß, wen er z'ästimiere heyg u wer ihm lieb syg, heyg er gseit. Aber es well usbiete, ob me es selligs Kingewägeli gsehy ds Lang uf, ds Lang ab. Schmöcke chönn dä Donnstigs Büntel, dDoktere, jetz dra, bis si dNase voll gnue heyg.

So hatte mit dem Chaischen Eisi sich gebrüstet. Das waren selige Tage gewesen, als es breit auf der Straße stund und der Magd, die mit dem Chaischen spazieren fuhr, nachsah und denken konnte, jetz werde si bi ds Dokters vorbyfahre, «jetz schmöck, du Büntel, bis dNase voll hesch!»

Jetzt stund das Chaischen auch vor dem Hause, aber wie! Es hatte das Sonntagskleid ausgezogen, es war vernachlässigt, verliederlicht worden dem Übrigen gleich, niemand hatte es gebürstet, niemand gesalbet, niemand geplätzet, und doch gefiel es den Weibern vo wege dem Verdeck bsungerbar.

Was das kommods sei, man glaubs nicht, sagten sie. Möglich auch, daß sie dachten, wenn sie jetzt ihre Kinder in kleinen Chaischen herumzögen, so sei das eine gute Vorbedeutung, daß dieselben später in großen fahren könnten, es heiße ja im Sprüchwort: Jung gewohnt, alt getan. Die guten Weiber brauchen die Sprüchwörter zuweilen wie der Teufel die Bibel, es gibt zwei andere Sprüchwörter auch, an die dachten wahrscheinlich die guten Weiber nicht: Jung ryte, alt zFueß laufe; jung Herre, alt Bettler! Es stand nicht die glänzendste Weiberschar dabei, die, wo krüschelten mit Fünfunddreißigern, glitzerten wie Pfyfolter und rauschten wie ein Wasserfall, wenn sie ein Glied bewegten. Es waren Bäckerweiber, Lebküchlere, Gürtlere, Schuhmachere, Kappekrämere und Brodierere, welche ihre Augen darauf gerichtet hatten und zu bieten begannen. Es drehte Eisi fast das Herz im Leibe um, daß dere Züg das Chaisli haben sollte, welches es der Schulthessi abgestochen, was doch o sellig Lüt sinneten, da mach esn ieders Tschudi dFlangge u fähnli desume wie e Narr, so chömms sy Seel nit guet, mi chönns de gseh. Wenn es no es King hätt, wos bruche chönnt, sy Seel wängti es dr letzt Krüzer dra, gäb es es selligs Kingewägeli sellige halbbatzige Wybere i dHäng ließ.

Eine Lebküchlere war so glücklich, das vornehme Ding zu erhalten, welches das Schicksal manches armen Pferdes teilte, das aus einem Staatsroß zu einem Kacheler erniedrigt wurde, zumeist deswegen, weil es nicht mehr auf soliden Beinen stand. Solide Beine sind eine Hauptsache und gut in alle Spiel; was nicht auf solchen Beinen steht, das geht zBode, und begreiflich, auf je höhern Beinen etwas steht, desto härter geyhts auf die Nase, wenns zBode geht. Daran dachte die gute Lebküchlere nicht, als sie freudevoll mit dem Chaischen dahinfuhr und in ihrem Herzen dachte: Wie werden die doch luegen daheim u wie wird ds Landjägers Frau taubi werde! Mira, werd si, es gscheht ere recht, schmöck si jetz selber, das Laschi, was si angere geng möcht z'schmöcke gä, wenn me wett dNase zuecheha. Aber die ist no lang nit fürnehmer as anger Lüt, ds Conträri. Was doch o e selligi Frau sinne, sagte Eisi, es chönns nit bigryfe. Wenn es ume e Lebküechlere wär, es wurd sih schäme bis i Bode ache, ume es Kingewägeli z'ha, vrschwyge de es selligs, wo a re Schulthessi guet gnue gsi wär, we sis hätt chönne übercho. Aber dWelt werd grusam schlechti, es syg afe nüt meh drbyzsy, u wunger nähmts eym nit, wes scho bal us wär mit ere.

DREIUNDZWANZIGSTES KAPITEL

Wie Eisi an der Herrenstube hängt, und wie Babi, die Speisewirtin, darüber stolpert und die Treppe ab fällt

Da es allgemach Abend ward, dem Gerichtschreiber kalt um die Füße und die Honoratioren pressierten nach Haus, so ließ man sich zu guter Letzt noch ins Haus und machte sich an Eisis Herrenstube, wo die schönsten Möbeln waren, das schönste Bett, gar es bsungerbar es fürnehms Bett, die Betttücher eine halbe Elle länger als die andern Bettücher, nur eine halbe Elle zu kurz, und längten noch zu beiden Seiten etwas weniges vorume. Auch forderte die Magd, wenn sie das Bett machen sollte, immer apart dLylache fürs Herrebett. Auch die Decke zeichnete sich rühmlichst aus, sie ging wirklich bis ganz zu unterst an die Bettstatt und konnte sogar auf der hinteren Seite was wenigs unter die Matratze gebracht werden, ohne daß die vordere Seite allzu sehr beeinträchtigt wurde, was im Winter nicht unangenehm ist. Am Bett waren Umhänge, verflümeret schöne, besonders wenn im Sommer die Fliegen nicht zu handlich gewesen wären. Ein Nachttischli war da, bsungerbar es kommods, es hatte vier Beine, von denen nur eins kürzer als die andern war, was ein sehr angenehm und kurzweilig Gnappen gab, wenn man darankam. Es war fast wie eine verständige Person, welche Laut gibt, sobald man sie berührt. Dann war ein viereckigt Guggeli in dem Nachttischli, wo das bekannte Geschirr Raum fand und daneben noch sogar ein Paar Pantoffeln, heimelige Dinger; als neu hatte Eisi sie getragen, fingen dann die Hinterstück zu fehlen an, so beizte es sie den Herren ins Nachttischli. Die waren dann grusam froh, wenn sie dieselben fanden; erst jetzt sei es ihnen so recht heimelig, man treffs niene so a, sagten sie dann. Zoberist war dann gar noch ein Schublädli, wo sie die Sackuhr in Sicherheit bringen konnten und noch den Geldseckel, was bsungerbar kommod sei, von wege, was in einem Schublädli sei, das wische man doch nicht so leicht ungsinnet abe un a Bode, u wenn es Uhreglas broche syg, su sygs es unkommods Nachetrage. Dann kam gar noch ein Ruhbett, eine Kommode, Porträts, bsungerbar schöne. Wenn man sie recht betrachtete vor dem Schlafengehen, so waren sie imstande, sie kamen einem vor im Traume. Von den Umhängen an den Fenstern, an welchen vor zehn Jahren dBettmacherin die neuesten Pariserknöpfe angebracht hatte, wollen wir nicht einmal reden.

Ach, an diese Herrenstube knüpfte sich so manche schöne Erinnerung, an sie knüpfte sich am vollständigsten das Andenken an die untergegangene Herrlichkeit. Ach, als Eisi diese Herrenstube hatte, als endlich die Bettmacherin den Knopf an den letzten Nähtlig machte, als Eisi mit dem Nachttischli kam und die Bettmacherin zu Rate zog, wie man es am besten zwegstelle, als diese nach sinnigem Bedenken ihren Rat abgegeben, als endlich alles fix und fertig war, als die Beiden, welche die innigsten Freundinnen geworden waren, das große Werk betrachteten mit eingestützten Armen, da verstummte Eisi, die Herrlichkeit drückte ihm fast das Herz ab, mit der einen Hand wischte es die Augen aus, mit der andern fuhr es in den Kittelsack, wo damals Fünfunddreyßiger genug waren. Bekanntlich verstummt eine Bettmacherin nicht so leicht, nur in höchst seltenen Fällen kann ihr so was arrivieren. Darum sprach diese nach einigen Augenblicken seliger Anschauung: «Ja ja, Frau Wirtin, Ihr könnt mir glauben oder nicht, aber eine solche Stube, ganz nach der neusten Mode, ist ds Land auf, ds Land ab nicht, geht wohin Ihr wollt, eine solche findet Ihr nicht.» Eisi ertrug die Freude kaum, es stützte die eine Hand aufs Nachttischli, welches gestellt war, wie die Bettmacherin angeraten, ds Schublädli vorne. «Aber Ihr braucht mir nicht zu glauben», fuhr die Bettmacherin fort, «lueget de, was dLüt säge, glaubet mrs, Herrschafte werde cho, wyther, wenn me weiß, wie me hie loschiert ist. Ds Esse ist bi wytem nimme dHauptsach, dZimmer sys, ds Loschiere ist dHauptsach. Die fürnehmste Reisete, wo de Krämere nachfahre, werde welle byn ech über Nacht sy und niene anders.»

Eisi ertrug die Fülle der Wonne kaum mehr, es ergriff ihns wie mit Himmelsgewalt. «Ja ja», sagte es, «dSach gfallt mir, die angere cheu jetz nacheluege. Aber chömit, mr wey eys ga näh vom Mehbessere, ds Luege het mr es ganz troches Mul gmacht.» «E aber nei, Frau Wirti, was denket dr o, so zur Unzyt, u de no vom Mehbessere. Nei aber, denket o, ih müeßt mih ja schäme bis i Bode abe, Frau Wirti, wenns dLüt vrnähmte, daß ih eine gno hätt, u de no am Morge.» «Abah», sagte Eisi, «was gheyen ech dLüt! U we dr se förchtet, su machets wie angerimal, machet, daß sis nit vrnehme!» «Hi hi, Frau Wirti, was denket dr, dr vexieret, dr syt e recht e Bösi, nei aber, mache wie anderimal, daß sis nit vrnehme, was dr doch für e Bösi syt, es gsechs ech niemere a.» Indessen trippelte sie doch glücklich hinter Eisi drein dem Mehbessere zu, und als sie die nicht eben helle Treppe hinuntergingen, schob sie ängstlich die Fußspitzen vorwärts, während sie vorsichtig das dünne Röckchen von hinten in Sicherheit brachte.

Ach, und was für herrliche Tage nun Eisi verlebte, als es eine Herrenstube hatte, als es ihm so recht ins Bewußtsein stieg, was das sagen wolle, eine Herrenstube, daß dadurch ihr Haus dem Inwendigen, dem Geiste nach erst jetzt zu einem rechten Gasthof geworden, als es mit innigster Burgerlust an dem Gedanken sich weiden konnte, was die Großgringe i de Städte, wo ihri Hüsleni Hotäll leue schelte, für e Täubi ha werde, wenn si vrnähmte, si heyge jetz on e Herrestube, un e weligi! Es sei aber auch begreiflich, daß das se taub mach, es müeßte nit Wirte sy, vo wege, das werd ne vrfluecht schade.

Und unter welchem Bangen und Verlangen das gute Eisi den ersten Herrn erwartete! Einem Mädchen, das auf den ersten Kilter hofft, kann es nicht zitterliger zumute sein. Endlich kam er, schnaubend hielt das Roß vor dem Gasthof. Abend wars, ebenrecht spät zur Einkehr, zum Übernachten. Unglücklicherweise war es kein galanter Weinweltsch, kein schmucker Frankfurter, es war ein kleiner hiesiger Basler, trocken wie seine Kaffeesäcke, um die er handelte, herb dazu wie ein halbreifer Holzapfel. Eisi kannte ihn, hatte ihm eben Kaffeesäcke abgekauft, halb vrgebe, wie er zu sagen pflegte. Eisi hielt ihn darum für einen bsunderbar guten Freund, sprang ihm entgegen, fing ihn auf, ehe er mit etwas gstabeligen Beinen sich aus seiner Kalesche gewunden. «Syt Gottwillche, Herr Türligyger, dihr syt gar seltsam bin is, ha gmeint, dihr heyget is ganz vrgesse.» «Gueten Obig, Frau Wirti», sagte Herr Türligyger. «Stallgnecht, hend mr Sorg zum Pferd, rybits ab!» «Was soll ich ihm für Haber gä?» fragte der Stallknecht. «Ih kume de u will bifehle.» «Ihr weyt doch über Nacht blybe?» fragte Eisi mit bebendem Herzen. «Händ Si mr au e reinlig Bett?» «Ihr werdets vrno ha, mi wird echs brichtet ha?» «Waiß nüt, ist ne dr Ma gstorbe?» «Vexierit nit, nei, dr wüssets. Gseit wird men echs ha, es redt ja alles drvo!» «Waiß nit e Wörtli», sagte Herr Türligyger nach seiner kurzen Manier. «E aber nei», sagte Eisi, «dr vexieret! Dr werdets ghört ha, daß mr is jetz o recht ygrichtet hey für Herrschafte, und werdet is dr Erst welle dEhr gönne.» «So, händ dr la baue? Kai Wörtli hät mr e Mensch gsait, es hät mr sih grad so gä, hit byn ech z'blybe, ds Pferd ist mied und mir ists au so kaibemäßig.» «Ih will Euch dSach ufetrage», sagte Eisi; «weyt dr grad o cho luege, wien ih ech loschiere cha und ob dSach ech aständig syg?» «Nur e guet Bett», sagte Herr Türligyger, «un e warm Ghalt, so bin ih zfriede.» Eisi ging voran und öffnete mit Anstand und Pathos die Türe. «Weyt dr ychespaziere, Herr Türligyger!» hatte es gesagt. Der kam herangestopfet, streckte die Nase im Zimmer herum und sagte: «En artig Zimmerli» und stürchelte neben Eisi durch wieder hinaus. «Soll ich Eure Sachen da abstellen, gfallts Euch?» «En artig Zimmerli, aber zeige Si mr die andere au, ich will Ihne scho sage, wo ih blaibe will.» «Vrzieht, Herr Türligyger, das ist se, dHerrestube, won ih gmeint ha, wo mr ganz neu hey la mache und wo dBettmachere a dUmhäng nüt angers gmacht het as Pariserknöpf.» «So, das Zimmerli händ Si lo yrichte und wege dem mache Si son e kaibe Lärm? Son e Zimmerli findt me ja i dr gmainste Knaipe.» Potz Himmelsapperment, wie stach Herr Türligyger in ein Wespennest! Von dem Zeitpunkt an verkaufte er auf der Gnepfi keine Kaffeesäcke mehr, und wenn er vorbeifuhr, sagte Eisi jedesmal: «Dä ist allbets o zuechecho, aber dem han ihs vrtriebe, son e Uvrschante gits öppe uf dr Welt nit e zweute, aber wohl, dä het dNase jetz dert ume, wenn er durefahrt. Das ist mir doch auch der dümmst Möff vo dr Welt. Won ih ihm dHerrestube zeige, meint dä Möff, es sei en artig Zimmerli, ih söll ihm jetz die angere o zeige, er möcht uslese. Jawolle uslese, e sellige! Es düecht mih, dä hätt nit sölle as Uslese sinne; wenn all Lüt uslese wette, dä hätt ke Frau übercho. U de wird dä Narr gmeint ha, sellig Herrestube heyg me zDotzete, u wär e sellige froh, wenn er all Monet einist i ere sellige Stube chönnt übernacht sy. Ja, taube het mih dä Türligyger gmacht, aber dem han ihs du ytribe, sell Abe het er alles abränntet müeße fresse, u nache han ih ihm ke Bohne meh abgno; un hätt er se vrgebe gä, keni hätt ih gno, u wenn er hundertmal wär cho chähre, e sellige Löhl hätt ih nit emal meh agluegt. Da sind aber dann Andere gekommen, die haben die Hände über dem Kopf zusammengeschlagen und konnten sich nicht genug verwundern, ein solches Zimmer anzutreffen. Ihrer Lebtag, haben sie gesagt, hätten sie nie geglaubt, daß man solche Zimmer auf dem Lande finden würde, vo wege, i de größte Hotälls i de Städte hätt me se nit. Da könnte man hundert Stung hie ume und hundert Stung dert ume, so truff mes niene a. Un ih ha nes müesse glaube, vo wege, si sy du all uf dr glyche Red cho, ume dä Löhl het sih welle groß mache u dr Schyn ha, wie er sih gwahnet syg.»

So redete Eisi lange von seiner Herrenstube und hatte große Freude nicht nur daran, sondern auch darin. Dahin zog man sich gar oft zurück, wenn man ein vertraut Wort mit einem Gumi reden wollte, da war so oft ein heimelig Parteili gemacht worden, von dem nicht alle Leute wissen sollten, da hatte es so oft gehört, wie keine Wirtin sei wie es das Land auf, das Land ab und wie es schöne Arme hätte, Auge wien es Spyri u Zähng, daß es eym düech, wes müeß sy, daß me sött gfresse werde, su söttes die mache, vo wege, die chönnte eym nit weh tue, so wyß u glatt u lieblig guggete die füre, grad wie jungi lustigi Meitscheni us em ene Mayegarte. Man denke, wie wohl das alles Eisi machte, wie tausend Erinnerungen sich knüpften an all diese Dinge, ob auch ihre Herrlichkeit vergangen, der Glanz dahin war, das Nachttischli auf drei Beinen hoppete, nur noch ein Pantoffel vorhanden war mit einem großen Loch an der Sohle. Und jetzt sollte all das Teure fort mit all den Erinnerungen, die daran klebten, die gleichsam als Fliegenflecken denselben einpunktiert waren. Waren aber nicht die Herren alle, die darin logiert waren, auch fortgezogen, ließ keiner mehr sich blicken, und wars nicht recht, daß all das Geräte ihnen nachwandelte mit all dem Fliegengepunkte, ihnen unerwartet wieder vor Augen auftauche, unerwartet an fremden Orten, wie einzelne Stunden auftauchen nach Verlauf von Jahren, Stunden, die man längst vergessen, die unbeachtet dem Gewissen eingeätzt waren in kleinen Punkten, welche Punkte plötzlich durch unsichtbare Kraft aufflammen, Brandmalen gleich, Fackeln, welche der Teufel anbrennt, wenn er einer Seele in die Hölle zünden will? Jetzt, als gesteigert werden sollte, waren ein Dutzend Hände, die betasteten, kritisierten, wenigstens ein halbes Dutzend Nasen, die sich rümpften, so streng sie mochten, während die Augen die Lüsternheit nach diesem, nach jenem nicht bergen konnten. Es waren zumeist Wirtinnen, die ihre neuen Gasthöfe, Speisekneipen, Pintenlöcher elegant herrichten und was für die Herren zwegrichten wollten, wenn auch nicht ein ganz und förmlich Herrenzimmer, doch wenigstens ein Nachttischli, etwas von Pantoffeln, vielleicht ein Ruhbett oder gar eine Kommode mit drei Schubladen, von denen eine nicht aufging, die andere nicht zu, die dritte halb offen unbeweglich saß.

Unter ihnen bewegte sich mit vielen Gebärden die Speisewirtin. Sie hatte die Spiegelangst überwunden und wollte jetzt auch mit hinter die Herrenstube, deren Herrlichkeit, von Hörensagen bloß mit ihr bekannt, sie längst bitter beneidet hatte. Da sie jetzt die Herren hatte, so war es für sie eine Art von Pflicht, ihnen ihre alte Stube nachzuzügeln. Jede rühmte, wie sie mit vornehmen Übernächtlern geplagt sei, mit Herrschaften dem Tüfel ebe, und nur fürchte, was da sei, sei ihnen nicht vornehm genug. Anfangs wollte das Eisi wieder sehr schwer werden, aber wieder, fast wie beim Spiegel und doch nicht ganz, überwand die Bosheit den Zorn. Es regte sich in ihm das Hoffen, wenn die Donnstigs Täsche nur alle von der Sache kaufen würden und damit das Unglück ins Haus trügen, über nichts kommen würden wie es, alle es erfahren müßten, wie es einem gehe. Wenn man den Andern wünsche, was man selbsten hätte, so werde das wohl keine Sünde sein, dachte es. Und wie die Herren luegen werden, wenn auf einmal hier, dort ihnen unter der Nase stehe, was sie hier gesehen. Wunger nähmts ihns doch, was sie dabei dächten und ob das Gewissen sich nicht rühre bei ihnen und des Nachts ihnen vorkäme, wie schlecht sie es ihm gemacht, wie lieb und wert es gewesen zu einer Zeit und wie sie es jetzt verließen, wo es doch Freunde am nötigsten hätte. Aber so sygs: solang me z'gä heyg, syg me lieb u wert, u we me einist öppis möcht, su chenn eym niemere meh u niene sött me meh sy. He nu so de, so wünsch es, daß es de angere o so gang, si wüsse de o, wies eym syg. So sah es nicht ohne eine gewisse Befriedigung dem Bieten zu, und wenn eine der Wirtinnen etwas zugeschlagen kriegte, so lächelte es. «So recht, grad das schickt sich für dich, das wird öppe schön stah i dym Loch, grad wie e Sunntighuet uf eme Besestiel oder e Hochzytrock a re Säumelchtere.» Das verwand es nicht, wenn die Leute immerzu boten und dazu, so streng sie mochten, die Sache ausführten und nicht satt werden konnten zu werweisen, ob die Sache nicht zu schlecht sei für sie und ihre Herren. Ganz besonders erbitterte ihns das Aufblasen der Speisewirtin, die gräßlich renommierte, daß man hätte glauben sollen, das Hôtel des Bergues in Genf sei eine verlassene Waldbruderhütte gegen ihre Wirtschaft.

Sie mühte sich sehr ab um das Bett, nit daß sie nicht viel bessere hätte, aber ihre Herre heyge wunderlig Gringe u liebtes, so unger em ene Gflauder z'ligge, wo me nit wüß, heyg me neuis uf ihm oder heyg me nüt. Als die Speisewirtin endlich die meisten ihrer Wünsche erfüllt sah, von wegen, so an einer Steigerung kann man viel zwängen, wenn man das Geld nicht schont, nahm sie einen Armvoll Sachen, Volet, Hauptkissen usw., und sagte, mit dem wolle sie afe gah u ds angere de la reyche, mi söll ere doch e chly drzue luege, und drückte sich mühsam durch die Türe und durch die Gänge.

Plötzlich ertönte draußen ein gewaltig Gepolter, darauf ein jämmerlich Geschrei, daß alles hoch auffuhr und der Türe zustürzte, bis an den Weibel, der kaltblütig meinte, sie sollten doch nicht Mühe haben, das werd das Erdbeben sein, von dem er gesagt, das gehe gleich vorbei, sie sollten nur ruhig sein und brav bieten. Er predigte tauben Ohren; wenn was rumpelt, wenn was brüllet, wenn einer zur Türe läuft, so gerät alles in Bewegung, namentlich Weiber, und alles läuft dem Orte zu, wo der Lärm herkömmt. Da kann ein Weibel lange predigen, besonders wenn das Geschrei immer wehlicher wird. Draußen war es dunkel, unten, von der Treppe her, ertönte das Geschrei. Die Leute drängten sich, wenig fehlte, es wäre gegangen wie ehemals, wenn die Russen eine Festung stürmten. Man redet ihnen nach, sie hätten sich nicht die Mühe genommen, Materie mitzunehmen, um die Gräben auszufüllen, sondern die Hintern hätten die Vordern gedrängt, in den Graben gestürzt, bis er zum ebenen Weg geworden, dann seien sie darüber weg der Festung zu. Wer noch lebendig gewesen, hätte nachher wieder auferstehen können. Wenn nicht ein handfester, dreizentneriger Käshändler den Fluß mit Macht gestaucht hätte, so wäre das Wesen drunten, das so jämmerlich schrie, kaum mehr auferstanden, der dreizentnerige Käshändler und was alles noch nachgekommen, wäre doch wohl zu schwer gewesen Babi, der Speisewirtin, denn die fand man unten, als man mit Bedacht die Sache untersuchte. Unten lag sie, wie der Held auf seinem Schilde, auf Volet und Hauptkissen und schrie dazu graduse wie eine Dreizentnerige, welche der Metzger am Messer hat. Als man sich um sie bemühte, stöhnte sie: «Leut mih sy, ih bi tot, tot, u dBey sy abenangere u dr Gring ist ab. Leut mih sy, dr tusig Gottswille, leut mih sy, o myni Bey, myni Bey, wäre die ume nit abenangere, ds angere miech no nüt.» So wimmerte sie, so weberte sie, daß die Leute sie fast nicht anfassen durften, von einer Bähre sprachen, von der Matratze, die noch droben sei, aber die Stege war so gepfropft voll, daß niemand hinauf konnte, sie zu holen. Endlich faßte der Käshändler einen Entschluß und sagte: Da liegen bleiben könne sie nicht, etwas müsse gehen u wyt sygs nit bis hey. Somit griff er der Quasitoten unter die Arme, gäb wie Babi schrie, hob es auf und sagte: Es söll probiere z'stah, aber Babi sank alsobald unter wehlichem Geschrei zusammen. «Su cha me das angers mache,» sagte ruhig der Käshändler und wollte es auf seine Arme nehmen wie ein klein Kind. Wer aber erst mit den gebrochenen Beinen munter zappelte wie ein Kälblein, dem man die Beine binden will, dann ab den Armen huschte wie Ketzer und auf den Beinen bolzgradauf stund, das war Babi, die Speisewirtin. Sie lasse sich nicht da fortschleifen wie ein Unvernünftigs, sagte sie, sie hätte das Recht da zu bleiben, so lange sie wolle und so gut als die

Andern, und bleiben wolle sie, bis der Landjäger die Donnstigs More gno heyg, wo seye dStege ab gschosse heyg, u das syg niemere angers as die – vrlumpeti Hex, die heyg se welle töde un ere e Schutz gä dStäge ab, daß si achegfahre syg wie us ere Kanune, mit em Gring vora, daß si dr Hals abenangere gmacht heyg u nit ume einist, sondern zwure.

So heulte Babi unten an der Stäge, bis endlich der Gerichtschreiber sich durcharbeitete, um den Handel in Augenschein zu nehmen und allfällig das Nötige vorzukehren. Ehe er den Augenschein eingenommen, war seine Überzeugung schon gemacht und sein Vorsatz fest, die Gelegenheit nicht vorbeizulassen, Eisi zu zeigen, was es auf sich habe, eine Standesperson, wie er eine war, zu beleidigen. Er begehrte mörderlich auf und frug, ob man dann da in einer Mörderhöhle sei? Er schrie nach Eisi, nach der Verbrecherin. Nach langem Schreien und Suchen erschien die endlich oben an der Stege und frug, was me mit ere well. Sie solle nicht meinen, daß sie ihre Grobheit und ihren Zorn ungestraft an Unschuldigen auslassen könne, man werd es ihr zeigen, was das könne, und gut müsse sei sein für allen Schaden. «Was für Schade?» frug Eisi trotzig. «Ih wett no frage!» antwortete der Gerichtschreiber protzig. «Sit wenn ists Manier, daß me dLüt dStege ab schießt?» «Was, soll ih neuer dStäge ab gschosse ha, redt das neuer?» «Ja, das habt Ihr!» sagte der Gerichtschreiber, «da die arme Frau habt Ihr die Stege herabgestoßen, sie ist schwer verwundet, vielleicht auf den Tod.» «Wes ist, so gschehts ere recht, was het die Täsche da z'tue gha, aber wers redt, ih heyg se achegschosse, dä lügt wien e Donners Schelm, syg er, wer er well!» «Also, heyt dr ghört, lüge ih wien e Schelm, bsinnet ech dra!» sagte der Gerichtschreiber. «Vermahnit ume!» sagte Eisi, «ich will ech de säge, was ich gseit ha, dihr syt de no lang geng z'dumm für mih ychezsprenge!» «Also die Frau hat

Euch die Stege ab geworfen, Frau Speisewirtin, Ihr habt sie gesehen?» fragte der Gerichtschreiber ablenkend. «Ja, die grad, die het mih abegschosse. Gseh han se nit, si isch hingerdry cho, aber gspürt han se, daß es die isch u ke angeri.» Da lachten Einige, und Eisi batsch drauf und sagte: «Heyt drs ghört u sinnit o dra, was die gseit het u daß ey Sturm isch wie dr anger, dr Grichtschryber u sBabi.»

Somit stieg Eisi gravitätisch die Stufen wieder hinauf, welche es im Zorn hinuntergekommen war, neben dem Weibel vorbei, welcher mit Licht hinunterkam, da es oben wegen Mangel an Leuten nichts zu steigern gab. Er well cho zündte u dr Schade sueche un ne dä ase warm schätze, mi breychs am beste, währet me ne no gsäch, sagte er; hingerdry, wenn er de scho gheylet syg, müeß mes de bloß angfähr mache, u de gäbs gern z'dispidiere, sagte der Weibel, trat herzu und zündete um Babi, die Speisewirtin, herum. Babi stund da mit verpläreten Augen, fast als ob es geschwollen wäre im Gesicht, aber der Gring war nicht ab, der Hals gradauf, auf den Beinen stund es, Blut sah man keins, und erst als der Weibel sagte, er finde nichts für z'schatzige, es sei denn, me haus uf un lueg, obs innefer fehl, aber am Brülle a düech es ne, es sött no alles am rechte Ort sy, Babi böse ward und selbst suchen half, fand es sich, daß einige brave Plätze an beiden Händen, welche es unter den Bettstücken gehabt, die es vor sich hergetragen und auf die es mit dem übrigen Körper gefallen war, ab waren. «He nu», sagte der Gerichtschreiber, «das ist geng guet gnue für e vrfluechte Gunte.» Ja ja, sagte der Weibel, er heyg scho klyner Plätze gseh, si syge tusig Pfung wert gsi. Es chömm drby geng bloß uf zwo klyn Sache a, daß me wüß, wem me dr Gunte adressiere chönn, daß er ne anäh müeß, u de, daß er Geld heyg für ne z'zahle. Leider, für Babi nämlich, fand die rechte Adresse sich nicht.

Die Speisewirtin hätte später gerne gesagt, sie hätte Eisi gesehen, obgleich es ihr wahrscheinlich wenig geholfen hätte. Eisi behauptete steif und fest, die Speisewirtin sei betrunken gewesen und über ihre eigenen Beine gefallen; wer in der Stube gewesen, solle sagen, ob sie nicht getan wie ein Narr, daß alle Leute gesagt, sie sei voll. Die Neutralen sagten, wahrscheinlich seis, daß sie in der Dunkelheit die Treppe nicht gesehen, besonders da sie Bettstücke vor sich hergetragen und mit dem Hause nicht wohl bekannt gewesen, was übrigens ohne diese Umstände den nüchternsten Menschen begegnen könne. Viele wollten Eisi noch in der Stube gesehen haben, als das Gebrüll losging, niemand aber aussagen, daß er Eisi die Speisewirtin hatte stoßen sehen, und Viele meinten, am besten seis, man lasse dSach ligge, wie si ligg. Eisi heyg sy Teil, u we diesere o neuis uf dNase worde syg, su sygs ere recht gscheh, da syg ume schad, was nebedure gang. Ob das Babis eigener Mann auch gefunden, vielleicht gar gedacht, wenn si dr Hals zwure broche hätt, su hätt er sih nit ztodpläret, wissen wir nicht. Bloß haben wir gehört, daß er schlechten Trost für seine Frau hatte. «Wärist daheim blybe», hätte er ihr gesagt, «ih ha drs no gwehrt; es angers Mal weißt de, ob de furtgheye sotsch, we de daheime all Häng voll z'tue hesch. U wed no einisch so laufst u si schieße dih wieder dStege ab, su chumm mr nit cho pläre, sust legge dr o no uf, bis es mih düecht, es sött für einist guet sy. Ih ha drs scho mängist gseyt, du last nit nah, bis es dr geyht wie diesere. Du bisch dr glych Narr, weder daß ih de öppe nit viel erwybet ha.» «E Uflat bisch, weisch, un e wüestere Hung gits nit, weisch!» sagte Babi und hätte Mut gehabt ihm hinter die Augen. Glücklicherweise hatte es nicht Zeit dazu, hungerige Gäste brachten eine glückliche Unterbrechung in die beginnende eheliche Schlacht.

VIERUNDZWANZIGSTES KAPITEL

Wie die Nachzügler sich glücklich machen und Eisi den Schweiß austreiben

Die Hauptsache war versteigert, und wie es Eisi war beim Zusehen, wie ein Stück nach dem andern dahingetragen wurde und verschwand, kann man sich vorstellen. Doch die Pürzlete der Speisewirtin, an welcher Eisi wirklich nicht unschuldig war, hatte es erfrischt, es brachte eine gute Nacht zu. Als es hell erwachte, dachte es nicht, daß der dritte Tag der peinlichste werden sollte. Das Wertvollste war fort, und mit diesem verschwanden auch die glänzenden Ersteigerer und Ersteigerinnen; aber wenn die Geier weiterfliegen, so stellen sich die Würmer ein. In bitterem Zorne hatte es die gesehen, welchen es früher gleichstand oder über die Meisten sich erhaben glaubte, welche ihns jetzt nicht mehr kannten oder höchstens im Vorbeigehen mit einem verächtlichen Gruße es beehrten. Heute waren diese alle nicht mehr da, sie waren verschwunden, wie die Störche verschwinden, alle den gleichen Abend, und Eisi atmete frei auf, es meinte, jetzt sei die Sache vorbei.

Aber Eisi kannte die Sache nicht, Erfahrung alleine bringt hier Wissenschaft. Schon die Tage vorher hatte man Weiber herumstehen sehen in dünnen Kleidern, die Hände unter den Scheuben, mit gierigen Augen, aber sie stunden meist im äußern Ringe, nur hier und da schlichen sie sich näher, beguckten, betasteten einzelne Stücke mit verwunderten Mienen, aber bieten hörte man sie nicht; was versteigert wurde, ging über ihre Finanzen. Heute kamen sie auch, einzeln erst, gleich schüchternen Krähen auf einem späten Kornacker. Wie von diesen Krähen bald eine, bald die andere wegfliegt, wenn sie sich sicher sieht, einige Trompetenstöße durch die Lüfte schickt, dann bald mit vielen wiederkömmt, bis von allen Seiten es schwarz daherkommt, es Krähen zu schneien scheint, so auch hier. Wie die dünnen, mageren Weibchen davonbeinelten, dann wiederkamen mit der Mutter, mit ihren Eltern, mit einer Tochter, mit einer Nachbarsfrau, das hätte man an selbem Tage sehen können. Die guten Weibchen hätten von den Herrlichkeiten auch gerne was gehabt, aber die glänzenden Weiber, die teuern Stücke waren ihnen im Wege, aber darob wuchs ihr Durst nach denselben, und je länger, je mehr kam es ihnen vor, als ob man alles verschenke ums halbe Geld.

Heute waren die hoffärtigen Weiber verschwunden, und zu versteigern stunden Dinge da, ach herrliche, prächtige, das heißt ganz ihren Kräften und Wünschen angemessene: gespaltene Kacheli mit schönen Blumen, Kaffeekannen, welche ehedem dreibeinig gewesen waren, in des Lebens Schlacht aber einige Beine verloren hatten, ungestielete Pfänni, sonst noch ganz schöne, Porträli, wo den einen das Glas fehlte, andern der Rahmen, andere, wo beides hatten, leider aber das Kunststück darin nicht mehr war, Spiegel, kleine, schöne, an denen gar nichts fehlte als das Quecksilber hinter dem Glase, Werkzeuge, treffliche aller Art, Bschüttbücki, herrliche, denen nichts als der Boden fehlte, dreizinkige Gabeln, an denen nicht mehr als drei Zinken fehlten, eine prächtige Kaffeemühle, welcher leider der Hals abgedreht und verloren gegangen war, Heurechen, an welchen nur das Haupt fehlte, dann Lein- und Bettzeug aller Art im schönsten Zustande, mit und ohne Löcher, mit und ohne Federn, gsaumet und ungsaumet, kurz es waren da Herrlichkeiten, die nicht zu beschreiben sind, alle dem Finanzzustande des Publikums angemessen. Es war also kein Wunder, daß das Gedränge groß war, wie es ja auch bei den Sechskreuzerkrämern groß ist, das Gedränge von sechskreuzerigem Publikum. Je geringer ein Gegenstand im Preise steht, desto größer wird die Zahl der Zahlungsfähigen, der Konkurrenten, wie bekanntlich die Kühheimetli viel teuerer sind als die großen Höfe, weil es viel mehr Leute gibt, welche hundert Kronen zwegbringen, als solche, welche hunderttausend Pfund besitzen. Und wie das flutete und strömte, Haus auf, Haus ab durch alle Stuben, und wie das steigerte! «Wer gibt mehr als drei Kreuzer um den Blasbalg, ganz gut noch, wenn man die Löcher verschoppet?» Tiefe Stille. Der Blasbalg geht von Hand zu Hand, Augen beginnen zu glänzen, die Herzen schlagen lauter, die Erkenntnis dämmert immer klarer: Ach, wer so einen Blasbalg hätte, könnte ds Maul sparen! Ach, und wer weiß, ob nicht auch irgend eine bereits bestandene Seele seufzte: Ach, mir fehlte schon lange was, ich wußte nicht was, ach, ists ächt e Blasbalg, ach, wenn ihs gwüß wüßt, füf Krüzer reute mih nit. Endlich kommt aus tiefem Hintergrund bebend der Ruf: «Vier, wes si mueß!» «Vier Krüzer sy bote», ruft der Weibel, «wer git meh als vier Krüzer? Vier zum ersten, zum zweiten, zum – vier zum –» Da sprengte die Sehnsucht den Riegel; «füf!» kam es noch viel bebender aus der Ecke, wo die bestandene Seele weilte. «Fünf zum dritten!» tönte laut des Weibels weitschallende Stimme; ach und sie hatte ihn, den Blasbalg, sie legte ihn auf den Arm, sie ging mit ihm süßen Hoffens voll. Scheele Blicke folgten ihr, und manch böses Wort ward von den Lippen nur halb verdrückt. «Eine Tellerkräze», ruft der Weibel, «ganz wie neu, wenn man neue Stangeli hineinmacht; wer gibt mehr als sechs Kreuzer?» Ach, wer doch eine Tellerkräze hätte! denkt eine junge Frau, welche zwei Teller hatte und gestern eins davon zerbrochen. Sie hofft, wenn man so eine Kräze hätte, so sei Brechen nicht mehr möglich. Eine Andere denkt, es werde nicht gesagt sein, daß das eine Tellerkräze bleiben müsse, wenn man sie schon so ausrufe; wenn man es recht fürnähm, so könnte man vielleicht eine Hühnerkräze daraus machen. Eine Dritte hat noch andere Gedanken, und ds Bieten geht wieder an, wird grusam hitzig, und um drei ganze Kreuzer wird die Tellerkräze, die nur noch in einer Ecke zusammenhängt, hinaufgetrieben und um neun Kreuzer versteigert, und glücklich geht die Besitzerin von dannen, werweisend, ob sie die Tellerkräze in eine Hühnerkräze umschaffen oder Tellerkräze wolle bleiben lassen oder ob es nicht möglich wäre, sie einzurichten, daß man sie für beides brauchen könnte, abwechselnd.

So gings scharf her und immer hitziger, denn der Gerichtschreiber pressierte, die kreuzerige Einnahme machte ihm Langeweile. Er wollte ganze Grümpelhaufen en gros verkaufen, aber potz, das duldete das Publikum ihm nicht, es ließ sich nicht in seinen Rechten verkürzen. Der Weibel wollte nachhelfen mit Pressieren, aber je mehr er pressierte, desto hitziger ward das Publikum, desto mehr Leute schien seine Hitze herbeizuziehen, es war, als ob es nie mehr gut zu steigern wäre als gerade heute, ja als ob man sichere Nachricht hätte, daß vor dem jüngsten Tage keine Steigerung mehr statthaben werde. Unter den Händen dieser Menge verschwand der Grümpel, wie Schnee schwindet in der Sonne, wie Gras schwindet und Kraut, wo die Heuschrecken sich niedergelassen.

Als der Grümpel zu dünnen begann, wards dem Publikum angst, es zerstreute sich durchs Haus, wie Ameisen sondieren, wo was für sie sei, wie sie in Tirailleurs sich auflösen, um zu suchen, und in Haufen sich konzentrieren, wenn sie gefunden. Denn es raubte das Publikum nicht, sackte nicht ein, es war da, um zu steigern, suchte Gegenstände, um zu ersteigern, riß alles Mobiliar zusammen, ramisierte zusammen in der Küche alte Pfannenstiele, alte Besen, halbverbrannte Ghüderschaufeln, Ofenzieher, Steinkratten ohne Handhebe, die Nägel aus den Wänden, die Fensterstängli, kurz alles, was nicht niet- und nagelfest war. Sie schossen auf Eisis bereits ersteigerte Sachen, rissen sie von neuem in die Steigerung, mit größter Mühe konnte es eine seiner schönen Tassen retten, die ein hoffärtig Meitschi bereits in Ausruf gebracht hatte. Sie rissen die Riegel aus den Schäften, die Böcke unter den Tischen weg, sie hantierten wie die Ameisen in Indien, welche, einmal in ein Haus gebrochen, es nicht verlassen, solange noch etwas zu beißen und zu fressen darin ist, solange noch ein Span Holz zum Zernagen ist, solange noch ein Geräte vorhanden ist, das nicht aus Stein gemacht ist.

Endlich, als es Abend geworden war, da verrann die Menge, verschwanden Schreiber und Weibel, öd und leer war das Haus, drinnen waren bloß noch Eisi mit seinen Kindern, mit zwei Betten, zwei Stabellen, einem Tischlein, seinem schönen Geschirr und wenig anderm; erst aus Verblendung, dann aus Trotz hatte es ums Notwendigste sich nicht bekümmert. Da war es nun alleine mit seinen Kindern. Auch der Vogt hatte, da er nichts Vernünftiges mit ihm reden konnte, es verlassen. In angestämmter Kaltblütigkeit hatte er gedacht, die müsse man murben lassen; wenn die nichts mehr zu essen hätte und nicht wüßte wo hinein, so komme die schon zum Kehrumtürli und werd dann selbst kommen und es sagen; jetzt helf rede nüt. Die Kinder weinten und wimmerten, wollten von der Mutter wissen, was sie jetzt anfangen sollten, klagten über Hunger, fragten, wo sie jetzt schlafen sollten, so viel ihrer und nur zwei Betten!

Es war ein trostloser Anblick, die unglückliche Familie im ausgeweideten Hause, jammernd die Kinder, mit starrem Blick die Mutter, und wer hinter dem Blick die freveln Gedanken hätte lesen können, der wäre erschrocken.

FÜNFUNDZWANZIGSTES KAPITEL

Alte Leute haben altväterische Gedanken, die jungen Leuten wohl kommen

Wie es doch so wunderbar geht! Während an einem Orte Wildes sich regt in einer Seele, steigt weitab davon mildes, weiches Sinnen auf, Gottes Liebe bereitet in einer frommen Seele den Balsam, der eine kranke, wilde Seele heilen soll oder heilen möchte.

In dunkler, aber freundlicher Stube spann eine alte Frau Kuder mit emsiger Hand. Sonst hatte sie weichen, seidenen Flachs gesponnen, aber als ihr Gesicht schwach geworden, ließ sie den Flachs, er war ihr viel zu lieb, um ihn schlecht zu spinnen. Jetzt spann sie Kuder, hatte auch diesen nun lieb gewonnen und ging mit ihm um mit mütterlicher Sorgfalt und Zärtlichkeit. Am Tisch ihr gegenüber hatte ein alter Mann gelesen in einem großen Buche, das vor ihm noch offen auf dem Tische lag, jetzt nahm er die Brille ab, lehnte sich an die Wand und sagte nach einigem Sinnen: «Los Muetter, hätt dr neuis z'säge, möcht lose, was du drzue siegisch.» «Was hesch, Ätti, sägs», sagte die Alte freundlich und setzte mit Spinnen ab. «Du weisch, ih bi Steffe uf dr Gnepfi dr Götti gsi u bi Götti vo eym vo syne Kinge. Öppe aparti wohl für mih isch er nie gsi, selb isch wahr. Wenn er Geld nötig gha het, su wär ih guet gnue gsi, aber öppe es Wörtli zur Sach hätt ih de nie sölle säge, u han ihs notti gseit, su hey sis zürnt a mer, daß es es Elend gsi isch. U hätt er welle lose, su wär viellycht mängs angers gange. I Gottsname, es wird so ha sölle sy, un er hets müesse büeße, u jetz müesse dKing no drunter lyde. Das cha mih plage, es düecht mih, das syg nit recht, u jetz chönnt me viellycht helfe, u we me chönnt, su wett ihs tue u alles angere vrgesse ha. Es chunt eym o chumlig, we Gott eym vrgit u eym sih wieder animmt, we me sih wieder byn ihm zuechelat. Viellycht cha me no jetz nüt mache, dr Vogt het mr gseit, es syg es Elend, aber e Gring heyg die Frau, Nagelflueh syg wie früsche Anke drgege, aber es wär um ds Probiere z'tüe, un allweg bin ih geng dr Götti.» «He ja», sagte das Müetterli, «es het mih o düecht, aber emel einist han ih nüt möge säge, ih ha nit gwüßt, sinnisch no dra oder nit, wie wüest si drs gmacht hey, u da ha dih nit möge plage. Aber es isch mr wie dir. Wofür hey mr dSach? Mitnäh cheu mr se nit, King hey mr keni, u was me bi Lebzyte tuet, weiß me doch de o, wies agwengt isch, u für z'vrgrabe git Gott ja niemere nüt. U we me neuis vrheiße het, su wärs geng brav, we mes o hielt.»

«Ih ha däicht», sagte der Mann, «du werdisch nüt drwider ha z'helfe. Aber es isch es angers, u das wird dir zwider sy wie mir. Si hey ke Bhusig, si hey aller Welt fast nüt, dFrau het gcholderet bis zletsch, wos z'spät gsi isch. U da weiß ihs fast nit angers z'mache, als se für e Ufethalt, bis me het chönne luege, allizsäme z'näh u z'bringe. Platzg hey mr u z'esse.» Die Alte faltete die Hände im Schoße, seufzte nicht, aber einen Seufzer sah man ihr an, und sagte: «Machs, weds meinst! Cha dr nüt drwider ha, z'esse hey mr u Platzg o.» «Ih ha wohl gwüßt, daß de nüt drwider hesch», sagte der Alte, «ds Herz für z'helfe hescht wie öppe nit bald eini. Aber es het dih hert wie mih, daß es däweg mueß ghulfe sy, mr weys enangere bikenne. Ih ha däicht, es syg dir wie mir, drum hets mih hert gha, drvo azfa, wil ih dr Götti bi u vrwandt u du dih mynetwege lyde sottsch.» «O Ätti, söttisch mih doch afe chenne, sövli lang daß mr afe binangere sy, bal füfzg Jahr.» «Ebe deretwege, wil ih weiß, daß nie Ney isch, we dr neuis amuete, ischs mr zwider, vo neuis z'rede, wo ih wohl weiß, daß es dih hert het wie mih. Mr hey keni King, sy gern rüehyig un hey gern alles am glyche Ort, und öppe nit mengs Wort wird lüter gredt ds Jahr us un y as ds anger, un jetz die Frau u die King, wo dFrau us em Hüsli isch u dKing nüt vo Folge wüsse u ke Sach cheu lyde, wo graduf isch, selb wird notti is schwer ha u fast meh weder gnue z'vrwerche gä.» «Ha nüt drwider, Ätti», sagte das Müetti, «aber seu mr ume tue, was mr gern wey, u nit o, was is hert het, ume das, wo ring geyht u lustig, u nit o das, wo is düecht, mr möge nit u wo mr müesse dargä, was mr recht lieb hey uf dr Welt? Öppe am Geld hange mr nit, es paar Batze schüche mr nit, u sövli viel koste wird es nit, aber a dRueh sy mr gwahnet, es rüehyigs Lebe, a dem hange mr meh as am Geld, das isch, was is öppe vo dr Welt am liebste isch, dir u mir, ih weiß das wohl. Aber seu mr deretwege zruggstah, we Not a Ma isch u nit öppe bloß dr Muetwille, da neuis z'mache, vo dem dLüt brichte? Het üse Heiland nit o dr Kelch ustrunke, we scho dr Trank drin bitter gsi isch us ne hert gha het, u dr Aberham hett ja sys Sühnli o welle dargä, wes Gottes Wille gsi wär. Mr hey keni King, u weisch, wie hert is das gha het mängisch, u jetz, wo mr neuis a de Kinge tue chönnte, sötte mr z'ful sy drzue u Guetha is lieber sy as Müehy ha um Gottes wille? Ja, ih weiß, es wird mih mängs dure u mängs düeche, es sött nit sy un es sött angers z'mache sy, un es wird mr mängisch bis i all Fingerbeereni fürecho. Aber da cheu mr de ja erfahre, ob mr die rechte Liebi hey, die sih nit lat vrbittere u die nit das Ihre suecht. U wer weiß, ob mr nit cheu neuis tue für dEuigkeit u nit ume öppe für e Lyb mit Spys u Trank. U wär das mügli, denk Ätti, wie schön das wär, wes de mueß gstorbe sy, u lang geyht das doch nümme!»

«Du bisch geng ds Bessere u wirschs blybe», sagte der Alte. «Schwyg mr vo selligem, Ätti», sagte das Mutterli, «selb ist nit, aber we me enangere hilft im Geistlige wie im Lyblige, su bringt me neuis zweg, u ds Schwächere isch geng ds Guraschiertere, wil es weiß, daß es sih uf ds Stärchere vrla cha, wil es erfahre het, was selb z'vrbringe imstang isch. Es isch e Zyt gsi, ih ha mr o nüt trauet u gweberet, gäb wie liecht neuis vor mr gsi isch, aber du han ih erfahre, daß wo du witt u hilfst, dSach geyht, drum han ih guete Muet u will mih lyde. Was es de nützt un ob is dSach gratet, selb ist en angeri Sach, da geyhts de, wie Gott will.»

«Los, wed wüßtisch, wie hert mih dSach achäm, du redtisch nit so», sagte der Ätti. «U no vori, won ih vo dr Sach agfange ha, hets mih geng düecht, wed dih ume wehrtisch u Nei siegisch, su wärs mr aghulfe. Ih hätt doch de dr Wille zeigt, chönnt mih vrantworte u bruchti doch dSach nit z'mache. Es isch mr scho mängisch so gange, u du hest de grad Ja gseit, daß ih fry erschrocke bi. Ih weiß wohl, was das für e Stimm i mr isch, wo däweg chunt, das isch dr alt Adam, dä no geng sih rüehrt, u du bischs de, wo ihm ufs Mul trappet, daß er schwyge mueß.»

«Jä lue, Ätti», sagte das Mutterli, «ih ha a mir selber erfahre, wie hert es eym selber het, eh me neuis Guets fürebringt, was me da alles z'überwinge het, eh mes ume uf dr Zunge het, u chunt de no neuer u wehrt u wotts nit tue, jä su isch me mängisch selber froh, wied gseit hesch, u mengisch meint me, mi müeß schwyge, dm liebe Friede zlieb. U hundertmal han ihs ghört, wie me gseit het: Ih hätt welle helfe, hätts gern ta, aber dr Ma het nit welle, dFrau het wüest ta, dKing heys nit welle tue. Jä däweg, we mes selber nit am liebste tuet u de no alli wehre, statt astrenge, was chas de da Guets gä i dr Welt? U da, we du e guete Gidanke hesch, sött ih dä ga ztod schla? Da freuts mih, we du ne mit mr teilst, wen ih dr darf helfe ne z'pflanze i ds Lebe un ihm darf abwarte, da wird er de ja o halb myne, u was er für Frucht treyt, darf ih mit dr teile, un üse Herrgott wird mr o einist öppis drvo zu myne Schätze tue.»

«U fry viel», sagte der Ätti. «So isch ds Lebe süeß, wo eys

däweg dm angere hilft u keys dm angere sy Schleiftrog isch, sy bös Geist, wo nüt dohle ma, was ds angere Guets fürebringt, wos allimal Stryt git u wo me ds Guete verstecke mueß mit Angst und Zittere, wie die größte Sünde. Es isch mängi Frau, si meints viellycht nit bös, aber si het dr Geist, dem nüt recht isch, was öpper anger fürebringt, un ume was ihre zSinn chunt isch recht un guet, u dere ma dr Ma säge, was er will, su ghet si sih drüber u wott nüt drvo, da isch sih nüt z'vrwungere, wen ihm nit ume ds Guete vrleidet, sondern ds Rede o. Ih ha mänge Kamrad gha, si sy all ungerm Herd, si sy anger Bursche gsi as ih, un ih ha denkt, das gäb rechti Manne, u nüt sy si worde, zsämegschrumpfet wie en Öpfel, wo me ne uryf ab em Baum nimmt, u wer dSach chennt het, het müesse säge, dFraue heyge se so gmacht u ke Wachstum im Guete la ufcho. Drum, Müetterli, hesch du doch geng a allem dr besser Teil, hests wie e Hebamme, wo drzue luegt, daß dKing am Lebe blybe u fürchöme. Su will ih morn früeh fahre, gäb öppis Ungschickts geyht, u will se bringe i Gottsname, de cha me luege, wies geyht, u geyhts bös, he nu, su cha me de öppis angers fürnäh. We dNot da isch, su wird dr Rat o cho.»

Wenn so ein alter, frommer Götti was Frommes vorhat, so hat sein Leib keine Ruhe, höchstens liegt er ein wenig ab, höchstens schlunet er einige Minuten, aber schlafen kann er nicht. Er füttert das Roß, er trappet ums Haus, er sitzt im Stalle, er legt und zieht zweg, was er braucht. Ebenso wenig hat sein Mutterli Ruhe, und wenn es sich auch zu Bette legt, so hört es doch die Uhr vierteln, hört des Ättis Trappen vom fernsten Ecken her. Ehe man sichs versieht, spretzelt das Feuer in der Küche; zum guten, währschaften Frühstück nimmt das Mutterli sich gerne Zeit, hürschet nicht so in der Geschwinde die Sachen her, sondern macht alles wenigstens doppelt so gut als an andern Tagen. Wie es bei vielen

Leuten geht, daß sie früh satteln und spät reiten, immer eine Stunde oder zwei später fortkommen, als sie gewollt, geht es bei einem alten, trauten Paare umgekehrt. Zumeist ist alles eine Stunde früher zweg, als man es sich vorgenommen; so ein altes, treues Paar weiß, es hat keine Zeit mehr zu verlieren, was es tun will, muß es bald tun, drum ist es auch in allen guten Dingen immer zweg vor der Zeit.

Noch war der junge Tag nicht am Himmel, als der alte Götti sein Wägeli bestieg, fromm bsegnet von seinem Mutterli, das im Dachtraufe stand, solange es das Rollen der Räder hören konnte. Der alte Götti liebte junge Rosse, und das machte seinem Mutterli oft angst. Aber er hatte für junge Rosse eben die rechte Sanftmut, welche zusammengesetzt ist aus Ernst und Milde, aus Liebe und Kraft. Sie tanzten wohl vor dem Wägeli her, stutzten zuweilen, aber scheuten nie, der Fuhrmann erschreckte sie nie, gab Mahnungen zu rechter Zeit, und wenn Trotz oder Wildheit sich zeigen wollten, so zeigte sich eine Kraft, welche Meister über die Unart ward. Das wußte das Mütterli eigentlich wohl, aber wo findet sich ein rechtes Mutterli ohne Angst um den Ätti, und diese Angst wird inniger mit den zunehmenden Jahren, denn was sollte das arme Mutterli auf Erden ohne den Ätti?

SECHSUNDZWANZIGSTES KAPITEL

Wie ein altväterischer Götti aufgeklärt handelt

Dem dämmernden Morgen entgegen fuhr in stiller Morgenandacht der Götti. Dunkel sei es auf Erden ohne Sonne, dachte er, kein Licht hätte die Erde, und ohne Licht sei kein Leben, vor dem Lichte sei das Chaos gewesen, ein grauses, wildes Gemische ohne Ordnung, ohne Entfalten; mit dem dämmernden Lichte hätte das Söndern begonnen, auf die rechte Stelle, ins rechte Maß sei alles gekommen, das Gleichgewicht sei entstanden, und in feste Bahn sei die Erde getreten, und auf dieser Bahn halte der Zug der aufgegangenen Sonne sie fest, wie sehr ihr auch zu entfliehen strebten die Kräfte, die im Dunkel walten.

Dunkel aber sei es auch im Herzen der Menschen, dachte er, ohne eigenes Licht der Mensch, und ohne Licht kein geregeltes Leben in ihm, ein Chaos widerstrebender Kräfte, ein Streit der Elemente, ein gegenseitig Zerstören, kein Maß, keine Ordnung, kein Gleichgewicht. Erst wenn es dämmere vom Himmel her, komme Ordnung ins Gewühle, die Kräfte träten an ihre Stelle, kämpften sich nicht gegenseitig nieder, vereinigten sich zur Entfaltung eines Lebens, und es richte sehnsuchtsvoll das Auge nach oben sich, woher es dämmere, immer heller, harre in sehnsuchtsvollem Warten der Sonne, des Lebens, erschaue in ihr wie in einem Spiegel das Leben, zu dessen Widerschein das eigene Leben werden solle, empfange von ihr Licht und Kraft zu diesem neuen Leben. Es werden die widerstrebenden Kräfte gebunden, und in fester Bahn walle der Mensch durch dieses Pilgerleben, durch eine geheimnisvolle Kraft an die Sonne gefesselt. Er ging in seiner Andacht die drei Stufen wieder, über die er geschritten war, gedachte der Zeit, da es noch dunkel war in ihm, nur dunkel das Feuer sinnlicher Lust glühte im Streite mit Furcht, Eigennutz und Eitelkeit, wie dann die Dämmerung begonnen mit der Unterweisung, die Sonne aber erst ihm aufgegangen, als er mit einem treuen Mädchen die christliche Ehe begonnen und zugleich ein neues Leben in Klarheit und Wahrheit, das sich immer schöner gestaltete, als ein treuer Widerschein des Lebens, das da alleine ein reines und unbeflecktes gewesen auf Erden, eine wahre Himmelsblume hier in der öden Zeit. So sann und dachte der Götti, und als die Sonne über die Berge stieg, zog er sein Käpplein ab und betete innig die Sonne an, welche ihm im Herzen aufgegangen war. Der Götti war ein schlichter Bauersmann, aber er las viel und dachte tief, er war des Abends daheim und lief auch am Sonntage nicht herum, er war kein aufgeklärter Halbschoppenmann, der nichts denkt, nur räsoniert, nichts liest, höchstens eine Zeitung, der nirgends sitzen kann als im Wirtshause und am Sonntage nirgends ein festes Bleiben hat, sondern unstet und flüchtig, fast wie Kain, herumirren muß von einem Pintli ins andere, von einer Speisewirtschaft in die andere.

Als die Sonne hell über die Landschaft schien, da stieg des Göttis Sinn aus den lichten Höhen nieder, die Kleeäcker traten ihm ins Auge, die Haberfelder, die weiten Kartoffelplätze, prächtige Bäume und verwahrlosete; alles das sah er unwillkürlich, doch selten kam ein Gegenstand, an den er nicht einen höhern Gedanken knüpfte, aus dem ihm nicht ein ernst Urteil zufloß. Wer solche Augen hat und solchen Sinn, der reiset schnell, fliegt auf seinen Gedanken, ist am Ziele, er weiß nicht wie.

So war auch unser Götti auf der Gnepfi, er wußte nicht wie. Öde wars ums Haus, als er anfuhr; stille blieb es, wie ausgestorben, niemand zeigte sich, in den Ställen war nichts Lebendiges, in der Gaststube niemand; nicht einmal eine Fliege, die privilegierten Gäste einer Gaststube, die nichts bezahlen, sich nichts befehlen lassen und doch über alles herfahren, rührte sich; in der Küche war kein Feuer, keine Maus hörte man chäfle hinter irgend einem verbotenen Schmaus.

Da ward es dem Götti angst, was das zu bedeuten hätte, alles offen und doch nirgends was Lebendiges. Sind sie fort, oder was ist das? dachte er, und allerlei Unheimliches fuhr ihm durch den Sinn.

Er schritt durchs Haus, öffnete eine Türe nach der andern, keine war verschlossen, immer unheimlicher ward es ihm, er ging immer hastiger, und wenn er bei einer Türe war, so öffnete er sie doch immer zagender. Endlich quoll ihm beim Öffnen einer Türe heiße Luft entgegen, und als er zum Sehen kam, sah er zwei Betten voll Kinder und in die Fensterecke gelehnt Eisi, schnarchend mit offenem Munde, neben ihm, das Köpflein auf dem Tische, das kleine Mädchen.

«Guten Tag gäb ech Gott allesame», sagte der Götti bewegt. Da fuhren Kindsköpfe auf aus den Betten, starrten mit noch dunkeln Augen den Mann an; Eisi schnellte es ebenfalls zusammen, aber es war nicht recht bei sich, mußte erst sein Bewußtsein mühsam suchen, ehe es sich in Zeit und Lage finden konnte; den Götti, den es nicht viel gesehen, erkannte es erst nicht. «Was soll das sein, was heyt dr welle? Was da isch, isch alles mys», sagte es. «Lue recht, Base, du chennst mih de», sagte der Götti. «Ih bi da mit Roß u Wägeli u will ech cho reyche, ih ha Platzg u z'esse u ha däycht, es syg dr viellycht aständig, es Wyltschi rüehig z'sy, bis dih öppe bsinnt hest, was de afa wellist, u sygist bas bi Vrwandte as bi frömde Lüte, du u dyni King allisame.» «Eh, Göttima, syt dihrs!» sagte Eisi, «ha ech emel nit chennt.» Das sei sich nicht zu verwundern, sagte der Alte, sie hätten öppe einander nicht alle Tage gesehen, er hoffe, sie lernten einander fürohin besser erkennen, denn wie gesagt, er sei da, sie abzuholen.

Es hätte nicht im Sinne fort, sagte Eisi, ume tot bringe man es hier weg, hier wolle es leben und sterben. Es wäre anständiger für ihn gewesen, wenn er früher daran gesinnet, daß er der Götti sei, und wenn er ihm jetzt noch helfen wolle, he nu so de, su söll er mache, daß es hier Wirtin bleiben könne, es sei noch alles früh genug, wenn er ume e chly sih zuechela well.

Der gute Götti erschrak, als er diese Verblendung wahrnahm und zugleich die Not, in welcher die Familie war. Was das für eine Auferstehung war, für ein Geschrei und Zank, erst nach Kleidern, dann nach Essen und Trinken, wie schmutzig alle aussahen, wie seltsam Eisi hoffärtig angetan, aber mit wirrem Haar und unsauber über und über! Es kam dem guten Mann schwer übers Herz, als er dieses sah, als er der Morgen gedachte, die solche Auferstehungen in sein stilles Hauswesen bringen würden.

Er sah, daß er in diesem Geschrei und bis die Kinder gespiesen und getränkt seien, zu keinem vernünftigen Worte kommen werde, sagte Eisi, es solle zMorgen machen, unterdessen wolle er das Roß versorgen. Befehlen gehe ring, sagte Eisi, aber zMorge z'mache mit Nichts, selb sei eine Kunst, dKing chönn es ihm nicht kücheln. Es sei ihm leid, sagte der Götti, er hätte das nicht gewußt, es solle das ihm nicht für übel nehmen, dem Mangel werde wohl abzuhelfen sein, und gab ein Hämpfeli Münze, damit Eisi das Nötige holen lassen könnte.

Draußen spannte der Götti seinen Kohli aus, führte ihn in den Stall und konnte ihn anbinden, denn eine Halfter hatte er wie gewöhnlich bei sich, sowie auch den Haber, und beides kam ihm wohl, und doch hatte er nicht, was er mangelte. Kein Hälmchen Heu sah er, ja nicht einmal ein Schübeli Stroh fand er, die Krippe auszuwischen, da war eine Öde, wie er sie noch nie in einem Stalle gesehen hatte, keine Maus hätte den kleinsten Bissen mehr gefunden. Der Götti war ein Mann, der selten in Verlegenheit kam, der in seiner gelassenen Ruhe immer den besten Ausweg fand und allezeit das Gehörige vorzukehren wußte. Er nahm den Kohli an die Hand und ging mit ihm dem Nachbarhause zu und nicht der Speisewirtschaft, frug dort in seiner freundlich ernsten Weise um Herberge für seinen Kohli, welche ihm ebenso freundlich bewilligt und alsobald der Kohli ihm abgenommen ward. Als er zurückging, den im Stall gelassenen Haber zu holen, fand er die ältesten Buben in der Krippe beschäftigt, Seigel aus dem Bahren zu brechen, dMuetter hätte kein Holz zum Feuern, sagten sie, sie hätten niene kes meh gwüßt, da syge ne die Seigel zSinn cho, die syge dür u brönnte schön. «Nit, nit», sagte der Götti, «chömit, dr müesset Holz ha», und ging kopfschüttelnd mit ihnen dem Nachbarshause zu. Diese kuraschierte Selbsthülfe gefiel ihm eben nicht sonderlich, doch dachte er: Die wüsse sih z'helfe, we me dene Meister cha werde, su gits neuis us ne. Im Nachbarhause bat er um Holz mit dem Anerbieten, es zu zahlen. «Späß das», sagte der Bauer, «es wär sih dr wert wege es paar Schytere! Näht da en yedere en Arfel!»

«Het dMuetter Kaffee?» fragte die Bäurin, welche sonst Eisi haßte wie Gift, aber durch das eigentümliche Wesen des Göttis bezwungen war und gerne auch etwas Gutes tun wollte. Es gibt nämlich Leute, in deren Gegenwart jeder alles Bösen sich schämt, das Beste herauskehrt, was er in sich hat, und unwillkürlich das Möglichste tut, um ihnen wohlgefällig zu sein. Es ist etwas Zauberisches in ihrem Wesen, aber eben dicht sind solche Leute nicht in der Welt. «DMuetter het welle la Pulver reyche, aber kes übercho, jetz sött si no röste, aber mir meu nit warte», antwortete der ältere Knabe, «u für z'röste het si ke Pfanne», meinte der jüngere. «Su chumm, ih will dr gä», sagte die Bäurin und brachte ihm in einem Papiersack eine brave Portion. Der Götti redete mit dem Bauer ein vertraut Wort, welches ihn ins Klare setzte. Der Bauer versprach, dem neuen Besitzer Bescheid zu machen, daß er so bald als möglich da sei, und als der Götti glaubte, das zMorge könnte zweg sein, wußte er vollkommen, woran er war.

Eisi machte über dem Essen ein sauer, gespannt Gesicht, während der Götti mit den Kindern zu reden versuchte, aber eben nicht erfreuliche Antworten bekam, außer von dem kleinen Meyeli, das alsbald gar freundlich und zutäppisch gegen ihn ward.

Als die Kinder das Feld geräumt hatten, sagte er: «Los, Base, du chunst jetz mit mr, ih däich, du miechist dih süferli zweg.» Da begann Eisi das alte Lied, lebigs bring mes nit da weg, u we mes zwänge well, su chönn me luege, was me mach, es well de a nüt dschuld sy. Man sieht, Eisi hatte es mit der Welt akkurat so wie unsere Radikalen mit der Tagsatzung. Wenn diese der Tagsatzung das widersinnigste, bundeswidrigste Zeug zumuten mit schrecklichen Gebärden und knackerenden Phrasen, und die Tagsatzung erkennt es nicht, schiebt es von der Hand, so erheben sie ein gräßlich Gebrüll über die Ohnmacht der Tagsatzung und machen sie verantwortlich in Zeit und Ewigkeit über das Unglück, welches aus ihrer Ohnmacht entstehen werde. Das ist eine neue Logik das, jemand Ohnmacht vorwerfen, wenn er nicht nachgaggen will alles, was fremde Schlingel oder durch fremde Schlingel inspirierte Hohlköpfe vorsagen. Das ist eine Unverschämtheit sondergleichen, jemand verantwortlich machen für unglückliche Folgen, welche nicht aus einer gesetzlichen abschlägigen Antwort entstehen, sondern aus dem bubenhaften Trotze, der an kein Gesetz sich kehrt, aus der verfluchten Lehre, daß in staatlichen Verhältnissen kein Recht gelte. Ebenso meinte es Eisi, was aber einem dummen Weibe so übel nicht zu nehmen ist als Professoren u der Gattig Züg. Darum fuhr es den Götti mit solch schwernötigen Drohungen an. Der Götti aber erschrak nicht, wußte von politischem Schlotter nichts, er sagte gelassen: «Nit, nit, Base, lue, ih wott dih nit erzürne, aber es vrnünftigs Wort möcht ih mit dr rede, du hest Vrstang, ih weißs, u wed mr lose witt, su hest mih grad bigriffe u wirst gseh, daß ihs guet mit dr meine.»

Nun setzte er ihm auseinander, wie man ihns zum Besten gehalten mit dem Akkommodieren, wie das beim Stand der Dinge unmöglich gewesen, man es nur habe ausbeuten wollen und zum Besten haben. Was es nun unter solchen Leuten, die es so mit ihm meinten, wolle, da komme es sein Lebtag nie auf einen grünen Zweig, alles red ihm z'böst, alles sei auf ihm, dLüt dürften nicht einmal bei ihm einkehren, wenn sie schon wollten, und komme jemand, so lache man ihn aus, und zum zweitenmal sehe es ihn nicht mehr. So das Gespött von allen Leuten sein und alle Tage tiefer hineinkommen und zletzt doch mit Schimpf und Schand fortmüssen, das werde es nicht wollen. Dann solle es denken, wie es ihm wäre auf die Länge in dem geplünderten Hause und wie ungern es es hätte, wenn es alle Augenblicke sagen müßte: «Das han ih nimme, das ist no nit da, alles ungereinist cha me nit aschaffe.» Vo wege, bis me so in es Wirtshus yche ume ds Nötigist heyg, chosts Geld, un es söll denke, wie ja allerwelts nichts mehr da sei, nicht einmal ein Schübeli Stroh, die Krippe auszuräumen. Das solle es aus dem Sinn schlagen und mit ihm kommen in allen Ehren, mit Roß und Wägeli sei er da, es brauche nicht zu zügeln wie die Mäuse bei Nacht und Nebel, und seine Sachen wolle er selbst abholen, die Leute sollten sehen, daß es doch noch jemandem sei und Leute seien, die seiner sich annähmten. Bei ihm könnte es machen, was es wolle, bös haben solle es nicht. Er wolle nicht sagen, daß es immer dableiben solle, es könne mit Zeit und Weil etwas wieder anfangen, wenn es Lust dazu hätte. Aber solches wolle überdacht sein, ds Pressiere hätte schon Manchen ins Unglück gebracht. Das könnte es bei ihm in aller Ruhe, und wenn er sehe, daß es etwas Rechtes an der Hand hätte, dann wolle er ihm gerne helfen, warum nicht, dann könne es zwegcho wie noch nie, es sei noch jung und hätte doch viel erfahren, und wenn es sich das zNutze machen wolle, so sei es imstande, allen denen Leuten, die jetzt seiner spotteten, als eine rechte Frau unter die Augen zu treten; es sei nur daran gelegen, wie es jetzt es anfange. Es hätte so oft Leuten gehorcht, die ihm übel, aber zu ihrem Vorteil geraten, es solle doch jetzt auch einmal jemand Gehör geben, der es gut mit ihm meine und apart seinen Vorteil nicht dabei hätte.

Eisi hatte manche Einrede getan, hatte zu weinen begonnen, hatte zu sich selbst gesagt: Ds Beste wirds sy, ih gang, was wett ih däweg hie, aber warte si de ume, wen ih wieder zweg bi, dene will ihs de zeige, zweuspännig fahre ih de dene unger dr Nase ume! Doch die letzte Bemerkung des Götti, daß es doch dene glauben solle, die apart nichts von ihrem Rate hätten, verdarb beinahe alles wieder. Jäso, flüsterte der böse, in jedem Menschen wohnende Feind ihm zu, jäso, ist das däweg! Sie werde alt sy u nüt meh möge, u da werde mr ne sölle ga dSach mache ohne Lohn um blaui Milch oder gar Käsmilch u ga bös ha u si de no welle die guete Lütleni sy, wo is dr Gottswille hey, so wirds sy. Warum sieg er sust, si wette ke Nutze von is, u vrspruch sih grad däweg? Aber ohä, Eisi isch nit dumm; ga dr Ofewüsch sy, so in es alts Hüsli nebe us zu wunderlige Lütlene, selb de nadisch no nit, für selb bin ih de nadisch no listig gnue. So begann es wieder aufzubegehren und mit der einen Hand zurückzunehmen, was es mit der andern gegeben hatte. Auf dem Lande zu arbeiten, sei es nicht mehr gewohnt, und sich dann jeden Bissen Brot vorhalten zu lassen, wäre ihm nicht anständig, an selbes könnte es sich nicht gewöhnen, u daß es niemere zNutze syg, bruch me ihm nit z'säge; aber öppere zSchade, selb begehrs o nit z'sy.

Der Götti begriff gleich, daß er sich in einem Wort verfehlt hätte, aber das Abbitten bei mißtrauischen Leuten die Sache nur schlimmer mache, das wußte er ebenfalls. Es sei ihm leid, sagte der Götti, zwängen könne er es nicht, er sei nicht sein leiblicher Vater, aber Vater an ihm und seinen Kindern, soweit es ihm möglich gewesen, hätte er sein wollen. Drnebe bruchte es wegen dem Arbeiten nicht Kummer zu haben. Er und sein Mütterli seien schon lange nicht mehr handlig mit der Arbeit, hätten Leute angestellt, die machten die Sache. Und wegem Brot sei das so: er hätte, was sie gegessen, fremden Leuten nie vorgehalten, und bei den Verwandten wolle er jetzt keinen neuen Brauch anfangen. Drnebe wie gseit, wie es well, aber düecht hätts ne, es chäm mit, ume für einstwyle, bis es neuis Bessers wüß, drnebe heyg es de geng dWehli z'gah, wele Tag es well. Diese Redweise drehte Eisis Sinn wieder; doch ehe es zur entscheidenden Antwort kam, stöffelete an seinem Stecken der neue Besitzer herbei und sagte: Er heyg welle cho luege, was es gebe, er heyg vrno, es syg neuere da.

Der arme Stöffeler kam zu unglücklicher Stunde, denn wahrscheinlich hatte ihm sein Lebtag noch niemand so wüst gesagt, als Eisi jetzt losbrach. Ein rechter Mann halte sein Wort, aber auf einen Schelmen solle sich niemand verlassen, so begann es seine Rede. So eine tschäderende, bündige hat noch nie ein französischer Redner gehalten, viel weniger ein französischer Affe, das heißt einer, der nach französischen Mustern redet, wie zum Beispiel Berner Schneider nach Pariser Mustern schneidern. Indessen das Mannli, wie schwächlich sein Körper schien, hatte doch eine zähe Seele; es erschrak nicht, so wenig als ein echter Minister Louis Philipps erschrickt, die ganz andere Majestäten sind als neurepublikanische Majestäten, die auf ihren Sesseln erzittern, gäb wie leicht ein Fensterladen vom herrschenden Winde etwas hart zugeschlagen wird. Er ließ Eisi eine Weile tschädern, dann sagte er: Er habe fragen wollen, wann es ihm anständig sei, das Haus zu räumen, jetzt aber befehle er ihm, alsobald sich fortzumachen. Wenn es morgen um diese Zeit noch darin sei, so wolle er ihm unsauber hinaushelfen. Er solle machen, was er könne, antwortete Eisi, ein solch Kudermannli fürchte es noch lange nicht, er solle gleich jetzt probieren, wenn er dörf, er brauche ja nicht zu warten bis morgen.

Schon früher hatte der Götti einfallen wollen; da er aber nicht schreien wollte, was in solchen Fällen nicht sonderlich besänftigend wirkt, so war er nicht dazu gekommen, jetzt sagte er: «Es braucht sich da keine Gewalt, und bis morgen brauchts allerdinge nicht zu warten. Ich bin eben da mit Roß und Wägeli, um sie abzuholen, nur ihre Sachen kann ich nicht gleich mitnehmen, und hätte dich fragen wollen, ob wir sie hier lassen könnten bis morgen oder übermorgen. Da die Sach aber so ist, so kann ich sie da ins Nachbarhaus hinüberschaffen, sie werden nichts darwider haben. Öppe uf dr Gaß läst ih se morn doch neue nit gern zsäme, selb notti nit.» Für selb solle er öppe nit Chummer ha, öppe so syg me de notti hie nit, u daß die Stürme mit ihm furt well, heyg er nit gwüßt, u so wüest z'säge bruch de e selligi ihm nit; er hätt de meh über seye z'klage weder si über ihn. «Su säg de du, du kuderigs Mannli du, säg de, was hesch z'klage, du – !» «Nit, nit», sagte der Götti, «zangge wey mr nit. Aber düecht hätts mih, öppe bravs wärs gsi, we nit alles uf der Frau gsi wär, uf ere Witwe, u se hätt bigehrt hingers Liecht z'füehre, se für e Narre z'ha u drnebe ere abzstehle, bis si um e letzte Chrüzer isch, selb hätt mih düecht, wär öppe nit ungattlich gsi gege son es arms, vrlasses Wybervolch.»

«He los», sagte das Mannli, «wed mr lose wettisch, u du hättisch mr die rechti Gattig drzue, su wett ih dr säge, wie dSach wär. Für e Narre han ih se nie gha, aber für e Narre isch si gha worde, selb isch wahr. Aber het neuer ere das welle säge un ere dNase drufstoße, su het si ihm wüest gseit u nüt glaubt un isch fürgfahre im alte Gstürm. Da han se la mache, es isch mr gsi, ih mög mr nit la wüest säge für nüt u wieder nüt, dSach werd sih de von ihm selber gä u se brichte, wos dure mueß. So isch dSach, u dran isch si selber dschuld, u we si seyt, ih heyg ere neuis vrsproche, su het sis nit vrstange oder sust lätz gseit. Aber wenn e Frau alles zwänge wott u dr Gring voll Hochmuet het, su hört Vrstang und Brichte uf.»

«Was seist?» fragte Eisi, das sich einem Kinde zugekehrt hatte. «Nüt Bös», sagte der Götti, «er meint bloß, wenn er dir hätt welle dr recht Bricht gä, su hättisch ihm nit glost. Aber chumm los neuis», setzte er hinzu, als Eisi von vornen anfangen wollte. Widerstrebend gehorchte Eisi. «Los mr jetz u folg mr, da chast nimme sy, eley la darf dih nit, er ließ dih usetue, u was wettisch mache, u denk, was si änefert für e Freud drüber hätte! Drum pack styf zsäme, was grad näh wotsch, ds anger tue is Stübli, wo dBett sy, u bschließ, morn will ih de alles zsäme reyche, so daß du wyter ke Müeh meh mit ha sotsch. Aber folg mr jetz, gang u mach wien ihs gseit ha, lue, ih meines wäger nit bös mit dr, u wegem Werche förcht dih nit.» «Oh, wegem selbe han ih mih de nüt z'förchte, o Jere, es isch de nit öppe, daß ih nüt gmacht heyg; wenn angeri gmacht hätte was ih, öppe so wyt wärs nadisch nit cho.» «Ih weiß», sagte der Götti, «u zwyfle nit dra, aber mach jetz, folg mr, es blanget mih, bis ih da furt cha, es wohlet mr erst, wenn mr ufghocket sy u fahre cheu.»

Eisi brummelte, aber der Götti ließ sich nicht mehr ein, machte mit dem Mannli die Sache noch aus, daß er Eisis Sachen dalassen könne bis morndrist, und hinderte ihn, daß er mit Eisi nicht mehr zusammenkam. Eisi war mit dem Zusammentragen bald fertig; länger ging es mit dem Zusammenjagen der Kinder. Meinte man, man hätte sie alle, husch, wußte man die halben schon nicht mehr, es war fast, als sollte man eine Kompanie Flöhe unter eine Wanne sammeln. Großes Geschick dazu hatte Eisi ebenfalls nicht, und nicht Augen, welche sahen, was an den Kindern abzuschaben gewesen wäre. Es düechte dem Götti, er sollte helfen und mit jedem apart zum Brunnen; indessen schwieg er, Eisi wollte er nicht wieder hinterstellig machen. Als er sie endlich auf dem Wägeli hatte, den ganzen Karsumpel, so erlebte er einen ihm noch nie vorgekommenen Spektakel.

Unter einem Fenster stand die Speisewirtin, um sie mehrere Kinder; als der Götti vorüberfuhr und grüßen wollte, sah er zu seinem großen Erstaunen, daß Wirtin und Kinder aus Leibeskräften ihre Zungen herausstreckten und grännten nach Vermögen, und als er rückwärts blickte, sah er Eisi und dessen Kinder ebenfalls mit herausgestreckten Zungen und grännend, womöglich noch ärger als die Andern. Das war der Abschied, welchen zwei Familien, die jahrelang Nachbaren gewesen, von einander nahmen. Der Götti konnte ihn nicht vergessen.

So schied Eisi von dem Orte, wo es den bedeutsamsten Teil seines Lebens zugebracht, wo sein Sinn zum Werk sich entfaltet, wo sein Werk seinen Namen gemacht, seinen Wert vor den Menschen bestimmt, ihn eingegraben in der Geschichte, das heißt in der Gedächtnistafel auf der Gnepfi, welche aber keine eherne ist und höchstens von einem Geschlechte zum andern geht, auf welcher ein Name den andern obenabstößt, höchstens das Großkind den Großvater noch duldet und bloß, wenn es ihn noch erlebt, mit eigenen Augen ihn gesehen hat. Ja, wer auf der Gnepfi lebt, der hat ein kurz Gedächtnis.

SIEBENUNDZWANZIGSTES KAPITEL

Ein altväterisches Kapitel von allerlei Geistern

Leer stund nun das Haus, harrte eines neuen Einzügers, unter der Türe weilte der Hausgeist, sah, wer kommen wollte. Man betrachtet so ein Haus als ein tot Wesen, ohne Einfluß auf die Welt außer ihm, ohne Einfluß auf seine Bewohner. Wer es beziehen will, betrachtet das Dach vielleicht, Keller und Grümpelgemächer, wie die Türen schließen und wie es gelegen, ob gegen die Sonne oder an einer Straße. Höchstens wenn etwa eine Großmutter in einer Familie lebt, frägt diese halblaut, daß es die Jüngern nicht hören sollen: «Oder ists öppe unghürig?» Unghürig sollen, wie man unter der Hand sich sagt, gar viele Häuser im Lande sein, unruhige Geister sollen wohnen da, unwirscher die einen, harmloser die andern. Und wenn man sagt im Lande, so meint man damit nicht etwa das Land im Gegensatz zu den Städten. Wer in Städten es dahin gebracht hat, mit Glättere oder Schneiderinnen oder Töchtern aus dem Mittelalter ein vertraut Wörtlein zu reden, der erstaunt über die Zahl der unghürigen Häuser in den Städten und die Menge der Geisterarten, die auf die verschiedenste Weise sich künden sollen. Der harmloseste ist doch wohl der, welcher Haselnüsse aufdoppelet auf einem Treppentritt; schalkhafter sind schon die, welche den Mädchen an der Decke zupfen oder gar an der großen Zehe; dann kommen die, welche mit Ketten rasseln treppauf, treppab als blasse Totengesichter, vor die Öfen schleichen, am prasselnden Feuer sich wärmen oder gar zu Lebendigen ins warme Bett feucht und eisig sich legen an des Schlafenden warme Seite. Am ärgsten sind jedenfalls die, welche einem über Nacht den Hals umdrehen, daß am Morgen blitzblau das Gesicht im Nacken steht und die

Zunge eine Elle lang über die Brust hinunterhängt. Solche Geister sollen zahllose Häuser unheimlich machen, und so geheim als möglich hält es jeder, in dessen eigenem Hause ein solcher Geist spuken soll. Doch diese Geister allzumal meinen wir nicht, wenn wir von den Hausgeistern sprechen. Wunderbar ists, wie es Häuser gibt, in welchen beständig Streit ist, Häuser, wo immer was Ungebührliches betrieben wird, andere, wo jeder siech wird, andere, in denen alle zugrunde gehen, alle, welche in einer Reihe von Jahren einziehen, ja Häuser, wo Geschlecht um Geschlecht die Familien an schlechter Kinderzucht sich aufreiben. Ist in solchen Häusern wohl ein besonderer Hausgeist, der in die Einziehenden fährt und sie verzehrt, jeder Geist seine Besessenen auf seine Weise? Wir wissen es nicht, aber wunderbar ist jedenfalls die Tatsache. Wer in ein Haus einzieht, sollte jedenfalls fragen, durch welche Umstände es leer geworden, welches Leben da erloschen oder ausgezogen sei, und wenn er von einem bösen Ende gehört, mit aller Macht vor dem bösen Geiste sich zu wahren, ja ihn zu vertreiben suchen. Bekannt aber ist, daß Macht über die Geister nur Geister haben, daß böse Geister nur durch gute begwältigt werden können, daß aber auch ausgejagte böse Geister mit Verstärkung wiederkommen und einbrechen, wenn nicht der gute Geist im Hause bleibt und treue Wache hält Tag und Nacht. Solch gute Hausgeister gibts ebenfalls. Wohlbekannt sind nicht bloß Häuser, in welchen, solange man weiß, die gleiche Familie wohnte in Zucht und Frömmigkeit, in Ansehen und Wohlstand, sondern auch solche, welche, wenn auch die Familie wechselt, doch in gleichem Geiste fort und fort bewohnt werden, gegen welche zusteuert, wer in Not und Bedrängnis ist, wer eines Almosens bedürftig ist oder einer freundlichen Hülfe, eines guten Rates, eines milden Trostes. Es scheint diesen Häusern angetan zu sein, Freistätten der Bedürftigen zu sein, Zufluchtsörter der Bedrängten.

So stund leer das Wirtshaus auf der Gnepfi, und unter der Türe desselben lauerte der alte Geist, paßte auf einen neuen Einzüger. Einer wird gekommen sein; ob der Geist ihn untertan machte oder ob derselbe einen neuen Geist mitbrachte, der stärker als der alte war, wir wissen es nicht.

Jedenfalls zügelte mit Eisi der alte Geist nicht aus, solche Geister haben es wie die Katzen, sie zügeln nicht, sie müssen ausgetrieben werden, sonst bleiben sie dem Hause getreu. Was fragen die Katzen den Menschen nach, Mauselöcher sind ihnen die Hauptsache.

Eisi mit seinen Kindern zog grännend aus, Mühe hatten sie, die Zungen wieder ans rechte Ort zu bringen, hatten allerdings vom Geiste des verlassenen Hauses so viel eingesogen, daß ihre Seelen davon besessen waren, das war das Einzige, was sie davonbrachten aus dem alten Hause, mitnehmen konnten, vorgeschlagen hatten in einer Reihe von Jahren.

Eisi und seine Kinder zügelten akkurat aus ihrer Wirtschaft, wie Tausende zügeln aus dieser Welt, alles haben sie dahintengelassen, nichts bei sich als eine vom bösen Geiste besessene Seele, eine Seele, angesteckt mit Lust und Neid der Welt, hungernd und dürstend nach dem, was man eben nicht hat und zu was man eben nicht kommen wird. Freilich, wer auf diese Weise zügelt aus der Welt, mit dem ists fertig, denn dahin, wo er kömmt, da ist eben der Geist auf seinem Throne, der ihn hienieden durch seine Diener locken, in Besitz nehmen, seiner Besitzung zujagen ließ, einem gewaltigen Seeräuberkönig gleich, der seine Räuberschiffe aussendet über alle Meere, zu locken oder zu begwältigen alle Schiffenden, sie zu schleppen auf sein verborgen Eiland in ewige Sklaverei, aus der kein Entrinnen ist, ein Morgen nach dem andern kömmt ohne Ende und mit jedem neuen Morgen die alte Sklaverei.

Eisis Auszug glich dem letzten wohl, doch war er es nicht, es war nicht sein letzter Auszug, und nicht dem ewigen bösen Geiste, aus dessen Hause kein Entrinnen ist, wo das Elend nie veraltet, sondern gleich jung, gleich unbeschreiblich immer bleibet, zog es zu. Es zog bloß in ein ander Haus, dort war freilich auch ein Geist, ein mächtiger Hausgeist, aber es war kein böser, sondern ein guter. Schon mehr als hundert Jahre hatte er in dem Hause gewohnt, und eine mächtige Herrschaft führte er. Wer über des Hauses Schwelle kam, der mußte sich ihm entweder unterwerfen, oder er hielt es nicht aus, er mußte weichen. Nicht daß der Hausgeist Gewalt brauchte, Peitsche oder Rute, Hunger oder Durst oder harte Arbeit, er war ein sanfter, mildtätiger Geist, der nie fluchte, selten harte Worte gab, selten jemand trieb zu schnellerer Arbeit, aber wer böse blieb und Böses liebte, hielt es in dessen Nähe nicht aus, es duldete ihn nicht, eine wunderbare Kraft trieb ihn aus, die gleiche Kraft, die den Teufel nicht duldet in der Nähe Gottes, die gleiche Kraft, welche in den drei heiligen Namen lieget, der kein böser Geist standhalten soll.

Diesen Hausgeist sah Eisi nicht unter der Haustüre, aber es empfand ihn bald; schwer, fast als ob er das Doggeli wäre, legte er sich ihm aufs Herz. Der Götti und sein Mutterli nahmen Eisi und seine Kinder auf ganz wie Visite, meinten nicht gleich von Anfang sie haben zu wollen, wie sie sein sollten; solch rasche Übergänge von einer Luft in die andere tut selten gut, vermittelt ja auch unser Herrgott Sommer und Winter durch Frühling und Herbst miteinander. Der Alten Lebensweise blieb die gleiche; der Götti regierte das Land, das Mutterli das Haus, und zwar nicht mit dem Munde bloß, sondern auch mit der Hand. Sie waren bei allem, meinten jedoch nicht mehr, daß sie das Schwerste noch immer tun müßten mit selbsteigener Hand, aber sie wußten das doch so zu machen, daß es schien, als machten sie noch immer alles mit selbsteigener Hand. Als die neue Familie einzog, änderte die Haushaltung sich nicht, nur wurde mehr als noch einmal so viel gekocht als früher, aber durch die gleichen Hände. Und doch war der Himmel über dem Hause ganz anders, und nicht bloß der Himmel, sondern das ganze Haus schien anders auszusehen. Es war, wie wenn in stilles, klares Wasser eine fremdartige Substanz geworfen worden, es bewegte sich die Masse, Bläschen stiegen auf, es begann leise zu brodeln, getrübt war das Wasser, und was da werden solle, ob eins das andere ausstoßen, ob beide sich mischen, ob das Feuer die Masse verzehren werde, entschieden war es nicht.

Man denke es sich aber, wie es anders wird, wenn in ein stilles, kinderloses Haus ein Rudel wilde, zuchtlose Kinder einbricht, die nicht arbeiten können, nicht lernen mögen, die weder was von Gehorsam wissen noch was von Respekt, die alles erlaubt glauben und gegen jedermann, was sie zu vollbringen vermögen, zudem aber wie alle wilden, ungebundenen Kräfte in beständigem Kriege unter sich sind. Da war kein Gesicht, das nicht Zeichen von brüderlichen oder schwesterlichen Klauen zur Schau getragen hätte. Doch waren dieses nicht die einzigen Zeichen ihres Kriegszustandes, in welchem sie lebten.

Im Hause lebte eine schöne schwarze Katze, ein gewaltiger Maudi, auch ein Hund war da, ein stattlicher Blaß. Beide lebten in süßem Frieden miteinander, fraßen aus einer Schüssel, und während der Blaß unter dem Ofen schnarchte, schnurrte der Maudi auf dem Ofen. Wenn sie ums Haus spazierten, flog keine Taube auf, ging kein Huhn aus dem Wege, ja selbst die Spatzen schienen den Maudi nicht zu fürchten, setzten sich auf den Rand der Schüssel, aus welcher er fraß. Es war der Weltfriede hier, von dem der Prophet geträumt, den er aber nicht erlebt hatte. Die wilden Jungen aber kannten keinen Frieden, und gegen jedes Tier, das in ihren Bereich kam, begannen sie den Krieg, vertilgten, was sie konnten, und quälten, was sie nicht vertilgen konnten.

In ihrer alten Heimat hatten sie es dahin gebracht, daß kein Tier ihnen wartete als etwa Hunde mit vorgewiesenen Zähnen. Als sie hier in den Frieden hineinfielen wie vor Jahrhunderten die Hunnen in die stillen Schweizertäler, als sie die Tiere mit Händen greifen, fast Salz streuen konnten auf die Schwänze der Spatzen, hui, was das für eine Burgerlust war! Doch dauerte diese Freude nicht lange, wie keine dieser Art. Gutmütig hatte anfänglich der Maudi einige Späße aufgenommen, als ihm aber die Späße zu arg wurden, war er der Erste, der zur Selbstverteidigung schritt und seiner Krallen sich bediente; ihm ahmte der Blaß nach, doch biß er nicht zu, er klemmte nur noch, die Tauben flogen auf, die Hühner zottelten ängstlich ins Korn, die Spatzen setzten sich auf die Bäume und verschrieen die bösen Buben, so weit sie konnten. Und was das dem Mutterli ins Herz schnitt, als der Maudi nicht mehr mit dem vollen Bewußtsein eines lieben Hausgenossen herumspazierte und seinen gewohnten Platz einnahm, so oft es ihm beliebte, sondern wild ward, zwischen den Beinen durchschoß, sich selten blicken ließ, mit dem Blaß ein geheim Bündnis zu haben schien und allemal erst knurrte und die Haare aufstellte, ehe er dem Mutterli flattierte! Es war gerade, als ob er erst mit ihm branzen, ihm Vorwürfe machen wolle, daß es wilde Kinder habe kommen lassen in ihren stillen Frieden. Abwehren half nicht das Mindeste, die Kinder hatten gar keine Ohren für Befehle und Mahnungen, sie taten nicht bloß, als hörten sie nichts, sondern sie hörten wirklich nichts, wenn der

Götti oder die Gotte sagten: «Eh, ih wett nit, lue er chönnt dih byße, er chreblet dih wäger, lue wed süferli tuest und ne Haber streust, die Tube chöme u näh drs us dr Hang.» Für diese Sprache hatten sie wirklich keine Ohren. Der Götti versuchte sie allmählig an Arbeit zu gewöhnen, rief hier eins, es solle ihm helfen, oder dort eines, rühmte ihns, verehrte bei gutem Anlasse dem einen ein Lämmchen, dem andern ein Paar Tauben, aber das Ding half nichts. Sie hatten die Tiere nur, um sie zu plagen. Das Lämmchen, das er dem ältesten Buben verehrt hatte, hätte es fast mit dem Leben gebüßt. Erst plagte es der neue Herr, jagte es den ganzen Tag herum, wollte es dressieren wie einen jungen Metzgerhund. Ließ es endlich dieser in Ruhe, so quälte es ein jüngerer Bub; weil er nicht hinter den stärkeren Bruder durfte, so prügelte er dessen Lamm und mißhandelte es. Zeit und Ordnung hatten sie keine, schleppten alles hervor, ließen alles liegen, wo es sie ankam, strichen herum, so weit es ihnen gefiel, kamen heim, wann es ihnen gefiel, um die Essenszeit kümmerten sie sich nicht im mindesten. Wenn sie aber heimkamen, so wollten sie essen, jedermann sollte alles liegen lassen, um sie zu bedienen, und was man ihnen gab, war nicht recht, sie befahlen dies, jenes, wollten Fleisch statt Brot, Wein statt Milch, und Erdäpfel fräßen sie keine, die syge für dSäu, meinte eins der Kinder. Das Mütterli meinte anfangs, man müsse Geduld haben un öppe geng luege, daß si zfriede syge, gab her, was es hatte, aber in die Länge ging es nicht so. Es begann zuzusprechen und zu trösten, sie sollten nur nehmen heute, morgen wolle es sehen, daß es ihnen was hätte, welches ihnen anständiger sei. Aber das war ihnen vielleicht auch wieder nicht anständig. Sie brachen in den Keller ein, in den Kuchischaft, sie nahmen selbst, wo sie dazukommen konnten. Sie leckten im Keller die Nidel ab der Milch, sie waren scharf über dem Käse. Die Eier schwanden, und von den Äpfeln, die immer gespart wurden, bis man neue hatte, war bald keiner mehr zu sehen. Unerhört war solches im Hause, und was nie geschehen war in selbigem, das mußte jetzt geschehen, wenn auch mit großem Leid und Weh, es mußte auch über Tag der Schlüssel am Keller abgenommen werden. Fast wie Feinde war ihnen die junge Brut ins Haus gefallen.

Und doch war Eisi ihnen vielleicht noch peinlicher, denn es war eine Figur, die gar nicht zum Hause paßte, und wer es auch nur sah, dem wars, als stolpere er über einen Stein, oder es sei ihm was im Wege und er müsse hintenum. Es war da wie eine Dame, fast wie eine Engeländerin, rührte nichts an, paßte aber wohl auf, ungebührliche Zumutungen von der Hand zu weisen. Von wegen seiner Bildung und als Weltfrau sah es die alten Leutchen tief unter sich und verachtete sie sehr. Dümmere Leute als die gebe es nicht, sagte es, was Leben sei, wüßten sie gar nicht. Gäb es in die Länge hier leben wollte, hänkte es sich lieber. Es wartete immer auf ungerechte Zumutungen oder harte Behandlung der Kinder, wohl, denen wolle es zeigen, wer es sei und daß es nicht dasei, ihr Schuhwisch zu sein! Aber es hatte keine Gelegenheit, das zu zeigen, niemand mutete ihm was zu, niemand gab seinen Kindern ein hart Wort. Das machte ihns so recht bös, nur hatte es keine Gelegenheit, das so recht zu erzeigen. Zudem waren die Kinder ihm lästig. Im Wirtshaus hatte es sie selten gesehen, hier waren sie ihm, wie es klagte, beständig unter den Füßen, hatte keine Ruhe vor ihnen, ihm waren sie am meisten lästig, und wer ihnen die meisten bösen Worte gab, aber nicht wenn sie was Böses machten oder Streit hatten, sondern bloß, wenn sie ihm lästig waren, das war Eisi. Die Langeweile ist ein unwirscher Gast, läßt niemand Ruhe; da niemand ihm was zumutete, so ward es böse, kehrte seine Gedanken und machte den alten Leuten es zum Vorwurf, daß sie es nicht etwas machen hießen. Sie wollten es mit Längizyti ztod schla, sagte es, oder machen, daß es dest eher gehe. Aber wenn es einmal eine Lismete zwegschriß oder was zum Schnurpfen und die Mutter ihm sagte: «Wed öppe Fade witt oder Züg für z'plätze oder sust neuis z'mache, su sägs ume, du mueßt ha. Es isch nit, daß mr meine, daß du dene Kinge söllisch Kleider zwegmache, mr hey dr Schnyder scho heiße cho, aber wed neuis für dih mache wotsch, su mueßt ha, was de wotsch.» Es heyg, was es nötig heyg, sagte dann Eisi. Es konnte die Alte Kraut rüsten sehen oder so was machen, es saß dabei, aber rührte keine Hand. Hie und da konnte es dem Knecht grasen helfen, um zu zeigen, daß es auch noch rechen könne trotz Einer. Der rühmte es begreiflich, ums Rühmen hatte Eisi immer viel getan, und jetzt kam es so selten dazu. Auch in der Küche hätte es sich nicht ungerne sehen lassen, wußte viel zu erzählen von allerlei Plättleni, welche es seinen Gästen vorgesetzt, und wie sie immer gerühmt, besser als bei ihm esse man nirgends. «He ja», sagte dann die Mutter, «üsereim weiß vo selligem nüt, es guets Kaffee un es Schnäfeli lings Brot isch öppe ds Best, was mr hey, un ih bigehre nüt Bessers. Aber wes dih öppe düecht, du möchtisch neuis, su machs ume, nimm wasd bruchst, we mrs hi.» Aber Eisi ließ sich nicht herab dazu. Ds Gschir zu selligem fehl, sagte es, u de i re frömde Kuchi mach es nüt. Es heyg nit Freud, i re Kuchi neuis z'mache, wos nit Meister syg.

So stund es im Hause unheimlich und wild, die alten Leute waren gedrückt, seufzten wohl, wenn sie einander ansahen, aber reuig waren sie nicht und klagen taten sie auch nicht, kein böses Wort entrann ihrem Munde. Der Hausgeist schien geflohen zu sein bei dem neuen Einzuge, wie man es den Bergmännlein nachredet, daß sie fliehen, wenn wilde fremde Menschen in ein Haus kommen, welches sie bewohnt hatten. Aber so ein Hausgeist flieht nicht, wenn die ersten Bewohner ihn nicht verstoßen, sondern bei ihm ausharren in Geduld und Sanftmut; das Neue wird bewältigt oder es entweicht.

In einem Rudel wilder Kinder sind die kleinsten und schwächsten am bedaurungswürdigsten, sie müssen am meisten leiden, wie in einer wilden Herde die Kranken und Kleinen zertreten werden im Gedränge. Sonst ist es die Mutter, welche die Kleinsten schützt, oder der Vater, daher es so oft heißt, die Jüngsten hätten am meisten Recht, besäßen die beste Liebe, der ihnen so notwendige Schutz wird nicht begriffen. Bei Eisi war es aber umgekehrt, es fragte überhaupt niemand viel nach, auch seinen Kindern nicht und begreiflich denen, welche es am meisten belästigten, am wenigsten. Wenn die Kleinern weinend bei ihm Schutz suchen wollten, so hieß es sie Brüllhüng, hieß sie schweigen auf der Stelle, wenn sie nicht zum Gring wollten, daß sie dann wüßten, was sie zu brüllen hätten. Zudem hatte es auf unser armes kleines Mädchen einen Zahn und durfte es doch nicht recht zeigen, es war ihm unheimlich bei ihm, es erschrak allemal, wenn dasselbe sich ihm nahte, besonders wenn Eisi alleine war. Das Kleine konnte nicht vom Ätti schweigen, immer fing es von ihm an, und so oft bat es: «Muetter, wey mr nit für e Ätti bete? Viellicht wärs gnue, aber denk o, wes nit gnue wär, u mir hätte dr Wyl gha us doch nit ta, denk o, Müetti! Wotsch afa? Müetti, bet doch!» Und gäb wie ungern, so mußte Eisi doch zuweilen beten, ein gewisses Grauen ließ es ihm nicht zu, das Beten allemal abzuschlagen, aber allemal, wenn es gebetet hatte, so stund ihm der kalte Schweiß auf der Stirne. Darum liebte es das Mädchen nicht, und doch war es das einzige seiner Kinder, welches sich zu ihm drängte, trotz Schnauzen und Müpfen, sich an Eisi hing und bat: «O Muetter, häb mih o lieb», denn das arme Kind war eins von denen, welchen Lieben und Leben eins ist. «Schwyg doch mit dym Gchähr u stürm mr nit geng ds Glyche», war Eisis gewöhnliche Antwort. Dieses Mädchen fühlte natürlich schnell die Herzen heraus, in denen Liebe war für so ein klein lieb Mädchen. Nicht mancher Tag war vergangen, so hing es unzertrennlich an der alten Mutter, war ihre kleine Dienerin, hatte sie zu seiner Vertrauten gemacht, gefragt, ob sie wohl mit ihm für den Ätti beten wolle, ds Müetti tüeys so ungern. Das hatte der alten Frau ihr Herz unbegreiflich bewegt, tränend hatte sie mit der Kleinen gebetet und tat es fürder alle Tage, und das Kind war ihr so lieb, daß sie ihrem Mann oft sagte, sie glaub emel, si vrsüng sih drob.

Etwas Ähnliches geschah mit Benzli, dem jüngsten Knaben, und dem Götti. Seit des Vaters Tode war Benzli so recht niemanden gewesen. Früher hatte, wie erzählt worden, der Vater seiner sich angenommen, seither hätte er nirgends sein sollen. Die ältern Geschwister hatten es wie die Söhne Jakobs mit ihrem Bruder Joseph, und wenn er zur Mutter sich flüchten wollte, so balgete die und sagte, es sei dr wüestist Brülli wos gäb, er syg ere i Gottsname geng ume unger de Füeße, er söll sih zu de angere gheye enangerenah, sust mach si ihm dHose ache un er müeß dRuete ha. Der Götti konnte ihn noch nicht wie die Andern zum Arbeiten locken, welches sie aber auch flohen, als ob man ihnen Schwefel unter die Nase hielte. Aber wenn Brüder und Schwestern ihn plagten und er weinend und schreiend ihnen nachlief, so lockte ihn der Götti auch, sagte: «Komm du zu mir», und bald führte er ihn zum Roß und bald nahm er ihn auf den Wagen oder auf die Bähre, ließ ihn reiten, machte ihm eine Geisel, lehrte ihn Tieren Brot und Haber geben mit Liebe, nicht zur Neckerei, um sie dann besser plagen zu können. Beim Götti war Benzli sicher, hatte kurze Zyti, ja er konnte ihm zuweilen ein Werchholz tragen, etwas halten, und dann sagte der Götti: «Lue Muetter, was ih da für es Knechtli ha u wie er mr scho helfe cha!» Ja zuweilen lehrte der Götti mit ihm und sagte ihm, wenn er fleißig sei, könne er as Exame u überchömm de schön Batze, und wenn er dem Pfarrer recht aufsagen könne, so kaufe er ihm noch ein Buch mit goldenen Tieren darauf. Mit dem Kinde ging eine sonderbare Veränderung vor. Es war, als ob an einer dürren Halde plötzlich ein Quell zutage gebrochen sei mit fettem, süßem Wasser und die Halde wässere, leise rieselnd an ihrer Seite nieder, oder als wenn die Sonne aufgebrochen wäre über einen kalten, gefrorenen Acker und Tag um Tag ihn küsse mit ihren lieblichsten Strahlen. Benzli war des Göttis kleiner Schatten. Es weckte ihn am Morgen, wenn der Götti aufstund, es war, als ob eine sympathetische Kraft ihm den Schlaf verscheuchte; war aber der Götti fort, schlief er nicht ein, bis der Götti wieder heim war, es mochte so spät werden, als es wollte. War der Götti nicht daheim, so schloß er sich an seine Schwester, stund unter dem Schutze der guten Frau; unter seinen andern Geschwistern wäre es ihm übel ergangen, sie hätten an einem Tage nachholen wollen, was sie während zwanzig Tagen ihm angetan hätten. Ließen die beiden kleinsten Geschwister sich von ihren Schutzgöttern weg, so ergriffen die andern rasch die Gelegenheit, sie zu quälen und zu plagen, daß sie weinen mußten. Wenn sie nun weinend unter die schützenden Flügel sich flüchteten, so begehrten die andern auf und klagten: Da sehe man wieder die Plärhüng, we me die ume alueg, su brüllte si graduse u vrchlagte si bi de Alte, kläfelete, kläpperlete alles ume, un si welle se nimme by ne dohle, u we si no meh chäme, su schläye si ne alli Bey abenangere, daß es sih de o dr wert z'brülle syg.

Die kleinen Kinder, sowie sie an Götti und Gotte gefesselt wurden, die Liebe in ihren Herzchen erblühte, das

Bewußtsein mit inniger Kraft erwacht war, daß sie wieder neuere seien, hatten innige Freundschaft mit den Tieren geschlossen, trugen die Früchte der erhaltenen Liebe auf sie über. Was an ihnen getan ward, wollten sie auch andern Geschöpfen antun. Um so heftiger verfolgten die ältern Kinder die harmlosen Tiere, in ihnen wollten sie den Kleinen wehe tun; was sie diesen nicht wohl tun durften, das mußten die unschuldigen Tiere abtun. So geht es oft im Großen in der Welt, wie es hier im Kleinen geschah, nur daß dann die Bubenhaftigkeit ins Große geht, während sie hier nur im Kleinen sich äußerte, daß man das Vaterland prügelt, um Vaterlandsfreunden wehe zu tun, daß man, trotz Treue und Eid, das Vaterland aufs Spiel setzt in der Hoffnung, persönliche Feinde könnten in diesem Spiel das Leben verlieren. Diese Bubenhaftigkeit, welche dieses verruchte Spiel treibt, geht aber nicht bloß ins Große, sie geht ins Grausenhafte.

Die lieben Kleinen hatte der Hausgeist ergriffen, sie waren dessen lieblichste Ebenbilder, sie waren der Alten herzlichste Freude, und wer gesehen hätte, wie lieb die Augen glänzten, mit welchen die Gotte ihrer Kleinen nachsah, und wie mild das Auge des Götti erglühte, wenn er mit seinem lieben Buben sprach, der hätte gesehen, wie die Liebe, die im Herzen sprudelt, in den Augen erglüht. Solche Freude hatten die Alten noch nie genossen, auch durch ihre Herzen floß ein frischer Lebensstrom. Die Kinder waren ihre Sternlein, und wie ehedem die Schiffer nach des Himmels Sternbildern, richteten die Alten nach diesen Gebilden Gottes ihren Tageslauf, und wenn sie nicht sichtbar waren, so war es ihnen wie den Schiffenden, wenn Wolken die leitenden Sterne verhüllten. Und neben dieser Freude brannte doch ein großes Leid in ihrem Herzen, ihr Herz war fast, wie die Juden meinen, daß es sei, wenn Himmel und Hölle aneinanderstoßen, Freude und Leid wohnten dicht beisammen.

Sie sahen das Treiben der andern Kinder, sahen, wie keine Liebe fruchtete, wie jede Beschränkung ihrer angewohnten Lebensweise durch Strenge erzwungen werden mußte, wie aber zwischen den Kindern der Neid eine immer tiefere Kluft grub, wie da kein Friede herzustellen sei. Zur Hülfe rührte Eisi keinen Finger; wenn die Kinder ihm nur nicht nahe kamen, so war es zufrieden, und wenn sie sonst was Schlimmes trieben, so sagte es, dKing syge so, es müeß geng öppigs Uwatligs gah, drnebe chönn me das nit ändere. Daneben ward es aber auch nicht eifersüchtig, wie manche Mutter es geworden wäre, über die Liebe, welche die jüngsten Kinder den Alten zuwendeten. Die King plagten sie doch, sagte es, aber es mög nes gönne, si syge selber dschuld dra, warum gebte si sih sövli mit ne ab u möge sih mit ne gmüehe. Aber mi müeß se ume la mache, es werd ne scho no erleide. Drnebe mög es es o de Kinge gönne, si heyge emel einist dest besser drby, u ds Bösha werd ne scho wieder cho un allweg früeh gnue, u de werds ne de dest ungwahnter vorcho. Aber es gschech ne de recht, si heyge de ihri guet Sach o gha u die angere nit.

ACHTUNDZWANZIGSTES KAPITEL

Wie die altväterischen Geister Meister werden und auf harten Tag ein schöner Abend kommt

Der Götti war nicht der Mann, welcher einer Sache, die im wachsenden Schaden lag, untätig zusah oder den Glauben hatte, wenn unser Herrgott es anders haben wolle, so werde er es schon anders machen. Er hatte den Glauben, unser Herrgott mache, was wir nicht machen könnten; was wir machen könnten, wozu er uns die Kräfte gegeben, das überließe er uns ganz und gar und rühre keinen Finger dafür. So habe unser Herrgott die Erde geschaffen und die Sonne dazu, ließe regnen und gebe den Tau, von wegen, daran könnte der Mensch nichts machen, weder mit seiner Kunst noch mit seiner Weisheit, er habe die Samkörner alle gemacht, dieweil er wohl gewußt, daß weder ein Schreiner noch ein Drechsler oder gar ein Chemiker, ja gar kein Hexenmeister je eins derselben werde machen können, welches da Leben gewinne in der Erde Schoß, in Regen und Sonnenschein. Aber bauen die Erde, säen den Samen, das müßten wir, müßten die Erde lockeren, daß Sonne und Regen in sie dringen könnten, müßten den Samen bergen unter die Erde vor der Vögel Gier, müßten säubern die Saat, daß unter Dornen und Disteln sie nicht ersticke. Das wußte der Götti, auf sein Wissen war sein Glaube gebaut, und nach seinem Glauben handelte er, und dieses geschah in drei Tempo: erst überlegte er reiflich, dann besprach er es mit seinem Muetterli weislich, und mit Kraft und Ernst führte er es aus schließlich.

In einer günstigen Stunde, welche sich ihm jetzt nicht alle Tage gab, wo kein fremdes Ohr in der Nähe war, sagte er zu seinem Muetterli: «Los, ih möcht neuis mit dr rede, es drückt mih neuis, u länger chas nit so gah.» «Weiß scho, was de säge witt», sagte das Muetterli, «es het mih o scho lang drückt, aber red ume, viellicht hey mr ds glyche gsinnet.» «Sieh», sagte der Götti, «jetzt erst weiß ich, warum der liebe Gott den Menschen ein Kind nach dem andern gibt und nicht alle auf einmal. Wenn so ein halb oder ein ganz Dutzend auf einmal kämen, wie sollte der arme Mensch, der ja mit sich selbst oft mehr als genug zu tun hat, ihrer Meister werden, sie einverleiben können in den rechten Geist, in die gute Ordnung, alle miteinander und eines wie das andere? Da würden sie ihm wahrscheinlich Meister oder würden allmählig zusammenwachsen und gegen ihn Partei machen. Kömmt aber so styf eins nach dem andern, so hat man Zeit, eins nach dem andern dem Hause einzuurben, einzugewöhnen, und wenn man es recht anfängt, so wächst eins nach dem andern heran als ein Freund, welcher hilft, als ein kleiner Vorgänger dem jüngern, so als ein kleiner Mittler zwischen den Alten und den Jungen. Sieh, da ists, wo wir gefehlt haben und wo geändert sein muß. Den ganzen Karsumpel haben wir zusammen ins Haus genommen und werden begreiflich seiner jetzt nicht Meister, sondern fast eher derselbe uns. Das junge Volk hat einen andern Geist im Leibe als wir, derselbe sollte ausgejagt sein mit Schlegel und Weggen, und statt dessen stärkt sich ein Geist am Geiste des Andern, welcher dasselbe in seinem Leibe hat, und wir fechten weder mit Schlegel noch mit Weggen. Ich muß bekennen, das kann ich nicht. Das könnte ich wohl, ein Kind züchtigen zuweilen bei groben Fehlern, und zwar, wenn ich einmal müßte, so würde ich es so züchtigen, zur Zucht ziehen, daß es wüßte, wie ich es meinte. Aber wenn ich mit diesem Rudel verfahren sollte, wie er es verdiente und wie es sein müßte, wenn derselbe zur Besserung kommen sollte, so müßte ich den ganzen Tag nichts als abschlagen, dreinschlagen, als ob ich im Verding Wedelen hacken täte, und den ganzen Tag wäre ums Haus herum ein Geschrei wie bei einem Schweinmetzger, und selb mag ich nicht, selb stünd ich nicht aus, lieber wollte ich noch nach Amerika. So aber, wie gesagt, kann man es nicht gehen lassen, alle Tage wird das Übel größer, das Heilen schwerer. Durch unsere lieben Zwei vermögen wir auf die Andern nichts, denn sie werden von ihnen gehaßt; aber eben darum werden sie dieselben zum Bösen verleiten, sie zu verderben suchen, wie sie können und mögen. Darum, was meinst, habe ich gedacht, die Ältern müßten fort, je eher je lieber, und zwar auseinander, eins hiehin, eins dorthin, ein jedes in eine eigene Haushaltung, an der es nichts abbringt, sondern wo es in der Zucht ist und sich unterziehen muß, wo sie keine Bande mehr machen können.»

«Du meinst doch nicht auf die Gemeinde, wo sie verdinget werden?» fragte das Muetterli.

«Was denkst», sagte der Mann, «das wär ja eine Schande für die Familie und eine Sünde für uns. Ärmeren Leuten, welche zinsen müssen und die eigenen Kinder schwer durchbringen, noch die Last aufbürden, sellige Leuten, wo ihre Sache vertan haben, noch ihre Kinder erziehen zu müssen, solange Verwandte da sind, welche dieses unbeschwert vermögen, selb ist nicht recht. Wenn niemand was tun will, so habe ich gedacht, tun wir es. Eigene Kinder haben wir keine, genug haben wir, und wenn wir das Übrige während unsern Lebzeiten zum Nutzen anwenden, so wirds wohl unserm Herrgott recht sein, und unsere Erben werden wenig dagegen haben können. Und der Gemeinde möchte ich sie deretwegen nicht aufladen, du weißt wohl warum. Das geht nur so angfährt zu, und zu wem ein Kind kömmt, darnach frägt man so viel nicht, wenns nur jemand will und nicht viel dafür begehrt. Da, denk ich, müssen wiederum die Verwandten selbst den Verstand brauchen. Ich hätte das so gsinnet: ich weiß einige Verwandte, wo das eine und das andere gut aufgehoben wäre und welche die Kinder brauchen könnten; mit diesen will ich reden, und was es Zuschuß mangelt, dafür wollen wir niemand plagen, das geht unter uns. Habe ich die Sache richtig, so rede ich mit dem Vogt, der wird nicht viel darwider haben, er tut ja, als wenn er gar nicht auf der Welt wäre, ist noch nie dagewesen, seit sie hier sind.»

«Es isch mr fry, as ob mr e Stey ab em Herz fiele», sagte das Muetterli. «Aber un Eisi, was wird Eisi säge, wenn die King furt sölle? Das tuet de wüest u seyt, dSach heyg is greut u mir syge wüest Lüt.»

«Häb nit Chummer, Muetter», sagte der Götti. «Es ist traurig, aber du siehst es so gut als ich, wieviel es den Kindern nachfrägt und wie es sie am weitesten von ihm am liebsten hat. Unrecht möchte ich niemand tun, aber ich sage es nur zu dir, und recht wärs mir, wenns nicht wär. Merkst nicht, wie es anfängt sich aufzupützerlen, und bald hat es hier was zu tun, bald dort, bald hat es noch Geld einzuziehen, bald etwas nachzufragen, ein Vorwand um den andern. Hier ists ihm erleidet, es möchte was anders anstellen, und dazu kömmt eine Witwe der Art am liebsten durch einen Mann. Und wie es solche Witwen anstellen, weißt du wohl, sie machen ihr Vermögen so groß als möglich, und wenn sie Kinder haben, so reden sie von denselben so wenig als möglich. Ja ists nicht schon oft geschehen, daß Kinder aus erster Ehe erst nach der zweiten Hochzeit zum Vorschein gekommen sind, zu großem Erstaunen? Wenn Eisi auf dem Weg ist, wie ich fürchte, so wird ihm das Verteilen der Kinder sehr lieb sein, es kömmt ihm um so weniger aus, wieviele es hat; wenigstens die halben kann es einstweilen im Verborgenen behalten und kömmt so desto leichter zu einem Mann.»

«Eh aber, schäm dih!» sagte die alte Frau; «daß de sövli bös sygisch, hätt ih doch afe nit glaubt. Nei aber, so wirds doch öppe keini mache!»

«Eh Mutter, du weißt ja, wenns nicht wär, ich würde es nicht erdichten. Besinne dich, wie es die und die und die und die gemacht haben, es wär ja ein ganz Register voll, wenn ich es aufsagen wollte, ich würde nicht fertig. Solche Weiber wie Eisi sehen kein ander Heil als im Heiraten. Sind sie in schlechte Umstände gekommen, so wissen sie von Änderung ihrer selbst nichts, daran haben sie keinen Gedanken, oder versuch es, rede Eisi von seiner Besserung! Ein Mann ist ihr Heiland, eine neue Ehe ist ihnen, was dem Christen die

Wiedergeburt; nach einer solchen trachten sie von ganzer Seele und allen Kräften und sonst nach nichts.»

«Eh aber Ätti, so han dih doch wäger no nie ghört, sövli bös bisch doch sust neue nit, u redst sövli schlecht vo de Lüte!»

«Du hast recht, Mutter», sagte der Alte, «und man sollte nicht, aber was wahr ist, ist wahr, und es gibt Zeiten, wo man es sagen muß, wo es einem übers Herz kömmt, daß man es nicht mehr verdrücken kann. Ich habe fast gar nicht mehr gewußt, was es heißt zornig werden, und habe mich oft sehr verwundert, wie verständige Leute es doch so werden könnten. Aber der liebe Gott hat es mir wieder begreiflich gemacht. Wenn die Kinder in allem sind und kein Rufen hören, kein Bitten achten, alles verderben, so will es mir wohl manchmal das Haar aufstellen. Aber viel zorniger, daß es mich dünkt, ich könne es nicht verwinden, daß ich nebenaus muß, werde ich, wenn ich sehe, wie Eisi den Kindern nicht nur nichts nachfrägt, sondern sogar, während es die wilden ungemahnt alles Mögliche machen läßt, die lieben Kleinen, wenn sie ihm flattieren möchten, anfährt, desumeschießt, daß es einem dünkt, sie sollten an einer Wand kleben bleiben. Es ist mir allemal, als ob man mir das Herz mit einem Garbenknebel umdrehe. Und hast du schon gesehen, daß Eisi sieht, wenn sie ungewaschen sind, daß es sich ihrer Kleider achtet, daß es deswegen einen Finger stärker rührt, wenn ihnen die Hudeln über die Schuhe hängen? Das macht mich so zornig, daß ich in meinen alten Tagen von vornen anfangen muß, an mir selbst zu werchen.»

Der Götti war nicht bloß mit dem lieben Gott gut bekannt, sondern auch mit den Menschen, sein Urteil über Eisi hatte seinen guten Grund; wie er sagte, so war es.

Eisi war es, wie es sagte, meineidig erleidet in der Einöde. Die Leute wären nicht bös, aber dumm und altväterisch. Da sollte es immer gehen wie in einer Versammlig, un obedruf sötts de no all Sunnde zChile. Z'esse heyg es, u werche chönns, waß well, u daß es alles eleyni mache müeß, mein es nit. Aber won es trappi, syge ihm dKing unger de Füeße, furt well me se nit la u doch sötte si niene sy, gäb wie eys neuehy trapp, ume öppe is Gras oder is Werch, su pfyf dr Alt u heiß se use; un ihm wärs, we si ume dänne chäme. So sy besti Zyt da ab dr Welt zuezbringe, selb wells de nadisch nit, es well öppis angers astelle, sobald es sih ihm schick un ihm eine zweglauf, won es glaub, es machs guet. Es gugg ihm neue afe neuis, Drei heygs i dr Rispi, u vo dene Dreie werd wohl eine dr Recht sy. Won es es am beste gsäch z'mache, da bsinn es sih de nimme lang.

Der eine war ein Märitkrämer, das heißt einer, der daheim einen Laden hatte, jedoch auf Jahrmärkten und zu Bern alle Dienstage feilhatte. Er hatte ein schönes Chaischen mit einem langen langen Hinterstück, in welchem wie in der Arche Noahs alles Mögliche Platz hatte. Der Zweite war ein Wirt, der hatte eine schöne Wirtschaft und handelte nebenbei noch etwas weniges um Käs. Der Dritte war ein Herr, das heißt ehemals war er ein Handwerker gewesen, jetzt war er ein Stück von einem Schreiber, hatte ein Pöstlein dazu und handelte um allerlei, um Kanarivögeli und um Bohnenstecken, um Aargauerbauele und um Luzernerschnitz, um Zürikerze, um Baselleckerli, um Bernerseife und Älesenf, kurz allerlei gut Sachen.

Alle Drei waren Witlige und Partiee, besser nützte nichts, meinte Eisi, an jedem Orte hätte es es wie der Vogel im Hirse, und alle Drei hingersinnete sih, wenn es si nit nähm, si tüeye mit ihm, so heyg es fry no nie nüt gseh, sövli narrochtig u vrliebt.

Der Krämer gefiel ihm bsungerbar wohl, es Chaisli und all Wuche zMärit u dSache im Lade alli selber, besser wüßt es es nit z'mache. Weder ds Feilha im Winter syg ihm öppe nit am aständigiste, u de daheim Schwebelhölzli u Bäredreck zkrüzerewys z'vrchaufe, chönnt ihm doch viellycht welle erleide.

Besser gfall ihm ds Wirte, selb chönn me begryfe, un es glaub schier, es well dr Wirt näh. Weder er syg gar e Dicke u es heyg gmeint, wenns no einist manne well, su wells de e Dünnere, e Dicke hätts neue afe gha. U de heyg er zweu Meitleni, so mager gelb Gränne u de nüsti hoffärtig, daß me fast nit luege dörf. Allweg, wes ne nähm, su müesse ihm die us em Hus, u well er ihm das nit vrspreche, su nähms ne nit, druf chönn er zelle, es heyg selber Kings meh as gnue.

U de mit diesem, mit em Herr, wüß es erst nit, wies es mache well. Ey Weg gfall er ihm vrflüemeret u dr anger Weg nit e Tüfel. Am mingste mache müeßt es da. Z'pflanze bruch me nüt, dSach chauf me uf em Märit, es chönnt sy Zyt bruche, wie es well, daheim sy oder nit, chönnt a Bäu u i dKumedie, wenn syg, u spaziere mit ihm hie us u dert us, öppe i dNächi, die beste Händel hätts. Drnebe gfall er ihm doch neue nüt, er heyg son e längi Nase u schnupf de no dr ganz Tag, daß er fast steych wien es Mistloch, u chömm mängisch so hüdelig daher, daß me glaubti, er syg e Spittler oder e alte oberkeitlige Kostgänger, u me sih synere schäme müeß. Aber öppe nit wege dr Armuet chömm er eso, sondern wil ihm niemere zur Sach lueg u se öppe i Ehre heyg. Mit zGastha u Krame heyg er de öppe dr meist Vrstang.

Solche Hoffnungen und Bemerkungen detaillierte Eisi begreiflich weder dem Götti noch der Gotte, so packte es seiner bekannten Freundin aus, bei welcher man es sehr oft sah, die große Gefälligkeit für ihns hatte und viele Gelegenheiten ihm verschaffte.

Eisis Läuf und Gängen nachzugehen, wollen wir uns aber hüten, sie gingen so in die Kreuz und in die Quere, daß es uns ginge, als wären wir in einen Irrgarten geraten, in welchem man sein Leben lang laufen kann und doch keinen Ausgang findet.

Wir wollen unsern geneigten Lesern bloß noch sagen, daß auch der Götti seine Läuf und Gänge hatte, jedenfalls würdigere; ob sie zu besserem Ziele führen werden, ist Gott bekannt. Er hatte mit seiner Mutter, wie er die Frau zu nennen pflegte, Bekannte und Verwandte durchgemustert, die Türen bezeichnet, an welche er für Aufnahme von diesem oder jenem Kinde anklopfen wollte. Sie hatten die Sache nicht bloß so oberflächlich genommen, sondern für jedes der Kinder, je nachdem sie es kannten, ein apart Haus ausgelesen, und an diese Häuser zu klopfen, war der Götti ausgegangen und hatte dazu manchen Tag verbraucht. Er war nicht unzufrieden mit dem, was er ausgerichtet hatte, er sagte seiner Mutter: «Es ist schön und doch traurig! Traurig ists, wie so eine Mutter ganz erkalten kann für ihre Kinder, daß sie ihr nichts als eine Last sind, sich um sie nicht bekümmert, von ihnen wegstellt, sobald sie kann und so, daß sie dieselben verleugnet, so daß sie später nicht einmal zu ihr dürfen. Das kömmt aber daher, daß kein christlicher Sinn in einer solchen Mutter ist, daß sie nichts anderes weiß, als Gott und den Nächsten zu hassen, daß sie ihr eigener Götz ist und Guetha ihr Himmel. Hast gesehen, daß Eisi je ein Buch genommen hätte? Hast gesehen, wie es allemal ein Gesicht gemacht hat, wenn wir es gefragt, ob es mit uns zPredi well? Zum Nachtmahl ist es gar nie gegangen, und ein guter Zuspruch zu seinen Kindern ist nie aus seinem Munde gekommen. Unser Herrgott hat die Ehe eingesetzt, und Kinder sind des Höchsten Gab; wer aber den Herrgott nicht mehr ästimiert und sich für das Höchste hält, der ästimiert die Ehe nicht für heilig, sie ist ihm nur gut fürs Fleisch, und die Kinder achtet er für eine Last, die er abwirft bei der ersten Gelegenheit. Je weniger christlich die Eltern werden, desto heilloser versündigen sie sich an ihren Kindern, desto übler geht es den Gemeinden, welchen die armen Würmer, welcher niemand sich erbarmen will, vorab liederliche Witweiber und schlürmige Witwer nicht, zugeschoben werden. Das ist traurig, traurig ist diese unchristliche Verleugnung der heiligsten und schönsten Pflichten. Aber schön ists, daß es andere Leute gibt, welche noch der Kinder sich erbarmen und ein Einsehen haben in ihre Not, daß bei ungeratenen Eltern, denn die mißraten fast noch mehr als die Kinder, andere Leute einstehen müssen, Verstand haben müssen und Mut, solcher Kinder sich anzunehmen, gäb wie ungern man es auch tut, von wegen der Verantwortung und dem Undank.»

Somit gab er Bericht, wie er an wenigen Orten abgewiesen worden sei, und zwar noch ungern, weil die Umstände es nicht gestattet hätten. Die Meisten hätten sich freilich bekümmert über die Pflicht, so ungeratene Kinder ins Geleise zu bringen, aber mit dem Lohn sei er bald einig gewesen. Wenn man mit den Kleidern etwas nachhelfe, so daß man nicht Geld aus dem Sack noch dazutun müsse, so seien sie vorerst zufrieden. Er tue sonst viel, und daß er alles tue, sei nicht billig. Es müsse jeder was tun, öppe waß ihm zieh mög, und gäb sie gäbten es hier oder an einem andern Orte. Aber daß es gut komme, wollten sie nicht gut sein; King, wo sih nüt gwahnet heyge z'folge u z'werche, angers dressiere, selb syg e strubi Sach. «Was meinst», fragte die Mutter, «ists mügli? Es wär doch schröckeli guet!» «Mr weys hoffe», sagte der Götti, «doch für gewiß möcht ich es nicht nehmen. Eins ist das Best. Sie können niemand klagen und nicht fortlaufen, weil sie nicht wüßten wohin, als hieher, und da wissen wir, was wir zu tun haben.» «Die arme King», sagte die Mutter, «chönne mih doch neue afe dure, daß si vonangere müesse, und es weiß Gott, ob si enangere wieder gseh. U duret es se ächt nit hie furt, ih mueß säge, wenn eys pläreti, ih chönnts fast nit furtla, wenn ih scho wüßt, daß es sy Nutze wär. Un Eisi, hesch ihms öppe scho gseit, u was hets gseit?» «Nein», sagte der Götti, «was sinnest, daß ich mit ihm rede eher als mit dir, aber morgen muß es geschehen, wenn es nicht etwa ausreutert, ehe es sich schickt. Solche Sachen darf man nicht anstehen lassen, sie müssen ab Brett, je eher je lieber. Aber habe nicht Kummer, dSach ist ihm recht, wenn es vielleicht schon einige Trümpfe laufen läßt so des allgemeinen Brauches wegen.» Und der Götti hatte recht.

Am Morgen schickte Gott gleich eine gute Gelegenheit. Die Kinder bissen und kratzten sich unter einander, es war ein allgemein Gebrüll, und Eisi, das geputzt ausreutern wollte, kriegte Blut an sein schönstes Mänteli. Was das aufbegehrte! Da meinte der Götti: «Zsäme tüe die nit guet, was meinst, we me se e Stung vonenangere tät?» Ihm wärs ds Rechte, sagte Eisi, es wett, es gschäch no hüt. Selb syg nit wohl mügli, sagte der Götti, aber er well luege, öppis müeß gah, so chönn mes nit wohl la gah.

Die Kinder hatten auch nicht viel gegen die Entfernung, obgleich der Götti das Mittel, ihnen den Mund mit schönen Verheißungen recht süß zu machen, nicht anwandte. Mit solchem möge er nichts zu tun haben, sagte er. Man wisse nicht, was für Schaden man damit anzurichten imstande sei. Aber die Kinder hatten es wie die Israeliten. Wie diese in der Wüste nach den Fleischtöpfen Ägyptens zurück sich sehnten, so die Kinder sich ins verlassene Haus, in die Welt zurück, wo das Leben größere Abwechslung gehabt, ihre Sinnlichkeit abwechselndere Nahrung gefunden hatte. Daß sie neue Kleider bekommen sollten, Hemder, Schuhe usw., beschäftigte sie ebenfalls so, daß sie ans Scheiden nicht dachten. Zudem hat der Leser wohl bemerkt, daß die Gemütsweise dieser Kinder nicht innige Zuneigungen zuließ, an Personen hingen sie nicht, doch von Personen verlangten sie viel; wie lieb ihnen auch die Gabe war, der Geber konnte ihrethalben gehen, wohin er wollte. So ging eins nach dem andern an seine Bestimmung ab, ohne daß es mit Schmerz sich losriß, daher entstund durch dieses Scheiden nicht bloß keine Lücke, sondern es war, als wenn etwas Unheimliches, Störendes gewichen, als wenn nach sauerm Bysluft nur noch ein leiser, milder Hauch durch die Blätter säusle. Ob es gelingen wird, die Kinder der Bahn zu entreißen, auf welche sie unwillkürlich durch die Eltern geführt worden waren, und ihre Gemüter christlich umzugestalten, das weiß Gott. Was in der Macht der Menschen liegt, das tat der Götti und wird es ferner tun. Einen solchen Götti sollten viele Kinder haben und allweg jede Waisenbehörde zu Stadt und Land den Sinn dieses Götti.

Eines Abends saßen Götti, Gotte und die zwei Kleinsten vor dem Hause, es war Herbst, aber warm schien die untergehende Sonne, Obst hing an den Bäumen, hier und da hörte man einen Apfel zur Erde fallen, und Jägerohren hätten das Gekäfel von Eichhörnchen gehört, die hinten im Baumgarten auf einem Birnbaum saßen und durch die süße Frucht sich gemütlich zu den schwarzen Kernen bissen. Bloß der Blaß schien etwas davon zu merken. Vor der Bsetzi lag er im Grase, stund aber auf von Zeit zu Zeit, ging bedächtig einige Schritte dem Baumgarten zu, horchte auf, gab einige Laute von sich, kehrte dann wieder und legte bedächtig sich nieder. Auf der Kellerlehne saß der Maudi, schnurrte vergnügt, wenn aber der Blaß aufstund, so schwieg er und sah mitleidig nach dem dummen Blaß. Auf der Bsetzi hielten Abendpromenade, gravitätisch und staatsmäßig, die Tauben, während oben unterm Dache sehnsüchtig ein Tauber girrte, umsonst jedoch, denn die Täschen unten stellten sich, als merkten sie das Girren nicht, als kümmerten sie sich um keinen Tauber. Die Täschleni, spazierten sie doch um des

Taubers willen so kokett, drehten so graziös die Köpfchen zur Seite und trippelten dann wieder so zierlich hin und her, akkurat wie Töchter auf der Promenade.

Auf dem Bänkli saß der Götti und rauchte sein Pfeifchen, neben ihm saß der Bube und versuchte mit stumpfem Messerchen sich eine Pfeife zu schnitzen. Da saß auch die Gotte, rüstete späte Bohnen, denn diesmal war der Himmel Weibern und Mädchen günstig, noch hatte kein Reif Bohnen und Dahlien verblüht. Vor der Gotte auf kleinem Blöcklein saß das Mädchen, half der Gotte, hatte große Freude daran, wenn es einen großen ganzen Faden ab einer langen Bohne ziehen konnte, und zeigte ihn dann dem Götti.

Aus dem Hause kam Eisi schön geputzt, ein Säckli in der Hand. «Wotsch no furt, sövli spät?» sagte die Gotte. Es hätte noch eine Verrichtung, sagte es, und wenn es nicht früh heimkäme, so sollten sie seinetwegen nicht im Kummer sein; so sagte es, und dahin ging es. Es ging so eine Mutter von den Kindern weg, um das Hochzeit anzugeben mit einem neuen Manne, abzuschütteln die alte Last, ein neu Glück zu gründen, ein neu Leben zu beginnen voll Jubel und Freude. Den Herrn hatte es erwählet, die Andern scheinen eben nicht hitzig gewesen zu sein, nicht pressiert zu haben. Dem Glücke, eine Herrenfrau zu werden und mit ihrem Fösel in der Stadt zu leben, konnte Eisi nicht widerstehen, nur das wüßte es noch nicht recht, ob es sich städtisch wolle kleiden lassen oder im Kittel bleiben, sagte es. Den Schritt tat es, ohne dem Götti und der Gotte was zu sagen. Es hatte dem Herrn so viel vorgelogen, daß es so stark als möglich pressierte, von wegen, es gibt allenthalben böse Leute, die einem z'böst reden, das heißt die Lügen an den Tag bringen. Während aber Eisi so handlich gelogen, glaubte es doch alles, was der Herr seinerseits ihm vorlog, nach dem Sprüchwort: Was man gerne glaubt, das glaubt man leicht.

Der Götti und die Gotte sahen Eisi betrübt nach, dann warfen sie einander einen langen Blick der Verständnis zu. Man braucht einem nicht alles zu sagen und man weiß es doch. Über seine Angelegenheiten redete Eisi mit den alten Leuten nicht, es hielt sich für viel zu hoch, herausgewachsen über ihren Horizont, sich für eine Tochter einer Zeit, welche die Alten nicht begriffen, es gehörte der modernen Bildung an. Die Alten aber hatten vernommen, was Eisi trieb und womit es umging, und hatten lange Rat gepflogen, ob sie die Rede versuchen wollten oder nicht. Sie waren einig geworden, sich in die Sache nicht zu mischen, wenn Eisi nicht davon anfange. Ihren Rat wollten sie nicht aufdringen, zudem kannten sie Eisi gut genug, um zu wissen, daß es keinen von ihnen annehmen, vielleicht gar noch zum Gegenteil angetrieben werden werde. Sie waren nicht der Meinung, daß man in all Weg raten solle, helfs oder helfs nit, nach dem lateinischen Sprüchwort: Animam meam salvavi, das heißt damit man sagen könne: «I Gottsname, gseit hätt ihs, aber uf mih glost het me nit, jetzt mach es, was es well, aber cho klage solls mr de o nit! Selber ta, selber ha, heißts de!»

Sie hatten immer bereite Hände zum Geben, aber einen sehr bedächtigen Mund zum Raten. Der Götti hatte dem Vogt einen Wink gegeben, was dieser daraus gemacht, wissen wir nicht.

Aber betrübt sahen sie der Mutter nach, die so leichtfertig den Gang ging, der sie von ihrem eigenen Fleisch und Blute weg in neue Verhältnisse, vielleicht in neues Elend, vielleicht in größeres Elend führte.

Die Kinder ahndeten nichts, das Fortgehen der Mutter beschäftigte sie auch nicht; die Mutter hatte es dahin gebracht, daß die Kinder das Gehen und Kommen der Mutter kaum beachteten.

Sie setzten ihre Arbeit fort, bald mußte die Gotte die Pfeife bewundern, bald der Götti einen langen langen Faden, und wenn sie es taten, so hatten ihre Augen nie inniger über den Kindern geglänzt.

Die Sonne war untergegangen, die Arbeit fertig geworden, am westlichen Himmel glänzte, fast noch im Abendrote, des Mondes junge Sichel, Planeten begannen zu flimmern, aus des Himmels unendlichem Grunde trat schüchtern ein Sternlein nach dem andern hervor, es war ein stiller, schöner Gottesabend, hie und da fiel ein Apfel, auf dem Birnbaum hörte man die Eichhörne, aber in seinem Häuschen ruhte der Blaß.

Es ruhten die Messerchen der Kinder, an den Götti lehnte halb schlafend sich der Bube, des Mädchens Hände lagen in der Gotte Hände.

«Wey mr öppe is Bett?» frug sanft die Gotte. «Wied witt», sagte das Mädchen, «aber wette mr nit zersch no um e Ätti bete, dr lieb Gott ghörts viellicht no besser hie usse as dinne?»

«He ja, liebs Meiteli, bet», sagte die Gotte. «Was soll ih bete», frug das Meiteli, «ds Unservater oder dr Glaube?» «Wasd witt», sagte die Gotte, «oder probier us dr selber, wied scho es paarmal probiert hesch! Dr Götti hilft de o, u sBrüederli.»

«Gotte, ih schüche mih», sagte das Kind. «Oder wotsch du o helfe?» «Allweg», sagte die Gotte.

Da faltete das Mädchen die Hände und betete leise über der Gotte Schoß: «O himmlischer Vater, mach doch dr Ätti selig u ds Müetti u dGotte o u dr Götti o un üs allisame. Ame.»

Da gabs einen hellen Schein, man wußte nicht, wars fernes Wetterleuchten, wars ein klein Meteor. Erschrocken frugen die Kinder: «Was isch, was isch, wotts donnere?»

«Glaub nit», sagte der Götti. «Es wird ech dr lieb Gott blickt ha, daß er ech well selig machen un allisame, wenn dr fromm blybet u geng betet.»

«O Gotte, isch das ächt?» fragte das Mädchen.

«Glaubs, Kind», sagte die Gotte, «u blyb es guets Meiteli, su fehlts nit.»

«Gotte, ih wott», antwortete das Mädchen; «un ih o», sagte der Bube.

«U Gott gäb, daß es so syg», antwortete der Götti, «u so blyb.»

Guet Nacht mit enangere!

Anmerkungen

Kursivschrift bezeichnet die von Gotthelf in Klammern beigefügten, in unserer Ausgabe gestrichenen Erklärungen berndeutscher Ausdrücke. – «Erstdruck» bedeutet, daß eine Stelle von uns verbessert oder aus der zweiten Auflage übernommen wurde.

Seite

V Geltstag (Erstdr. immer «Geldstag»): Konkurs.

2 gramset: Karten gespielt. – Lycht: *(Leichenzug)*. – Gräbt: *(Leichenmahl)*.

3 Prägelwurst: Bratwurst. – lüftige: leichtsinnige.

5 O Müetti: Erstdr. «Müette». – er hätte ja: Erstdr. «hatte».

6 Tateren: *(Torten)*.

7 mäßig: eine Maß haltend.

8 Karlishof: Lustbarkeit. – gschmuecht: *(ohnmächtig)*.

9 Spiegel: *(Brille)*. – die Luzerner und die Aargauer: die konservativen und radikalen Gegenspieler in den Kämpfen der vierziger Jahre, die mit der Aufhebung der aargauischen Klöster und der Berufung der Jesuiten nach Luzern ihren Anfang nahmen.

10 Aberebo: à propos. – Bscheid: Erstdr. «Bescheid». – achehyt: Erstdr. «achehyt».

11 Länder: Entlebucher, Luzerner. – Giecht: Entzündung, Gereiztheit.

12 gester: Erstdr. «gestern». – im Gurnigel: Erstdr. «i». – Dorfen: zu Besuch sein.

13 nadisch: wahrhaftig. – es het mih düecht: Erstdr. «mich». – Benefizi: amtliches Inventar, d. h. Feststellung aller Guthaben und Schuldforderungen.

14 notti: doch. – vo wege zur Sach: Erstdr. «u vo wege». – gwehrt: Erstdr. «gewehrt». – Gumene: Mehrzahl von Gumi, Commis.

Seite

15 aus dem Oberland abe: Erstdr. «obe». – geltstage: in Konkurs geraten. – Mulaffe: Erstdr. «Mulaffen». – einen aus der Nähe: Erstdr. «eine».

16 Züg: *(Geschlecht)*.

17 Land und Heustöcke rechnen: Flächen- und Kubikinhalte ausrechnen. – Krümpe: Biegungen. – Träm: Balken. – Fünfunddreißiger: Erstdr. «Fünfunddreißger» (fünfmal), vom Setzer vielleicht aus Ziffern umgeschrieben.

18 Verfalles: Ausstehendes. – sich muß anziehen lassen: «sich» fehlt Erstdr. – Fassi: innerer Kissenüberzug. – Schwarzkleb: schwarzweiß gefleckte Kuh.

19 Zaunsteckler: Spießbürger. – Türlistöck: Torpfosten.

20 gwüßt: Erstdr. «gewüßt». – lebe: Erstdr. «hebe».

21 wann es ihm gefiel: Erstdr. «wenn».

22 abbrechen: entwöhnen. – die neue Ordnung der Dinge: der liberale Umschwung von 1831. – der es so zu drehen: Erstdr. «den er». – Kuderbützi: zusammengerollter Knäuel von Kuder (Flachsabfall). – Ein lüftiger Bursche: Erstdr. «luftiger», so im Folgenden noch mehrmals.

23 Schleiftrog: Hemmschuh. – Gugag: glotzender Gelbschnabel. – Ürti: Rechnung.

24 ganz Hüfe: Erstdr. «ganze».

25 machte ihr das geringste: Erstdr. «mache». – Fürfuß: Fußteil des Strumpfes. – Hauslichkeit: Erstdr. «Häuslichkeit».

26 Trümel: *(Lippe)*.

27 nebetzi: nebenaus. – Fulket: Erstdr. «Fulkeit».

28 Musterung: Truppeninspektion. – fecken: prüfen.

29 häblig: wohlhabend. – Erdäpfelschindti: Erstdr. «Erdäpfelschnitti».

30 untern Fuß: Erstdr. «unterm». – Tauner: Tagelöhner.

31 für sie waren: zu ihr paßten. – eingeurbet: eingefahren. – ni: nein (mit dem geschlossenen e des obern Emmentals).

Seite

33 war ihr aber gewöhnlich: «ihr» fehlt Erstdr. – Krebsstiele: Krebsschwänze.

34 Tschöpli: seidener Oberteil der Tracht.

36 Schaal: Metzg. – hürmehi: heutzutage.

37 nichts gschändet: Erstdr. «nicht».

38 und wie einmal einer: Louis Napoleon im Jahr 1836.

39 nichts von dem allem: Erstdr. «nicht». – troussieren: falten.

40 den Töchtern anschlägt: Erstdr. «an den Töchtern». – auf Kleidungen und Moden: Erstdr. «von Kleidungen». – Pintenwirtin: die nur Getränke ausschenken darf. – Mänteli: gefälteltes Vorhemd.

46 nieten: betreiben.

47 Bräter: altmodische Taschenuhr.

49 Es besuchte einmal: vgl. die Erzählung «Harzer Hans».

50 Kyb: Zorn.

52 kostbarste: kostspieligste. – so werde es es: «es» fehlt Erstdr.

54 umefunge: wiedergefunden. – all Lüt: Erstdr. «alle».

55 es beizen könnte: «es» fehlt Erstdr.

57 Böses auf: Erstdr. «auch».

59 Stegreife: die unter den Schuhen durchgezogenen Riemen der damaligen eleganten Beinkleider. – Exträ: Erstdr. «Extre», Absinthextrakt. – Twine: nach polnischer Art verschnürter Rock. – Hemdärmeln: Erstdr. «Hemdeärmeln».

60 den schlesischen Webern: deren Aufstand 1844 blutig unterdrückt wurde.

61 Das siedet und brauset und zischt: nach Schillers «Taucher».

62 Wurstbildung: nach dem Pädagogen Raimund Wurst, Verfasser der in den Berner Schulen benützten deutschen Sprachlehre.

Seite

64 die der Strauß gesagt haben soll: D. F. Strauß, der Begründer der deutschen Bibelkritik, dessen Berufung nach Zürich 1839 einen Volksaufruhr auslöste. – Höhle Xaxa: nach dem Volksbuch «Das Schloß in der Höhle Xa Xa».

65 ja er findet sich: Erstdr. «ja sie».

68 wüsse: Erstdr. «wisse».

72 anfunggen, anwuschen: lächerlich ausstaffieren. – dänne: abseits.

73 dings: auf Kredit.

74 wie er es machen solle: «er» fehlt Erstdr. – ohni yzkehre: Erstdr. «ohne». – fuehr: *(füttern)*. – gället: *(Recht gibt)*.

75 Unterschied: Erstdr. «Unterscheid».

76 Stören: Anfälle.

77 Jean Paul: der von Gotthelf in der Jugend geliebte romantische Erzähler. – die Madame Sand: George Sand, die emanzipierte französische Schriftstellerin.

78 Rüehigs: *(Schläfchen)*. – stunggen: auf- und abstoßen. – mutz: kurz.

86 Vivis: Vevey.

94 Hirsmontagspektakel: *(Tschämelete)*.

95 wenige Tage nachher: «nachher» fehlt Erstdr. – verstoßen: verstecken. – Scheine wurden gefällt: Hypotheken aufgenommen.

97 die ihm wohltätig sind: Erstdr. «ist».

98 ungenotete: ungebärdige.

99 an den Juristen: «an» fehlt Erstdr.

101 Extralockvögel: Erstdr. «extra Leibvögel».

103 Apollyon: siehe Offenbarung Johannis 9, 11.

105 winden: wittern. – wegen den durchschnittlichen zweihundert Franken: die der Staat jährlich an einem Wirtschaftspatent verdient.

Seite

107 wie dem Alt-Landammann von Bern: Gotthelfs Freund Eduard Bloesch, der 1845 im Großen Rat zur Ordnung gerufen wurde, weil er von der Regierung eine überparteiliche Einstellung forderte.

108 so wundert es einen: Erstdr. «einem».

111 wurde nicht angefangen: «nicht» fehlt Erstdr.

115 gnüger: knapper.

116 daß ein Bruder dem andern: vgl. die Erzählung «Ich strafe die Bosheit der Väter an den Kindern». – da dänne: fort.

117 vrfreß: Erstdr. «vrfresse».

119 mit der neuen eidgenössischen Elle: die 1838 mit der neuen schweizerischen Maß- und Gewichtsordnung eingeführt wurde.

120 Sy: sichs wohlsein lassen.

121 Wenns nit ist: «nit» fehlt Erstdr. – su gib dr: Erstdr. «du».

122 noch oft schier: Erstdr. «noch oft es schier».

125 so e gsüngi: Erstdr. «e so gsünge». – froh drüber: Erstdr. «darüber».

126 ist Meister: Erstdr. «ist ein Meister».

129 Güder: *(Verschwender)*.

130 wie sie leider wieder: Erstdr. «wieder leider».

131 dGlare: *(Augen)*.

133 so einen Steffen, der im Tode: Erstdr. «so ein».

136 für e Aetti: «e» fehlt Erstdr. – no recht bete chönn: Erstdr. «noch recht».

137 Der Glaube des Menschen: Erstdr. «Glauben».

139 düechts dih nit: Erstdr. «duecht».

140 enangerenah: sofort.

143 Marksteine versetzen: Erstdr. «versetze» (Text der Klammer verdorben). – und wenn sie meinethalb: Erstdr. «ja und wenn». – könnten sie: Erstdr. «können».

Seite

144 aus welchen, wenn sie: Erstdr. «welchem». – da sie dem Menschen: Erstdr. «daß sie». – gebildeti: Erstdr. «gebildete». – Partie: Erstdr. «Partei».

145 zu hexen: Erstdr. «zu Hexen».

146 Es war selbst vor der Gemeinde erschienen: nämlich seiner Heimatgemeinde, deren Gemeinderat nun Eisis Vormundschaftsbehörde war.

147 spicke: bestechen. – reversieren: einen Revers (hier eine Gutschrift der Verwandten gegenüber der Gemeinde) ausstellen.

148 dr Schnell, dr Alt: der Berner Jurist Samuel Schnell (1849†). – Mutt füre: Rasenziegel verbrennen. – Hustage: Frühling. – selligi: Erstdr. «sellige». – daran Beteiligten: Erstdr. «damit».

149 weil sie erstens: Erstdr. «erst».

151 vom Tisch: Erstdr. «Tische». – Drbysy gsy: Erstdr. «drby gsi z'sy». – Bi gschlachter Art: es schlägt mir gut an. – Inzident: Erstdr. «Inzedent».

152 chleck: klaffe, berste. – es Herrefresse: Erstdr. «e». – ih werde myr Lebtig: Erstdr. «ih werd myn Lebtig». – ds Ärgste gsi ist: Erstdr. «gsin».

154 Töne läuten: Erstdr. «lauten».

155 Läufterli: Schiebfensterchen.

156 das Ungnannte: eine Hautkrankheit.

157 ungeryche: niedrig. – gschauete: Erstdr. «schauete». – am vieri: Erstdr. «um». – dr Amtschryber: Erstdr. «Amtschreiber» (so auch S. 162).

159 außerstande: Erstdr. «außer Stands».

161 bolzgrad: Erstdr. «hochgrad». – ds Änneli: in diesem Passus meist «Anneli», später immer «Änneli».

162 nit exakt gmacht: Erstdr. «gemacht».

163 Beel: einfältige Weibsperson.

Seite

164 Er wisse nicht: Erstdr. «wisse es».

166 es werds: Erstdr. «werd». – zMittag: Erstdr. «zu Mittag».

167 mit dr Federe: Erstdr. «mit de Federn».

168 schloß die geheimnisreiche Kammer auf, nahm Bücher heraus, tat Geld hinein: diese Stelle folgt im Erstdruck, offenbar durch ein Versehen des Setzers, nach «und der Gläubiger», wo ein Nebensatz ausgefallen sein dürfte.

170 wo aber zu lesen war: Erstdr. «wo es».

171 aber kein Betrag: Erstdr. «keinen».

172 gchochet wär: Erstdr. «wärs». – gesetzlich oder ungesetzlich: seit der Schließung der Berner Münzstätte (1838) wurde das Berner Geld gegen das zunächst mit Mißtrauen betrachtete neue schweizerische Geld umgetauscht. – ga vrgüete: Erstdr. «ga z'vrgüete».

175 Dem reise ich es noch: Erstdr. «doch». – Wyltschi: *(kleine Weile)*.

177 einstwyle: Erstdr. «einstweile». – Aufsatz: Entwurf.

178 trabeln: Beine machen.

180 ds Guggers Gwalt: Erstdr. «Gewalt».

181 eingänterle: einschränken.

183 uf Stempel: auf Amtspapier.

185 es lauf: Erstdr. «lauft».

186 dihr söttit zerst: Erstdr. «söttit dihr erst». – daß nit zviel: Erstdr. «viel». – epha: behalten.

187 an einem Ort: im Berner Ratssaal. – das Wort «legal» sei: Ausspruch des Oberrichters Imobersteg in der Großratssitzung vom 30. Januar 1845.

190 vrsieglet: Erstdr. «vrsiegelt».

192 nit wohl gmacht: Erstdr. «gemacht».

193 Zügeli: kleine Öffnungen.

194 gnietig: verdrießlich.

195 Was das für ein heiß: Erstdr. «heißes».

Seite

196 ob man sich durchschlagen: «sich» fehlt Erstdr.

197 su düechts: Erstdr. «duecht». – flattierte der Mutter: Erstdr. «die».

199 e selligi Täsche: Erstdr. «sellige». – Das gute Eisi: Erstdr. «gut». – Glanzzeit: Erstdr. «Glanzheit».

200 solcher Regierungen: Erstdr. «Regierung».

201 bei allen Heiligen: Erstdr. «allem».

202 die gedachte wohlmeinende: Erstdr. «kam die...». – Gutmeinenheit: Erstdr. «Gutmeineheit». – übel machten: Erstdr. «machen».

203 säg, was ists: Erstdr. «sage». – daß nüt a dr Sach: Erstdr. «daß es». – schnauzig: Erstdr. «schnausig».

204 Machst suber?: Erstdr. «machts».

205 schröckligi: Erstdr. «schröcklige». – inn use: *(Weltschland)*. – gwüssi: Erstdr. «gwüsse». – öppe o neuis: Erstdr. «o öppe Neuis».

206 für e Rung: Erstdr. «Stung».

208 wenns eym scho düech: Erstdr. «wenn». – Tätsche: Erstdr. «Täsche». – sinneti: Erstdr. «sinnete».

209 akkommodieren: mit den Gläubigern eine Abfindung treffen.

210 abtädigen: abfertigen. – aus denselben: Erstdr. «demselben». – an jeden Zweig: Erstdr. «jedem». – den Knecht: Erstdr. «dem».

211 Neutalern: Erstdr. «Neutaler». – Anleihen: Erstdr. «Anliehen».

212 Gfell: Erstdr. «Gefäll». – so hätt Steffe: Erstdr. «se». – vo dr Sach: Erstdr. «Sache».

213 schläberige: windige .– Umgängerin: auf Gemeindekosten reihum in den Bauernhäusern verpflegte Arme.

214 war zur Speisewirtin übergesiedelt: Erstdr. «hatte sich zur».

215 Maudi: *(Kater)*. – Lischenruhbett: mit Riedgras gestopftes Kanapee.

Seite

216 bis a eyn: Erstdr. «eym». – bis es well fürnache gah: bis es fast zu spät sei. – Gmein: Erstdr. «Gemein». – fuettere: Erstdr. «füttere».

217 Birlige: Heuhaufen. – Mutech: geheimer Vorrat. – heime: Erstdr. Heimet. – für u nah: nach und nach. – oberarm: von oben herab.

218 zieh: Erstdr. «ziehe». – erchrute: *(zwigeln)*. – abtun: über sich ergehen lassen. – dZyt: Erstdr. «Zyt».

219 hochmüetigi: Erstdr. «hochmütige».

220 wenn eine sövli nah: Erstdr. «daß wenn». – ungwärmt: Erstdr. «ungewärmt».

221 verlesen: in der Kirche nach der Predigt.

222 gemacht sei: Erstdr. «seien». – reigle: lang ausziehe. – Mänge: Erstdr. «Mänger».

223 Einbünde: Tauftaler.

224 u wie me Lüt: Erstdr. «u wo». – und er, ohne: Erstdr. «und ohne».

225 spätzelte: hänselte, foppte.

226 Nidle: Erstdr. «Nidel» (zweimal).

227 selben Tag: Erstdr. «selb».

228 man auch bezahlen werde: «man» fehlt Erstdr.

229 uvrschante: Erstdr. «uvrschamte».

232 Hausset: *(Hanfsamen)*. – firmt: stöbert. – Schallenwerch: Zuchthaus.

233 dGschaui: Erstdr. «dGeschaui». – mit dem zu fahren: Erstdr. «mit dem Zufahren». – gwägelet: Erstdr. «gwäggelet». – dolete: duldete.

234 wenn man merkt: Erstdr. «möchte».

235 e selligs gha: «e» fehlt Erstdr.

236 arig: seltsam. – ehrig: von Erz oder Kupfer. – umeha: wiederhaben.

Seite

237 nachezfuehre: aufzufüttern. – ausgwundern: Erstdr. «ausgewundern». – geistete sich auf: ermunterte sich.

238 Öppe Sorg gha: Erstdr. «Öppere».

240 am vordere Tag: letzthin.

241 Schärbank: char à banc.

243 es hätts no lang gha: Erstdr. «hät».

244 Keib: Aas, gefallenes Pferd.

245 Speckseitenkutte: Erstdr. «Speckseitekutte».

246 Gstüchel: Gewühl.

247 in sein Herz: Erstdr. «in seinem Herzen».

248 Ob den Reden: Erstdr. «dem».

249 Cousin: Mücke.

250 Ägertsche: Elster. – Galandern: Appretierwalzen. – e Kaffeemühle: Erstdr. «e Kaffeemühle für Erdnebe»; typischer Fehler des «Geltstag»-Setzers, der sich oft durch ein benachbartes Wort, hier das folgende «drnebe», beeinflussen läßt. Auch «e Kaffeemühle für Erdbebe drnebe» ist schwer verständlich. – bal dieses: Erstdr. «dies».

251 wie länger wie älter: Erstdr. «je älter».

252 denn behauptet nicht: «nicht» fehlt Erstdr.

256 hinterzi: Erstdr. «hinter Z».

258 es stellt sich: Erstdr. «er».

259 Natur: Erstdr. «Naturen». – die beschmutzenden Vögel des Midas: Gotthelf bringt die Harpyien irrtümlich mit Midas zusammen.

261 es glaubt kein Mensch: Erstdr. «glaubts».

262 zuechemustere: Erstdr. «zuchemustern». – zweiundvierzig Franke zum dritte!: Erstdr. «rief der Weibel. So rief»...

263 dazu sagen könne: Erstdr. «können». – wies a dene gang: Erstdr. «an».

264 syner Säu: Erstdr. «syne».

Seite

265 nüt Lustigs gange syg: «syg» fehlt Erstdr. – z'stürme: Erstdr. «z'stürmen». – so lang: Erstdr. «lange». – Da frag Steffe: Erstdr. «fragt».

266 uf em Gring: Erstdr. «ab em».

268 mueß e Fure gah: muß etwas gehen.

269 Es sei sich dr wert gewesen: «sich» fehlt Erstdr.

270 nicht dergleichen getan: Erstdr. «nichts». – drby blybe will: Erstdr. «well» (der Satz ist verdorben).

272 däne: Erstdr. «dänne».

273 Ach, und so ein: Erstdr. «Ach und ach so ein». – hurnigeln: graupeln. – Scheube: Schürze.

274 hatte es zweg: Erstdr. «hätte».

275 in der Nähe: «der» fehlt Erstdr.

276 Hotzle: Gerütteltwerden.

277 eins machen wollten: «wollten» fehlt Erstdr.

279 kaum hatte er: Erstdr. «hat... so macht... plötscht». – du layist drs: Erstdr. «dr».

280 e Hauptsach: Erstdr. «Hauptsache».

281 schyßig: Erstdr. «schießigs».

282 lodele: wackle.

283 Düpfi: irdene Pfanne. – so schwer gmacht: «gmacht» fehlt Erstdr. – Gschmuecht: Erstdr. «gschmuecht geworden».

284 unteneinzukommen: unter der Schätzung zu bieten. – Black: faules, plumpes Weibsbild. – lehrti: Erstdr. «lerte». – Göhni: Schöpfkelle, Erstdr. «Göhei».

285 rechnet, was sRepariere gekostet hätte: Erstdr. «gerechnet hättet, was sRepariere gekostet».

287 mutz: kurz.

289 litzte: schimpfte.

291 kräschlig: zum mit Geld Klimpern aufgelegt. – Breiammeln: Drauflosschwatzen.

Seite

292 nicht genug Worte: «genug» fehlt Erstdr. – Usgschämti: Erstdr. «ungschämte». – Sperzer: Leithund. – Hülören: die übrigen Hunde der Meute, die das Wild durch ihr Geheul erschrecken.

295 seinen Beschlüssen: Erstdr. «ihren». – Dr Tüfel: Erstdr. «Der».

296 Spitzhosen: Kniehosen.

297 u was ihns: Erstdr. «wes».

298 dra mache: Erstdr. «dran». – so (Erstdr. «se») vorume z'rede: dich herauszureden. – mir ischs recht: Erstdr. «mr».

299 gachtet: Erstdr. «geachtet». – dr Weg: Erstdr. «der». – wie dr anger: Erstdr. «angere». – Ofenhüsli: Erstdr. «Ofenhäusli».

301 u ha dr nüt: Erstdr. folgt «ha» nach «betet». – schmälte: Erstdr. «schmähte». – es sah sich: «sich» fehlt Erstdr.

302 Klupf: Schreck.

304 ob de würklich Krotte: Erstdr. «dere Krotte».

305 Schafuschlig: Schafunschlitt. – Teri: Türchen. – gfärbt: Erstdr. «gefärbt». – gmacht: Erstdr. «gemacht».

306 Bätziwasser: Obstbranntwein. – Murer: Erstdr. «Maurer».

310 denn er hatte: Erstdr. «hätte». – unter der Nase: Erstdr. «unter die» (ebenso S. 319).

311 Pfyfolter: Schmetterlinge. – mach dFlangge: tue groß. – auf je höhern: Erstdr. «je auf».

313 kurzweilig: Erstdr. «kurzweiligs».

315 das werd ne: Erstdr. «werde».

317 Uvrschante: Erstdr. «Uvrschamte».

318 ganz und förmlich: Erstdr. «ganzes».

323 zu steigern gab: Erstdr. «war». – ase: Erstdr. «a so».

326 Bschüttibücki: Jauchebottiche.

327 viel teuerer sind: Erstdr. «nicht viel». – Tellerkräze: Geschirrgestell.

Seite

329 murben: Erstdr. «mürben».

331 allizsäme: Erstdr. «si alli zsame».

332 a de Kinge: «de» fehlt Erstdr.

334 schlunet: döst. – sichs versieht: Erstdr. «sich».

335 den zunehmenden Jahren: Erstdr. «dem zunehmenden Fahren».

341 dem kleinen Meyeli: sollte heißen «Anne Liseli». – du miechist dih: «dih» fehlt Erstdr.

342 jemandem: Erstdr. «jemanden». – und wenn es sich: «sich» fehlt Erstdr.

347 Ja, wer auf: Erstdr. «Ha».

351 Doggeli: Alpdrücken.

352 unter sich sind: «sind» fehlt Erstdr. – Blaß: weißgefleckter Hund.

353 klemmte nur noch: Erstdr. «nach».

355 wer es sei: Erstdr. «wer sie». – nur hatte es: Erstdr. «und hatte».

356 keine Hand: Erstdr. «Hand an». – hi: hey (geschlossenes e des Oberländischen).

362 wie sollte der arme Mensch: Erstdr. «sollte ihnen».

366 so zornig: «so» fehlt Erstdr.

367 i dr Rispi: am Bändel (eigentlich: angezettelt). – Älesenf: Senf aus Aigle. – all Wuche: Erstdr. «Woche».

368 nüsti: trotzdem. – Bäu: Erstdr. «Bäull *(Bäll)*».

369 achtet er: Erstdr. «es». – die er abwirft: Erstdr. «es».

370 schlürmige: begehrliche.

375 no besser: Erstdr. «noch». – oder probier: Erstdr. «aber». – einen hellen Schein: Erstdr. «ein heller».

Inhaltsverzeichnis

Die fromme Helene
Tobias Knopp
Hans Huckebein / Plisch und Plum / Fipps der Affe
Balduin Bählamm / Maler Klecksel
Prosa

Manfred von Conta
Der Totmacher. Roman
Schloßgeschichten. Erzählungen

Friedrich Dürrenmatt
Der Richter und sein Henker / Der Verdacht. Kriminalromane

Joseph von Eichendorff
Aus dem Leben eines Taugenichts. Novelle

Herbert Eisenreich
Die Freunde meiner Frau. Erzählungen

Ernst Fischer
Überlegungen zur Situation der Kunst. Essays

Egon Friedell
Konversationslexikon. Aphorismen
Die Rückkehr der Zeitmaschine. Erzählung

Franz Fühmann
Die Elite. Erzählungen
Das Judenauto. Erzählungen

Felix Gasbarra
Schule der Planeten. Roman

Jeremias Gotthelf
Uli der Knecht. Roman
Uli der Pächter. Roman
Anne Bäbi Jowäger. Roman
Geld und Geist. Roman
Der Geltstag. Roman
Käthi die Großmutter. Roman
Die Käserei in der Vehfreude. Roman

Die Wassernot im Emmental / Wie Joggeli eine Frau sucht. Erzählungen
Die Schwarze Spinne / Elsi, die seltsame Magd / Kurt von Koppigen. Erzählungen
Michels Brautschau / Niggi Ju / Das Erdbeerimareili. Erzählungen
Der Besenbinder von Rychiswyl / Barthli der Korber / Die Frau Pfarrerin / Selbstbiographie. Erzählungen

Heinrich Heine
Gedichte

Heinrich Henkel
Eisenwichser. Ein Stück

Georg Hensel
Wider die Theaterverhunzer. Essays

Hermann Hesse
Die Fremdenstadt im Süden. Erzählungen

Otto Jägersberg
Weihrauch und Pumpernickel. Ein westpfählisches Sittenbild
Nette Leute. Roman
Cosa Nostra. 3 Stücke aus dem bürgerlichen Heldenleben
He he, ihr Mädchen und Frauen. Eine Konsum-Komödie
Land. Ein Lehrstück
Die Seniorenschweiz. Ein Alterswerk
Der industrialisierte Romantiker. Eine Predigt

Erich Kästner
Das Erich Kästner Lesebuch

Gottfried Keller
Der grüne Heinrich. Roman
Die Leute von Seldwyla / Zwei Kalendergeschichten
Züricher Novellen / Aufsätze
Das Sinngedicht / Sieben Legenden
Martin Salander / Ein Bettagsmandat / Therese / Autobiographische Schriften
Gedichte / Der Apotheker von Chamounix

Hermann Kinder
Der Schleiftrog. Roman
Du mußt nur die Laufrichtung ändern. Erzählung

Jürgen Lodemann
Anita Drögemöller und Die Ruhe an der Ruhr. Roman
Lynch und Das Glück im Mittelalter. Roman
Familien-Ferien im Wilden Westen. Ein Reisetagebuch
Im deutschen Urwald. Essays und Aufsätze

Heinrich Mann
Liebesspiele. Erzählungen

Thomas Mann
Der Bajazzo. Erzählungen

Ludwig Marcuse
Philosophie des Glücks. Von Hiob bis Freud
Sigmund Freud. Biographie
Argumente und Rezepte. Aphorismen
Ignatius von Loyola. Biographie
Das denkwürdige Leben des Richard Wagner. Biographie
Mein zwanzigstes Jahrhundert. Autobiographie I
Nachruf auf Ludwig Marcuse. Autobiographie II

Fanny Morweiser
Lalu lalula, arme kleine Ophelia. Erzählung
La vie en rose. Roman
Indianer-Leo. Geschichten
Ein Sommer in Davids Haus. Roman

Hans Neff
XAP oder Müssen Sie arbeiten? fragte der Computer. Roman

W. E. Richartz
Meine vielversprechenden Aussichten. Erzählungen
Prüfungen eines braven Sohnes. Erzählung
Tod den Ärtzten. Roman
Noface – Nimm was du brauchst. Roman
Büroroman

Herbert Rosendorfer
Der Ruinenbaumeister. Roman
Der stillgelegte Mensch. Erzählungen
Deutsche Suite. Roman
Großes Solo für Anton. Roman
Skaumo. Erzählung

Hermann Harry Schmitz
Buch der Katastrophen. Geschichten

Arthur Schnitzler
Spiel im Morgengrauen. Erzählungen

Arthur Schopenhauer
Die Welt als Wille und Vorstellung I und II
Über die vierfache Wurzel des Satzes vom zureichenden Grunde / Über den Willen in der Natur
Die beiden Grundprobleme der Ethik: Über die Freiheit des menschlichen Willens / Über die Grundlage der Moral
Parerga und Paralipomena I und II

Walter Vogt
Husten. Erzählungen
Wüthrich. Roman
Melancholie. Erzählungen

Robert Walser
Der Spaziergang. Geschichten und Aufsätze

Urs Widmer
Alois. Erzählung
Die Amsel im Regen im Garten. Erzählung
Das Normale und die Sehnsucht. Essays und Geschichten
Die lange Nacht der Detektive. Ein Stück
Die Forschungsreise. Roman
Schweizer Geschichten
Die gelben Männer. Roman
Nepal. Ein Stück
Vom Fenster meines Hauses aus. Prosa

Hans Wollschläger

Die bewaffneten Wallfahrten gen Jerusalem. Geschichte der Kreuzzüge

Karl May. Eine Biographie

Herzgewächse oder Der Fall Adams. Roman

Die Gegenwart einer Illusion. Essays